教化に臨む近世学問

——石門心学の立場

高野秀晴
Takano Hideharu

ぺりかん社

教化に臨む近世学問——石門心学の立場＊目次

■序章　教化に臨む学問……7
第一節　問題の所在　7
第二節　時代設定　11
第三節　本書の課題　16
第四節　先行研究　19
第五節　本書の構成　26

第一部
■第一章　学問誘導の語り──貝原益軒『大和俗訓』の場合──……35
第一節　本章の課題　35
第二節　「天地につかへ奉る」ための学問　37
第三節　「天地」の語られ方　41
第四節　人が「人」となる道程　45
第五節　「欲」への向き合い方　48
第六節　「世俗」への向き合い方　55

■第二章　「渡世」に資する学問──『河内屋可正旧記』の場合──……61
第一節　本章の課題　61
第二節　家の興廃の「来由」をめぐって　63
第三節　「渡世」と学問　74
第四節　「物しれる人」は「化物」か　86

■第三章　職分に応じた学問――その困難性――……91
第一節　本章の課題　91
第二節　「庶民の学問」――常盤潭北『民家分量記』の場合　94
第三節　「町人の学問」――西川如見『町人袋』の場合　100
第四節　「亭主」の学問――上河宗義『商人夜話草』の場合　111
■第四章　動揺する教化――談義本を手がかりに――……116
第一節　談義本とは　116
第二節　動揺する教化　119
第三節　野暮な教化と粋な教化　131
第二部
■第五章　「赤裸」になる覚悟……145
第一節　本章の課題　145
第二節　石田梅岩の略歴　147
第三節　「おしへを立る志」　153
第四節　「赤裸」になる覚悟　161
第五節　「万民ノ心ヲヤスムル」ために　168
■第六章　教化に臨まんとする「病」……174
第一節　本章の課題　174

第二節　「性」「心」の語られ方　175
第三節　なぜ孟子なのか　188
第四節　教化に臨まんとする「病」　201
第五節　「鳴子」の教え　209

■第七章　教化による継承……214

第一節　本章の課題　214
第二節　「道」の「相続」　216
第三節　教化運動の始動　229

■第八章　「同輩」への教化と教育……255

第一節　本章の課題　255
第二節　「此方の学問」　256
第三節　「初入」への配慮　272
第四節　教化と教育の区分　299

■第九章　石門心学への批判……306

第一節　本章の課題　306
第二節　学問からの逸脱　308
第三節　「本心」を知らせることは妥当か　318
第四節　「本心」を知らせることは可能か　349

■第十章　「頑民」への教化――脇坂義堂『心学教諭録』の場合――……363
第一節　無宿に対する心学教化　363
第二節　「元の良民」に帰るとは　369
第三節　「よく聞ぬ人」の視線　378
■結章　「臍」のゆくえ……385
第一節　「臍」のゆくえ　385
第二節　「五体」のそとへ　401
あとがき　408
索　引　414

【凡例】

一、人名・書名、資料の引用にあたって、漢字は原則として通行の字体に改めた。また、変体仮名の類も通行の仮名書きに改めた場合がある。

一、文中の傍点について、引用元の資料に付されたものはゴマ点（、）とし、著者によるものは黒点（•）とした。

一、引用資料に付されたルビについては、必要と判断したもの以外は省略した。また、著者が施したルビについては（ ）内で示した。

一、引用文中における著者による補足は、〔 〕内で示した。

一、同一資料からの引用が続く場合、初出時に書誌情報を註記し、あとは本文中に頁数・丁数のみを表記した。また、丁数の表記にあたって、二丁表は「二丁オ」、四丁裏は「四丁ウ」のように表記した。

一、年次の表記にあたって、西暦と和暦を併記した箇所があるが、月日まで調整したうえで西暦を記しているわけではない。また、日付は旧暦のものをそのまま記している。

一、引用資料中には、今日の観点から差別的と思われる表現もあるが、その歴史性を尊重して原文通りの表記とした。

序章　教化に臨む学問

第一節　問題の所在

江戸時代は、学問を称する様々な教えが広く民衆に説かれた時代であった。

本書は、江戸時代において学問なるものが民衆に向けてどのように語られたのかについて考察するものである。とりわけ、石田梅岩（一六八五～一七四四）と、その弟子の一人である手島堵庵（一七一八～一七八六）、および、堵庵を中心に展開された教化運動に注目し、学問なるものが教化の場でどのように説かれたのかを考察の中心に据える。したがって、本書は、おおざっぱにいえば近世中期、西暦でいえば一八世紀の動向に焦点を当てることになる。

まずはじめに、なぜ教化の場面に着目するのか、その理由を説明したい。それは、学問なるものが民衆と出会う局面として、そして、学問なるものが民衆の視線に否応なくさらされ危機を迎える局面として、教化の場面を顕在化させたいからである。そして、そのことによって、今改めて学問とは誰の（ための）ものなのかという古くて新しい問いについて考えてみたいからである。

では、学問は今、いかなる状況に直面しているか。以下、問題の所在を明確にしていきたい。

近代日本の学問は、「国民皆学」という理念とともに幕を開けた。すべての「国民」には「学」への道が開かれており、また、立身出世のためには「学」を身につけなければならないという理念である。だが、この理念は、明治時代の中頃には早くも空洞化していった。学問は帝国大学で学ばれるものとみなされ、帝国大学とその他の初等中等教育機関との間には、厳然たる区分が引かれるに至る。こうして、学問なるものは、「国民皆学」という理念とは裏腹に、一部のエリートによって占有されていくことになった[1]。

こうした学問のあり方は、すべてのものに高等教育を開放すべく大学が再編された戦後においても、根底的には変わることがなかったのではないかと考える。確かに、大学進学率は確実に上昇し、大学の大衆化と呼ばれる状況に至ったことは事実である。だが、大学の門戸が開放されることと、その門をくぐる人々が学問を自らの手に納めることとは、まったく別のことである[2]。また、近年では、マルチメディアを通じて、学問の成果に気軽にアクセスできるようになった。だが、成果にアクセスすることと、それを批判的に咀嚼し、自らの知恵や力としてゆくこととは、やはりまったく別のことである。

学問という営為を、字義通りに学び問うことと解するならば、本来それは、特定の環境における特定の人によってのみ行なわれる性質のものでないことは言うまでもない。ところが実際には、特定の人による特定の営為のみが学問という名で承認されるかのように見える状況が依然として再生産されているのではないだろうか。

とはいえ、その間、学問を人々に開放しようとする試みや、学問という営為を自分（たち）の手に取り戻そうとする試みが無数に行なわれてきたこともまた事実である。鹿野政直の民間学研究は、その試みを見事に描いたものだといえる。鹿野は、その著『近代日本の民間学』において、「学問の現在」を、その「大衆化」と「独占化」が「メダルの表と裏」となって同時進行してゆく状況ととらえた[3]。「大衆化」によって、学問の「成果」は、「商品」として「嚙みくだいて」「市民」のもとに届けられるようになった（二三七頁）。だが、この動向は「文化への市民の受動性を助長」する結果となってしまっている（同）。他方、「独占化」は、「ごく一部の専門家による知識と技術の占有」をもたらし、人々は「学問のまえに受け身の姿勢を余儀なくされることになる」（二三八頁）。つまり、「市民」にとっては、「どちらの場合にも、学問の成果に接近したという感覚がある反面で、その生成過程からの隔離の感覚が瀰漫することになる」と鹿野はいう（二三八〜三九頁）。「受動」的である限りは、学問に「接近したという感覚」が深まれば深まるほど、「隔離の感覚」も深まらざるを得ないのであって、まさに「メダルの表と裏」という表現がよくあてはまるだろう。約三十年前になされた鹿野の指摘は、今日においても説得力を持っているといえる。

鹿野は、如上の状況に介入すべく、学問を「独占」する「専門家集団」、すなわち「アカデミズム」のあり方を問題に据えたうえで、「アカデミズム」の「そと」へと目を向けた。そして、「アカデミズム」に批判的に対峙しながら、「アカデミーのそとに一定の体系性をうち立てつつ結実した学問」、すなわち「民間学」に着目したのであった（二四五頁）。

なぜ「そと」なのか。それは、「アカデミズム」のあり方を改善するには、その「そと」にいる「市民」の「不断のチェック」にさらけ出す以外にはないと鹿野は考えたからである（四二二頁）。逆にいえば、「専門家集団」として閉じこもる「アカデミズム」が、自らを「検証」すべく「「素人」の意識」を持つことは、「自律的」にはあり得ないということだ（同）。残念ながら、鹿野の指摘には首肯せざるを得ない。

鹿野は、「民間学」が「民間」の「チェック」のもとで登場してきたことを示すべく、「民間学」の「生成過程」にとりわけ注意を払った。鹿野の表現に即して言い換えれば、学問に対して「受動」的な立場を余儀なくされている「市民」が、学問の「成果」のみならず「生成過程」にも参与していくさまを描き出そうとしたといってよいだろう。[4]「成果」の背後に多くの「市民」の思いを読み取ろうとしたともいえる。[5]

以上の鹿野の研究に導かれながら、本書では、学問が人々の「チェック」にさらされる局面として、教化の場面に着目する。本書では、学問なるものの説き手と受け手とが否応なくぶつかり合う局面として教化の場をとらえたい。このようなとらえ方は、教化という語の持つ一般的な語感からみて、少し奇妙なとらえ方かもしれない。

一般に、教化という語には、受け手の関心や要望に関わりなく、教えが一方的に受け手に注がれるような語感があるからである。だが、本書では、語り手が受け手の影響を一切受けることなく、一方的に教えを受け手に注入するなどということは、実現し得るはずがないという立場に立っている。

本書で、ことさら教化にこだわるのは、高橋陽一の研究に示唆を得てのことである。高橋は、「教育」と「教化」を「分析概念」として区別することを提唱している。そして、両語の歴史的用例をふまえたうえで、「教育」を「集団内の次世代の育成」、「教化」を「集団間の秩序的な関係づけ」と「定義」したのであった。(6)

この定義で重要だと考えるのは、「教育」の場合、教えの説き手と受け手とがある一定の「集団内」にともにいることが前提になっているのに対し、「教化」においてはそうした前提に依拠できないことである。(7)したがって、「教化」においては、「教育」の場合のように、受け手が説き手の教えを学びとろうとする意志をあらかじめ有していることや、説き手と受け手がある共通した志を有しているようなことは期待できない。説き手は受け手に対してどのような立場で臨み、受け手とどのような関係性を築くかということから始められなければならないのである。となると、「教化」の場に於いて教えを説こうとする説き手は、受け手の期待や警戒感、物珍しそうなまなざしや猜疑心などに否応なくさらされることになる。本書で教化の場に着目するのは、こうした局面をことさらに顕在化させたいがためである。

そして、こうした局面が顕在化せざるを得ないのが近代とは異なる江戸時代の特徴だったと考える。近代において津々浦々に設置されていく学校においては、教えの受け手（子ども）は学ぶ意志をあらかじめ有している（少なくとも、有する可能性を持っている）ことが建前になっている。すなわち、学校とは教育の場であることが前提にされているわけである。(8)これに対して、学問が広く民衆に説かれ始めた江戸時代においては、相対的に教育よりも教化の側面が顕在化せざるを得なかったと想定することができるだろう。

この想定のもとで、以下、本書でこれから考察する時代状況を設定していく。

第二節　時代設定

冒頭に述べたように、江戸時代は、学問を称する様々な教えが広く民衆に説かれた時代であった。江戸時代以前においては、学問なるものは、一部の特権的文化層のいわば占有物であったといわざるを得ず、民衆が社会的に学問と承認される営為に励むことは、皆無ではないにしても、きわめて例外的なことであった。ところが、江戸時代になると、学問なるものが民衆の読者や聴き手を想定して語られるようになってくる[9]。そして、この想定は、いわゆる民間社会の成熟[10]や出版業の拡充[11]により、次第に現実味を帯びた想定となるに至る。一八世紀に入ると、学問の重要性を民衆に説き示す教訓書が数多く出版され、学び舎としての塾が数多く設立されるようになった[12]。

この時代において学問とは、一般に儒学を意味した。儒学を学ぶことは、四書五経と総称される経書を読むこととほとんど同義であった。日常的に用いる言語とは異なる漢文で書かれた経書から、古代中国の聖人の言行や教えを学ぶことが儒学の基本的な学習法であった。見慣れぬ漢字の羅列に向き合うことが要請されたといってもよい。

それでは、この時代の民衆にとって聖人とはいかなる存在だったのか。それを一般化して整理することは困難だと思うが、聖人の教えは、人々の日常生活を律する規範として機能していたとは少なくとも言えるであろう。そして、その規範は、すでに経書にまとめられて示されているという意味で、所与の規範としてあったということができるだろう。

もっとも、ある所与の対象を学ぶだけではなく、学ぶという営みそのものを「学」と呼ぶ用例を、ほかならぬ経書から見出すことも可能である[13]。したがって、経書以外の書物に接することも学問ということが可能であろうし、書物を介さない学問のあり方を経書から見出すこともできなくはない。しかし、こうしたある程度の多様さを持った学問のあり方は、経書の持っていた権威をいささかも揺るがすものではなかった。経書の教えを否定することは、学問そのものの否定でもあったのであり、経書を否定してまで新たな学問が称されることは、ほとんどあり得ないことだったのである。[14]

以上、江戸時代になると、学問の名のもとに日常を律する体系的な規範が民衆の眼前に現れてきたことを示してきた。だが、このことは、学問が民衆にとってよそよそしく、抑圧的なものだったことを意味するわけではない。というのは、この時代に説かれた学問は、上述の規範が人々の心に内在すると主張する点でかなりの程度共通していた。もちろん、共通しているといっても、人々の心に向けて教えがどのように語られるかは、語り手によって相違するし、[15]一八世紀になるとこうした言説とは異なる系譜が生じてくるのも事実である。[16]だが、一人ひとりの心に究極的原理が内在するという教えは、学び手の側に主体性が存することを前提にしているわけであり、人々の自発的行動を生み出す力を有していたことは確かであろう。[17]

また、学問なるものが広く民衆に説かれたのは、民衆の側に学問に対する願望があった、あるいは、願望せざるを得なかったからだという側面もあった。そもそも一七世紀に形成される幕藩制国家と呼ばれる国家体制は、かかる民衆の願望を前提にして形成されてきたものだといえる。もはや為政者は、民衆の声を一概に抑圧するだけでは支配を貫徹できなくなり、民衆に一定の自立性を認める方向性が見られるようになった。すなわち、民衆も政治の一端を担う社会的役割（「職分」「役」などと呼ばれる）を有した存在と位置づけることにより、その力量を支配に抵触しない方向へと定置させることに、支配の重点が置かれるようになったのである。[18]そして、このような動向に促され、民衆が自立性を開花させてくるのが一七世紀以降の動向であり、一八世紀に入ると、被治者たることに何らの媚びや卑下を伴うことなく社会的役割が主張されるまでにこの自立性は成熟してゆく。[19]

兵農分離により、行政官としての武士は村に居住することをやめた。村の行政は村人自身の手に委ねられることになり、武士は村の行政を文書を通じてチェックするようになった。このような行政が可能になったのは、大多数の村落に行政的な文書を扱える人物がすでに一定程度存在していたからであろう[20]。兵農分離は、村落において文書を扱える人物が世代を越えて輩出し続けることを前提に、実現し得たのであった。

むろん、それだけであれば、村の行政を担う村役人だけが文字を扱えれば済むことである。だが、民衆の政治的自立性の開花は、村役人層だけに見られたのではない。一般の村人もまた、文書に通じることにより、村役人の不正を暴くなどの力量をすでに形成してきていた[21]。こうして兵農分離は、村落内における文字教育を活発化させていったのである。

また、遅くとも一七世紀後半から一八世紀に入ると、商品経済の波は確実に民衆の身近にも押し寄せ、家業の中に商業を取り入れる、あるいは、取り入れざるを得ない家が多く現れてくる。商業には、少なくともそれがある程度の規模にまで拡大した場合、文書のやり取りや保存が不可欠とされることから、商品経済の進展もまた、民衆の文字学びを活発化させていった[22]。

他方、商品経済の波は、家の急速な興廃をもたらすことになった。この興廃によって醸成される危機意識は、民衆を学問へと駆り立てていく[23]。家業をよりよく実践するための指針が学問に求められたのである。その指針は、自らの家業に対する自覚を深めさせることへとつながったであろう。また、その自覚は、単に自家の繁栄のみを目指すものではなく、自らの身分の社会的有用性の主張へとつながってもいく。すなわち、自らの職分に対する自負である。

他方で、学問により、新たな職分を獲得することを目論む者も登場してくる。すなわち、学問を通じた身分移動を目指す者や、学問に渡世の途を見出そうとする者が登場してきたのである[24]。また、一八世紀になると、学問の世界に遊ぶことにより、日常の俗なる世界から束の間であっても脱出し、風雅の世界に喜びを見出す者も登場してくる[25]。こうした動向が示していることは、学問には、職分への自覚を深めさせる効果があるとともに、自らの職分の枠を超えた世界を垣間見せる役割も有していたということである。

だが、一般に、学問によって、自らの職分を否定するような知見を獲得することは戒められていた。学問は、学び手の職分に相応する限りで認められていたのである(26)。家の繁栄のためには、学問によって知見を蓄える必要がある。だが、学問に励むことによって家業がおろそかにされる危険性がある。このような両義的な思いは、多くの民衆に通有のものだったといえるだろう。当時の多くの民衆が、学問への期待と警戒感(27)を同時に有していたのはこのためだと考えられる。

また、先にも述べたように、学問を本格的に学ぼうとする者は、見慣れぬ漢字の羅列に意味もわからぬまま向き合うことが要請されたのであった。したがって、当時の多くの民衆にとって、学問によって得られるであろう知見とは、文字通り未知の世界であったことだろう。また、かなりの労力を要してはじめて味わうことのできるその世界は、必ずしも経済的な繁栄や家の興隆といった功利的な願望を満たしてくれる世界ではなかった。したがって、ある者が学問の世界に入り込もうと労力を注ぐ様子は、傍から見る者の多くにとってはおそらく不可解なことであった。のみならず、利に必ずしも結びつかないにもかかわらず学問に膨大な時間を費やすことは、有害なことでしかないという見方も提起されるようになる。

如上の警戒感や有害視を如実に示しているのが、本書の第四章と第九章で取り上げる談義本である。様々な人物が教化を行なう様子を創作的に描いた談義本には、例えば次のような記述が出てくる。

此ごろの人の風習《ならハし》。実体な人をば、あしさまに云なし。嘲ゆへに、心にハ、笑止とも、気のどくとも、いはんかたなく。あわれ、諫導たやと、思ふ人有とても。脇から謗らるゝがいやさに。黙然《だまつ》てゐる人、かず〳〵あるべし。夫レゆへ、自然と、悪者もふへる道理(28)

今時の若い者ども。貴翁や、我らがいふ様な事。尻にも聞せるものじや、ござらぬ。歎かわしひとハ、思へど。能《よ》い事聞が、かミなりよりいやさふで。耳をふさぎますれば。かならず、此所の衆にも。異見だてして。にくまれ給ふな(29)

ここに引用したのは、「出臍親父」と「仇名」される「稗翁」なる人物の話を集めた体裁を持つ、伊藤単朴『教訓差出口』（一七六二〈宝暦一二〉年刊）の一節である。「実体な人」を「嘲」るような「風習」のある当世においては、「能《よ》い事」を教えとして説いても、かえって「謗ら」れるだけだと述べられている。このように、談義本には、教えの内容をまったく理解しない受け手や、くだらないこととして聞き入れない受け手が多数登場する。こうした創作物が一つのジャンルを形成するまでに多数登場してくるのが、本書の舞台となる時代状況だったのである。

このように見てくれば、一八世紀日本における学問は、民衆の両義的なまなざしにさらされながら展開していったと想定することができる。つまり、学問は、民衆の期待に支えられていると同時に、警戒感に脅かされている。もはや学問は、民衆の視線から無縁であるわけにはいかなくなったことを示しているといえるのではないだろうか。

確かに、江戸時代においては、「国民皆学」の理念を有する近代に比べ、民衆が学問なるものに接することのできる機会は限られていた。だが、このことは、当時の学問が民衆の視線から無縁であったことを意味するわけではまったくない。むしろ、学問はすべての者に開かれているという建前を持つ近代の方が、人々の視線をあらかじめ織り込み済みのものとしながら、その実、「アカデミズム」の中だけで学問なる営為が超然と展開していっている側面を否定できないのである。

先に、経書は所与の規範であったと書いた。このことは、規範の内実が既成のものであったことを意味するわけではない。経書中のどの文言を重要とみなし、その文言をどのように解するかによって、聖人の教えは、全く違った相貌を見せることになり、その意味で、規範の内実は、経書の読み手によって決定される性質のものであった。規範は、常に読み替えと語り直しの渦中にあったのである。

その読み替えと語り直しが、民衆の視線にさらされながら行なわれるようになったこと。この点への注目が、本書の考察の起点となる。学問は、民衆の視線にさらされながら、読み替えられ、語り直されていく。その意味で、民衆の視線は、学問の展開過程を基底のところで支えていたと見ることができるのではないだろうか。この視線を可能な限り読み出しながら、学問なるものの展開過程を追ってみること。これが本書の課題となる。

第三節　本書の課題

学問の展開を民衆の視線にさらされ続けた過程として描き出すこと。そのために、本書では、先に述べた民衆の期待と警戒感に対して、ある意味過剰なまでに応えようとした人物たちに注目する。貝原益軒、河内屋可正、常盤潭北、西川如見、石田梅岩、手島堵庵、脇坂義堂、といった人物たちである。彼らは、書物を通じ、あるいは人々に直接対面し、学問を説こうとした。学問なるものに立脚して教化を行なおうとしたといってもよい。本書は、彼らが教化に臨む局面に着目し、彼らがいかなる立場で教化に臨もうとするのか、そして、学問なるものを教化の場においてどのように語ろうとするのかに注目していくことにしたい。

特に注目するのは、次の諸点である。学問なるものを語る者は、受け手に誰を想定しているのか。学問なるものを語ることによって、説き手は受け手をいかなる方向へと誘導しようとするのか。また、語ることによって、説き手は受け手といかなる関係を築き上げようとするのか。そして、語ることによって、説き手は、いかなる負担を自ら背負い込んでいくことになるのか。以上の諸点を考察することにより、当該期の学問が民衆の視線にさらされながら展開していった様子が明らかになると考える。

　ところで、以上の諸点を明らかにすることは、説き手が語った事柄を受け手がどう受け止め反応したかを明らかにすることではない。そうではなく、本書では、語り手が学問なるものを語ろうとする時点において、すでに受け手の視線は否応なく語り手に影響を及ぼしてしまっていると考える。語られた事柄がどう受け止められたかではなく、語られた事柄そのものに受け手の影響を見て取りたいのである。したがって、本書は、近年の研究において注目されているように、学問や文化に主体的に接近しようとする民衆の実態を明らかにするものではない。どこまでも教えの説き手に注意を向け続けることになる。

　先に、本書では、語り手が誰を受け手に想定しているかに注目すると述べたが、ここでいう受け手とは、語り手の想像の産物であることは言うまでもない。だが、だからといって、その産物を単に説き手の独りよがりとして片付けてしまうわけにはいかない。なぜならその構成物こそが「関係づけ」としての教化が成立する前提になっているからである。説き手は、受け手を想定することによって、さらには、想定に収まりきらない誰か（以下、非‐受け手とでも表現しておこう）のことを予感することによって、はじめて教化に臨むことができるのである。そして、この想定、予感に、不特定多数の民衆が含まれざるを得なくなったことが、江戸時代における大きな動向であることは前節で概観した通りである。

　自らが設定した受け手によって、教えの説き手は自らを脅かすことになるだろう。説き手は、受け手に見合った教えをいかにして構成するか、それをどのように説き出すのか、そして、その教えは受け手にとって何の意味があるのか、といった問題を突きつけられることになるであろう。また、説き手は、非‐受け手からも脅かされることになるだろう。説き手にとって非‐受け手とは、説き手の言うことに興味を示さない者のことであり、教えの妥当性、有効性を信じない者のことである。時には、教えを軽蔑し、唾棄する者ですらあるだろう。そして、説き手は、非‐受け手の存在を予感することによって、自説の妥当性はもちろん、そもそも、自分が教えを説くに値する人物なのかを自問することになるだろう。

その結果、説き手は、自らの立場を模索し、その立場を語りの中に明示、暗示することになる。本書で特に注目したいのは、この説き手が示す立場である。なぜなら、彼らが示す立場には、自らが設定した受け手によって、自らを動揺させていく様相が刻印されていると考えるからである。

これまでの研究は、学問なるものの内容を如上の立場性と分離したうえで読み取ってきたように思う。一旦分離したうえで、内容は、説き手の固有名詞と結び付けられてきた。誰々の思想、誰々の学説、というように。そして、この固有名詞と結びついた内容を、私達は、学問の成果と呼んできたのではないだろうか。だが、こうした視角からは、学問の展開過程を基底のところで支えていた民衆のまなざしが見えなくなってしまう。先の鹿野の表現を借りれば、学問なるものの「生成過程」と「成果」とが、学者の創意に収斂され、その中に閉じ込められてしまうのである。これに対し本書では、学問なるものを民衆の視線に常にさらされ続けるものとして描き出すことによって、あたかも民衆とは切れたところで、超然と安定して展開していくかのような学問のイメージに風穴を開けていくことを目指したい。

本書でいうところの民衆は、教えの説き手が構成した産物であるはずなのに、説き手の存立を支え、脅かす。いや、脅かされるのは、説き手だけではないだろう。説かれる学問とそれを説く者の立場とを分離させずに捉えようとするならば、説き手の説く学問もまた、常にその妥当性を脅かされているものとして受け止めなければならないだろう。そして、この脅かしにより、学問なるものは受け手に見合うものへと改変されていくことになるだろう。あるいは逆に、受け手を改変していく力が学問に見出されてくるかもしれない。さらには、学問を称することを断念するようになるかもしれない。というのは、教えを説く人物は、自説を学問と称するかもしれないが、受け手はそれを学問とはみなさないかもしれないのだから。

本書で先ほどから、学問という表記と並んで、学問を称する教え、学問なるもの、といった表現を用いているのはこのためである。学問を所与のものとみなしてしまうのではなく、教化の局面において生起してくるものと発想するならば、その成果を学問と同定することはできなくなる。というのは、そもそも教えとして説かれたことが学問であるのか否かは、説かれた時点では決定不能であるはずだからである。したがって、本書では、学問を称する様々な教えが本当に学問の名に値するのかどうかの判断はさしはさまない。また、そこで説かれる学問がいかなる学派に相当するのかについても、本書では関心がない。

むろん、このような視角に立った場合、学問なるものの外延をほとんど無限に拡大させてしまう可能性が出てくる。そして、本書では、ほとんど無限に拡大されるはずの（されるべき）学問の外延を見通すだけの準備がないことも事実である。だから、前節では、この時代の一般的な学問の姿をあえて設定してみた。そして、この設定に沿って考察対象とするテクストを選んだ次第である。そのうえで、設定した一般的な学問像から逸脱していく学問の姿をとらえることを通して、既成の枠にとどまらない学問の可能性と、その可能性を収縮させる学問のあり方を同時に問い直してみたいと考える。

そして、このような視角に立った時、石田梅岩、石門心学の動向は、格好の考察対象として浮かび上がってくることになるのである。

第四節　先行研究

ここで石門心学について簡潔に説明しておく。石門心学とは、農家に生まれ、長年京都の商家で奉公をしてきた石田梅岩が、「無学」を自認しながらも学問と称して説いた教えがもとになって形成されたものである。その教えは手島堵庵をはじめとする弟子たちによって、教化運動となって説き広められるに至った。くだけた言葉で滑稽さも交えつつ教えを語るその講話は心学道話と呼ばれ、時には数百人もの来聴者を集めることがあったという。学問の名のもと、大勢の聴衆を一堂に集めて教化を行なおうとする点において、石門心学の活動は当時において突出したものであった。

石門心学の教義は、商業の社会的意義を積極的に主張するものであった。したがって、これまで石門心学は、主に町人思想史、経済思想史、民衆思想史の分野で取り上げられてきた。また、広範に普及したその教化運動は、江戸時代における民衆教育史、社会教育史を代表する動向として取り上げられてきた。

だが、これまでの研究では、石田梅岩やその弟子たちが自説を学問と称し続けたことに対して、大きな関心が払われてこなかった。石門という語が示す如く、心学は、学問ではあっても、一般的な儒学とは異なり、石田梅岩という独白な思想を有する人物の説いた独自な学問とみなされてきた。他の学問とは異なる独特な学であることが所与の前提として受け止められてきたのである。もっとも、近年では、従来の研究が「町人思想史という視点」に偏りすぎていたことが指摘され、梅岩を「儒者意識を有する儒教的思想家として位置づけるべき」だという問題提起がなされている(30)。けれども、この問題提起をふまえた考察は、まだほとんど行なわれていないのが現状である。

研究史をひもといてみると、心学は他の学問とは異なるとみなされてきただけでなく、むしろ異なる点にこそ心学の積極的意義が見出されてきたことがわかる。心学研究の先駆者というべき足立栗園は、江戸時代の「徳育」及び「教化」について考察するにあたり、心学に中心的な関心を注いだのであった(31)。その研究は、中島力造との共著『社会徳育及教化の研究(32)』に大成されたといえようが、ここでは、より早い時期の足立の関心を探るべく、『近世徳育史伝』を取り上げてみたい(33)。この著は、「近世道徳史研究の一端」として「神儒仏三教者の小伝」を描き出そうとしたものであり、多くの儒者や仏者の事蹟を集めたものであるが、「三教者」だけではなく「下層徳育の功労者」として「神儒仏者以外の心学者等」の「小伝」も取り上げられている(例言一頁)。ここに見られるように、あらかじめ「心学」と「神儒仏」とは明確に区別されているのである。

足立は、「神儒仏三教」を「折衷」した点に「心学者」の功績を見出している（二～三頁）。そして、足立はこの「折衷」的な性格に、心学普及の要因を見出そうとする。

梅巌の心豈に三教の一方に偏する如きものあらん、要はたゞ世教道徳に資する所あらんを欲するにあるのみ。然れば此心学が遂に識者の攻撃する所とならず、独り後来の下層社会を教化する至要の一派として、貴重せらるゝに至りし所以を察すべきなり。（一九二頁）

足立は、「心学」が「識者」に「攻撃」されることなく「下層社会を教化する」ことに従事できたのは、その思想が「三教の一方に偏する」ことがなかったからだと述べる。

このように、心学の「折衷」的なあり方に「教化」成功の理由を見出そうとする視角は、その後の研究においても踏襲されていく。そして、こうした視角から心学教化の「普及史」を大成したのが石川謙である。石川は、「三教」あるいは「四教」（儒仏神に老荘思想を加えた呼称）の「何れでもない」ところにこそ「心学的なもの」を見出し、「何れでもないから何れでもあり得る」ところに心学が普及する一因を見て取ろうとした(34)。石川は言う。

私の考へるところに依れば、心学は本来人間たるを学ぶの学であり、人間一般を教化せむとするの運動である。従つて無学な商工階級ばかりを相手とした低級な、方便的な通俗教化運動ではなくて、上下のあらゆる階級に広く且深く浸潤した国民教化運動であつた(35)。

石川は、従来の研究が心学を「通俗教化運動」ととらえていたことに異を唱え、心学が「あらゆる階級」に通用する「国民教化運動」であったことを明らかにしようとしたのであった。

以上に見てきた足立や石川による研究視角は、その後の心学研究において概ね踏襲されてきたと考える。すなわち、心学は、神儒仏いずれとも異なる思想を形成したがゆえに、「下層徳育」「国民教化」を成し遂げたことが所与の前提とされてきたのである。そのうえで、その思想が神儒仏それぞれからいかなる影響を受けているかに大きな関心が払われてきたのであった。

確かにこれまでの研究において、石川の研究は批判にさらされてきた[36]。梅岩および弟子たちの思想は、町人性に裏打ちされており、封建制の枠組みを超え出るものではなかったことが、これまでも指摘されてきた[37]。また、その町人性に積極的意義を見出そうとした研究も数多い[38]。心学は「人間たるを学ぶの学」なのか、それとも、町人の学と見たほうがよいのか。この問題は、その後の心学研究において中心的な論点の一つとなり続けてきたと言ってよいだろう。

だが、これらの研究は、心学教化の実態や特質について考察するものではなかった。もちろん、自治体史レベルでの実態解明は進められているが、石川の研究視角を批判的に検証していく方向性を有していないと考える[39]。つまり、これまでの研究は、心学が「下層社会」（足立）、「上下のあらゆる階級」（石川）に通じる教えであることを強調することにより、教化が容易に貫徹していったことが前提にされてきた。教化普及の範囲については議論されてきたけれども、その範囲内において教化が問題なく貫徹したことは所与の前提とされてきたのである。

したがって、先述の石川批判も、心学教化の効力の大きさに疑問をさしはさんだものとはいえない。むしろ、心学教化の効力が無視し難く大きなものであることが前提にされたからこそ、その思想の内実を検討すべく、石川批判へと向かっていったといえるだろう。また、町人思想史や民衆思想史において心学が注目されてきたのも、この効力が前提にされたからこそとまとめることができるだろう。

本書では、如上の状況に介入すべく、教化が予定調和的に貫徹することを前提にせず、教化をその困難性においてとらえていくことに力点を置きたいと思う。そして、先にも述べたように、本書では、その困難性を教えの語られ方に見出していきたい。

俗語や滑稽な話柄を縦横に用いて、教えをくだけた調子で語る心学教化の語りについては、これまでの研究でも注目されてきた。心学道話と呼ばれるその語りは、聞き書きとして残されることも多かったため、江戸時代における話し言葉のあり方を窺わせる史料として、国語学でも注目されてきた。また、心学道話と落語との影響関係を考察した研究もある[40]。

こうした研究の中で、心学道話の語りの特質について主題的に考察したのが、後藤宏行と辻本雅史である[41]。後藤は、「特定の演者が不特定多数の群衆にむかって語りかける口頭の情報伝達型式」を「マス・ローグ」と呼び、日本における「マス・ローグ」の成立過程を考察した[42]。そして、「十八世紀に日本にマス・ローグが成立したのではないかという仮説を、傍証する典型例」として、石門心学に注目したのであった（三五二頁）。

後藤は、心学道話で心学者がしばしば「御工夫なさりませ」と述べていることに注目し、この言を「ふだんは結びあっている、受け手の集団員相互のつながりを断ちきり、一人一人の主体性を要求する」ものと解した（三六七頁）。また、「強引」ともいえる「古典解釈」や「全然内容と関係のない歌や諺」（三七二頁）を盛り込む心学道話に「安定した生活のリズム、流れを切断するための、ショック的話法」（三七一頁）を見て取っている。後藤によれば、これらの特質は、心学道話が「マス・ローグ」たる性格を備えていたことを示すものである。

後藤は、「マス・ローグ」をすぐれて「近代的」な「語り口」とみなしている。というのは、「送り手と受け手のあいだの連帯性、共通項を求めようとするディア・ローグとは違って、マス・ローグは、受け手と送り手の相克、葛藤、対立をバネにして伝達されるものであり、同時に受け手集団のなかの、メンバー相互の連帯をも断ちきり、分断し、解体していく機能を持つもの」だからである（三六七頁）。そして、後藤は、こうした「脱共同体的」（七頁）な「語り口」は、「都市的な人間関係と、あるていどの近代的な自意識を前提にして、はじめて可能」

となると考察した（四頁）。

後藤の「マス・ローグ」研究は、仏教や芸能に見られる文化的伝統を掘り起こしたうえで、西洋と対比しながら日本における「言葉の公共性」を考察しようとするスケールの大きなものである。そのため、その評価は、本書の考察全体をふまえたうえで行なう必要があると考える。さしあたり現時点で言えることは、後藤が「語り口」を考察するうえで着目したことが、語り口を支える「発想」とその「発想」が生み出される「社会史的、文化史的な背景」（三五二頁）であるということである。[43]これに対して本書では、すでに述べたように、教えの語り手だけでなく、語りの中に見出し得る受け手にも着目し、語りを通して教えの説き手が受け手とどのような関係性を築こうとするかに注目することにしたい。そうすることによって、心学教化の語りが、先に挙げた後藤の指摘に適合しない要素を持っていたことが明らかになると考える。

また、辻木雅史は、後藤の研究に示唆を受け、心学道話を「マス・ローグ」とみなしたうえで、「なぜ心学が民衆のうちに浸透していったのかを明らかにする」手がかりをその語りに見出そうとしている。[44]したがって、教えの受け手を惹きつける要素を語りから見出すことに主眼が置かれている。これに対して本書では、すでに述べたように心学教化をその困難性において見出すことに主眼を置きたい。

その際、心学道話に見られる「マス・ローグ」的な語りが本当に「マス」に対する語りになり得ていたのかにこだわり続けることになるだろう。論を先取りすれば、梅岩は確かに「マス」を相手に教化に臨もうとしていたといえようが、その弟子である手島堵庵は、聴衆に「マス」を想定したわけではなかった。教えを説こうとする対象が師弟間で異なっているのである。本書で注目するのはこの相違である。そして、この相違について検討するためには、梅岩と堵庵がそれぞれ教化に臨む際に、いかなる立場に立とうとしたかについて検討する必要があると考える。

先の辻本の研究は、この立場性という観点からも注目すべき考察を展開している。辻本は、梅岩が読書をベースとする当時の「儒学の正規の学習課程」（二一二頁）を経ないままに、「みずからを「儒者」とする自己規定を、自覚的に保持し続けた」（二一四頁）ことに着目した。そして、従来の学問を「意味転換」（二一二頁）し、「口語」によって学問を構成しようとしたことに、梅岩の思想史的意義を見出したのであった。そのうえで、辻本は、「口語」による学問をさらに「徹底」（二〇八頁）させていったのが、手島堵庵をはじめとする弟子たちだったととらえる。従来、梅岩思想の矮小化過程としてとらえられてきた梅岩以降の動向を新たな視点で描こうとしたのである。

だが、辻本の研究では、「儒者」という梅岩の「自己規定」そのものが、弟子たちにいかに継承されたのかについては考察されていない。本書で見ていくように、教えを説く際の「自己規定」は、梅岩と弟子たちとでまったく異なっている。本書で注目したいのが、この相違である。(45) なぜなら、この相違は、梅岩が説いた学問なるものが、梅岩とは異なる位置づけのもとで語り直されていくことを示しているからである。

よく知られているように、梅岩およびその門流の教えが心学という名称で呼ばれるようになったのは、梅岩没後のことであり、梅岩自身は自らの教えをあくまで学問と称したのであった。また、本論で明らかにするように、梅岩の教えを独自なものと位置づけたのは、他ならぬ弟子の手島堵庵であった。堵庵の登場により、それまで学問と称されていた教えが梅岩の説いた独自な学問として位置づけ直されていったのである。そして、その過程において心学は、当時の儒者達から異端と評されることになる。

この動向には、ある教えを学問とみなすかみなさないかという視線の交錯を見出すことができる。そしてこの交錯のもとで、梅岩、堵庵は、教えをいかに語るかを模索していく。言い換えれば、梅岩から堵庵へと至る動向は、教化の場面において学問なるものが動揺していくプロセスを示しているといえるのである。したがって、本書では、従来研究の手薄な梅岩から堵庵へ至るプロセスに特に注目することになる。

第五節　本書の構成

本書は二部構成になっている。まず第一部では、広く民衆に向けて学問なるものを説こうとする体裁を備えた教訓書、および、教化の場面を描くことを趣向とする談義本を主な考察対象とし、書中において、著者または登場人物が、学問を称する教えを誰に向けてどのように語ろうとしているかを考察してゆく。そのことを通じて、第二部における石田梅岩、石門心学についての考察の前提となる論点を導き出すことが第一部の目的である。

第一部で取り上げるテクストは、いずれもすでに多くの研究で取り上げられてきたものばかりである。それらの研究の多くは、テクストから著者の思想や意図を再構成することを目的としているが、本書の目的はそこにはない。また、これらのテクストから民衆思想、町人思想といったものを見出すことも目指してはいない。

一般に思想史研究では、人物に即して思想を明らかにしようとする傾向があるため、あるテクストで語られていないことを、同じ著者が書いた他のテクストの記述で埋め合わせていく作業が行なわれる。だが、その作業は、かえって一つ一つのテクストが持つ固有の語りの特質を見失わせる危険と隣り合わせである。本書では、あるテクストを考察の俎上にのせるに際し、その人物が書いた他のテクストとの整合性といった問題には意を注いでいない。むしろ、特定のテクストに焦点を絞ることにより、そのテクストにおける語りにこだわる手法をとりたい。

まず第一章では、貝原益軒『大和俗訓』を取り上げる。益軒は書物を通じて広く民衆に向けて学問を説き示そうとした点において先駆的な人物であった。また、実際に彼の書いた一連の教訓書は、多くの読者を獲得していくことになる。したがって、益軒の著作からは、この時代における学問の語り方の一つの範型を見出すことが可能であると想定できる。この想定にもとづいて、『大和俗訓』で学問がいかに語られるかについて考察する。

第二章では、河内屋可正『河内屋可正旧記』を取り上げる。『河内屋可正旧記』は刊行を意図して書かれたものではなく、実際に刊行されてもいないが、郷里の者や子孫に向けて学問なるものを説こうとする一面を有した記録である。益軒とは異なり、可正は村落において家業に取り組んだ。益軒の著作を読んで、それを渡世に生かす立場にあった人物であったと言い得る。こうした立場から可正が、学問をいかに語ったかについて、『大和俗訓』との相違に注意しながら考察していく。

『河内屋可正旧記』は、第二部で取り上げる石田梅岩、石門心学との関連でも重要な位置を占める。安丸良夫は、「『河内屋可正旧記』は、石門心学成立の背景をもっともよく理解させる史料のように思われる」と位置づけ、「『河内屋可正旧記』の立場は、より徹底して一貫性と原理性を獲得すれば、梅岩の立場となるように思われる」と述べている(46)。この評価は、『河内屋可正旧記』についての研究においてしばしば言及されるものである。安丸は、可正、梅岩それぞれが説く思想の内容について述べているのだが、本書で注目する説き手の立場という点から見ると、両者の「立場」は全く異なっている。この点についても注意しながら考察を進めたい。

第三章では、読者の身分に応じて教えを展開しようとした教訓書として、いわゆる職分論的な教えに注目する。そして、身分に応じた教えを構成することが、教えの語り方にどのような影響をもたらすのかについて考察していく。身分に応じて教えを語るとは、教えの受け手を限定することを意味する。受け手をあらかじめ限定することによって、説き手は受け手に見合った教えを容易に構成することができるかもしれない。だが、他方で説き手は、自らの教えが本当に受け手に見合ったものといえるのかどうかを不断に問い返されることになるだろう。また、受け手を限定することによって、説き手の眼前には多くの非-受け手が析出されてくることにもなるだろう。この非-受け手の視線によって、説き手はいかなる動揺をこうむることになるのか、ならないのか。この点に注目していきたい。なお、取り上げる教訓書は、常盤潭北『民家分量記』、西川如見『町人袋』、同『百姓袋』など、いずれもこれまで多くの研究で対象とされてきたものばかりである。

第四章では、第三章までに取り上げてきたものとは異なるジャンルに属するテクストとして談義本を取り上げる。様々な人物が教化を行なう様子が創作的に描かれた談義本において、学問を説く人物および説かれる場面がどのように描かれているのかについて考察していく。談義本には、単に教えが説かれる場面が描かれているだけではなく、その教えをことさら新奇なものとしてありがたがる者や、逆にそれに全く耳を傾けようとしない者も描かれている。本書で談義本を取り上げる理由は、たとえ創作的にとはいえ、そうした者たちがいきいきと描かれた描写から、第三章までに取り上げてきたテクスト、さらには、石田梅岩、石門心学の特徴をかえって浮き彫りにすることができるのではないかと考えるからである。実際、談義本で説かれる教訓の内容は、第三章で取り上げるテクストに見られるそれとかなり共通している。また、第九章で取り上げる談義本では、明らかに心学者をモデルにしたと思しき人物が教化を行なっていたりもする。これらの描写に注目することにより、教化に臨む者たちが教化の場においていかなるまなざしにさらされていたのかを、より明確にし得るのではないかと考える。

続いて第二部では、石田梅岩と石門心学の動向に焦点を当てる。

まず第五章では、石田梅岩を取り上げ、彼の著した『斉家論』について考察する。商業の積極的意義を説き、とりわけ町人において求められる徳目である「倹約」を説いた『斉家論』は第三章で取り上げたテクストと類似した側面を持っているが、異なる点も見られる。両者を対比的に考察することにより、第一部と第二部との接合を行なうとともに、梅岩の特異性を浮き彫りにすることを目的とする。

それをふまえて、第六章では、引き続き石田梅岩を取り上げ、彼が人々に教えを説くに際し、どのような立場からどのように語ろうとしたかについて考察する。自身の「心」と聖人の「心」とが一体化する体験を起点に教化に臨んだ梅岩は、聖人の教えを説く「儒者」という立場を崩そうとしなかった。だが、その立場は、いわば聖人らしからぬ自らの姿を浮き彫りにしていくことになる。にもかかわらず、梅岩が「儒者」、とりわけ孟子の立場に依拠しようとしたのはなぜなのかについて考察していく。

ついで第七章では、梅岩の教えを弟子たちがどのように継承しようとしたかについて明らかにする。いうまでもなく弟子たちにとって師匠は巨大な存在である。その巨大な師匠の教えを継承することには、自らの卑小さを再確認していくような工程が不可避につきまとう。そうした中で、弟子たちは、どのように梅岩の教えを語り直そうとするのか、またはしないのか。この問題について考察する。

第八章は、弟子たちのなかでもとりわけ手島堵庵に焦点を絞り、彼が梅岩の教えをいかに語り直そうとしたかについて考察する。先にも述べたとおり、堵庵は、梅岩の教えを独自な教えと位置づけることにより、後に石門心学と呼ばれる教えの体系を作り上げ、またその教えを学び合う門人組織を形成した。だが、このことは、堵庵らの説こうとする教えが当時の通念的な学問とは異なるものへと変質していったことを意味するはずである。その変質について考察することが第八章のテーマである。

第九章は、教化運動として展開し始めた心学がどのような批判にさらされたかについて考察する。まず前半では、主に儒者たちによる心学批判を概観することにより、心学がいわば正規の学問から逸脱した「異端」と評価される反面、学問とは関係のない教化運動として一定の有効性を認められていたことを明らかにする。ついで後半では、心学を題材に取り上げた談義本に注目し、心学教化の限界点がどのように描かれていたのかについて考察する。

第十章は、堵庵の弟子に当たる脇坂義堂に着目する。義堂は、心学者の中でも、とりわけ多くの著作を残した点で傑出しており、また彼は、幕府が無宿人の授産更正施設として設立した人足寄場において道話を行なったことでも知られる。その道話を聞き書きした『心学教諭録』を考察することにより、梅岩から堵庵へと継承されていった学問の行き着く先を見て取ることができると考える。

最後に結章において、本論のまとめを行ない、今後の課題を展望する。

註

（1）寺崎昌男・編集委員会編『近代日本における知の配分と国民統合』（第一法規出版、一九九三年）など。

（2）むろん、本当に門戸が開かれているといえるのかについても、大いに疑わしい。奨学金制度の現状ひとつとってみただけでも、すぐにわかることである。

（3）鹿野政直『近代日本の民間学』岩波新書、一九八三年（『鹿野政直思想史論集一　大正デモクラシー・民間学』岩波書店、二〇〇七年、二三八頁）。

（4）他方で鹿野は、「民間学」をその成果の高みにおいて描き出そうともしている。鹿野の意図は、「アカデミズム」の「そと」において、「民衆の文化」が「学と名の付く体系」を打ち立てるまでの「逞しさ」を有していたことを示すことにより、「文化がエリートによって独占されている、あるいは文化というものがそもそもエリートのものなんだということを当然視する考え方」を問い直すことにあった（鹿野政直「大正文化への一視点」、『信濃』第三次二七巻九号、一九七五年）。民間学のいわばカウンターカルチャーとしての性格に期待をかけたと言い得よう。民間学を、「生成過程」と成果の高みの両面から捉えようとしたところに、鹿野の独自な問題意識を見て取ることができる。

（5）こうした視角は、鹿野の一連の思想史研究に一貫したものであるといえる。すなわち、思想の背後に人心の動向を読み取ろうとする視角であり、換言すれば、思想ないしは思想家を人心の「焦点」と捉える視角である。こうした視角については、鹿野政直『資本主義形成期の秩序意識』（筑摩書房、一九六九年）五～六頁に詳しく述べられている。

（6）高橋陽一「共通教化の基礎仮説」（『研究室紀要』二二号、東京大学大学院教育学研究科教育学研究室、一九九六年）。高橋の意図は、「近代日本の国民統合」のあり方を「教化」と「教育」の複雑な関係性に注目しながら明らかにすることにある。したがって、本書の考察とは、直接の目的も考察対象も異なるのであるが、彼の「分析概念」は、両語の歴史的用例をふまえて設定されたものであることから、本書においても適用できると考えた。なお、両語の実際の用例については、石川謙『近世日本社会教育史の研究』（青史社、一九七六年改訂版〈初版一九三八年〉）に詳しい。また、久木幸男『社会を見る眼――親鸞をとおして』（東本願寺出版部、一九八一年）も、教化の諸義について示唆に富む考察を行なっている。

（7）もちろん、高橋も指摘するように、「集団」の範囲をどう設定するかによって、「教育」は「教化」の性格を帯びることもあるし、逆もあり得る。

（8）言うまでもなくこれは建前であり、学校に「教化」の場としての側面があることは明らかである。高橋陽一前掲論文参照。

（9）宇野田尚哉「板行儒書の普及と近世儒学」（『江戸の思想』五号、ぺりかん社、一九九六年）、小林准士「近世における「心の言説」」（『江戸の思想』六号、ぺりかん社、一九九七年）、樋口浩造『「江戸」の批判的系譜学』ぺりかん社、二〇〇九年。

（10）深谷克己は、一七世紀日本の歴史を「民間社会」成熟の過程として描いている。深谷克己『士農工商の世』小学館ライブラリー、一九九三年（初版一九八八年）。
（11）今田洋三『江戸の本屋さん』日本放送出版協会、一九七七年。
（12）ここでいう塾とは、従来、寺子屋、私塾と呼ばれてきたものの総称である。
（13）俵木浩太郎『孔子と教育』みすず書房、一九九〇年。俵木は、『論語』にしばしば現れる「好学」の語に注目し、その語から、「好色」にも比せられる「自然感情」の発露として学問をとらえる見方を見出している（六四頁）。また、「経国済民」や「修己治人」といった「他のなんらかの目的に奉仕する手段」としての学問ではなく、「自己目的的、自足的、悦楽的性格」を持った学問像を見出している（一九五頁）。ただし、俵木も認めるように、こうした学問の捉え方は、さほど一般化せず、「目的に奉仕する手段」として儒学は普及していった。
（14）安藤昌益（一七〇三〜一七六二）のように、経書における聖人の教えを真っ向から否定した人物がいなかったわけではない。だが、その否定は、同時に学問の否定でもあったとここではみなしておくことにする。
（15）小林准士前掲論文。
（16）樋口浩造前掲書。
（17）安丸良夫『日本の近代化と民衆思想』平凡社ライブラリー、一九九九年（初版一九七四年）。
（18）柴田純『思想史における近世』（思文閣出版、一九九一年）、横田冬彦「はたらくことの近世史」（『神戸大学史学年報』四号、一九八九年）、倉地克直『近世の民衆と支配思想』（柏書房、一九九六年）、深谷克己『百姓成立』（塙書房、一九九三年）などを参照。
（19）前掲深谷克己『士農工商の世』四三五〜三七頁。なお、この成熟の例として深谷が挙げるのが、本書で中心的に取り上げる人物の一人、石田梅岩である。また、観点はやや異なるものの、朝尾直弘もまた、石田梅岩の登場に一八世紀日本の新たな胎動を見て取っている。朝尾直弘「十八世紀の社会変動と身分的中間層」（辻達也編『日本の近世一〇 近代への胎動』中央公論社、一九九三年）。
（20）網野善彦『日本論の視座』（小学館、一九九〇年）など。
（21）この点を指摘した先駆的な研究に、青木美智男「近世民衆の生活と抵抗」（青木美智男ほか編『一揆四 生活・文化・思想』東京大学出版会、一九八一年）、同「近世の文字社会と村落での文字教育をめぐって」（『信濃』第三次四二巻二号、一九九〇年）がある。また、八鍬友広は、一揆訴状が読み書きを学ぶ教材（往来物と呼ばれる）として流布していた事実を明らかにし、そこから、政治に関わる民衆の力量形成について論じている。八鍬友広『近世民衆の教育と政治参加』校倉書房、二〇〇一年。
(22) 利根啓三郎『寺子屋と庶民教育の実証的研究』雄山閣出版、一九八一年。
(23) 安丸良夫前掲書。
(24) この点を指摘する研究は数多いが、ここでは、次の一点を挙げるにとどめる。竹安繁治「大阪町人思想史の一齣――学問意識と身分意識」(『ヒストリア』一五号、一九五六年)。
(25) 日野龍夫『江戸人とユートピア』(岩波現代文庫、二〇〇四年。初版一九七七年)、杉仁『近世の地域と在村文化』(吉川弘文館、二〇〇一年)など。
(26) このような考え方を、木村政伸は、「分限教育」論として整理している。木村政伸「幕藩体制における地域と教育」(千葉昌弘・梅村佳代編『地域の教育の歴史』川島書店、二〇〇三年)、同『近世地域教育史の研究』思文閣出版、二〇〇六年。
(27) 鈴木理恵「江戸時代における識字の多様性」(『史学研究』二〇九号、一九九五年)。なお、高橋敏は、江戸時代の民衆に広く見られた学問への警戒感を「反文字思想」とみなしたうえで、そこに「文字文化」と「無文字文化」の「葛藤」を見出している(高橋敏『日本民衆教育史研究』未来社、一九七八年、同『近代史のなかの教育』岩波書店、一九九九年)。だが、民衆の学問に対する複雑な思いを「反」の一字で整理してしまうことはできないと考える。
(28) 伊藤単朴『教訓差出口』一七六二(宝暦一二)年刊(柏川修一編『談義本集』一、古典文庫、一九九四年、一八七頁)。
(29) 同前、一九八頁。
(30) 佐久間正『徳川日本の思想形成と儒教』ぺりかん社、二〇〇七年、四六八～六九頁。
(31) 石川松太郎「教育史教育・研究と石門心学の教化思想」(今井淳・山本眞功編『石門心学の思想』ぺりかん社、二〇〇六年)。
(32) 中島力造・足立栗園『社会徳育及教化の研究』隆文館、一九一四年。
(33) 足立栗園『近世徳育史伝』開発社、一九〇〇年。
(34) 石川謙『石門心学史の研究』岩波書店、一九三八年、五頁。ただし、同書で石川は、「三教」「四教」のいずれの教えに力点が置かれるかは、各心学者によって相違するとし、主だった弟子の思想的な系譜を簡潔にまとめている。
(35) 石川謙『増補心学教化の本質並発達』青史社、一九八二年、一九一頁。
(36) 対して、足立の研究については、ほとんど検証されておらず、石川松太郎前掲論文に若干の言及が見られるぐらいである。
(37) 長谷川鉱平「心学と其の歴史的展開」(『思想』一三〇号、一九三三年)、坂本徳松「町人学としての心学」(『歴史科学』四巻八号、一九三五年)など。両論文はともに、石川謙『心学教化の本質並発達』(章華社、一九三一年)において、心学が

「人間教」と位置づけられたことに対して異を唱えている。
（38）代表的な成果のみを挙げると、竹中靖一『増補石門心学の経済思想』（ミネルヴァ書房、一九七二年）、R・N・ベラー（堀一郎・池田昭訳）『日本近代化と宗教倫理』（未来社、一九六二年。のち、修正改題されて『徳川時代の宗教』岩波文庫、一九九六年）など。
（39）石川のいう「普及史」の研究視角については、高野秀晴「石門心学における教化統制力とその圏外」（『季刊日本思想史』六五号、ぺりかん社、二〇〇四年）において批判的に検証されている。
（40）延広真治「江戸落語の展開――心学道話との関連において」（『国文学　解釈と教材の研究』一九巻一一号、一九七四年）。
（41）ほかに、語りに注目したものではないが、石田梅岩を「公共性」の観点から取り上げた研究に、片岡龍・金泰昌編『公共する人間二　石田梅岩』（東京大学出版会、二〇一一年）がある。近年数少ない石田梅岩研究の最新の成果であり、学ぶべき点も多い。だが、書名が示す通り、同書は、「公共性」に関する問題を石田梅岩という人間像へと収斂させていく点で、本書の関心とは異なる。
（42）後藤宏行『「語り口」の文化史』晃洋書房、一九八九年、二五頁。
（43）この着眼点は、『転向と伝統思想』（思想の科学社、一九七七年）以降の後藤の研究に一貫して見られるものだと思う。ほかに、『大衆社会論序説』（思想の科学社、一九六七年）を嚆矢として、後藤はコミュニケーションを技術史的にとらえる研究も残している。本書ではなし得ないが、後藤の研究を検討するには、これらの研究をあわせて取り上げる必要があると考える。
（44）辻本雅史『思想と教育のメディア史』ぺりかん社、二〇一一年、二二一頁。
（45）近年では、次に挙げる研究のように、梅岩と堵庵との違いに注目する研究も出てきているが、両者の「自己規定」の相違に注目したものではない。山中浩之「尊性堂と飯岡義斎」（今井淳・山本眞功編『石門心学の思想』ぺりかん社、二〇〇六年）、山本眞功「堵庵心学の社会的機能」（『季刊日本思想史』六五号、二〇〇四年）。
（46）安丸良夫前掲書、二一六～二一七頁。

第一部

■第一章　学問誘導の語り――貝原益軒『大和俗訓』の場合――

第一節　本章の課題

本章では、貝原益軒（一六三〇～一七一四）が著した『大和俗訓』（一七〇八〈宝永五〉年刊）を取り上げ、そこにおいて学問なるものが読者にいかに提示されているかについて考察する。

貝原益軒は、「出版メディアを活用した通俗書著述によって直接一般大衆に関わろうとする」点において、先駆的、画期的な「儒者」であったと評価される人物である。(1) 百種以上にのぼる彼の著作の多くは、初学者のための手引書としての性格を備えたものであった。なかでも、『和俗童子訓』『家道訓』『養生訓』などの、今日「益軒十訓」と総称される彼の一連の教訓書は、いずれもいわゆる無学の者を想定して、平易な文体によって著されたものであった。初学者というより、学ぼうにもその手立てのない者たちを新たな読者層に想定して刊行されたのがこれらの教訓書であった。(2)

実際に、益軒の諸著作は、学問を学ぼうとする者たちに広く読まれた。少なくとも大坂周辺の村落では、益軒の著作を所有する家は珍しくなかった。村落の指導的立場にいる者にとっては必読書のような位置を占めていたといえよう。(3) また、家の蔵書に関する近年の研究を通じて、その普及は、大坂周辺にとどまらないことも確認されてきている。

学問なるものを学ぼうとする者の多くがまず手に取ってみる書物。それが益軒の教訓書だったとすれば、益軒の著作は、当時学問なるものが民衆にいかに語られたかについての、少なくとも一つの典型例を示していると想定できるだろう。そこで本章では、いわゆる「益軒十訓」の中で最初に公刊された書物、そして、公刊にあたり益軒がなみなみならぬ意欲を注ぎ、「益軒の教育思想の根幹」「基本構造」が「最も良く反映している書」であると評価される『大和俗訓』を取り上げてみたい[4]。

『大和俗訓』などに見られる益軒の教育思想は、教える側ではなく学ぶ側の立場から構成されていることがこれまで指摘されている。江森一郎は、「人間一般の主体的学習に対する期待」に支えられた益軒の思想に「学習法的教育観」を見出し、その特質を朱子学の教育観との対比を通じて明らかにしようとしている。江森は、「益軒の「教える」ことに対する関心に一定の限度があった」(一九六頁)ことを指摘する。学ぶ者の「志」を重視する反面で、「教える」という行為の「人為的・強制的な側面」に対する「警戒感・不信感が強く脈打っている」からである(一九七頁)。だが、「「自得」をあくまで追求しようとした益軒らの学習法的教育観の中に、かえって真の教育のあり方を考える際、ゆるがせにできない原点」(同)があると江森は述べている。

辻本雅史は、江森の研究をふまえたうえで、益軒の思想が学習者の「模倣と習熟」の過程を基盤に構成されている点を明らかにしている。そして、この基盤が江戸時代における「学習文化」に通底するものであったと論じている[5]。

「真の教育」の「原点」を見出そうとする江森の研究と、益軒に見られる教育観が近代的なそれとは異なることに注意を促す辻本の研究とは、それぞれ強調する点は大きく相違している。だが、いずれも益軒が学習者の「立志」と師への「信頼」を重視したことを強調する点で共通している。「志」と「信頼」があれば、学習者は教えられずとも師匠を手本にして学ぶのである。それでは、学問への「志」と師匠への「信頼」を有しない者はどうなるのだろうか。辻本によれば、益軒は、「志」を教え与えることを不可能なことと考えていた。そうだとすれば、益軒は「志」を持たない者に対する教化を放棄していたことになる。

だが、益軒は、出版を通じ、それまで学問を学ぶ手立てを持たなかった民衆への教化に乗り出すことにより、確固たる「志」をいまだ持たざる者にも向き合わなければならなくなったはずである。本章では、この点に留意しながら、『大和俗訓』を読み進めていきたい。

第二節　「天地につかへ奉る」ための学問

『大和俗訓』の自序は、次の文言から始まる。(6)

あめつちのことはり、人の道は、古の聖人これを経典にしるし給ひ、其の明らかなること、日月の天にかかれるが如くなれば、天下の目ある者は見ざることなし（四一頁）

この短い一文からも、様々なことを窺い知ることができる。まず「あめつちのことはり」（天地の理）と「人の道」とは、何らかの関わりがあるらしいこと。そして、それらはすでに「古の聖人」によって「経典」に「明らか」に書き記されているらしいこと。したがって、「目ある者」は「経典」を通じてそれらを見ることができるということ。こうしたことが書かれている。

すでに「経典」として書き残されていることは、「天下後世の大なる幸」というべきである（同）。だが、「わが日の本の俗のならひ、文字にかたくな」であるために、「わが国聖学の寥々たること、すでに久し」と益軒は言う（同）。

ところが、益軒によれば、この積年の問題は、「今まさに聖明の御世」となり、「人文」が「やうやく開け」ようとしているがゆえに、打開へと向かっている（同）。ここでいう「聖明の御世」が、具体的に何を指すのかは『大和俗訓』全体を見渡しても詳らかでないが、少なくとも益軒が現世を治まりたる世ととらえたうえで、その治世により「人文」の興隆が起こりつつあるとみなしていることは確認できるだろう。益軒は、このような現状認識を提示したうえで『大和俗訓』を世に問おうとするのである。

益軒は、この治世において、「からの文字」（同）ではなく、「此の国のをんなもじ」すなわち仮名を用いて「聖人の道」の「かたはし」なりとも示そうとする（四二頁）。そうすることによって、「世の中の無学なる人、小児の輩、しづのを、しづのめ（賤の男、賤の女）」にまで「聖人の道」を広めることができるかもしれない（同）。こうしてできたのが本書だというわけである。現在が「聖明の御世」であるとの前提のもとで、「経典」に（漢文で）書かれた「聖人の道」の「かたはし」を仮名で示すことによって、これまで学問を学ぶ機会を持たなかった者にまで「あめつちのことはり」と「人の道」を説こうとしたのが本書だということになるらしい。

それでは次に、本文へと目を移そう。冒頭は次のようにある。

「天地は万物の父母、人は万物の霊なり。」と、尚書に聖人とき給へり。言ふこころは、天地は万物をうみ給ふ根本にして、大父母なり。人は天地の正気をうけて生るる故に、万物すぐれて其の心明らかにして、五常の性をうけ、天地の心を以て心として、万物の内にて其の品いとたふとければ、万物の霊とはのたまへるなるべし（四四頁）

本文は、「経典」の一つである『尚書』（『書経』とも言われる）の一節を紹介することから始まっている。「人」も含めた「万物」は、「天地」が生み出したものである。したがって、「天地」は「大父母」とされる。なかでも

「人」は「万物の霊」である。「天地の正気」「五常の性」「天地の心」などの言葉が並ぶが、要するに「人」は「万物」の中でもとりわけすぐれたものだということを指すらしい。

以上をふまえたうえで「人の道」について説かれることになる。

されば人は天を父とし、地を母として、かぎりなき天地の大恩を受けたり。故に、常に天地につかへ奉るを以て人の道とす。天地につかへ奉る道はいかんぞや。およそ人は、天地の万物をうみそだて給ふ御めぐみの心を以て心とす。此の心を名づけて仁といふ。仁は人の心に天より生れつきたる本性なり。仁の理は人をめぐみ物をあはれむを徳とす（同）

「人」にとって「天」は「父」、「地」は「母」である。よって「人」は「天地」の「かぎりなき」「大恩」を受けていることになる。したがって、「父母」に孝行するごとく、「天地」に「つかへ奉る」ことが「人の道」なのだという。「天地」に「つかへ奉る」とは、「天地」の「御めぐみの心」を自らの「心」とすることであり、これがすなわち「仁」なのだという。

以上のように、益軒は「天地」と「人」とを関連づけることによって、「人」としてなすべきことを導き出そうとする。読者にとってみれば、まずは壮大な「天地の大恩」なるものを示され、それへの報恩に尽くすべき「人」としての自覚を促されることになるといえる。

ついで、益軒は、「仁」を派生させることにより、「仁」「義」「礼」「智」「信」という五つの徳目を導き出し、これらを「五常」と総称する。そして、「五常」にもとづいて「人倫」に交わっていくことの必要性が述べられる。「人倫とは、君臣父子夫婦長幼朋友の五」つの人間関係のことであり、それぞれについて、「臣は君に忠をつくす」「子は親に孝をつくす」といった具合に、あるべき関係が述べられていく（四五頁）。「人の道」とはあくまで「人倫」の中で実践していくものであり、「天地」が「万物」をやしなうように、「人」は「人倫をあつくあはれみうやまふ」ことが求められるのである（四六頁）。

だが益軒は、「常人」は「人の道」にもとづいて生きていないという。

常人はちかき父母につかふる道をだにしらずして、心を用ひず。況や、天地はきはまりなき大恩あることをわきまへずして、天地につかへ奉るは、身にあづからざることとおもへり（四七頁）

先に引用したように、「人」は生れついて「仁」（さらには「五常」）を「本性」として備えているはずであった。だが、「常人」は、「本性」にもとづいて「天地につかへ奉る」ことをしようとしない。「凡人」は、「天地につかへ奉らずして、人欲にしたが」ってしまうというのである（四六頁）。「人欲」ではなく「本性」にもとづくことが「天地につかへ奉る」ことなのであり、そのために、「人」には学問が必要だというのである。

人の道をしらんとならば、聖人の教をたふとびて、その道を学ぶべし。いかんとなれば、聖人は人の至極なり。天地の道にしたがひて、人の道ををしへ給へる万世の師なり。後代にのこしおき給ふ四書五経の教は、万世の鑑なり。その道理明らかなること、日月の天にかかれるが如く、天下ひろしといへども、てらざる所なし。よくよまん人は、天下の道理をしらんこと、白日に黒白をわかつが如くなるべし。あに是を学ばざるべけんや（四九頁）

「聖人」とは「人の至極」であり「万世の師」である。だから、「聖人」が「後代にのこしおき給ふ四書五経」を「万世の鑑」として学ぶ必要があるのである。この「聖人の教」の「かたはし」を仮名で説き示したのが同書に他ならないことは、先に見た通りである。

以上、『大和俗訓』の冒頭部を読み進めて来たが、ようやく学問の必要性が説かれるところにまでたどり着いた。「天地」のことから語り始めた益軒は、「天地」に「つかへ奉る」ことを「人の道」と位置づけたうえで、「人欲」ではなく「人の道」に則って生きるためには学問が不可欠であると説いたのであった。

ここまでをふまえたうえで、以下、次の三点に注目しながら、『大和俗訓』を読み進めていきたい。一つ目は、益軒が「天地」なるものをいかに読者に提示しようとするかについてである。人々に学問を説くにあたって、益軒が執拗に「天地」に言及しようとすることは以上から明らかである。それでは、益軒は、「天地」への言及により、読者に何を伝えようとしているのか。それがまず一つ目の問題である。二つ目は、「人」としての自覚を読者に迫ることは何を意味するかについてである。益軒は、人が「人」であるためには学問が必要だという。では、学問によって形成される「人」とは、一体いかなる者であるのか。これが二つ目の問題である。そして、三つ目は、益軒が、「人欲」にいかに対処するよう読者に求めているかについてである。益軒によれば、「人欲」と「人の道」とは相容れないものであるらしい。したがって、『大和俗訓』には、「人欲」にいかに対処すべきかについて、少なからぬ紙幅が割かれているはずである。以上三点について、以下、考察を加えたい。

第三節　「天地」の語られ方

一　擬人化される「天地」

「聖人の道」の「かたはし」を説くに当たって、なぜ益軒は、かくも執拗なまでに「天地」に言及しなければならなかったのだろうか。『大和俗訓』をもう少し読み進めてゆくと次のような箇所に行き当たる。

或人の曰、儒者の学は只人道をしらば可ならん、天地の道をしるに及ぶべからずと。予答へて曰く、天地の道は人道の本なり。天地の道をしらざれば、道理のよつて出づる所の根本をしらず。根本をしらざれば、天理の人にそなはり、人の天地にうけたる天人合一のすじめをしらずして、人道明らかならず。故に、まづ日用人倫の道を学んで後、天地の道を学ぶべし。聖人の易を学び給ふも此の故ならずや。されども、天地の道は猶たやすく知りがたし（五五頁）

「天地の道は人道の本」である。したがって、「人の道」を知るには、「日用人倫の道」を学ぶにとどまらず、「天地の道」についても知る必要があると益軒はいう。また、「天地の道」を知るために「易」を学ぶことの必要が示唆されている。天地の仕組みを表す「易」（それは「四書五経」のうちの『易経』という書物に具現化されている）を学ぶことが学問の重要な一環として位置づけられているのである。

だが、「天地の道は猶たやすく知りがたし」という益軒は、同書で『易経』にあまり言及しない。「天地の道」について細かく解説することをせず、むしろ同書で説かれるのは「日用人倫の道」のみといっても過言ではない。とすれば、『大和俗訓』は、「天地の道」を直接説いた書というよりは、その前段階として、「人の道」を説いた書とみることができるだろう。だが、「人の道」の「本」には「天地の道」がある。このことを示唆する必要から、「天地」に執拗に言及されるのだとみることができよう。

それでは、どのように言及されているか。ここまで読み進めてきたところを見る限り、益軒は「天地は万物の父母」という『書経』の一節を重要視し、「天地」を「父母」のような存在として描いている。そして、「父母」の「恩」になぞらえることで「天地」の「大恩」について語る。また、「天地につかへ奉る」ことの必要性を、「父母」への「孝」の必要性と同様のこととして扱っている。つまり、「天地」と「人」とは、「父母」を媒介として関連づけられていくのである。以上のことをより直截に示す表現としては、例えば、「天地につかへて仁を行ふこと、父母につかへて孝を行ふが如くすべし」という記述がある（四七頁）。

このように、益軒はしばしば「天地」を擬人化させて語っていく。この擬人化は、「天地」なるものを読者にとって身近な存在として自覚させる効果を持っているといえるだろう。「天地」を擬人化して表象することにより、「人の道」を語りながら、同時に、その「根本」たる「天地の道」との関連をも示唆することができるからである。益軒の意図はともかく、「天地」を擬人化して語ることにはこのような効果があるといえる。

だが、先に引用したところで、益軒は、「常人はちかき父母につかふる道をだにしらず」と述べていた。「常人」は「父母」への「孝」すら、まっとうに実践できていないというのである。むろん、この「孝」をいかに実践するかということ自体、学問を通じて学んでいくことではある。だが、同書における「孝」とは、学問を通じて習得していくべきことであるにとどまらず、なぜ学問が必要なのかについての説明の前提にもなっている。つまり、『大和俗訓』における教化は、読者が「孝」の必要性をあらかじめ自覚していることが前提に展開されているとみることができる。したがって、「孝」の必要性を認めない者には、『大和俗訓』における教化は有効に機能しなかった可能性もあるといえるだろう。

2　おそるべき「天地」

『大和俗訓』で提示される「天地」が常に「父母」になぞらえられているというわけではない。「人の道」を経由することなく、より直截に「天地」なるものが提示されている箇所も見られる。たとえば、次の記述に見られる「天地」は、これまで見てきた「天地」とはやや異なる趣を帯びている。

> 不仁は天地人のにくむ所なり。故に、つひに天罰をかうぶりてわざわひあり。その上、子孫までもむくゆるものなり。天道おそるべし（九二頁）

およそ、人の一念の不善も、かならず天に通ずる理あり。「天は高きに居て、ひききにきく。」といへり。上天をあざむくべからず。おそるべし。人をあざむけば、つひに其の偽りあらはる。内に誠あれば、必ず外にあらはるといへり（一〇一頁）

「天地の道」「天道」は、「おそるべ」きものである。「人をあざむ」くなど「不仁」なことを隠れて行なおうとしても、「天」はそれを見通したうえで、「天罰」を下すであろう。このように、『大和俗訓』では「天道」は「おそるべ」き対象として再三にわたって強調されている。先ほどの擬人化される「天地」とは異なり、むしろ「人」から超然と存し、「人」の悪を見通す超越的な力を持った何かだとされているのである。また、別の箇所には、「人の吉凶・禍福・寿夭・富貴・貧賤、万づの幸不幸、皆天の命ずる所なり」とある（一二八頁）。天は「不幸」だけではなく「幸」をももたらすとされていることがわかる。

けれども、「天地につかへ奉る」ことが、必ず「吉」「福」「寿」「富貴」を獲得することにつながるかといえば、ことはそう単純ではないようである。

人間の万事天命にあらざることなし。或は生れつきて定まり、或は時により、不慮に命くだりて、偶然として福にあひ、わざはひにあふ。求めても命なければ得がたく、求めざれども命あれば得やすし（同）

「天命」を前にすれば、「人間」の努力など空しいものにすらみえる。だが、益軒は「只、人の法を行ひて、天命をまつべし」（同）という。最終的には「天命」に委ねざるを得ないが、「不仁は天地人のにくむ所」である以上、「仁」に則って生きることが必要だということになる。「善を行へば福あり、悪をすれば禍あるは常」（同）

なのだ。

先の引用では、「天命」の「偶然」性について語られ、そして、今挙げた記述には、因果応報の必然性が示されている。このように、「善」なる行ないをすることと「福」を得ることとの関連には不明確なところが見られる。この不明確さについて、益軒は次のように言及している。

善を行ひて福来るは、常の理なれども、もし禍あるは是れ亦天命の変なれば、うれふべからず（同）

「善」なる行ないが「禍」へ帰結したとしても、それは「常」ならざる「変」であり、「うれふ」べきことではないと益軒はいう。先に指摘した不明確さはあくまで例外的なことだとされるのである。したがって、「天命」の「偶然」性は、学問に励むことにより、原則としては克服されるはずだということになる。こうして、学問に励むことと、それによってもたらされる「福」とが関連付けられていくことになる。『大和俗訓』においては、「天地」による因果応報の「偶然」性について、真正面から論じられることはないのである。

このことは、後章との関連から見て重要である。というのは、次章で見る河内屋可正の場合、この「偶然」性に苦慮させられることになるのであり、第六章で取り上げる石田梅岩の場合、「偶然」性に身を委ねることこそを説くようになるのである。

第四節　人が「人」となる道程

「天地」への「孝」を求められつつ、同書の読者は、一貫して「人」としての自覚を求められることになる。そのためには、「人の道」を学ばなければならない。それでは、益軒は「人の道」をどのように説こうとするか。

それを次に見ていきたい。

まず確認しておきたいことは、益軒が、「人の道」にもとづいて生きることを「人の職分」と表現していることである（四七頁、七三頁）。この時代にあって「職分」とは、身分制社会における自らの役割を示す語として用いられるのが一般である。商人の職分、百姓の職分、妻の職分、といったようにである。しかし、益軒はここで「人の職分」という。つまり、益軒は学問を必要とする人々を特定の身分と関連させて語っているのではない。したがって、益軒のいう学問とは「いかなる愚なる者」であっても学び得るのであり、学ぶべきであり（五〇頁）、そして、学問する以上は「君子に至らんと思ふ」「志」が求められることになる（五一頁）。「君子となるとは人となるなり。学ばざる人は言ふにたらず。学んでも君子とならずんば、学ばざるに同じくして、人と生れたるかひなし」（七七頁）。学問とは、人が「人」であるために、いや、「人」となるために必要だとされるのである。

では、人が「人」となるとは、どういうことなのであろうか。

人となる者、人倫の道は天性に生れつきたれども、その道に志なくして、食にあき、衣をあたたかにき、居所をやすくしたるまでにて、聖人の教を学ばざれば、人の道なくして鳥けだものにちかし。かくの如くなれば、人と生れたるかひなし（四九頁）

学問を学ばなくても、衣食住を調えることはできるかもしれない。だが、それ（だけ）では「人の道」にもとづいた生き方とはいえないのであり、「人と生れたるかひ」はないと益軒はいう。衣食住の充実とは多くの人々にとって、生活を維持するうえでの、さらには、よりよい生活に向けての、最低限の願望というべきものであろう。だが益軒は、この願望を満たすために学問を提示することをしない。むしろ画然と区別しようとしている。つまり学問は、人々の基本的な生活願望を充足してくれるものというよりは、それを超えたところに求められるべき何かとして提示されている。それは「日用常行」に資するべき、しかし「極めて広大高妙にして深奥」な「道」だというのである（五二頁）。

学問を勧めるうえで益軒が、まず第一に「志を立つる」ことを読者に求めるのは、このことと関わっている。益軒は、学問をするには「勇猛」な「志」を持つことが必要で（五一頁）、「耳目口体にこのむ所」に任せて「外物に心をうつ」したり（同）、「私欲のなぐさみこのみ」に流されることなく（五二頁）、「専一」に学問に励む「志」を立てることを読者に求める（五一頁）。「志を立つることは大にして高くすべ」きであって、「天下第一等の人とならんと平生志す」べきなのである（五五頁）。そして、そのためには、「世俗と同じく、いやしくひきくすべからず」と益軒は言う（同）。学問に励むためには、「志」を「世俗」から引き剝がすことが求められるのである。[7]

益軒によれば、「志とは心のゆく所」を意味する（五一頁）。そして益軒は、「志」を「大にして高く」持つべきことを求める一方で、「心は小にしてひきくすべし」という（五五頁）。なぜなら「心大なれば、おごりてつつしみなく、細行をつとめず。高ければ人にたかぶりて謙徳を失ふ」からである（同）。「心」は小さく低く持つべきで、「心」の向かう先は大きく高く定めるべきだというのが益軒の求める学問への心構えである。いわば出発点と目標点との遠さが強調されているといえる。この遠さは、人が「人」となる道程の遠さでもある。

その道程について、益軒は次のように述べている。

> 一日は一日の功あり、一月には三十日の功あり、一年には三百六十日の功あり、三年には千日の功ありて、徳にすすみ善にうつりゆかば、其の楽極まりなくして、手の舞ひ足の踏むことをしらざるべし。かくのごとくすすみゆかば、君子となること必ず期すべし（六三〜六四頁）

善をするは、のぼり坂をのぼるが如し。つとめざればなしがたし（一八三頁）

人が「人」となる道程――それは坂道を一歩一歩のぼるかのような長い道程である。だが、ここで益軒は、その道程の「楽」しさに言及しようとしている。「志」を「世俗」から引き剝がすことの「楽」を述べるのである。「手の舞ひ足の踏むことをしら」ぬかのように感じられる「楽」しみ。益軒によれば、「楽しみは人の心に生れつきたる天機」であり、すべての者が「楽」を感じることができるはずなのであるが、この「本然の楽」「天然自有の楽」は、「私欲」によって「おほわれ」「失は」れてしまう（一二三頁）。だから益軒は、「欲」と「楽」を区別したうえで、「楽と欲と両立せず。楽しめば欲なし、欲あれば楽なし」と述べている（一二四頁）。「欲」を満足させることに楽しみを見出す者には、「本然の楽」を体感することはできないのであって、「この楽をしらんとならば、まことの学問をよくつとめて、其の理をしるべし」（一一六頁）とされる。「失は」れた「楽」を取り戻すために学問が必要とされるのである。

ところで、教化の場で学問が説かれる際、学問することの「楽」について言及されることはしばしばあった。この点については後章にて考察するが、ここでは益軒が、「楽」を「欲」とは画然と区別されるべきものとして提示していることを確認しておきたい。

第五節　「欲」への向き合い方

「楽」と「欲」とが「両立」しないとなると、人が「人」になる道程とは、「欲」に対処してゆく道程と言い換えることができるだろう。では益軒は、「欲」についてどのように語っているのだろうか。

世俗は、耳目口腹の欲をほしいままにするを楽とす。しからざれば、わが身人と生れ、富貴なるかひなしといふ。是れまことに世俗のいやしき志なり。人の道をしり、善を行ひ、道にしたがひ、人をすくふほどの楽、この世の中に何かあるべきや（一六四頁）

益軒にとって「世俗」とは、「欲をほしいままにする」世界であり、「欲」を満足させてこそ、「人」として生まれた甲斐があるとされる世界である。先述のように益軒は、かかる「世俗」の「楽」とは別種の「楽」を対置しようとするわけであるが、前者の「楽」すなわち「欲」が全否定されているわけではない。「耳目口腹の欲も、よき程なるは、道にそむかずして楽となる」と益軒は言う（同）。したがって、問題は、「欲」を「よき程」にとどめるにはどうすればよいかということになる。

けれども、先に結論を述べてしまえば、『大和俗訓』においては、読者各人の「欲」をどうするかよりも、「欲」を「楽」とする「世俗」において、いかに振る舞うべきかについての記述が目立つ。したがって、「欲」そのものに対する原理的考察はほとんど見られず、次のような記述が繰り返されることになる。

欲をすくなくするの工夫は、欲をこらへて、好む所十分にいたるべからず。只、六七分或は七八分に至らば、はやくやむべし（九六頁）

慾をふさぐとは、慾心おこらば、はやく其の慾をおさふるをいふ。すでに慾さかんになりぬれば、心まよひて慾にかちがたし。慾のはじめておこる時、はやくふさげば、ちからを用ふることすこしにて、そのしるし多し（一〇二頁）

このように益軒は、「欲」を「はやく」「こらへ」る、「ふさぐ」ことを繰り返し説いている。類似の表現として、「欲」を「おさふる」（同）、「忍ぶ」（一〇四頁）、「欲」に「かつ」（一一八頁）などの記述が見られる。これらの記述から共通して窺えるのは、「欲」を「強敵」「大敵」とみなしたうえで、「刃を以て切りたつが如く」（一六二頁）、「ちからをつくして、ふせぎ戦ふ」相手とする見方である（一一八頁）。

「欲」を「敵」とするとらえ方は、読者に「欲」を除去すべきものとして明確に対象化させる効果を持っているといえるだろう。だが、そもそも一体何にとっての「敵」なのであろうか。「欲」について、もう少し詳しく語られている部分に目を向けてみたい。そのうえで、『大和俗訓』において、「欲」についての原理的な考察がほとんど提示されない理由を考えてみたい。

人の性は本善なれども、凡そ人は気質と人欲に妨げられて善を失ふ。気質とは生れつきをいふ。人欲とは人の身の耳目口体に好むことのよき程を過ぐるをいふ。生れつきあしければ、人欲行はれやすし。されば、すべて人たる者は、古のひじりのをしへを学んで、人となれる道をしり、気質のあしきくせを改め、人欲の妨げを去りて、本性の善にかへるべし。是れ学問の道なり（五三頁）

ここでは、「人欲」だけではなく「気質」も問題視されたうえで、これらと「本性の善」とが対照的にとらえられている（なお、『大和俗訓』を通読する限り、「欲」と「慾」、「私欲」、「人欲」といった表現が区別して用いられているようには見受けられない。以下、同義の語として取り扱うことにする）。「古のひじりのをしへ」すなわち聖人の教を学ぶことにより、「気質と人欲に妨げられて」失われてしまった「本性の善」を取り戻すことが必要とされている。つまり、「人欲」（と「気質」）は、「本性の善」にとっての「敵」だということになる。

なお、ここで「人欲」と並んで取り上げられている「気質」については、『大和俗訓』で主題的に語られることはほとんどない。語られるとしても、「我が気質のあしきを変ずるみちは、己が過ぎたるをおさへて、たらざる所をつとむべし」（一一八頁）というような、概説めいた言及にとどまっている。(8)

先の引用において、「人欲とは人の身の耳目口体に好むことのよき程を過ぐるをいふ」とされている。「人欲」は「身」の「好」みによって生じるというのである。この点をより直截に述べた箇所を取り上げてみよう。

心は天君といふ。身の主なり。思ふを以て職分とす。耳目口鼻形は五官といふ（中略）五官のしわざ、見ること、聴くこと、言ふこと、嗅ぐこと、動くことに付きて、心によく思案して、義理に当るか、あたらざるかをかんがへ行へば、五官のしわざあやまりなく、後悔なし。もし心その職分をうしなひて、思案もなく耳目鼻口形の欲にまかせて、義理の当否を察せざれば、人欲ほしいままにして、天理ほろぶ。是れ心の官をうしなひて、よく思はざるによれり（一一〇頁）

ここでも、先ほどと同様、「欲」は「身」の「好む所」によって生じるとされたうえで、その「欲」を統御するのは、「身の主」たる「心」だとされている（なお、ここで「心」が「天君」とされている点については後に改めて注目する）。また、「心」は「思ふを以て職分とす」るとされている。したがって、「欲」を統御するためには「思ふ」こと、「思案」することが必要ということになる。では、「思案」とは何だろうか。

思案せざれば心めぐらずして、是非をわかつことなく愚なり。事に当りて心をめぐらし、よく思案すれば、是非をわかつ故、愚ならず。人善悪をわきまへずして、愚なるは思案せざればなり（一〇四頁）

「思案」とは、「心」が「めぐる」こと、あるいは、「運動する」（同）ことである。この「運動」によって、らである。

「是非をわかつ」ことができる。なぜなら「思案」を通じて、「是非」についての「智」を獲得することになるか

智はさとるとよむ。心の明らかなるなり。心あきらかにしてくもりなければ、万づの道理によく通じ、是非善悪をわきまへてまよはず（同）

「心」を「めぐ」らし、「明らか」にすることによって、「是非善悪をわきまへ」ることができる。こうして、「よき程」を越えた「非」なる「欲」は、「思案」によって統御されることとなる。

ただし、「ひとへに我が心に求む」れば良いというわけではない（八〇頁）。「孔孟の教を本とし、程朱の説を階梯と」しなければ、「真の学」「聖学」とはいえないのであり（同）、あくまで「聖人の法」にもとづいて「思案」することが必要だと益軒は述べている。

以上、要するに、「欲」を統御するのは、「聖人の法」にもとづいた「思案」によって獲得される「智」によって、ということになる。なお、後章との関連で言及しておくが、「思案」によって「是非善悪」を「わかつ」という発想は、『大和俗訓』に限ったことではなかった。少なくとも、次章、次々章で取り上げる人物には、かかる発想が共通して見出せる。だが、第五章以降に取り上げる石田梅岩、およびその弟子たちは、「わか」たれるものとして「是非善悪」をとらえる発想をとらない。とりわけ梅岩の弟子手島堵庵は、「思案」することを否定的にとらえ、「思案なし」（あるいは「私案なし」）という語を自らの教えのいわば決まり文句の一つに掲げていたぐらいである。この相違は、単に「智」というものをどのようにとらえるかについての認識の相違にとどまらず、彼らの学問の語り方の相違にまで通じていると考えられる。だが、この問題は、後章で考察すべき課題である。

話を戻そう。「智」によって「是非善悪」を「わかつ」ことが、「欲」を「よき程」にとどめるための方策だと

益軒は言うのであった。だが、益軒によれば、それだけでは不十分である。大事な点は、「是非善悪をわきまへ」たうえで、「欲」に流されんとする「身」を、「是」「善」なる方向へと向け変えることである。そのためには「意を誠にする」ことが必要だと益軒は言う（八六頁）。「意とは心のはじめておこる所の苗」であり（六九頁）、「意のおこる時」に「善をこのみ悪をきらふこと、真実にしていつはりなきを誠意といふ」（同）。つまり、「心のはじめておこる所」を「善」なる方向へと定置することが「心を正しくする道」なのである（八六頁）。したがって、益軒によれば、「誠意」とは、「善悪の関」であり「善人と悪人のさかひ」ということになる（八一頁）。

このように見てくると、「善悪の関」とは、二つの「このみ」の衝突する場として浮かび上がってくる。「身」の「このみ」と「善をこのみ悪をきらふこと」との衝突する場としてである。つまり、「欲」を「こらふる」とは、前者の「このみ」を「こら」えて、後者の「このみ」へと「身」を向け変えることを意味することになる。そして、後者の「このみ」に「身」を委ねることが「楽」ということになる。

では、前者の「このみ」から、後者の「このみ」へと「身」を向け変えるためにはどうすればよいのだろうか。だが、『大和俗訓』では、そのための具体的方法がほとんど提示されていないように思う。先述のように、『大和俗訓』では、「身」の「このみ」によって生じるところの「欲」を「こらふる」ことの必要が繰り返し語られるまでである。

以上、益軒が「欲」についていかに述べているかをやや詳細に見てきた。あえて単純化すれば、「欲」とは「身」の「このみ」であり、それを統御するのは「心」によって、ということになる。「心のはじめておこる所」（「意」）を「誠」にし、「心のゆく所」（「志」）を「大にして高く」定めたうえで、「心」を「明らか」にす（「智をひらく」）べく、「心」を「運動」させる（「思案」）。このように、すべては「心」の問題として処理されていくことになるのである。

『大和俗訓』において、益軒は、執拗なまでに「心」に言及する。だが、そこで語られるのは、「心」を「運動」させて「明らか」にすることの必要性までであり、「心」をいかに「運動」させ、いかにして「心」を「明らか」にしていくかについては、実はほとんど語られていない。『大和俗訓』で語られるのは、「聖人の道」を学ぶにあたっての、文字通りの「心」構えについてであり、構えたうえでどうするべきなのかについては、例えば「欲」を「こらゆる」といった、明快ではあるが具体性に乏しいことが繰り返されるのである。

人が「人」になるという課題を「心」の問題に帰着させながらも、益軒が「心」の修養について直截に語らないのは、なぜなのだろうか。その理由の一端は、辻本雅史が指摘するように、益軒が「人心の不安定さや心の判断力の危うさ」を看過できなかったことと関連しているといえるだろう。[9] 辻本によれば、「心の自律性」を認めることができなかった益軒は、「危うさをもつ心ではなく、行為の主体としての身体のあり方こそ、善をなすための確実な手がかり」としたうえで、身体を通じた「模倣と習熟」にもとづく学習論を形成したのであった。[10]

この辻本の指摘は、主に『和俗童子訓』の考察にもとづいてなされたものだが、同様の特質は、『大和俗訓』にも見出すことができる。例えば、ある箇所で益軒は、「人の心は、時によりかはりやすし。人の心も、わが心も、皆たのむべからず。是れ後悔なき道なり」(一二六頁)と、「心」に対する不信感を率直に表明している。また、「身のおもて」たる「衣服」(一三〇頁)、「心の声」たる「言」「ことば」(一三一頁)に対する注意事について細々と書かれているのは、「身」に現れたことを正すことを通じて、読者の「心」に働きかけようとするものと解せよう。そもそも、後述するように、『大和俗訓』で主題的に語られているのは、「世俗」における「身」の処し方とでも言い得ることばかりである。

だが、それならば、改めてここで問題になるのが、『大和俗訓』における益軒の執拗なまでの「心」への言及である。「身」の処し方を論じるにあたり、なぜ益軒は「心」について言及しようとするのだろうか。

ここで思い起こしたいことは、益軒が「心」を「天君」と表現し、「天」に比せられる位置をあてがっていたことである。同様の記述として次のようなものがある。

心は身の主にて、目口耳鼻手足の事のよしあしをただすやくなり（一〇五頁）

心は天君なれば、耳目口鼻形の五官をつかふは、君として臣をつかふがごとく順なり（一一一頁）

「心」は、「五官」「身」を統制する「やく」（役）を有していると益軒は言う。その「やく」は、「天」にも比せられるものであり、「万物」が「天地」（の道）によって秩序付けられているように、「身」は「心」によって秩序付けられるものとされる。したがって、「人」として「天地」に「つかへ奉る」ためには、「心」によって「身」を統制しなければならない。「身」の「このみ」から生じる「欲」を統制できるのは「心」以外にはあり得ないのである。だから益軒は、常に「天地」に言及しながら「人の道」を語ったのと同様に、常に「心」との関連で「身」を語るのだと考えられる。

だが、「天」とは異なり「心」には「時によりかはりやす」いところがあると考える益軒は、「心」による「身」の統制に全幅の信頼を寄せることはできなかった。『大和俗訓』において、益軒が「心」をいかに「運動」させ、いかに「心」を「明らか」にするかについて説明的な記述を施さないのはこのためだと考えられる。

第六節　「世俗」への向き合い方

『大和俗訓』では、「欲」にいかに対処すべきかについてよりも、「欲をほしいままにする」「世俗」においていかに振舞うべきかについて多くの紙幅が割かれている。では、益軒は、「世俗」への向き合い方について、どのように語っているだろうか。

益軒が「世俗」を「欲をほしいままにする」世界ととらえ、否定的な評価を下していることについてはすでに見た。また、益軒によれば、「世俗」とは、学問に対する偏見に満ちた世界であった。「書をよみ学問せんとする人あれば、彼のきらふ人、色々いひさまたげて、学問することをそしる」と益軒はいう（八二〜八三頁）。益軒によれば、こうしたことは「凡人のつねの心」によって生じる偏見である（八三頁）。「凡人は、ひとの我に同じきをよろこび、我にことなるをにくみ、わがしらざるを以て人のしるをそしる」のだと益軒はいう（同）。

人が「人」となるべく学問に励む道程とは、このような「凡人」に直面する道程でもあるだろう。では、学問への「志」を有する者は、「凡人」とどのような関係を結んでいくべきとされるのだろうか。益軒はいう。

かかるひがことをききて、いかりあらそふは、われも亦彼のおろかなる人と同じくなるは口をし。書をよみ学問するは、かかるおろかなる人になるまじきがためなり。愚人の学問をそしり、我をおかすをば、不智なる故なりと思ひて、あはれみゆるすべし。いかるべき理にはあらず（同）

「凡人」の学問ぎらいは「ひがこと」である。しかし益軒によれば、かかる「ひがこと」を言う者に反論しても仕方ない。「あはれみゆるすべ」きであり、「かかるおろかなる人」になるまいと留意すればよい、と益軒はいうのである。

なお、このような対し方は、学問を嫌う者に対してだけ求められるわけではない。同様のことは、本書の随所で説かれている。そして益軒は、かかる態度を「自反」と呼んでいる。

人にまじはるには、自反をむねとすべし。自反とは、みづからにかへるなり。人をとがめずして、わが身に立ちかへりて、善をおのれに求むるをいふ。人われにしたがはず、我にそむかば、わが過をせめて、人をとがむべからず。人に求めずしてわが身に求むべし。わが身をかへりみて過なくとも、わが行のいまだいたらざる故と思ひ、人をせむべからず。いかりそしるべからず。是れ自反なり。自反は身をさめ、人にまじはり、世にをる要道なり（一八六〜八七頁）

学問嫌いに対してのみならず、「凡人」の「ひがこと」に対して、常に「わが身にたちかへ」ることを通じて対処せよと益軒はいう。これを「自反」という。そして、この「自反」こそが「身をさめ」るだけではなく、「人にまじはり、世にをる要道」なのだという。益軒は、他人の「ひがこと」を改善する役割を読者に課さない。一貫して、他山の石と見るよう求めているのである。

小人の我に対して、ひがことをいひ行ひて、さとしがたきはすべきやうなし。もし小人にたてあひて、我が顔色と言語をはげしくし、いかりあらそひて、その是非をいひきかせても、かれもとよりかしこからざればききわけず、かへりていよいよいかりあらそふ。かくのごとく、かれといかりあらそへば、我も亦小人なり。いよいよわが身をつつしみをさめ、顔色を和らげ、ことばを順にして、道理をいひきかせ争はざれば、彼もしすこし人心地あらば、みづからその非をさとるべし。かれさとらずとも、わが心法に害なし（一九〇頁）

「小人」の「ひがこと」に対し、「いかりあらそ」うように諭しても無駄であり、「わが身をつつしみをさめ」ながら諭すことが肝要であると益軒は述べている。先ほどの記述とは少し異なり、ここでは、他人の「ひがこと」を諭すことが必ずしも否定されてはいない。だが、諭そうとしたところで、その「小人」が「非をさとる」かといえばその保証はない。そうした相手に対して益軒は「すべきやうなし」と述べてしまう。「小人」と「いかりあらそへば」、自らもまた「小人」となってしまう。むやみにあらそわなければ「わが心法」に「害」はないというのである。

このように考える益軒は、「小人」と積極的に関わることを読者に求めない。別の箇所で、益軒は「その人の善悪見しりがたくば、先づこのんで交はるべからず」と述べている（二〇二頁）。悪人とはもちろんのこと、悪人か善人かを判別し難い者とも積極的には「交はる」べきではないとされるのである。

となると、結局のところ、「小人」からは離れればいいということになるらしい。「小人としらば、わが方よりうとんずべし。しかれば、かれおのづからうとくなる」のである（同）。

だが、ここで疑問が生じる。益軒はまさにこのような「小人」をも「人」にすべく、学問を説き勧めていたのではなかったのだろうか。もちろんここで「小人」から離れるべきとされているのは益軒ではなく、読者である。読者に「小人」を教化すべき責任は必ずしもないだろう。しかし、ここで着目したいことは、益軒は読者に教えを説くにあたって、自らの教化が届かないであろう多くの「小人」たちの存在を想定せざるを得なかったことである。そして、読者を導く方向性が、教えの届かぬ「小人」との関連のもとで提示されていることである。

つまり、「小人」とは、益軒が願わくば学問を伝えたい対象であるとともに、読者にとって他山の石でもある。このことをよく表しているのが次の記述である。


聖人を以てわが身を正すべし。聖人を以て人を正すべからず。凡人を以て人をゆるすべし。凡人を以て我が身をゆるすべからず（一六八頁）

かれは彼、我はわれ、我はただわが道を行ふべし。かれが善不善は、わが心にあづかるべからず（二〇一～〇二頁）

「聖人」の教えによって、「善」へと「身を正」してゆくのは、あくまで己である。そのためには、他人の「善不善」を「わが心にあづか」ってはならないのであり、「聖人」の教えを他人にあてはめてはならない。益軒が『大和俗訓』でなそうとしたことは、「聖人」の教えの「かたはし」なりとも人々に伝えることであった。しかし、益軒はその「かたはし」すら届かない「小人」もいるということを認めざるを得なかった。ここに益軒の抱え込んだ困難性があるといえよう。

むろん、ここで指摘したいことは、益軒の教化に限界があったなどということではない。益軒は、教化対象を狭く限定するのではなく、広く人に向けて語りかけた。その教化は、人を「人」にせんとするものであったが、まさにそうすることによって「人」ならざる人、すなわち「小人」が析出されてしまうのである。ここに「関係づけ」としての教化の困難性を見て取ることができるだろう。そして、次章以降で見てゆくのはまさにこの困難性をめぐってである。

最後にもう一箇所、『大和俗訓』の記述を挙げよう。

本朝の儒術古来二千歳、寥々たりといへども、太平日久しければ、世の人文もいよいよやうやく開けぬべし。しからば、今より百年の後は、文字の習も拙からず、義理の学も大に明らかになるべし。文明の国となりて、誠に君子国の名にかなふべし（八五頁）

この記述には確かに、「世の人文」が開けゆくことに対する益軒の確かな手ごたえと期待を感じとることができる。しかし、「本朝」が「文明の国」「君子国」の「名にかなふ」ような、いわば学問大国になるのは「今より百年の後」だと述べている。「百年の後」、益軒はもはやこの世にはいないだろう。益軒は、自らの憧れる「文明の国」「君子国」を、在世中に見ることはないだろうと感じていたのだろうか。本書でこれから見ていくのは、益軒が思いを馳せたこの百年の道のりの一端である。

註

（1）辻本雅史『思想と教育のメディア史』ぺりかん社、二〇一一年、九八頁。
（2）羽生紀子「益軒本の誕生」（『鳴尾説林』八号、二〇〇〇年）。
（3）横田冬彦「益軒本の読者」（横山俊夫編『貝原益軒――天地和楽の文明学』平凡社、一九九五年）など。
（4）江森一郎『「勉強」時代の幕あけ』平凡社、一九九〇年、一八〇頁。
（5）辻本雅史『「学び」の復権』岩波現代文庫、二〇一二年（初版一九九九年）。
（6）以下、『大和俗訓』からの引用は、石川謙校訂『大和俗訓』（岩波文庫、一九三八年）に拠る。
（7）念のため付言すれば、上記のことは益軒が「日用常行」に無関心だったことを意味するわけではない。実際、『大和俗訓』においても、「世俗」における「日用常行」に関して多くの紙幅が割かれている。益軒が「世俗」から引き剝がすことを求めたのは、あくまで「志」の次元であり、「世俗」から離れて隠遁することを求めたわけでは決してない。なお、益軒の「日用」理解については、李芝映「元禄期における「日用」言説の展開――貝原益軒の伊藤仁斎批判」（『京都大学大学院教育学研究科紀要』五八号、二〇一二年）参照。
（8）『大和俗訓』で「気質」に関する言及が少ないのは、「生れつき」である「気質」を良くすることは、幼少の段階において行なうべきだという益軒の考え方が反映していると考えられる。益軒は『大和俗訓』とは別に、子ども向けに（というより子どもを教える者に向けて）『和俗童子訓』を編んでいる。『和俗童子訓』については、前掲辻本雅史『思想と教育のメディア史』第四章参照。
（9）前掲辻本雅史『思想と教育のメディア史』一三三頁。
（10）同前、一三四頁。また、辻本によれば、益軒が「天地につかへ奉る」ことを説いてやまないのは、「人の自律性の根拠」としての「性」や「心」に信を置けなかったことと相関している（五一頁）。

第二章　「渡世」に資する学問――『河内屋可正旧記』の場合――

第一節　本章の課題

貝原益軒は、学問をする者たちに、「志」を「世俗」から切り離す必要があると述べていた。だが、「世俗」には「小人」がおり、彼らと否応なく関わっていくことになる。益軒は、「世俗」の「小人」には、積極的には関わらないことを読者に求めたのであった。だが、「世俗」に生活する者にとっては、それは容易にできることではないだろう。いや、そもそも、学問によって「人」になろうとすることによって、「人」ならざる「小人」が析出されてくるのだといえる。それでは、学問に励むことにより、「世俗」に「小人」を見出してしまった者は、他ならぬ学問を通じて、いかに「小人」と関わっていこうとするのであろうか。本章では、この問題について考えるべく、河内屋可正（一六三七～一七一三）が書き残した『河内屋可正旧記』（以下、『旧記』と記す）を取り上げてみたいと思う。

可正は一六三七（寛永一四）年、河内国石川郡大ケ塚村（現大阪府南河内郡）の豪家に生れた。可正の祖父は、もとは武士であったが、一五六五（永禄八）年に大ケ塚に移住。酒造をはじめとする商売により多大な富を築き、すでに可正の代には広大な田畠を所有するまでになっており、村の庄屋も務める豪家となっていた。可正は、家業を経営するとともに、村落において指導的役割を果たした後、一六八四（貞享元）年に隠居を遂げる。これから見ていく『旧記』は、この隠居時より書き始められたとされている。そして彼は、『旧記』を、死の直前までの約二十年間にわたって書き綴っていったのであった。[1]

『旧記』は、膨大にして詳細な記録であるため、当時の村落社会の動向や民衆の文化を考察する際にしばしば取り上げられてきた史料である。また、商品経済の発展により「家」の没落が頻発する状況と、そうした状況を首尾一貫した日常道徳の確立によって乗り越えようとする様子が描かれたこの史料は、本書で考察する石門心学の「成立の背景をもっともよく理解させる史料」とも評されている。[2]

横田冬彦によれば、可正が活躍した元禄・享保期（一七世紀末～一八世紀初頭）の大坂近郊村落では、「儒学書を理解しうるような質」の読者が少なからず登場してきていた。[3]横田はこうした読者を「益軒本の読者」と呼ぶ。益軒の著作が民衆社会に広く普及していく事実をふまえてのことである。益軒の著作に直接親しんだかどうかはともかく、可正も「儒学書」を含む多様な書物に日常的に親しんでいたという意味で「益軒本の読者」と同様の教養を身につけた人物であったとみなすことに差支えないだろう。

益軒の書物が広く読まれたのは、当時の民衆の求めることと益軒の教えとの間に共鳴しあう部分があったからであろう。実際に、可正と益軒とを並べて考察し、共鳴点を指摘する研究もある。[4]だが、本章では、両者の共鳴しあう部分よりも相違する部分に注目してみたい。その相違には、益軒と可正の「世俗」における立場の違いが表れていると思うからである。

また、本章では、『旧記』から石門心学の「成立の背景」を直接的に読み出すことも目指していない。『旧記』は、村落の指導的立場にいた経歴を持つ可正が地域の後継者に向けて、学問にもとづく教えを説き示そうとした性格もあわせ持つものであった。この性格は、後に取り上げる石田梅岩の立場とは大きく異なっているのではないかと考えられる。この相違については、後章にて考察するが、本章では、『旧記』が村民教化の側面を有していたことに注目し、彼が村落のただ中でいかに学問を語ろうとしたかについて、前章との対比を意識しながら考察していきたい。

第二節　家の興廃の「来由」をめぐって

一　「天命」「天運」と「人事」

まずは、『旧記』の序文から見てみることにしよう。[5]

経論の教へ心にさとしがたし。聖賢の書眼につらぜず。此故に予思へらく、古今の変化を取て、安危の来由を見てし、我等ごときの庶人迄の、家をとゝのへ、身を治、心をたゞしうするよすがにせん（二六頁）

可正は「聖賢の書」に疎い「庶人」と自己規定したうえで、「古今の変化」「安危の来由」に眼を向けることによって、「家をとゝのへ、身を治、心をたゞしうするよすがにせん」と述べている。「家をとゝのへ」云々とは、「聖賢の書」の一つ『大学』に出てくる文言である。つまり、「古今の変化」「安危の来由」に眼を向けることは、「聖賢の書」を読むことのいわば代替として位置づけられているのである。[6]

とはいえ、可正は、「聖賢の書」を読むことを放棄したわけではない。『旧記』を通読すれば、「聖賢の書」をふまえたと見られる記述はいくらでも見出すことができる。[7]にもかかわらず、「我等ごときの庶人」と自己規定する可正は、「聖賢の書眼につらぜず」と述べてしまうのである。

それでは、ここでいう「古今の変化」「安危の来由」とは何か。圧倒的な比重を占めるのは、大ヶ塚周辺地域における家の「変化」であり「来由」である。しかも、その「来由」は、大抵の場合、「危の来由」というべきもので、要するに、周辺の家が没落していく「来由」を可正は細かく描き出そうとするのである。

当地の者共是を能《よく》きけ。予が記す事共ハ、当地の為、別而ハ子孫への異見なるぞ。家を斉へ身を治め、無事を好む者ハ、此書の始終の心を得よ（二四二頁）

この記述から、可正が『旧記』を「当地の者」とりわけ「子孫」に向けて編んでいったことがわかる（なお、この記述に限らず、可正が「当地の者」や「子孫」に語りかける例は数多い）。『旧記』において可正が、とりわけ周辺地域に目を向けたのは、近隣の家が身近な観察対象だったという理由ももちろんあるだろうが、「当地」の「子孫」の安寧に可正の望みがあったからであろう。「当地」の家の没落がいかなる「来由」によって生じたのかを理解し、それを戒めとして描き出すこと。ここに可正の思いがあったといってよいであろう。(8)

要するに、可正が『旧記』を綴ろうとしたのは、安丸良夫のいうように、「結局のところはただ一つの動機――どうしたら「家」の没落をふせげるか――からだった」といえるだろう。(9) 安丸は、『旧記』にも言及しながら、「元禄・享保期」頃から「三都とその周辺」の民衆の間に広まる「「家」の没落についての危機意識」を抽出したうえで、その「危機意識」が民衆の間に「あらたな生活規範の形成」という課題を呼び起こしたと述べている。(10) 可正もまた、周辺の家の「古今の変化」「安危の来由」に目を向けることによって、「あらたな生活規範の形成」を目指していたといえるだろう。

その「あらたな生活規範」を可正は「理」と表現している。そして、「惣ジテ聖賢ノ御言葉程理ノ至極セル物ハナシ」というのが可正の理解である（三五頁）。それでは、「聖賢ノ御言葉」に直接に頼るのではなしに、可正はいかにして「理」を導き出そうとするのであろうか。一例を挙げてみよう。

有《或》人予ニ問テ云、進退《身代》ノ能者アシク成、至テ貧キ者富ル身ト成、又数代貧キ家有、数代富ル人有、此四句分別ハ、士農工商ヒトシキト云共、別而町人商家ノ輩ニ多シ。天地ノ間ニアリトアラユル物、理ニハヅレタル物ハ有ベカラズ。此道理如何（四〇頁）

この問いに窺うことができるのは、家の急速な興廃の事実のみならず、それが説明困難な事実としてあるということである（その困難さは、とりわけ「商家」においてであるとされている。この点については後に考察する）。「天地ノ間ニアリトアラユル物」には「理」があるはずだ。では、家の興廃をどのような「理」で説明できるというのか。この問いに対して可正は、仏教や儒学にもとづいた説明をほのめかすも、「是等ハ心深遠ニシテ、愚カナル者ノ行フ事カタシ」としてしまう（同）。なぜなら「我方ヘハトリタガリ、人ニ物ヲホドコス事ハ、行末能事ト知ナガラ、行フ事成ガタシ」、つまり儒仏にもとづいて説明したところで、導き出された「理」を「行フ事」は困難だからという理由である（同）。そのうえで可正は、「百行ノ本、衆善ノ始」とされる「孝」にもとづいて家の興廃を説明してゆこうとする（同）。親へ孝を尽くせば家は栄え、怠れば滅ぶというわけである（四〇～四一頁）。

この回答から見てとれるように、可正が一貫して模索していたのは、家の没落を食い止めるために何をなすべきかということであり、そのための実践の指針となる限りでの「理」であった。そもそもこの問答において相手は、「理」そのものの説明を可正に求めていたのだが、可正にとっては実践に結びつかない「理」はさしあたって問題にならない。確かに、すべての家の興廃を「孝」によって説明することは、明らかに問題が単純化されてしまっているといえようが、問題を一人一人の道徳的鍛錬に帰すことによって、実践倫理としての規範性が強固なものにされていると見ることもできる[11]。

また、別の箇所で可正は次のように述べている。

親の心に背く者は天罰をうくる也。天は理也。不孝は理にそむける故に、悪事災難不孝の者の家に来る也

（二〇〇頁）

この記述から、可正のいう「理」が「天」と深い結びつきを持ったものであることが窺える。「家」を襲う「悪事災難」が「天罰」によるとされるとともに、その「天罰」は「不孝」の結果生じるとされている。なぜなら「不孝」は「理にそむける」からである。ここでは、家の没落が「天」の「罰」としてとらえられ、その「罰」は「理」からの逸脱によってもたらされるとされている。

現存する『旧記』の最終巻（巻十九）において可正は、巻十八までに書いてきたことを振り返って次のように述べている。

其下心ハ、大かた進退能なるやうにとの事也。今とても相替事にはあらね共、能々聖賢の心底をうかゞひ見るに、至極する所ハ、天地の間に住者、興るも亡ぶも其理によらずと云事なし。進退の善悪も皆運の長短に有べき事なれば、悪きとて歎くべきに非。宜きとてさのミ悦ぶべきにもあらじ（三六三頁）

「進退」（身代）の「能なる」者も悪くなる者も「天地の間」に住んでいる。そうである以上、天地の「理」あるいは天「運」にもとづいて、家の興廃は生じるのだと可正は言う。経済的な貧富は、天理や天運にもとづいて決まるというのである。そしてこのことは「聖賢の心底をうかゞひ見る」ことからわかったことだと可正は述べている。

この記述をもとに考えると、可正は、近隣の家の「古今の変化」「安危の来由」を見ることにより、その「変化」「来由」にどのような「理」や「運」が見出せるのかを探ろうとしたと考えられる。「聖賢の書」から「理」や「運」を演繹的に導き出すのではなく、周辺地域の家への注視から帰納的に「理」「運」を見出そうというわけである。

ところで、先の記述において可正は、「進退」が悪くなったからといって「歎く」ものではなく、よくなったからといって「悦ぶ」ものでもないと述べている。この記述による限り、「進退の善悪」を天地の理や天運に帰することは、人為の無力さを自覚することへとつながっていくように見える。

しかし先の記述に続いて可正は、「先以人事を尽す所肝要」と述べている（三六四頁）。ここでいう「人事」とは具体的には「其家々の業」（三六三頁）に励むこととされ、「其業に怠る者、後には必定大きなる歎き来る」（三六三〜六四頁）であろうし、「其家々の法に随ひ、其道々の業に精を出さば、必ず家斉ひ身治る」（三六四頁）だろうとされる。もしそうならなかったとすれば、「是こそ天命と云物」で甘受するしかない（同）。このように、「天」について云々するのは「人事」を尽くした後だとされるのである。のみならず可正は、軽々しく天命や天運に頼ることを戒めている。「今生にて己が仕業のあしき事をくやまずして、過去の業也、天命なりなんど云事何事ぞや」（同）というようにである（なおここで、「天命」という語に並んで、「過去の業」という仏教的用語が出て来ることの持つ意味については後述する）。

しかし、ここで可正は、「人為」と「天命」とを截然と区別すべしと述べているわけではないらしい。一例を挙げてみよう。


天地の間に、ありとあらゆる万物の上に、様々の事有中に、冬あたゝかなる日有、夏寒き日有、大雨有、大日でり有、夫天地は理の哲至するに非や。然るに当年の如くなる不熟の年は如何と有（八五頁）

「天地」には「理」がある。夏は暑く冬は寒い。それが「理」ではないのか。それでは、作物の「不熟」をもたらす「大雨」や「大日でり」などの天災をどのように説明したらよいのか。このような趣旨であろう。このことを「儒者」に尋ねたところ「天地の変なり」という答えが返ってきた。次いで「仏者」に尋ねたところ、「仏者」は次のように答えた。

天地と云も、衆生の業力より顕れぬれば、豊年は善業、凶年は悪業、其悪業の衆生をくるしめんが為に、天地の変顕はれて、或は大雨大風大日照にて、五穀不熟する也。是衆生より来りて、更に天地のなす業にあらず。儒者の云る天地の変も、此心也（同）

つまり、「大雨」や「大日照」などは「天地の変」であり、その「変」は「衆生の業力」の反映として現れるというのである。これら両者の答えを受けて可正は、「天地は一切衆生の住家」とみなしたうえで、問題を自らの家のあり方に結びつけようとする。そして「衆生」の一人、家の「主」の一人としての「己」の「心と行ひと」の善悪」から「天地の変」は来たるのだと結論する（同）。

このように、可正にとって、「天地」の「理」は、自らの「心と行ひ」に帰着してゆくものであった。したがって、先に可正が「天命」や「天運」にむやみに言及することを戒めていたのは、自らの「心と行ひ」の反省を伴うことなく、「天命」「天運」に問題を帰着させてしまう、そのあり方に対する戒めだったということになる。また、先の記述において可正は、自らの「心と行ひとの善悪」は、天地のあり方に反映するとまで述べている。

以上をまとめれば、可正にとって学問とは、近隣の家の「古今の変化」「安危の来由」を手がかりに、天地の「理」を明らかにすることを目指すものであり、また、その「理」にもとづく実践を自らに課すことにより、家の没落を防ぎ、さらには、「天地の変」をも防ぐ手立てとするという壮大な構想を備えていたことになる。ちなみに、家の興廃の原因として「孝」について可正が述べるのを先に見たが、その箇所で可正は「孝心至リトヲリテハ、天心ヲウゴカス」と述べている（四〇頁）。一見唐突にみえるこの記述は、以上をふまえれば理解できよう。

「孝」という「人事」は「天心」を動かし得るというのである。(12)

2 見出しがたい「来由」

以上のように構想された可正の学問の性格を示す例として、可正の「大酒」を戒める記述を取り上げてみよう。まず可正は次のように述べる。

夫日本ハ神国也。宗廟の御神事に酒を酌て備る上ハ、酒をすつべしと云にハ非。殊に俗家には酒を用ん事勿論也(二五九頁)

酒を一滴も呑んではいけないというわけではない。その根拠を、可正は「日本」が「神国」であることに見出そうとする。「御神事」に酒を「備る」ではないか。ならば、「酒をすつべし」というわけにはいかないと可正は言う。だが続いて可正は次のように述べる。

然れ共乱に及バざれと聖人のたまへり。又過れば病ひ共なれゝバ、程よう其身に相応するやうに用ん事道理に叶へり(二五九~六〇頁)

酒を呑んではならないわけではないが、呑みすぎはよくない。可正はその根拠を「聖人」の残した記述に求める。そのうえで「其身に相応するやうに」呑むことを可正は求める。ところが続いて、「上戸たる者ハのまで叶ハぬ物」であり、なぜなら「自然と是を好む虫」が「腹中に有」るからだとされる(二六〇頁)。「自然」というのは、ここでは生れつきと言い換えてもよかろう。つまり、「上戸」は生れつきだと可正は言っているのである。

生れつきだとすれば、先の「聖人」の教えを実践することには困難が伴うことになる。そこで可正は次のように述べる。

生れつきたる悪業、無念の儀なりとおもハヾ、五盃呑者ハ三盃になり、三盃ハ二盃にならん。是則仏のをしへをまもると云物なれば、此者には酒に付て悪事の出来る事有べからじ（同）

酒を好む「虫」が腹中に住みついてしまったのは、「生れつきたる悪業」とみなすべきことである。そうであれば、たとえ少しであっても酒の量を減らすことは「仏のをしへをまもると云物」であるから、精々努力せよということになる。

以上のように、「大酒」を戒める可正の説明には、神道・儒学・仏教それぞれの教義が矛盾することなく同居している。[13] また別の箇所で可正は次のように述べている。

学文をする事何の為ぞや。手前の不善をしる時、速に改て善に順ふのミ也と云り。儒者・仏者・易・暦・医・神道・哥道、其道々の学文、たとひ千巻万巻まなびたり共、別の事ハなし。手前に少にても悪き事有を改て、よき道に入より外の事ハないぞと也（三六六頁）

可正にとって「学文」とは、己の「不善」を「しる」、「改る」、そして「善に順ふ」ためのものである。先にも述べたように、可正が求めるのは、行動の指針である。したがって、儒学・仏教・神道・その他の教義の違いそのものは、可正にとっては大して重要ではない。

続けて可正は次のように述べている。

主君に忠義を尽し、父母に孝をなし、友達に交りてまことあらバ、いまだまなびずと云共、我ハ学びたりといはん、子夏のことバ尤至極せり（三六六～六七頁）

「子夏のことバ」とは、『論語』学而篇に出てくる言葉である。この言葉から可正は、「学」の素養がなさそうな人物であっても、「善」にもとづいた生き方をしていれば、本当の意味で「学」ある人といえるだろうというメッセージを読みとっている。だから可正は、「ヘツラフ事」なく「昼夜ヲワカタズ」熱心に働き「進退ヲカセ」いだある人物のことを「無学無能」ではあるが「聖賢ノ道ニ叶フ」人物として賞賛したり（三一頁）、「一文不智ノ者」すなわち書物を読めない者であっても「身ニヲコナヒ心ニマコトアラバ智者ニヒトシ」と評したりできるのである（三五頁）。もちろん、ここで可正は、書物を読むことを不要視しているわけではない。「非修非学ノ者ニ能ハスクナシ。学者ニ悪人ハ稀也。此理ヲシルモ是学文ノ力」（同）と可正は述べるのだが、いずれにせよ学問という営みが読書に限定されぬ広い営みと解釈されていることは明らかであろう。

学文ハ乞食袋のやうなるがよき、と宗砌《セッ》と云人書れたり。何にても、先取込て、後ゑらぶべし（三〇五頁）

この「宗砌」の言を可正は、「芸」の見習い方の指針として引用しているのだが、同時に可正の学問観を集約的に表しているともいえよう。まずは「取込」む、そして「ゑらぶ」。だが、「ゑらぶ」ことはもちろん容易ではない。『旧記』は、家の没落を食い止めるべく、可正が「ゑら」びとった知見の集成といえるものだが、同時に、「ゑらぶ」ことの困難さをまざまざと教えてもくれる。いくつかの例を挙げてみよう。

まず、可正が「米屋善兵衛家の事」について述べている箇所を見てみよう。この箇所には善兵衛という名を持つ者が四人も登場する。そこで便宜上、善兵衛①、善兵衛②……という具合に表記していく。

善兵衛②は兄の善兵衛①が残した「銀六七貫目」を「一跡」も残さず使い果たしてしまう。その跡をついだ善兵衛③は「苦労をつミ」「大分の進退」となったが、「年五十四にして頓死」してしまう。善兵衛③は七人もの子どもに恵まれたが、どういうわけか「大病を受て死たるも有、弟にきりころされしも有、狂乱と成て死たるも有」、今では善兵衛④を含め三人しか残っておらず、「進退」もすっかり衰えてしまったという（以上、二八八頁）。

可正によれば、このように「大分の進退げん《(減)》ずる事」は「世間に其例多」い（同）。しかしそれにしても、とりたてて「悪事」（二八九頁）の見えない善兵衛③およびその子どもたちの没落をどのように説明すればよいのだろうか。可正は次のように述べる。

一切の事、因果の理りをはなれたる事のなけれバ、能なるも悪くなるも、善因善果、悪因悪果の道理明らけし。然共、今生にて少もあしき事のなき者も、若ハ進退散々あしく成も有。又此世にて善根ハ少もなさね共、若ハ仕合の能者も有。是を名付て過去の業共、天命共云り（二八八頁）

可正は「一切の事」には「因果の理り」があるという。しかし、善兵衛家の没落がどのような「因果」にもとづいているのかについて、可正は「具にはしれがたし」（同）と述べざるを得ない。そこで可正は「過去の業」「天命」に言及する。つまり、ここで「過去の業」や「天命」といったことは、すべてを「因果の理り」にもとづいて理解するために持ち出されているのである。先にも述べたように、可正は家の興廃の「理」を模索している。しかし、どうしても「理」を見出せないところが残ってしまう。なぜ「少もあしき事のなき者」が没落したり、「此世にて善根ハ少もなさ」ない者が栄えたりするのか、このことを説明する言葉を可正は持ち合わせていない。そして、この説明できないことを彼は「天命」「過去の業」に帰するのである。

もっとも可正は、右の箇所で「具にはしれがたし」としつつも、善兵衛家没落の原因を模索してはいる。曰く、善兵衛③は学問をしなかったので「善悪二道のわかち」がなかったからだ、善兵衛④ら三人の子どもの「行ひ」が良くなかったからだ、と（二八九頁）。このように可正は、問題を当人の「行ひ」の良し悪しへと帰着させてい く。だが、ついで可正は、それらの「行ひ」は「てきめんの悪事には非」ず（同）と述べ、施してみた説明の説得力を自ら否定してしまう。結局、善兵衛家没落の決定的な原因は見出されることのないままである。

もう一つ例をあげよう。「蒟蒻屋了清家のこと」について可正が述べている部分である。了清は「当地に於すぐれたる人」で「悪事一つも」ない人物であった（二八〇頁）。了清の後、家を継いだ者たちもまた、「其心入悪事な」く「世間のまじはり皆諸人のほめたる者共」であったが、家の「進退」は「昔の十分一もなきように」なってしまった（二八一頁）。なぜ衰えてしまったのか、可正は天命に委ねてしまおうとせずに、理由を追究する。その結果「四五ヶ条の失」を見出すのであるが、可正にとって、それらの「失」は、「是らもいはゞてきめんの悪事には非」ざるものであった（二八九頁）。可正は、理由の一つとして、了清家の者たちが学問に励まなかったことを挙げているが、「学文せざる者も国々にみち」ていると言わざるを得ない（同）。また、「孝行の心ざしなかりしと難ずれ共、不孝と云べき悪事もなし」と述べざるを得ない（同）。このように可正は、了清家没落の原因の説明をあれこれと試みるのだが、どの説明にも不確定要素が残ってしまうのである。

以上の例は、可正を取り巻く現実がいかに説明困難なものであったかを物語っているといえる。それでは、可正は自らを取り巻く世俗をどのようにとらえていたのだろうか。そして、世俗においてどのような立場を取ろうとするのか。それを次に考えてみたい。

第三節　「渡世」と学問

一　治世と乱世のあいだ

可正は自らを取り巻く「世間」について、次のように述べている。

熟世間ヲ見ルニ、多クハ進退ノナラヌ者共也。或ハ其日過、又ハ少ノ銭ヲ本手ニシテ、人ノ銀ヲカリ添テ商ヲシ、人ノ田地ヲ預リ下作シテモ、其年貢ヲ調兼、借銀ヲ済シ兼、年々迷惑ヲスルノミ也。是等ノ者共ニ仁義ヲ教ヘタレバトテ争カ行ハン。是乱レタル世ニ文道ノ行ヒ難ガ如シ（一一七頁）

可正を取り巻く「世間」は、「進退ノナラヌ者共」の住む「世間」であり、そこでいくら「仁義ヲ教ヘタレバトテ」ほとんど効果が期待できないと可正は考えていた。もうひとつ例を挙げてみよう。

他所はしらず、爰元の者共は、学文と云事を曾てせざる故、聖賢の教へをわきまへず、万己が心の欲する所に随て行ふ故に僻事多し。親も不学子も不学、弓手も右手も不学にて、教へる者も不学なれば、何として理非善悪の沙汰を具に知るべきぞや（一〇一頁）

学問の名のもとに人々を導くことの困難性がこの記述にはありありと表れている。諦めとも見えるこの記述をふまえて、可正は「人は唯やはらかなるがよし」と述べる。「やはらか」なる人物は「にぶく見ゆる」かもしれない。だが、「にぶき者は過なし」と「先哲」も言っている。「利発」「利根」な者に比べればましかもしれないと可正は述べるのである（同）。ここだけを見ると、可正は人々に学問を勧めないほうがましだととらえているようにすら受け止められる。

以上に見て取れるように、可正は、自らは学問に立脚しようとしつつも、それを人々に教化することに困難性を感じとっていた。この困難性は、可正をして「せんかたなき」と歎かせるものであった（二七二頁）。「家を斉へさせんが為に、渡世の業に精を出させ、倹約の行ひを教へぬれば」、教えを聞いた者は「やぶさか」になってしまう。つまり、自らの財産への「執着」をいたずらに深めさせることになってしまう。また、その「執着」から人を離れさせようと思って「世の中の無常をすゝむれば」、今度は財産を「放埓に遣ひ捨て、程なく貧き身」へとなってしまう。こうした教化の困難性を指して、可正は「せんかたなき」というのである。結局可正は、「若き時には」「家を斉へ身を治めん事を専にし」、「年五十にも」なれば「無常」を思えばいいというように、年齢に応じて人々の導き方を変えることの必要を自覚していく（以上、同）。

また、可正は別の箇所で次のように述べている。まず可正は、世の中には多くの家業があることを述べたうえで、木に「大本」と「根」があるように、いずれの家業を営むにおいても肝要となる「大本」と「根」があることをいう。「大本」とは「よくうすくして依怙贔屓なく、万まことにして正直正路なる」こと、「根」とは「義と理」のことである。いずれもおろそかにすれば家が栄えることはないと可正はいう（以上、二一九頁）。

ところが記述は次のように続く。

然れ共、爰に至て思慮了簡の有べき事なり。当地の輩能々思惟有べし。義理の二ツを、若一概に用ゆる時ハ、世俗なつかざるもの也。水至てすむときハ魚なし。人至て察《アキラカ》なる時ハ輩なし。急寛の中を思慮有べしと古人の云り。先商人ならば、たとひ他の人少々無理不義有共堪忍して、諸人心やすくおもひ、なつくやうにすべし。しかも手前ハ義を重くし、理をたゞし、約をへんぜざるやうにと心を付べし。此心諸道に通ずべし

（同）

「義と理」を重視するのはもちろんだが、相手の「無理不義」に対して不寛容になってはいけない。「堪忍」することが重要だと可正はいう。「義と理」を貫徹できぬ「世俗」の現状が指摘されるのである。

ところで、相手の「無理不義」に対する「堪忍」とは、益軒が『大和俗訓』で述べていたことと重なる。しかし重大な違いがある。益軒は「世俗」から「志」を引き剝がすために、相手への寛容を説いたのだった。「義」や「理」を立てて「小人」と争うことは、自らも「小人」になってしまう危険を伴うからである。対して可正は「世俗」に「なつく」ために寛容を要請する。「世俗」への対し方が逆になっているのである。この違いに益軒と可正の立場の相違を垣間見ることができるだろう。

次に、可正が世俗をより広い視点からとらえた箇所に目を向けてみよう。ある箇所で可正は、「論語為政の篇」から次の文言を引用する。

子曰く、之を道びくに政を以てし、之を斉るに刑を以てすれば、民免れんとて恥なし。之を道びくに徳を以てし、之を斉るに礼を以てすれば、恥有て且格る（二六九頁。原漢文）

この文言は、法治主義よりも徳治主義の方が優れていることを示すものとしてよく知られたものである。可正もまた、法治主義を「遙に劣れり」、徳治主義を「大きに勝れたり」と述べるのであるが（同）、続いて可正は次のようにも述べている。

但又末代今の世の人を道びくには、政を以し刑を以せば、まぬがれんとてとゝなふ事やすからん。恥はなく

共、国だに能おさまらば可也（同）

「政」と「刑」によって民を治めようとしても、民は免れようとするばかりで、自らの行ないを恥じることはないだろう。だがそれでも結果として国が治まるのだとすれば、それでもいいではないかと可正は述べてしまう。「徳」と「礼」にもとづく政治は、「道理」が高すぎて「還而あしかるべし」（同）。「徳」によって民を導こうとしたところで、民が「徳」を知ることはなく、国は乱れるばかりであろうと可正は言うのである。

以上をふまえて、可正の考察は、現実の政治へと向けられていく。

恐れながら、今天下の御政道をうかゞひ奉るに、御まつりごとたゞしくましまして、民を道びかせらるゝに、若少にても御仕置を背く者あれば、忽御刑罰にをこなはせらるゝ事甚し。故に天下の民まぬがれんとて、五常をたゞし五倫をみださず、道を行ふ事いたりたるが如し。豈有がたき御代に非や（同）

可正の見る「今天下の御政道」とは、まさに「政」と「刑」にもとづくものである。先の『論語』によれば、このような政治のあり方は「民免れんとて恥なし」という結果をもたらすはずである。可正によれば、なるほど確かに民は「まぬがれん」とするが、結果としては「五常」の実践に民を向かわせることになっているというのである。さらに可正は、次のようにまで述べてしまう。

爰元の我等ごときの愚人、面に顕れて、徳を以するの、礼を以てするのなんどゝ、人がましき振廻かたはらいたし。縦一旦をこなふ者有共、似せ物なれば、新酒に酔たるがごとくに、程なくさめぬべし。聖人ならでは、聖人を知事あたはじ（二七〇頁）

「徳」だの「礼」だの言ってみたところで、一時的にはそれにもとづく実践が可能かもしれないが、長続きはしないだろう。「我等ごときの愚人」には「聖人を知事」などできないのだ。とすれば、「我等」が心がけるべきことは「御公儀様の御政道にしたがひ、刑を恐れて悪き業をなさ」ないようにすることであって、それが結果として「五倫五常」を「備」えることへとつながるだろうと可正はいうのである（同）。なぜ「御政道にしたが」うことが「五倫五常」にもとづく生き方につながるのか、ここでは明確ではない。しかしここにはっきり見て取ることができるのは、人々が学問によって道を実践することに対する可正の諦観が、「御公儀様」への過剰なまでの期待と感謝となって埋め合わされていることである。(14)

可正によれば、「御公儀様」による当世の政治は、「東照権現様」すなわち徳川家康の「武徳」によって成立してきたものだという（二九四頁）。家康は「御一生の間御苦労を被遊て、世を乱ス悪敵をこと〴〵く亡し給」うことにより「天下静謐に治めさせ給」うた。そのうえで「仁義をたゞしく、御慈悲深くましませば、日本六十余州の輩、御仁政に随ひ奉り、安穏快楽に世を渡る事」となった。このようなことが実現したのは「偏に権現様の武徳によれり」と可正はとらえる。そしてこのことを可正は、ある「軍書」の「武ハ仁道を行ふの本也」という文言と結びつけてとらえている（以上、同）。つまり可正は「仁道を行ふ」ためには、その前提として「武」による統治が必要だととらえているのである。

ついで可正は次のように述べている。

是を以思へば、爰元我等ごときの者共も、若き時に随分かせぎ出し、進退能成てこそハ、少のほどこしも成べけれ。己が身さへ渡世なり兼る輩、争か善根功徳をなすべき。還而人の物をほしがるにてやあらん。されば、進退をかせぎ出す事、仁道の本なりとしるべし（同）

ここで可正が「進退をかせぎ出す事」と「武」とを結びつけてとらえようとしていることは明らかである。「進退をかせぎ出す事」自体は「仁道」とはいえないが、「仁道を行ふ本」ではある。つまり、「かせぎ出す事」ができて初めて「仁道」を行なうことができるのである。現に「東照権現様」もそうしたように。

しかし、可正の周りには、「進退をかせぎ出す事」に失敗し没落する家が続出していた。「仁道を行ふ本」すらままならない人々が数多くいたのである。かかる現状において、可正は「進退をかせぎ出す」ためには、商業に手を出すことを止むを得ないと考えていた。止むを得ないとここに書いたのは、可正には、当時の通念だったとされる賎商観が見られるからである。例えば可正は、「士農工商の四民ハ国の宝にして、天下になくて叶ハぬ物」というが、「諸職人と諸商人の多き」は「宝」ではなく、「遊民」のような者だと述べている（三五七頁）。なぜなら「人の侈りに随ふ物」だからだと可正はいう（同）。また別の箇所で可正は、「商人と云物ハ心ざしのきたなき物」だという（三二四頁）。「やゝもすれば不義の行ひ顕れ、偽の多き物」だからである。[15] したがって、商業だけで生計を立ててゆこうとすることを可正は戒めている（同）。

だが同時に、可正は、農業だけで身を立ててゆくこともまた、もはや困難だと考えていた。可正は「親可寿」が常に語っていたことを「予が家の秘伝」として紹介している。

当地に住者ハ商ひ斗にても其家久敷ハとゝなひがたからん。又耕作のミにてもさかふる事さのミあらじ。商売と耕作とを車の両輪の如にすべし（二〇八頁）

「商ひ」だけでも「耕作」だけでも渡世は困難。「車の両輪の如」く両者を兼業していくことが必要だというのが「秘伝」の中身である。「不義」で「偽」が多く「侈りに随ふ」「遊民」のような商人として身を立ててゆくことが不可欠だというのだから、当然「進退をかせぎ出す」ことに「仁義」を求めることは困難ということになってしまう。

このような商人のあり方を、可正は乱世を生きた武士にたとえている。「良将のはかりごと〻商人の手だてと相替事有間敷とぞ思ハる〻」（二二九頁）といったようにである。同様の例として、可正が「智仁勇」について述べている箇所を見てみよう。「智仁勇」とは儒学の経書『中庸』において「天下之達徳」とされるものである。そうである以上、可正は、たとえ商人であってもこれら三者の「一ッもかけてハなるべからず」と述べてはいる（二六六頁）。だが、続いて可正は次のように言う。

商人の身の上には、凡仁道こそハすたれたりと見ゆる共、智勇の二ッは国に多し。中にも勇ハ世にさかんなりとぞ覚る。其故ハ、士農工商ともに、進退をかせぐに至て、夜るとなく昼となく精を出す者多し。其内武士の勇ハ、義のため名の為に一命を捨る迄いさミをなせり。商人の勇ハ、偏に欲心強盛なる故に、身を捨命をうしなふ迄其家の業をやまず。是の心ざしハはるかに劣りたれ共、其行跡ハ相似たり（同）

当世において「勇ハ世にさかん」である。なぜなら「進退をかせぐ」ことに「精を出す者」が多いからである。確かに「商人の勇」は「武士の勇」に比べれば「心ざし」が「はるかに劣」るが、それでも「行跡ハ相似たり」と可正はいう。

この例のように、可正は、商売に手を出さざるを得ない現実において、武士のあり方をしばしば模範にしている。このように見てくれば、可正が「武」を学ぶために軍書にたびたび言及することも理解できるし[16]、また、ある箇所で可正が「惣じて天地の間にありとあらゆる物皆戦場也」（三六八頁）と述べていることも理解できよう。

進退をかせぐ時ハ、昼夜をわかたず渡世の業をのミ専とすべし。是乱れたる世に武を用るがごとし。進退能成たる時にハ、仁義を心に懸て道を行ふべし。是治りたる代に文道を用ひ給ふにひとし。但武を用る時も、文を忘るゝ事なかれ。文を用る時も、武を忘れてハ武家とハ云がたし。爰元の者共進退をかせぐにも、仁義の道をわするゝ事なかれ。進退の能者共も、渡世の業に怠る事あらバ、進退忽亡べし。文武ハ車の両輪のごとし。一ツもかけてハ成べからず。思案すべし（二七七頁）

可正は「文」の求められる「世」と「武」の必要な「世」とを区別したうえで、当世には、「車の両輪」のごとく文武ともに必要だととらえている。[17]治世と乱世の間――これが可正の見た当世の姿であった。

2 「物しれる人」の立場と役割

以上のように当世をとらえる可正であるから、家の没落を食い止めるすべを「文」（学問）だけに求めることに限界を感じ取っていた。

家々の業を相勤て、内證とも角も大かたに調たらましかば、外の遊び事をなさんよりも、聖賢の書残させ給ひし書をも、少しハよみならひたき事ぞかし。昨日の是ハ今日の非也とさとしぬる事、皆学問のちから也。又年もなかばに老て精神衰へ、よミならふべき事の叶ハぬ人々ハ、物しれる人にちなミて、善悪のわかちをも聞ならひ、さのミつたなからぬやうに有度事ぞかし（二二二頁）

確かにここで可正は学問の必要性を語ってはいる。だが、ここで注意したいのは、「聖賢の書残させ給ひし書」を読むのはあくまで「内證」が「大かたに」調った後とされていることである。しかし、「内證」を調えるのは容易なことではない。書物を「よミならふ」ところにまでたどり着けない者は多々いることであろう。そこで可正は「物しれる人」に「聞なら」うことに言及する。

ところで、学問を「聞なら」うことを勧める文言は、前章で取り上げた『大和俗訓』にはほとんど出てこなかったものである。もちろん、皆無というわけではなく、例えば次のような文言を見出すことはできる。

うたがひを人に問ふは、智を求むる道なり。みづから心に道理を思ふは、智をひらく本なり。問ふは智を人に求むるなり。思ふは智をわれに求むるなり（中略）問ふと思ふとの二は、理をきはめ智を明らかにする道にして、学の要なり（『大和俗訓』七九頁）

ここでは、「人に問ふ」ことが「思ふ」こと（「思案」）と同列に並べられたうえで、ともに「智を明らかにする道」と位置づけられている。だが、『大和俗訓』全体を通読すると、「人に問ふ」ことについてよりも、「思案」についての言及が圧倒的に目立っている。対して、可正は、「聞なら」うことの重要性にたびたび言及するのである。

それでは、先の記述でいうところの「物しれる人」とは誰を指すのか。次の記述に注目したい。

慈悲は上からと云来れり、庄屋年寄は其所其村の中にては上也。上たる者下を哀み恩む事常也。随分其所に何事も出来せぬやうに、常々心に懸て仕置をすべし。善悪のわけも得しらぬ程の、下々の賤の男、賤の女迄にも、理非のわかちをくり返し、云きかせ、僻事する者なきやうにすべし。若出入事、其外何にても六ヶ敷儀出来する時は、我身独の難儀と心得て、常に無事をはかるべし。是上たる者の慎也（一〇〇頁）

可正は、「庄屋年寄」を「其所其村」における「上たる者」と位置づけたうえで、「下々」の者に「理非のわかち」を示すことも「上たる者」の役目だとしている。また、可正は、別の箇所で次のように述べている。

庄屋年寄ハ親の如し。小百姓ハ子のごとし。親に随ひ子をめぐむ事尋常也。若めぐまずバ親に非。若したがハずバ子に非。親の道ハ天也（三二三頁）

「庄屋年寄」は「親」に比せられる存在であり、「親の道ハ天」であると可正はいう。先に見たように、可正の学問は「天地」の「理」を知ることを目指すものであった。このことをふまえるならば、「天」に通じる「親の道」にもとづいて事を成す「庄屋年寄」とは、人としてのあるべき価値を体現した存在だということにもなる。

他方で可正は、「庄屋年寄」のさらに「上」にも目を向けている。

庄屋年寄ト云者ハ、御公儀様ノ仰ヲ承テ村中ノ仕置ヲスル役人ナレバ、能順フ者ハ自ラ心スナヲニ成テ、其身ニワザハヒノナキヤウニ成行物也（一四四頁）

この記述によれば、「庄屋年寄」とは「御公儀様」の委任によって、「親の道」を実践する者ということになる。それでは、「庄屋年寄」のさらに「上」なる「御公儀様」を可正はどのようにとらえているのだろうか。

御公儀様より常々仰付させらるゝ所に、是に背く事、天の恐れもいかならん（中略）御公儀様の仰を背き、天道ににくまれなバ、いかでか家の長久なる事あらん（三五四頁）

一読して明らかなように、可正は、「御公儀様」に対して「天道」を体現した価値を見出している。「天道」を体現する「御公儀様」の「仰ヲ承」ることによって、「庄屋年寄」は、「天」にもとづく「親の道」を「下々」の者に説き示す。まとめていえば、このようになろう。

しかし、可正は、「御公儀様」「庄屋年寄」に盲目的に従うことを求めているわけではない。可正は別の箇所で次のように述べている。

御公儀様並ニ御役人様方ヲバ、善悪共ニ恐レアガムベキ事也（一四四頁）

この何気ない記述に垣間見えるのは、「御公儀様」や「御役人様」は、「善」だけではなく「悪」なる振る舞いをする可能性のあることを可正が見て取っていることである。また、別の箇所で可正は「人々参会の時」「若其座に牢人にても武家の衆中ましまさば、武家の家の咄しをする事なかれ。町人か百姓の身の上をかたるべし。町人の中にてハ、武家農人の噂をすべし」と述べている（一九二頁）。ここでいう「武家」についての「咄」や「噂」として、可正がどのような内容のことを想定しているかは詳らかでないが、単に「武家」の「善」を盲目的にことほぐことを指すのなら、わざわざこのような注意を示す必要はないだろう。おそらく「武家」の「善」と「悪」を指摘し合う「咄」や「噂」も想定されているのではないだろうか。また可正は、「智ニハ限リナシ。究竟セシ人有マジ」と述べている（一四五頁）。この文言を敷衍すれば、たとえ「御公儀様」や「庄屋年寄」であっても、「究竟」の「智」を体現した存在とはいえないことになる。

「学問」のみによっては現状を打開できないという可正の認識が、「御公儀様」への過剰なまでの期待へとつながっていることは先に述べた通りである。ここでいう期待とは、単なる盲従に結果するのではなく、「天道」を体現する「御公儀様」の「仰ヲ承」ることによって、自らもその「天道」に主体的に参画していくことへとつながっていくのである。そして可正は、「下々」の者へ「理非のわかち」を説き聞かせることもまた、彼なりの「天道」への参画と自覚していたのであり、その自覚から彼は「理非のわかち」を考察すべく、「古今の変化」と「安危の来由」とを『旧記』に書き綴っていったのである。

だから可正は次のようにも述べている。

当地の庄屋年寄、分てハ予が子孫に対して云、進ミてハ諸人に仁義の道を教へん事をはかり、退きてハ我身に失あらん事をはぢよ（三三七頁）

「諸人に仁義の道を教」えることは「庄屋年寄」の役目である。だが、「庄屋年寄」とて「究竟」の「智」を持ち合わせているわけではないし、みずからが「仁義の道」を十分に実践できているわけでもない。だから、「庄屋年寄」は、「諸人」に教えを説く営みに「はぢ」を覚えざるを得ない。この「はぢ」は可正をして「理」のさらなる追究へと向かわせたことだろう。『旧記』はその追究の記録である。

だが、第一節にも書いたように、可正が『旧記』を書き始めたのは、村の指導的立場から退き隠居した後のことだったと推定される。このことをどう考えればよいだろうか。確かに隠居することによって、時間的余裕ができたことが可正を『旧記』執筆に向かわせたと見ることもできる。だが、それだけなのだろうか。

可正が自らの隠居という立場をどのようにとらえていたのかを『旧記』の記述から窺うことは困難だと思う。それでも手がかりがないわけではない。ある箇所で可正は「隠居」について次のように述べている。

隠居ハ、最早今生一世ノ貪欲ヲウスクナシ、後世菩提ノ道ニ趣、念仏執行ノ為也（一一八～一一九頁）

隠居したからといって「今生」を捨てるわけではない。「今生」を生きていくうえで生じるであろう様々な「欲」を「ウスク」するのだと可正は言う。だが、隠居は「今生」よりも「後世」に重きを置く者である。乱暴に言ってしまえば、「今生」と「後世」のはざまに住まうものとして、可正は隠居をとらえていたらしい。

これまで見てきたように、可正および周囲の者にとって「今生」とは、家の没落への危機意識のはびこる世界であった。没落を食い止めるには、「進退」（身代）をよくしなければならない。そのための活路を学問に見出そうとした可正であったが、学問することが「進退」のよくなることに必ずしも結果しないこともまた、可正を取り巻く「今生」であった。

とすれば、ここからは推測になるが、隠居することにより可正は、「今生」から半歩離れ、「進退」への拘泥からも半歩離れたということになるのかもしれない。「進退」への拘泥から離れることにより、学問への専念を深めることができたのかもしれない。それは渡世のために割かれていた時間が大幅に減ったということだけではない。「世俗」から半歩離れた学問を構想できる立場に立てたということなのかもしれない。なぜなら彼にとっての学問とは、「後世菩提ノ道ニ趣」（前出）く準備でもあったのだから。

だが、「世俗」に生きる者にとって、右のような隠居の立場は、不可解なものであるかもしれない。そのことを意識してかどうかはわからないが、可正は、隠居した自らを「ノラ者」と呼んでいる。「ノラ者ト成、ウソムキ廻ル」こと（一一九頁）。これが『旧記』執筆に臨む可正の立場であった。

第四節　「物しれる人」は「化物」か

最後に、一つのエピソードを取り上げておきたい。可正が「化物」呼ばわりされたという話である。ある「雨中のいとまあるまゝに、人々集りて、無用の事共かたり慰む」時に、ある者が可正に向かい「汝ハ是正に化物なり」と述べた（三一八頁）。なぜ「化物」とされるのか。理由はいくつか挙げられている。

其故ハ、一門集て能を勤て遊ぶを見れば、大きに富る者に似たり。其次の日ハ。洗濯したるもめんきる物を着して、湯漬食になま塩を添てくらふを見れバ貧人に近し（同）

家をとゝのへんとするにハ一銭をもつゝまやかにして、大きにやぶさかに見ゆれ共、折にふれてハ人をもふるまひ、多人数饗応の事も有（三一九頁）

右の理由の他にも、例えば、「あやしの賤の男」の如く自ら「耕作」に励んだかと思えば（三一八頁）、「貴き公家衆様のもて遊び物」である「歌」を詠んだりする有り様が指摘されている（三一九頁）。可正は「富る者」なのか「貧人」なのか。「やぶさか」なのか太っ腹なのか。賤しいのか貴いのか。可正の日頃の振る舞いのとらえどころのなさが「化物」のように見えたのであろう。そして、最後の理由に挙げられているのが、次の如くである。

其外（仏教各宗の教えのほか）神道・歌道・荘老孔孟のをしへ迄、取集めて沙汰するを聞けば、広学の誉れ有やうなれども、儒釈道神書に至迄、一巻にてもまなびたる物なし、此故に用るにたらず。又あなどられず、変化して定まれる事なし（同）

この文言から、どうやら可正はほぼ独学で学問を学んだらしいことがわかるが、この点も含めて、可正の「変化して定まれる事」のない有り様が「化物」のように見えるというのである（同）。なぜ独学なのに諸書に通じているのか。いや、実は通じていなさそうなのに、どうしてもっともらしいことを口にできるのか。とにかく、可正が身につけた学問と、それをもとにした日々の行状が、この問者にはひどく奇異にみえたのであろう。以上の発言に対して、ある僧は、「諸法は皆化物」なのだから、異とすることでもなかろうと意見を述べる。対して、可正は次のように述べている。

両人の仰らるゝ事共、其意得難し、唯亡然たるのみ。但予が弁へしれる事一つ有。当地に住て、家を斉へ身を治むる事のみ能覚えたり（同）

可正は、自らが「化物」呼ばわりされることに違和感を表明した後に、自らの日頃の行状がそれ一点に収斂していることを言わんかのように、「家を斉へ身を治むる事」に対する「弁へ」を自負している。そして以下、話題は「家を斉へ身を治むる事」へと移行していく。

可正の言が、先の問者の指摘にどの程度対応したものと見なせるかは今は問わない。だが、可正の自負する如く、彼の日頃の努力がすべて「家を斉へ身を治むる事」へと向けられていたのだとすれば、その努力は、「化物」を思わせるような異常な行状となって結実せざるを得なかったのである。彼は、村落の指導者としての職分意識から、周辺地域の家の没落を食い止めるべく、学問に励んだ。だが、その結果、彼は、「智者」であるとともに「化物」にもなっていったのであった。この「化物」呼ばわりは、彼をとりまく「世俗」において、「家を斉へ身を治むる事」が異常なまでに困難であったことを示すものである。こうして、可正は、「世俗」のために学問に励み、結果として「世俗」から浮き上がった存在へとなっていったのであった。

註

（1）以上については、野村豊「解題」（野村豊・由井喜太郎編『河内屋可正旧記』清文堂出版、一九五五年）に負っている。

（2）安丸良夫『日本の近代化と民衆思想』平凡社ライブラリー、一九九九年（初版一九七四年）、二六頁。
（3）横田冬彦「益軒本の読者」（横山俊夫編『貝原益軒――天地和楽の文明学』平凡社、一九九五年）三一六頁。
（4）横山俊夫「『家道訓』の世界」（前掲横山俊夫編『貝原益軒』）、松村浩二「養生論的な身体へのまなざし」（『江戸の思想』六号、ぺりかん社、一九九七年）。
（5）以下、『旧記』からの引用は、前掲野村豊・由井喜太郎編『河内屋可正旧記』による。
（6）若尾政希は、『旧記』序文の「古今の変化」「安危の来由」云々の記述が、『太平記』序文を典拠に書かれたものであることを明らかにしたうえで、そこに、『太平記』の「政治論」を「修身・斉家論」に「読みかえ」ようとする可正の志向を見出している。若尾政希『「太平記読み」の時代』平凡社、一九九九年（引用は二八六頁）。なお、可正が、『太平記』などの軍記物をどのようにとらえていたかについては後述する。
（7）可正がどのような書物を通じて思想形成していったかについては、宇野田尚哉「『河内屋可正旧記』の思想的典拠」（澤博勝・高埜利彦編『近世の宗教と社会三　民衆の〈知〉と宗教』吉川弘文館、二〇〇八年）参照。
（8）このことをより直截に述べた記述として、例えば次のようなものがある。「進退あしくなりし者の噂を云て、我が身の上を吟味すべし」（二九八頁）。
（9）安丸良夫前掲書、二七頁。
（10）同前。
（11）この点については、安丸良夫前掲書において、繰り返し指摘されている。
（12）なお、如上の考え方は、可正に特有のものというよりは、多くの民衆に通有のものだったと考えられる。石毛忠は、「庶民倫理」を説いた書物にみられる「天の思想」について考察し、そこから「天道次第」と「天道は此方次第」という二つの考え方を見出している。すなわち、「天道」に委ねてしまう考え方と「此方」の努力が「天道」を動かし得るとする考え方の二つである。一見相反する両者の関連について、石毛は次のように整理している。「すべての人間が士農工商の身分的序列とその社会的職分（↑天命）を自覚し、各階層（士農工商）の中でそれぞれ上位者（＝天道）に従い、おのおの仕事（＝天職）に励むことが、取りも直さず「天道次第」の生き方であり、「天道は此方次第」の実践ともなったのである」（石毛忠「江戸時代初期における天の思想」、『日本思想史研究』二号、一九六八年）。この石毛の整理は、可正の考え方にもあてはまると見てよいだろう。
（13）ちなみに、以上の可正の説明は、「有《（或）》人」に反駁されるに至っている。「多くハのまじと思へバとて、我まゝになる物」ではないのであり、また「上戸」にとっては「酔臥」すまで呑むのが「よいかげん」なのだとこの「有《（或）》人」は述べる。これに対して可正は「口をとづる」しかなかった（以上、二六〇頁）。この例のように、『旧記』には、可正の教えが受け手に聞き入れられなかったり、反駁される様子も記されている。

（14）別の箇所で可正は次のように述べている。

御公儀様の御恩、あめ共山共たとへがたし。其故ハ、僻事をたくむ者共国々に多し。若上より、理非明らかに御政敗《（ママ）》ましまさずバ、世の中ハいかならん。我等ごとき者ハ迷惑千万すべし。唯仰ぎてもあふぐべきハ御公儀様なり（二九七頁）

（15）同様の記述は他の箇所にも見られる。「爰元濃《（農）》商の賤しき輩ハ、義と云事ハ夢にも不知、唯欲心一ツを以て世る《（ママ）》渡る故、兄弟和順なるハ稀也」（二一〇頁）。

（16）可正が軍書から受けた影響については、若尾政希前掲書を参照。また、『旧記』によれば、可正は「夜話」の場で「軍書を引て和漢両朝の名将勇士のはたらき」などについて語ることがあったようである（三一九頁）。

（17）別の箇所で可正は、「武勇」を「針灸」に、「文道」を「補薬」にたとえたうえで、両者を上手に使い分けることが「上医」の条件だと述べている（三三五頁）。

■第三章　職分に応じた学問——その困難性——

第一節　本章の課題

人が「人」になるためには、「志」を「世俗」から引き剝がし、学問に励まなければならない。けれども、「人」は「世俗」で生活するのであり、「世俗」に「なつく」ことも必要である。これまで本書では、身を「世俗」に置きつつ、「志」のみをそこから引き剝がしていくことの困難性について取り上げてきたわけであるが、この困難性は「世俗」の現状に応じた学問の希求をもたらさずにはおかないだろう。だが、「世俗」に応じた学問を構成することは困難であり、まして、その学問を「世俗」の人々に教えとして提示することは、さらに困難なことであった。前章で取り上げた『河内屋可正旧記』は、まさにその困難性を指し示している。

ところで、身分制の世であった江戸時代においては、それぞれの身分に応じて「世俗」が複雑に分節化されていたことは言うまでもない。そこで本章では、身分に応じた学問の必要性を説いたものとして、いわゆる職分論を取り上げてみたい。ここでいう職分論とは、職分の自覚を促す教えのことである。序章でも述べたように、職分に応じた教えは、一七世紀の前半から見られる。それは、支配に抗しようとする民衆の力量に応じて形成されてきたものであり、その力量を支配に抵触させないために説かれたものという性格を帯びている。だが、民衆にとって職分の自覚とは、日々の生活をよりよく過ごすにあたって必要な自覚という見方もできる。したがって、職分に応じた教えとは、支配のためのイデオロギー的性格と民衆が自らの立場の正当性を主張するものとしての性格をあわせ持つものと見ることができる。(1) そして、享保期(一七二〇年代頃)に入ると、後者の性格を色濃くもった教えが、数多く刊行されるに至る。

如上の性格を持つ職分論について考察するに当たり、あらかじめふまえておきたいのが深谷克己の研究である。(2) 深谷は、この時代の身分制が一枚岩なものであったのではなく、「いくつもの分節的な、あるいは独自性のある身分関係が束ねられ、それらの総体が近世身分制をつくっていた」と述べている(一二頁)。つまり、身分を区分けするための「異質な物差し」がいくつもあったということである(一五頁)。そして、深谷は、これらの「物差し」を束ねる「中軸」になっていたものを「公民身分制」と呼んでいる(一二頁)。

深谷の区分によるならば、これから見ていく職分論は、「公民身分制」にもとづいて「身分」を区分けしようとしたものだと見ることができる。「公民身分制」とは、「民」を「公的存在」とみなしたうえで、いかなる意味で「公」の「御役に立つ」のかという観点から、つまり、「有用性」を軸にして、身分を分節化しようとするものであり(一三頁)、いわゆる「士農工商」という言葉に象徴的に示される「物差し」である(一二頁)。

ここで、支配者と民という単純な二項を持ち出すならば、支配者は、職分をそれぞれの民に負わせ、民を「公的存在」と位置づけることにより、支配に抵触せぬように序列化することができる。逆に、民は、自らを「有用」な存在と位置づけることにより、社会的役割を確認し、立場の正当性を主張することができる。職分論が、支配のためのイデオロギー的性格と民衆の自己主張としての性格とをあわせ持っていたのはこのためである。

だが、ここで注意しなければならないことは、「有用性」にもとづく「物差し」は、「有用」ならざる者を析出する「物差し」でもあることである。つまり、役立たない者への「「差別視」が芽生える」ことになるのであり(一三頁)、その「差別視」は、深谷がいうところの「非公民身分制」、あるいは「良賤身分制」を生み出すことになるのである。

もちろん、「非公民」「賤民」といっても、「埋葬や警備や清掃など」（一一頁）といった渡世の業に従事している。それが業として成り立つのは、何らかの「有用性」が認められるからであると考えるならば、彼らが「非公民」呼ばわりされる筋合いはないはずである。だが、「不可欠であるにもかかわらず周縁的端末的と見られている仕事の従事者は、「公民」の側が自分の職業の公共性、普遍性、有用性を訴えれば訴えるほど、他極の側に「非公民」化されるという力学関係」が成立していたのである（一二〜一三頁）。

以上をふまえれば、職分論とは、読者に「公民」としての自覚を促す教えであると同時に、「非公民」を析出してゆく教えでもあるといえるのではないだろうか。職分論は、社会的に有用な職分を有する「公民」としての自覚を受け手に求めるものであるが、その要求は、（有用な）職分を有しない、あるいは、自覚しない者を疎外してしまう側面を持ってしまうと考えられる。

本章で職分論に着目する理由はここにある。本章では、職分論においてどのような教化が目指されているかに注目する。序章で述べたように、「教化」とは「集団間の秩序的な関係づけ」のことである。これをふまえれば、職分論とは、受け手を一定の身分集団内へと誘導する側面を有すると同時に、教えを聞き入れようとしない受け手を「非公民」として疎外していく側面を持っているとみなすことができるはずである。それでは、析出された「非公民」は、いかにして教化のもとに取り込まれていくのか、いかないのか。これこそが本書の論点の一つとなるわけだが、本章では、この論点に迫るための前提として、人々に「公民」としての自覚を促す教化のあり方を、その困難性において捉えていくことにしたい。

なお、職分論を説くテクストは、一八世紀に入ると数多く登場してくる。もちろん、本章で取り上げるテクストは、それらのごく一部に過ぎないが、いずれも人口に膾炙し、江戸時代を通じて読まれ続けたという点で共通している。また、本章で取り上げるテクストのうち、西川如見『町人袋』、上河宗義『商人《あきんど》夜話草』は町人向けに書かれたものである点において、第五章で取り上げる石田梅岩『斉家論』と対比するに好適なものといえる。

さらに、論旨を先取りすれば、本章で取り上げるテクストはすべて、次章で取り上げる静観房好阿《じょうかんぼうこうあ》『当世下手談義』に言及されているものである。『当世下手談義』では、本章で取り上げるテクストにも依拠しながら教えが説かれていくが、その教えを聞き入れない者も登場するのである。このことが何を意味するかを考察するためにも、まずは、職分論的な教えについて考察を深めておく必要がある。

第二節　「庶民の学問」――常盤潭北『民家分量記』の場合

まず初めに取り上げたいのは、常盤潭北（一六七七～一七四四）によって著された『民家分量記』（一七二六〈享保一一〉年刊。『百姓分量記』とも言われる）である。[3] 書名が示す通り、同書で提示される教えは、「百姓」に向けて説かれており、「百姓」に見合った学問、すなわち、潭北が言うところの「庶民の学問」が説かれている。では、「庶民の学問」とは何なのか。以下、この問題を考えるべく、『民家分量記』を貝原益軒の『大和俗訓』と対比しながら見ていくことにしたい。

『民家分量記』は次の文言から始まる。

それ民は国の本也とは、百穀を作り器材を造り、万を交易し、国土を養ふ故にて候。中にも農人は四海の命の本にて候へば、耕作を怠り穀種を少く作り出す時は、天下の命を縮るも同前にて、大きなる罪也（二四〇頁）

「民は国の本也」とは、『淮南子』という書物を典拠とする表現（「民者国之本也」）であり、この時代の日本ではよく使われていた表現である。[4] この文言の解説から同書は始まる。「民」とりわけ「農人」は、「国土を養ふ」という大いなる使命を担った存在であることがまずは読者に告げられる。ついで、潭北は言う。

凡上にある物を天と称し、下にある物を地と称す。天は高く尊し。地は低く卑し。百姓は地の配当にて卑しき物と、分量を落し付、農業を大事に勤るが、天より与へられたる職分を尽すと申物なり（同）

天とは違い、地は低いところにあるのだから卑しい。そして百姓は地を耕す。したがって、百姓は「卑しき物」であるとされる。だが、「卑し」くはあっても「国土を養ふ」という重大な「職分」を担っている。このように、百姓のあるべき姿は、天と地との関連で意味づけられる。この点、『大和俗訓』において益軒が天地との関連で「人」のあるべき姿を導き出していたことが思い出される。潭北は、益軒同様に、まず始めに天地を語る。だが、天地との関わりで自覚を促されるのは、「人」としてではなく「民」として「百姓」としてである。

ついで潭北は、「明徳」を「天自然の徳」と位置づけたうえで、そこから派生して「五常」（仁義礼智信）について解説する。その解説は、「仁は、天の時にしては春にして木徳也。東方に位し万物を生ずるに合ふ」（二四二頁）というように、天との関連で説明されてゆく。この点も『大和俗訓』と同様であるが、『大和俗訓』よりもはるかに説明的である。

そして、その説明の最後に「愚なる者は人の教を受て行んに、豈道にいたらざらんや」と潭北は述べている（二四五頁）。この文言は、いかに「愚なる者」、「卑し」い民百姓であっても、五常を実践することが可能であり必要であることを示す文言であろう。つまり、潭北は天地との関連で「五常」を語ることによって、教えの世界に「民」「百姓」を導いていくのである。

だが、先の引用文をよく見ると、「愚なる者は人の教を受て行」なえばいいとある。すでにみたように、益軒『大和俗訓』においては、「人に問ふ」ことよりも「思ふ」こと（「思案」）に関して多くの紙幅が割かれていた。

対して潭北は、河内屋可正が「ものしれる人」に「聞なら」うことをしばしば提唱したように、「人の教」を求めることを読者に勧めている。そして潭北によれば、これが「庶民の学問」の学び方なのである。

博く学び、道を行ひ、人を導教、世に養るゝは、上に在《います》君子也。業を勤世を養ひ、人の教を聞て道を行ふは、下に居る直民也。それ学問の大旨は、書をよむ計にも不レ限、第一は心を放《ほしいまゝ》にせず、人の道はいかやうなる物ぞと物識に尋問、善人の言行を信じ、過を聞ては言下に改るを最上とす。然らば書を読、理を覚すに、何か替侍らん。是庶民の学問也。いはんや不学の人に忠孝あるを見るべし（二七〇頁）

確かに「庶民」にも「学問」は必要とされる。しかしその「学問」は、「道を行ひ、人を導教」える「君子」の場合とは異なる。「書」を自ら読まずとも、「物識に尋問、善人の言行を信じ」ることが「庶民の学問」の学び方なのである。書を読むことが否定されているわけではもちろんない。しかし、右の記述に続いて潭北が述べるのは、「学問」のもたらす弊害についてである。

人情多くは亢《たかぶ》る病あるゆへ、少し読覚ると読ぬ人に亢り、他村の人を見下し、人柄計飾る物也（二七二頁）

書物を「少し読覚る」ことにより高慢になってしまう人がとりわけ「田舎」において多いと潭北はいう（二七一頁）。こうした現状に対して潭北は「慎で不学の理直《りちぎ》者に成業を勤るが、少しも学びたる徳にてはあれ」と述べる（二七二頁）。「学問」により己を「亢《たかぶ》」り、人を「見下」すようになるぐらいなら、「不学」であるほうがいいというのである。

このように、『民家分量記』においては、学問の重要性が常に危険性とともに語られる。だが、潭北は学問を不要とは言わない。学問をしなければ「里に仁を断つといふ物」（二七一頁）、つまり「里」には学問が必要なのである。潭北によれば、「里は一和を眉目とす」る（二七九頁）。「夫婦・兄弟・朋友互に非をとがめず、堪忍を旨として一和す」ることが求められる（同）。そのためには「理屈を停止す」ることが必要だと潭北はいう（同）。だが、学問をすると「人の非を責る」ようになる者が多い（二七一頁）。となると、同書において潭北が、学問を読者に勧めるよりもその弊害を強調するのは当然ということになろう。そしてこのような現状把握から潭北が唱えるのが「庶民の学問」だということになる。

「庶民の学問」においては「物識に尋問、善人の言行を信じ」ることが求められるのであった。逆に言えば、「物識」や「善人」は教えを説くべき者として期待されていることになる。そもそも潭北が『民家分量記』を編んだのもまた、「物識」としての職分意識にもとづいてのことであったといえる。潭北は跋文で「学者の見ては笑ふべけれど」「我よりも猶非学の人に便あらしめん」として編んだのが同書だと述べている（二九九頁）。これは、序文や跋文にありがちな謙辞として受け取ってしまえばそれまでだが、自らをいわばまっとうな「学者」ではないとしつつも、「猶非学の人」に対しては、少しは「便」になるものが書けるだろうという自負を読み取ることもできる。潭北は「道を勧めて人を善に趣かしむるは、天の貨を殖す也」という（二七六頁）。彼にとっては、書物を編むこともまた「天の貨を殖す」こととして意識されていたことであろう。言い換えれば「今日人と生れ、天地に孕まれたる役を合点」するということでもある（同）。こうして潭北は、「学者」と「非学」の間に自らを位置づけ、「庶民の学問」を説くことで、職分を果たそうとしたのである。

「庶民の学問」に関する先の記述に戻ろう。「上に在君子《います》」もまた「人を導教」える存在と位置づけられていることに注意したい。つまり、為政者の教えに耳を傾けることもまた、「庶民の学問」とされているのである。実は、先の「庶民の学問」に関する記述は次のように続く。

易と申す書は、天地の理を尽して、聖人の述べ給ふ詞なれ共、道を行ふの外は無㆓御座㆒候。君子は是を知て政を天下に舗、庶民は業を勤道を守て天理に合ふ。如㆑此己／＼が職分を尽して互に用る時は、上下和合し賢愚均しく、身修、家斉、国治、天下平也（二七〇～七一頁）

「天地の理」が「尽」された「易と申す書」（『易経』）にもとづいて「政」を行なうのが「君子」の「職分」とされている。ここにきて、同書と『大和俗訓』との違いがはっきりしてくる。両書とも、まず天地を語ることによって、読者の「人」としての、または、「民」「百姓」としての自覚を促すことから教えが展開してゆくのであった。『大和俗訓』の場合は、天地について詳しく語られないまま終わるのであったが、『民家分量記』においては、天地の「理」は「君子」による「政」を通じて発現するものとされるのである。しかし、「政」は「君子」がその「職分」を尽せば完結するのではない。「庶民」も自らの「職分」を通じて積極的にそれに参与していくことによって初めて「国治、天下平」になるというのである。

このような「職分」への自覚は、「政」への期待につながるだろう。例えば潭北は、「奉公人」「下人」の「奢」りを戒めるにあたって、自ら教えを提示することと並んで、「地頭の役人」による「法」の整備に期待している（二六四頁）。また、「村の困窮」の原因の一つとして、やはり「法」の「緩」さを挙げている（二七九頁）。

また、潭北は「民を治る」ことを「水を治る」こと（治水）にたとえている。「政」という「堤を丈夫にして蟻の穴もなきやうに守」れば、いちいちとがめだてをせずとも、民は水のように「無㆑滞相和ぎ不㆑怒」ようになるというのである（二八二頁）。このたとえは重要である。というのは、「庶民の学問」に励まない者、つまり「物識」「善人」の教えに耳を傾けない者がいたとしても、その者は蟻の這い出る隙間もない「法」という「堤」に包摂されると述べられている。つまり、益軒『大和俗訓』においては、最終的には放置されてしまうことになった「小人」は、ここでは「政」によって包摂されることになるのである。

同書の最後には次のような問答が載せられている。「理屈を止、物事堪忍し、万和《やわ》らかに諍なきがよし」とする潭北の「御教訓」はもっともであるが、「今の世」には適合しないのではないか。そのような「万和《やわ》らか」な人物に対して、「今の世」の人は「侮非道を云懸、田地・身上をとらん」とするだろう（二九四頁）。このように述べる相手の問いに対して潭北は次のように答えている。

道を行ふ人をば感心こそいたさめ、誰か侮り非分を申懸候べき。間に悪人在て非分を申懸る共、上に国守の政法あり、下に同志の弁《わきまへ》あり、不諍とも誰にかとられ候はん（同）

「道を行ふ人」を「侮り非分を申懸」るような「悪人」。それは『大和俗訓』における「小人」であるだろう。潭北はそのような者をあくまで例外的な存在ととらえている。仮にそのような例外的な人物がいたとしても、「政法」「同志」が守ってくれるだろうと潭北はいう。ここには、「同志」に対する潭北の信頼を見てとることができると同時に、「堤」としての「政法」への期待が見てとれる。

潭北は益軒とは違い、あくまで「庶民」「百姓」に応じた学問を構成しようとした。そこで構成された「庶民の学問」とは、「物識」「善人」の教えに耳を傾けるというものであり、「物識」「善人」に大きな期待がかけられることになった。しかし、このように再構成された学問であっても、それに耳を傾けない人々がいるであろうことを潭北は見逃さなかった(5)。その結果、河内屋可正の場合と同じく、国の政治に大きな期待が現れることになったのだった。だがここでいう期待は、やはり可正の場合と同じく、国の政治への盲従につながるのではなく、その反対に、あるべき国の政治を求める姿勢へとつながっていく(6)。その前提には、「天地の理」を体現する存在として為政者をとらえる視線があったといえるだろう。

第三節　「町人の学問」――西川如見『町人袋』の場合

一　「さしあたりたる教」の模索

次に見ていきたいのは、西川如見（一六四八〜一七二四）の『町人袋』（一七一八〈享保三〉年刊）である。[7] 先に見た『民家分量記』とは異なり、「百姓」ではなく「町人」を読者に想定して編まれた書物である。「百姓」の場合に比べ、「町人」向けに教えを構成することがいかに困難なことであるかを『町人袋』は示していると思う。まずは序文を見てみよう。

聞たことは聞捨とやらんなれども、たま〳〵籠耳の底に留りしを、たゞに捨置なんも本意なくて、かつ〳〵かきあつめ侍りぬ。（中略）町人袋をこしらへ、世俗の糟粕を何もかもとりこみ置て、それ〴〵に撰びもちひんとすれど、素より愚につたなき身なれば、撰び用ゆべきちからもなくて、袋の底に醭《かび》くさく成ぬ。（中略）分別嚢のひとへ底ぬけやすき処を、せめての笑ひぐさにもと、独つぶやくも、いとかはゆきわざになむ（八六頁）

同書は如見が日頃「世俗」の様々な人から聞いたこと（「糟粕」）を書き集めたものであるという。如見は「町人袋」に溜まった「糟粕」から適切なものを「撰びもちひん」とした。だが、「愚につたなき身」なので、それができなかったという。様々な「糟粕」が溜まり溜まって「袋」は破れそうだ。だから、それを繕うかのように「独つぶや」いた。この「つぶや」きとは、五巻からなる同書の後ろに付された「底払」上下二巻のことである。つまり同書は、町人にとってためになることを書き溜めたものだが、それらをうまくまとめることができなかったので、いわば試論（「せめての笑ひぐさ」）として「底払」二巻を加えたという構成になっている。そして、序文において如見は、その構成の拙さについて語ろうとするのである。

同書の板元である柳枝軒が書いた跋文には、右のように如見がいうのは「謙《ヒゲ》の辞成べし」とある（一七三頁）。だが、謙辞であろうがなかろうが、如見は「町人」に向けて教えを説くことの困難性を吐露することをもって、『町人袋』の叙述を始めようとするのである。そして、この困難性は、序文のみならず本文からも窺うことができる。確かに同書には町人のあるべき姿について多々述べられており、そこからいわゆる町人思想の成熟を読み取ることは決して的外れではない[8]。だが、同書は同時に、町人に向けて教えを語ることの困難さについても教えてくれるのである。

本文に目を移そう。本文ではまず「或人」の次の言が紹介される。

> 町人に生れて其みちを楽まんと思はゞ、まづ町人の品位をわきまへ、町人の町人たる理を知てのち、其心を正し、其身をおさむべし（八七頁）

町人には町人の「理」がある。それを知るべきことを唱えたこの「或人」の言こそが、如見が「袋」を拵えたきっかけ（「耳にとゞまれる始」）となったとされる言である（八八頁）。では、この「或人」は町人について何を語っているか。右の文言にもあるように、町人の「楽」しさについてである。町人は当時の身分制の中で最も「下座」に位置している。だが、「いつ比よりか天下金銀づかひとなりて、天下の金銀財宝みな町人の方に主《つかさ》どれる事にて、貴人の御前へも召出さるゝ事もあれば、いつとなく其品百姓の上にあるに似たり」というような状況が到来している（同）。金銀は町人が「主《つかさ》どれる」のだ。さらに、「主《つかさ》どれる」のは金銀だけではないらしい。「百年以来は、天下静謐の御代なる故、儒者・医者・歌道者・茶湯風流の諸芸者、多くは町人の中より出来ることになりぬ」（同）。町人の中から様々な「芸」を有する者が輩出している。したがって、町人は「水」が「万物をうるほし養」うように、「人倫に用」をなしているのであって、そのような「用」ある存在として「生れ相ぬるは、まことに身の幸いにあらずや」（八八頁）。そのような「幸い」に恵まれたのであるから、「他の威勢あるを羨まず」とも、白身の「分際に安んじ」ていれば「一生の楽み尽る事なかるべし」（同）。

以上が、同書成立のきっかけになったとされる「或人」の言である。先に見てきた『民家分量記』が、まずは天地との関わりで「民」「百姓」としての自覚を促すことから始まったように、「町人」としての自覚を促す人物の言から如見は同書を始めようとする。ただし、天地については、当時の身分制を「天理自然の人倫」（八七頁）と表現していることが目につくぐらいで、「或人」の話からは明確には見えてこない。

この「或人」の言に続いて、どのような話が如見によって提示されるかを簡単に追っておこう。次に登場する「ある人」は「町人の常に守るべき」ことについて語り（八八頁）、ついで「或学者」は「真の商人」について語る（八九頁）。以下、町人は「町人くさき」方が良いことを説く人物（同）、商売には「中道」が大切であることを説く人物（同）と続く。冒頭と同じく、「町人」「商人」のあるべき姿についての説が展開していくのである。

そして、そのあるべき姿を身につけるために「学問」について語る人物も登場することになる。「或学者」は次のようにいう。

町人も学問はなくて叶はざる物なり。さりながら学問の致しやうにて、身の徳共なり、又損ともなるべし（九六～九七頁）

町人にも学問は必要だ。しかし同時に学問のもたらす危険性についても述べられている。この点、『民家分量記』と同様である。この「或学者」によれば、その危険性とは、「弁舌をもつて人に高ぶらんとする」ことである（九七頁）。そして、この「学者」は、このような傾向が近年になって生じてきたことを述べたうえで、次のように言う。

此故に初学の志の立やう肝要成事也。とりわき町人の学問は、別に又こゝろもちあり（同）

この「学者」は「町人の学問」の必要性に言及している。だが、求められる「こゝろもち」については言及することなく発言を終えている。したがって、「町人の学問」がいかなるものであるのかは、ここではわからない。「町人の学問」についてより詳しく説く人物が登場するのは、五巻からなる同書の終盤においてである。「或学者」は言う。

聖人の御詞は、貴賤上下にわたりて、いづれの書いづれの語にても、人の教誡とならざる事なし。四民みな通用の道理あり。去ながら其さしあたりたる所は、皆多は学者君子のうへ、又は庶人より上にある人の教にして、町人・百姓にさしあたりたる教すくなし（一四七頁）

「聖人の御詞」は、確かに「四民みな通用の道理」を説いたものだが、「さしあたりたる所」は「庶人より上にある人の教」であるとこの「学者」はいう。なぜなのだろうか。「学者」によれば、「上たる人さへ心正しく身おさまる時は、庶人はおのづから其風俗にならひて、天下平か」になるのだという（同）。「聖人の御詞」は主に「上たる人」に向けて説かれたものだとされているのである。

それでは、「町人・庶人」に「さしあたりたる教」とはどのようなものなのか。この「学者」は、その「教」を『孝経』の次の文言に見出している。

天の時を用ひ地の利に因て、身を謹み用を節して、父母を養ふは庶人の孝なり（同）

そして、「学者」は、この文言の中でも、「用を節して」の箇所に着目したうえで、次のように述べている。

節の字のこゝろ甚深き理あり。町人・百姓の学問は此一句にて済事なり（同）

このように、この「学者」のいう「町人・百姓の学問」とは、「用を節する」ことへと帰着していく。それでは、「用を節する」とはどういうことを指すのか。だが、この「学者」は、「質素倹約」との関連を示唆するのみで、多くを語ってはいない。また、「町人・百姓の学問」を、どのように学んでいくべきなのかについても語っていない。『孝経』を繰り返し読めばよいとされるのか、それとも、潭北のように「物識」「善人」の教えに依ることを求めるのか、定かではない。だが、いずれにせよここでは、「聖人の御詞」の一部をいわば切り取るかたちで、「町人・百姓の学問」が構成されていることになる。

ところで、この「或学者」の言を書き留めた如見は次のような感想を付している。

町人袋にいれても／＼あまりあるにや（同）

「或学者」の言は「町人袋」に入りきらない、と如見は言う。「町人・百姓の学問」について説くこの「学者」の言を、如見は同書に収めきれないというのである。これはもちろん、「或学者」の言の貴さを強調する修辞として受け止めることも可能だろう。だが、そうだとしても、「町人・百姓の学問」に関する教えを「底ぬけ」することなしに同書に盛り込むことが困難だと述べられていることに変わりはない。とするならば、一体何が困難だというのだろうか。それを次に考えてみたい。

2　学問の有用性をめぐって

そもそも「町人」にはなぜ学問が必要なのか。このような問いを直截に発する「或人」の言が『町人袋』には登場する。

或人学者に問て云、「町人などの学問するは、何の用に立ん為ぞや」。学者答て云、「身をおさめ家をとゝのへん為也」といふ。又問、「身をおさめ家をとゝのふる事は、尽く学者のみに有て、無学成町人はいづれも身を亡し、家を失ふにや」といへば、此学者、かさねて答ることなくてやみぬ（一一九～二〇頁）

学問をするのが「身をおさめ家をとゝのへん為」だとすれば、学問をしない者は必ず「身を亡し、家を失ふ」ことになってしまうはずだが、実際にはそうとはいえないではないか。このように問われた「学者」は、答えに窮してしまう。

この「或人」は別の「学者」にも同じ質問を発している。「学者」は「町人の学問は、ぬすみする心をおこさざらしめんが為也」と答えるが、次のように問い詰められるに至る。曰く、「学問せぬとて盗みする事や有べき」と。学問しない者が必ず盗みをするわけではないだろうと問い詰められるのである（一二〇頁）。

だが、先の「学者」とは異なり、この「学者」は答えを返そうとする。「仰のごとく、無学成人なりとて、盗みする人は最稀なり」と認め、また、学問をしたからといって、「盗みする意を失ふ事」は「かたし」と述べてしまうのである（同）。そのうえで、この「学者」は、「只今公儀有て、誅罰をうくる故にこそ、恐れて盗みする人もなけれ」と述べる。「只今」において、「盗み」が「稀」であるのは、学問に励む者が多いからではない。「公儀」の「誅罰」のおかげである。もし「誅罰をうくる事なき作法ならば」、盗みははびこることになるだろうと述べるのである（同）。

さやうの世に有ても、天理を恐れて、盗みの意、不義の念をおこす事なき人は有がたかるべし。年さむふして松柏の彫《しぼむ》におくるゝ事を知《しる》は、学問する人の第一つゝしむべき処なり（同）

「公儀」の「誅罰」があるうちは、学問しようがしまいが、盗みは「稀」であろう。だが、もし「誅罰」がなくなってしまったら、その時にこそ、学問が「何の用に立」つのかがわかる。「年さむふして」云々というのは、『論語』子罕篇からの引用である。「松柏」が寒い季節でもしぼまないことは、寒くなってみて初めてわかることである、という意味にここでは解しておこう。つまり、学問が「何の用に立」つのかは、寒くなってから、すなわち「公儀」の「誅罰」がなくなってはじめてわかると、この「学者」は述べているのである。まさかの時のための学問、とでもいったところだろうか。

だが、この「学者」は、もし「公儀」の「誅罰」がなくなった場合、「大抵などの学者は不義を行ふ」であろうとも述べている（同）。つまり、今の学問は、まさかの時にすら「用に立」つとは確言できないのである。「町人」の学問が「何の用に立」つのかは、まさかの時になってわかる。けれども、今の学問は、まさかの時にすら「用に立」たないかもしれない。ならば、結局のところこの「学者」は、町人はなぜ学問する必要があるのかという問いに答え切れていないことになるのではないだろうか。

もっとも、右の一連のやりとりは、問いを発する者が、学問を「用に立」つ、立たない、という功利的な手段としてしか見ていないことを示す挿話として受け止めることも可能だろう。つまり、問いそのものがおかしいことを示そうとしたのだとも考えられる。だが、たとえそのように考えてみたとしても、この問答を通じて、町人にとっての学問の意義が一向に明確化してこないことは確かである。このように、『町人袋』には、町人にも学問が必要だという説と、その学問の有効性への疑問とがまとまりもなく混在しているのである。

別の例を取り上げてみよう。まず「或人」が言う。

楽に二つあり。真楽・俗楽とかや。苦に又二つあり。義苦と欲苦と成べし。天地人物の理をしり、其道を楽は真楽也。飲食・色欲・遊興は俗楽也（一五〇頁）

「天地自然の理」にもとづく「真楽」と、「飲食・色欲・遊興」によってもたらされる「俗楽」と。それでは、「町人等」は「俗楽」を願うべきなのか「真楽」を願うべきなのか。このように「或人」は問うている。

この問いに対し、貝原益軒であれば、学問を通じて「俗楽」を離れ「真楽」を目指すべきことを説くであろう(9)。だが、ここでは異なる答えが他ならぬ「我」すなわち如見自身によって述べられている。

我答云、「いかにしても真楽とやらんはおもしろからず、俗楽こそあらまほしく候」といへば、「飲食・色欲の正を得ば、是則真楽、あら〳〵おもしろの地主の花の気色や」といひて笑ひてやみぬ（同）

なにがなんでも「真楽」を追求しようとするのは「おもしろからず」。「飲食・色欲」などの「俗楽」であっても、それが「正を得」ていれば「真楽」といってよいのではないか。つまり、ここで問答を交わす両者は、「俗楽」から離れることの不可能性を見てとっているのである。もちろん、「俗楽」に安住してしまってはならない。それは「正」を得なければならないのだ。では「正」なる「飲食・色欲」とは何なのか。右のやりとりからは詳らかではない。いずれにせよ、ここには明らかに益軒とは異なる視点が見てとれる。少なくとも「志」の上では徹底して「世俗」から離れることを説いた益軒に対し、如見は、「世俗」から離れることを不可能としたうえで、「世俗」の中であるべき「楽」を見出そうとしているのである。(10)

では、かかる「世俗」において、(町人の)学問に励むことに一体何の意味があるのだろうか。『町人袋』では、「町人の学問」への言及は見られるが、この問いに対する明瞭な回答が提示されていないように見える。

3　町人へのまなざし

ところで、如見には、『町人袋』と並んで『百姓袋』(一七二一〈享保六〉年序)という著作がある。だが、同じく「袋」と銘打たれているにもかかわらず、『百姓袋』は『町人袋』とは大きく異なる構成になっている。『町人袋』のように様々な者の言を書き集めた構成になっているのではなくて、最初から最後まで、語り手である如見が直接教えを示す構成になっている。また、「底払」と称した部分は『百姓袋』にはない。この違いは何を物語っているのだろうか。

表題が示す通り、『百姓袋』は「百姓」に教えを説いたものである。それでは「百姓」と「町人」との違いはどこにあるのだろうか。『百姓袋』において如見はいう。(11)

長者二代なしといふ諺は、専ら町人にあり、百姓にはすくなし、唐土も本朝も、商家の富饒は数世続きがたし、百姓農人の家、数代なるは甚多し、とかく町人は、衣食驕奢多く、農家は質素多ければ也(五〇〇頁)

「百姓」は「町人」とは違い、「質素」な者が多い。だから、「家」が「数代」続くことは全く珍しくないという。とすれば、「百姓」は「町人」に比べれば、家の没落の危機は薄いということになるだろう。また如見は次のようにも述べている。

百姓たらんもの、かならず町人をまねぶべからず、町人は急に富事多きゆへ、急に失ふ事多し、百姓は富事少きゆへ、又急に失ふ事少なし、いづれも足事を知て、おの〳〵身の分際に安じ居らば、たのしみつくる事なかるべし（五一九頁）

「町人」は「急に富事」が多い反面、「急に失ふ」ことも多い。だから、「百姓」は「町人をまねぶ」べきではないとされる。「町人」の存在そのものが否定されているわけではないのだが、危険視されていることも明白である。(12) だが他方で、『百姓袋』では、この「百姓」の「町人」化とでもいったことが時代の避けられぬ趨勢として描かれている。

近代に至りては、世の人倫多く、山家も家多くなり、口数多く成て、食不足なるゆへ、子多きものは、都会繁華の地に、往来して生計をなす者多く、いつとなく京都の風俗となりて、百姓も町人の所作をなすゆへに、少しにても繁華の地に近きあたりの百姓ほど、盛衰の変易多し、百姓こゝろ有べき事也、兎角農家に生れたるを、身の幸とおもひて、外にうつる心なく、身の程を楽みなば、何の楽か是にしかんや（五二二頁）

「世の人倫多く」なったため「食不足」し、そのために「百姓」の「町人」化が進行していると如見はいう。なぜ「食不足」すると「百姓」を辞める人が現れるのだろうか。それは、商品経済の進行により、「食」よりも金銀が求められる経済になっていたからであろう。河内屋可正が述べていたように、「百姓」であっても商売に手を出さざるを得ないような状況が広がりつつあったのである。

だが、先に見たように、商売は危険の大きい営みである。だから、如見は、「百姓」の「町人」化を戒め、「百姓」には「百姓」の「楽」があることを説こうとする。商品経済化という、時代の避けられぬ趨勢に安易に乗ってしまうことを戒めるのである。

逆にいえば、如上の「町人」化にさえ気を付ければ、「百姓」は「数代」にわたって安泰であり得るということである。したがって、『百姓袋』で説かれる「百姓の学問」なるものは非常にわかりやすい。「学問するに、先何の書をか読習ふべき」という「或村長の百姓」の問いに対して、如見は次のように答えている。

予がいはく、百姓の学問第一には、公より立置給へる、御制札を読覚へ、折々村里の老若にもよみ聞せ、謹で尊敬せしめ、ところ〴〵解釈して、妻子奴僕に至るまで、必ず読聞すべし（五〇八頁）

如見は、「町人の学問」を自著に盛り込みきれないと述べていたが、「百姓の学問」については、自らそのあり方を説いてしまう。「百姓の学問」とは「公より立置給へる、御制札」にもとづくことだという。そして、如見は、自ら説いた「百姓の学問」に対し、その無効性を吐露することはない。

再び『町人袋』に戻ろう。同じ「袋」でも『町人袋』の方は、今にも「底ぬけ」しそうな「袋」なのであった。そして、その不備を補うべく、如見は同書に「底払」と題した二巻を付加したのであった。この「底払」は、経書などの書物からの抜粋が記されたうえで、それに如見が所見を加えた体裁になっているが、それらの抜粋があまり前後の脈絡もなく並べられたかのようになっている。

経書からの抜粋ということは、そこに示される教えは、町人に特化された教えとは限らないということである。一例だけ挙げておこう。

左伝に、禍福無レ門、唯人自召《マネク》、といひ、又、天作孽《ナセルワザハイ》猶可レ違《サク》、自作孽不レ可レ逭、といへる、古賢の誡め、
万民日用の要文なり（一五七頁）

「左伝」とは、『春秋』という書を解説した書物のことである。四書五経と総称される経書のうち、『春秋』は五経の一つに数えられる。一般に五経は四書に比べて高度な内容を含むものとされており、この点から見る限り、『春秋』は「町人」に「さしあたりたる」書物とは言い難い内容を含んでいるといえる。そして、如見は、この左伝からの一節を引用したうえで、そこに町人に限らず「万民」に必要な教えを読み取っている。このような例を挙げることによって、『町人袋』本編の不備が補われていくのである。

先に見たように、『町人袋』本文で提示された「町人の学問」とは、「聖人の御詞」のうち、「町人」に「さしあたりたる」教えをいわば抜き出すことにより成り立つものであった。だが、この抜き出しは至難なことであるゆえ、「さしあたりたる」かどうかはともかく「聖人の御詞」を抜粋することにより、「町人の学問」の不備が補われていく。この点に、「町人」をとりまく「世俗」の複雑さを見て取ることができるだろう。

第四節　「亭主」の学問——上河宗義『商人夜話草』の場合

最後に取り上げたいのが、上河宗義（一六八九～一七三〇）によって著された『商人夜話草』（一七二七〈享保一二〉年刊）である。[13] まず、同書の教えも「町人の学問」として提示されるものであったことを確認しておこう。

親に孝と云は古より聖賢のをしへ様々成ども、それは我々ごときの文盲なるものゝ至らぬ所なればぜひなし
（六五五頁）

子を教るも古よりあまた聖賢のをしへあるより、是も文盲なる我々が至事にあらず（六五七頁）

手代小者など人がらを見る事様々あるべし、まづ聖賢の説の賢愚は我々が及所にあらねば、是はさし置ぬ（六六二頁）

宗義は、「文盲」を自称し、そのような自分は「聖賢のをしへ」「聖賢の説」にまで至ることはできないとする。だが、彼が「孝」や「子を教る」ことなどについて語らないかといえばそうではない。というより、同書で説かれるのはやはり、あるべき「孝」のあり方や「手代小者など」の「人がら」の見分け方についてなどである。そして、宗義もやはり「町人の学問」を説こうとしている。

町人も貧富にて智の高下はしれがたし、兎角なりかつかうにかゝわらず、智有人には随分近づきて、我身の行の吟味を鹿砥にかけてとぎ出すべし、商人は又商人の智有、人の家も能治たらん人には、何ほど文盲なり共、身持家の治やうなど尋問、我も心に思ふ事など云ひて、常に吟味すべし、徳有事多し、是町人の学問なり（六八二頁）

「智有人」または家を「能治たらん人」（宗義において両者は同義であるべきであろうが）に「尋問」うこと。ここだけを見ると、潭北のいう「庶民の学問」と同じく教えを聞くことが「町人の学問」であるようにも見えるが、同書の最後で宗義は、「文盲」であっても「かな本」を読むことの必要性を述べている。そして、読むべき「かな本」の例として「俗訓」（『大和俗訓』）、「町人ぶくろ」（『町人袋』）などが挙げられている（六九一頁）。つまり、本書でこれまで取り上げてきた「かな本」を読むこともまた、「町人の学問」の一環とされているのである。

だが、同書には、本章でこれまで見てきた著作とは異なる性格を見てとることができる。『商人夜話草』は「商家の亭主たる者は気をながく物を破ず、人相柔和なるがよし」という文言から始まる（六五四頁）。ここに表れているように、同書における教えは、町人の中でも専ら「商家の亭主」に向けられている。宗義は「商家の亭主」に「家内の人の手本となる」ことを期待している（六五四頁）。そして、亭主以外の「家内に居者」は「亭主の手足」とされ、「我が親類同前」とされる（六六〇頁）。したがって、宗義にとって直接教えを向けるべき対象は「亭主」なのであり、「家内に居者」は「亭主」を通じて諭される者たちとみなされている。つまり、教化の直接の対象（「亭主」）と教化を行き渡らせる範囲（「家内」）とが最初から限定されているのである。

おそらくこのためだと考えられるが、宗義の記述には楽観的ともいえる記述が見られる。

兎角風俗能立て、あるひは七人の内に五人、五人の内に三人好ものあれば、残りは大かたよく成ものなり、そのゆへは五人能ものあれば、残り二人のよからぬ者も、あしき事は目立てならぬ者なり（六六二頁）

このように、数字を挙げながら具体例を提示していくことが同書の一つの特徴なのだが、宗義は家内のすべての者が善人である必要は必ずしもないと述べている。なお、ここでいう「風俗」とは、家内の風俗のことであり、「其家の格式」が「厚篤」であれば「風俗」は善いとされる（六六一頁）。五人から七人ぐらいで構成される家であれば、家内に二人ぐらい「よからぬ者」がいても、その者は「目立て」しまうので悪い事をしなくなり、「風俗」は維持されるだろうとされているのである。このようなことが言えてしまうのは、問題をあくまで「家内」の問題として処理しようとするからであろう。

また、問題を「家内」の問題として処理する場合、「よからぬ者」を家から放逐することで簡単に問題を解決できてしまう。宗義は「天性私欲ふかき者」はすぐに「去る」べきであり、「色欲」や「大酒」を好む者は、「主人気を付てためなほしてつかふべ」きだが、それでも改善しない場合は、やはり「去る」べきだと述べる（六六三頁）。なお、ここでいう「去る」とは、当然「家」から去ることを意味するが、「去る」の主語は「亭主」であることも確認しておこう。つまり、「去る」とは他動詞として使われているのであって、亭主が悪しき者を「去る」、すなわち、離縁する、放逐する、という意味で用いられている。

これまで見てきたように、町人向けに教えを構成しようとしても、どうしても教化に疑問を呈する者たちの存在が浮かび上がってしまうのであった。だが、『商人夜話草』の場合は、最初から教化の対象と範囲を限定することによって、この問題が回避されているといえる。だが、家から放逐された者は、どこへいってしまうのだろうか。次章では、この問題について考えてみることにしたい。

ところで、同書の著者、上河宗義こそ、本書で後に取り上げる手島堵庵の父である。堵庵が父からどのような教えを受けたのかは定かでないが、彼が終生父の教えに敬意を抱き続けたことは確かである。だが、他方で、堵庵は、第五章、第六章で取り上げる石田梅岩を師と仰ぐことになる。そして、梅岩は、宗義も含め本章で見てきた人物とは決定的に異なる教えを説くことになる。それでは、梅岩の教えは、いかなる点で「町人の学問」と異なるのか。そして、その教えは、どのように堵庵に継承されてゆくのか。これが第二部のテーマとなる。だが、その前に、次章にてもう一つ取り上げておくべきことがある。

註

（1）佐久間正『徳川日本の思想形成と儒教』ぺりかん社、二〇〇七年。
（2）深谷克己『江戸時代の身分願望』吉川弘文館、二〇〇六年。
（3）中村幸彦校注『日本思想大系59 近世町人思想』岩波書店、一九七五年。
（4）若尾政希『「太平記読み」の時代』平凡社、一九九九年。

（5）また潭北は、女性への教化は困難なことと考えていたらしい。例えば次の記述。
男の我は強し、女の我は深し。強は折べし、深きは及ぶべからず（二八七頁）
ここでいう「我」は、否定されるべきものであるのだが、潭北によれば、女性の「我」は「深」すぎて、「ぬく」（抜く）ことは不可能だとしている（同）。この言からもわかるように、『民家分量記』における潭北は、女性に対する教化を積極的に説こうとはしない。
（6）佐久間正は、潭北の著作『民家童蒙解』の冒頭の記述に、易姓革命論に通じる主張を読み取っている。つまり、為政者に対する潭北の期待は、為政者の「仁政＝安民義務」を「厳しく要請」していく方向性を有していたといえる。佐久間正前掲書、三九八頁。
（7）前掲中村幸彦校注『日本思想大系59　近世町人思想』。
（8）西尾陽太郎「石門心学の発生について――町人嚢と都鄙問答との思想的関連」（『史淵』五〇輯、一九五一年）、竹中靖一『増補石門心学の経済思想』（ミネルヴァ書房、一九七二年）、佐久間正前掲書など。
（9）『大和俗訓』のある箇所で、益軒は、「俗楽のいやしきわざをのみたのしみと」することを戒めている（一一六頁）。
（10）横山俊夫もまた、『町人袋』のこの部分に着目し、益軒との違いを見出している。横山俊夫「『家道訓』の世界」（横山俊夫編『貝原益軒――天地和楽の文明学』平凡社、一九九五年）。
（11）滝本誠一編『日本経済大典』四巻、史誌出版社、一九二八年。
（12）なお、同様の考え方は、先に見た『民家分量記』にも見られる。
村に生れて町の人柄羨むべからず。農人は身卑けれ共心卑からず、町人は人柄よけれ共利得の上にて判断するゆへ心賎し（二七七頁）
（13）滝本誠一編『日本経済大典』一三巻、明治文献、一九六七年（初版一九二八年）。

■第四章　動揺する教化——談義本を手がかりに——

第一節　談義本とは

本章では、談義本と呼ばれるテクスト群を取り上げ、教化の場面がどのように描かれているかについて考察していく。談義本とは、一七五〇〜九〇年代（宝暦〜寛政期頃）にかけて流行した文学史上の一ジャンルとされ、教訓めいた話、あるいはそれが語られる場面を、風刺と滑稽を混じえて描写しようとするところに特徴がある。つまり、前章で取り上げたテクストが著された時代より遅くとも四半世紀後になると、教訓を滑稽化したり、茶化したりするような著作が数多く編まれる状況が生じていたのである。また、この時期は、次章以降で取り上げる石田梅岩の没後から、その弟子たちによる教化運動が活発化していく時期にも当たる。談義本は、この時期における教化の様子を幾分の誇張も交えつつ、その分生々しく示しているとみることができる。

考察に先立ち、談義本についてもう少し説明しておこう。談義本の定義は論者によりいくぶん異なる。大別すれば次のような広狭二通りの定義がなされている。

談義本は「当世下手談義」を発端として、諷刺と滑稽を基本として流行し、宝暦から寛政まで約三十年間一世を風靡した小説群として無視できないものを持っている(1)。

正徳、享保に端を発して、宝暦、明和に栄え、寛政、享和に終息する、俗間教導の苦薬を滑稽の甘皮に包んで、半紙本三冊から五冊に仕立てた読本の一種と見ておけば、まず誤るまい。(2)

前者は野田壽雄による談義本の定義である。野田は、一七五二（宝暦二）年に刊行された『当世下手談義《いまようへたたんぎ》』を談義本の嚆矢とみて、それらを「小説」史の中に位置づけようとしている。これに対して、後者の定義を行なった中野三敏は、『当世下手談義』に画期を見る点では野田と同様だが、『当世下手談義』の成立に至るまでの流れを精査したうえで、その流れに位置づく著作を「広義の談義本」と呼び、野田の定義による談義本を「狭義の談義本」としている。いずれの定義においても、談義本が「滑稽」さと教訓性ないし「諷刺」をあわせ持つジャンルであるとされている。

なお、談義本という呼称は当時から使われていたが、「よみ本」「奇談」「教訓本」などとも呼ばれており、明確な分類基準があったわけではない。(3)そこで、近年では、談義本というジャンルを用いるよりも、当時の書籍目録の分類にもとづいて、談義本を「奇談」というジャンルを構成する一角として位置づけ直すことが提唱されている。(4)「奇談」という語の諸用例を検討した飯倉洋一によれば、「奇談」とは「「奇」よりも「談」に重点があり、「綺《あや》ある談《かたり》」というニュアンスが濃い」用語であった。(5)したがって、「奇談」と総称されるテクスト群は、「語り手（はなし手）と聞き手のいる場を前提とした面白い語り（はなし）」を作中に盛り込んだものということができる。その盛り込み方は、「面白い語り（はなし）」がなされる場面の描写に重点が置かれる場合と、「面白い語り（はなし）」の内容そのものを活き活きと描き出そうとする場合とに大別されるが、いずれにせよ、「綺《あや》ある談《かたり》」の描写こそが、「奇談」のモチーフだったと飯倉は述べている。

「奇談」として描かれるものは、仏教の談義、儒者の講釈だけではなく、怪談や茶話、銭湯での日常会話など、様々である。だが、本書では、「奇談」と総称されるジャンルの全体を見通した考察を行なうわけではなく、とりわけ教訓色の強い「談」が展開される著作に考察が限られるため、そうした「談」を連想させる用語として談義本という呼称を用いることにする。なお、談義とは、もとは仏僧、とりわけ真宗の僧侶による説法を指す語であるが、談義本には僧侶ではない人物による談義も数多く描写されており、儒者の講釈もしばしば登場する。

ところで、飯倉洋一が述べるように、「綺《あや》ある談《かたり》」を描写する趣向の作品は、一七五〇年代に初めて登場してきたというわけではない。一七五〇年代が画期となるのは、如上の作品群が「奇談」という名のもとに分類される一つのジャンルを形成してきたことにあると飯倉は言う。実際、書籍目録の類に、「奇談」という分類がはじめて登場するのが、一七五四（宝暦四）年刊の『新増書籍目録』であり、この目録には五七作品が「奇談」に分類されている。また、一七七二（明和九）年刊『大増書籍目録』では、七六点が所載されるに至っている。(6)

このようなジャンルが形成されてきた背景には、様々な人物による「綺《あや》ある談《かたり》」「面白い語り（はなし）」が、寺の境内や路上を賑わせていたことを考えねばならないだろう。三田村鳶魚は、一八世紀前半における京都や江戸といった都市で、神儒仏それぞれの教えが講釈、説法によって盛んに説かれるようになってきた状況を詳細に描いている。そして、これらの講釈の多くが、人々の関心を惹きつけることを求めた結果、教化的役割が二次的になり、その結果、「教化ということが全く地に墜ちた」有り様になってしまったと論じている。(7)例えば、神道家の中には仏像を叩きながら講釈し、仏教を激しく罵る者が現れ、仏僧の中には卑猥な話で聴衆の耳目を惹きつけようとする者も登場してくるのである。

むろん、こうした状況が談義本に正確に描写されているとは限らない。また、本章は、その状況を明らかにすることを目的としているわけではない。いわゆる文学的な創作物である限り、当時の教化の実際をそこに読み取ることには慎重であるべきだろう。だが、創作的であるぶん、談義本には、当時の教化が孕んでいた諸問題が、幾分の誇張を含みながらも、かえって先鋭に描かれていると見ることもできる。特に注目に値するのは、談義本には教えの説き手だけではなく受け手も描かれていることである。そして、談義本における受け手は、説き手の教えを聞き入れなかったり、非難したりもする。序章で述べたように、本書では、「教化」を「集団間の秩序的な関係づけ」ととらえているが、談義本には、説き手、受け手双方が登場するため、双方の「関係づけ」の様相が生々しく描き出されていると見ることができるのである。

これまで談義本は、もっぱら文学史研究の分野で取り上げられており、教訓性よりもいわゆる文学性を抽出することに力点が置かれてきた。談義本で描かれる教訓の内容(8)や著者の素性や彼らの教訓的意図(9)について考察されることはあったが、教化の場がいかに描写されているかまでについては立ち入った考察は行なわれていない。したがって本章では、談義本において、誰が誰にどこで教化を展開しているか、そしてその教化がどのように受け止められているかに特に注目していく。

第二節　動揺する教化

一「新米所化」の「下手談義」

まず初めに取り上げたいのが、静観房好阿によって書かれた『当世下手談義』（一七五二〈宝暦二〉年刊）、『教訓続下手談義』（一七五三〈宝暦三〉年刊）である(10)（以下、それぞれ『下手談義』『続下手談義』と略記）。先述のように、両書は、談義本隆盛の魁となった書とされる。まずは、『下手談義』の序文から見ていくことにしよう。

> 説法談義の花盛。いづれ一人も媼《ばゞ》に娵《よめ》いぢれといふ勧もなく、爺に欲かわけといふ、教もなけれど、弁舌に利鈍ありて、耳に入ルと、いらぬとのさかひ、損徳はるかにへだゝれども、併勧善の志は一なり。是を教化《きやうけ》の書物に比せば、貝原先生の『大和俗訓』、『家道訓』は、むく／＼和《やわ》／＼として、極上々の能化談義。自笑、

其蹟《ママ》が『娘形気』、『息子形気』は、表に風流の花をかざり、裏に異見の実を含、見るに倦ず、聞に飽ず、是を当世上手の所化談義に比すべし。予が此草紙は、新米所化が、田舎あるきの稽古談義、舌もまわらぬ則だらけ、智者の笑は覚悟のまへなり。されど教化の志は、能化にもおとらじ物をと、少小臂を春雨の、徒然なぐさむ伽にもやと、下手談義とは名付けらし。（一〇七頁）

好阿は、「説法談義の花盛」である当世の有り様と自著の刊行とを重ね合わせようとしている。実際、好阿が同書で描くのは、「当世」において様々な「説法談義」が活発に行なわれている様子に他ならない。

そして、当の好阿は、自らを「新米所化」と位置づけたうえで、「稽古」がてらに「下手」な「談義」をこれから行なうと称している。だが、「下手」とは称しているが、「教化の志は、能化にもおとらじ物を」という文言からは、自らの「談義」に対する強烈な自負を読み取ることもできる。「智者」でなくても、「弁舌」が「鈍」であっても、「談義」はできる。このような宣言として読み取ることもできるだろう。

また、好阿は、先行するいくつかの書物と自著とを関連付けようともしている。そして、第一章で取り上げた貝原益軒『大和俗訓』を「極上々の能化談義」、江島其磧（一六六六～一七三五）の『娘形気』『息子形気』を「当世上手の所化談義」と位置づけている。「能化」「所化」とはともに仏教用語であり、教化を行なう高僧とその教えを受ける僧をそれぞれ指す語である。よって、単純に考えれば、『娘形気』『息子形気』の著者江島其磧は、益軒ほどの学識は持たないが、それでも「上手」な「談義」をなし得たとみなされていることになる。

それでは、『大和俗訓』のいかなる点が「極上々」とみなされているのだろうか。この点は明確に記されてはいないが、手がかりとなる記述が『続下手談義』に出てくる。

『続下手談義』巻三「戯誑寺瓢箪和尚親族へ教化の事」では、「此処かしこ飛ある」（一丁オ）いて過ごす瓢箪和尚による、当世の儒学批判が見られる。当世は「仏者を口ぎたなふいへば。儒者と覚」えるような「高慢」な

「儒者」が多く（三丁ウ）、彼らはまた「かけまくもかしこき。我日の本の。神乃道をも。其意得ぬ文盲なものと誘あざけ」る有り様である（四丁オ）。また、彼らは「素町人の似気なき唐様」を好んでいるが（四丁オ～ウ）、それは要するに「偽かざつ」た「名聞ばかりの学問」（五丁ウ）、「自慢」のための「人見せ学問」（六丁ウ）というものであり、「吾日本乃国賊」（五丁オ）であるとまで瓢簞和尚は述べている。そして、彼らが「唐鼎肩」（五丁オ）するその「心底」には、「唐では学問さへすれば。高位高官をも授り。大国をも領する」ことへの羨みが存し、あわよくば自分も「高位高官」に「用らるゝ」つもりなのだと決め付けている（五丁オ）。

もっとも瓢簞和尚は、儒学そのものを否定しているわけではない。以上の文言が「小文次《こぶんじ》」という人物に宛てた伝言であることからも窺えるように、彼が批判を向けるのは、当世流行する古文辞《こぶんじ》学といわれる学派に対してである。古文辞学とは、荻生徂徠（一六六六～一七二八）の出現によって流行した学のあり方であり、それは当時の学問の主流であった朱子学に対する激越ともいえる批判を根底に据えるものであった。瓢簞和尚によれば、古文辞学の流れに立つ者は、「己が身一固（ママ）さへ治かねて。漸々と舌耕で口を過ながら。貝原などを嘲る」「恥知らず」な連中である（六丁オ）。このようにみなしたうえで、瓢簞和尚は、「小文次」に対し、そのような「伊達学問」をやめて、「山崎闇斎や。貝原篤信抔の。正風体の実学者の部」、つまり、朱子学を基本に据えるべきことを勧めている（五丁ウ）。

この話に窺えるように、好阿が当時の儒学に見てとっていたのは、「極上々の能化談義」を行なった貝原益軒を蔑ろにし、「名聞」のために「唐様」を身につけることをよしとする姿であったと考えられる。そして好阿は、先にみた序文にあるように、益軒らの「談義」と自らの「談義」を重ね合わせようとするのである。

また、先の序文では、益軒の著作と並んで、江島其磧（一六六六～一七三五）が著した『世間子息気質』『世間娘気質』の名前が挙げられている。其磧の一連の著作は、その多くが八文字屋という書肆から刊行されたことから、八文字屋本と総称されている。八文字屋本の中でも、先の両書は、気質物と呼ばれるものであり、例えば『世間子息気質』であれば、「世間」（主に京都、江戸）の「子息」の「気質」を極端化して滑稽に描くことにより、読者の興味を誘う趣向になっている。

これまでの研究において、八文字屋本は、文学史上の一ジャンルとして取り上げられてきた。八文字屋本に見られる教訓性が無視されてきたわけではないが、単なる教訓本にとどまらないところに文学としての価値が見出されてきたといえるだろう。例えば、堤邦彦は、『世間子息気質』刊行までの動向を整理したうえで、同書が当時流行していた貝原益軒の著作に趣向を得て刊行されたことを論じている。だが堤は、益軒の著作と其磧のそれとは「教戒そのものを目的とするのか、それとも説話の一趣向とするのかといった点で性質を異にしている」と述べており、『世間子息気質』の教訓性に立ち入った考察を行なっているわけではない[11]。

それでは、両著でどのように「教戒」が述べられるのか、簡潔に見ておくことにしたい[12]。両著における教訓的言辞は、多くの場合、各節の始めに見られる。つまり、教訓は、各節における物語をまとめた結果浮かび上がってくるのではなく、物語をいわば予告する役割を果たしているのである。だが、実際の物語は、時として、その予告を裏切るかのように進行していく。

例えば、『世間娘気質』巻一「男を尻に敷金の威光娘」では、始めに都の娘の華美が指摘されたうえで、現在求められる娘は「恋知らず」ぐらいがちょうど良いと述べられる。ところが、その後に続く物語では、そのような「恋知らず」な娘に対し、婿がすっかり興ざめしてしまうことになる。結局のところ、この話において、「恋知らず」な娘は、あるべき娘なのか、あるまじき娘なのかがよくわからなくなってしまう。物語の始めに提示された教訓的なメッセージは、物語中でまるで破綻していくかのようにも見えるのである。

また、『世間子息気質』巻一「勘当は請太刀親の家を鞘走る侍形気」では、町人に似合わぬ武芸にのめり込んだために親に勘当されてしまった人物が、暴れ馬をしずめた功績を買われて、五百石取になるに至っている。分不相応な振舞いをした結果、仕官が達成されてしまうこの話は、単純な因果応報ではまったく説明がつかない結末になっているのである。

以上の例に見られるように、其磧の著作においては、確かに教訓的なことは述べられるが、それらは物語をまとめる役割を担っていない。通り一遍の教訓では決してまとめ切れないものとして物語が展開しているのである。そして、その物語には、当世の町人のあり方が描かれている。好阿がいかなる点から其磧の著書を「当世上手の所化談義」とみなしたのかは定かではないが、以上に見た其磧の気質物の特徴は、『下手談義』『続下手談義』にも共通して見られるものである。

ただし、重要な違いがある。それは設定場面である。『世間子息気質』『世間娘気質』の場合、物語の主な場面は、家中と遊所になっている。両著では家中における親子の確執が描かれることが多く、確執の結果、子息は遊所へ飛び出し、娘の場合は行き場を失って渡世のため遊所で働く、という物語が多く見られる。他方、『下手談義』『続下手談義』では、談義が行なわれる場面そのものが描かれている。したがって、教訓的言辞は各話の始めだけではなく随所に登場する点で、其蹟の著作と異なる。そして、より重要なことは、次に見るように、談義が行なわれる場所が多くの場合路地であり、屋内の場合も葭簀張りや裏借家といった場所であることである。このことをどう考えればよいだろうか。この点について、以下考察を進めたい。

2　当てずっぽうの「談義」

『下手談義』『続下手談義』では、どのような人物が教えを説いているのだろうか。例えば『下手談義』巻四「鵜殿退卜、徒然草講談之事」は、タイトルの示す通り、「鵜殿退卜」（うどの大木）なる人物が行なった「徒然草」の「講談」を描写したものである。その「講談」は、「あらぬそらごとを信じて、語り伝へ、われも人も、心惑して、恐れあへる愚さ」を戒めることを主旨とするものである（一六一頁）。そして、その「講談」を聴き終えた人々は、「いわるゝ通り」、「いかにも聞て損のなゐこと」などと「感心」し、「また明晩」と言い合って講席を後にしている（一六九頁）。つまり、うどの大木のような人物でも教えを説いている有り様、そして、その教えがありがたい教えとして受け入れられている有り様が描かれているわけである。

また、『下手談義』巻三「足屋の道千、売卜《つじうら》に妙を得し事」では、足屋の道千という人物が、占いを通じて教えを垂れる様が描かれている。道千はもとは、とある「足袋屋」のもとで働いていたが、「辻芝居」を観ている際に、店の売上金（「売溜の銭」）の入った「財布」を盗まれてしまう（一四九頁）。道千は「主人への云訳たゝず」、店を飛び出し途方に暮れるが、やがて「売卜」を始めようと「思ひつ」く（同）。といっても、もちろん道千は「卜筮の道」を心得ているわけではない。


卜筮の道は、夢に見た事もなけれど生得気情者にて、口へ出る儘、ぼんのくぼで鼻かむやうな事のみいへど、たまさかにあたるも不思儀。あたらぬは、勿論其筈の事なるに、絶間なく腰かけて、見てもらふものゝあるは、是にても東武の繁昌推量《おしはかる》べし（同）

当てずっぽうなことを言って「売卜」をしようというわけだが、それでも道千のもとには「絶間なく」人々が集まってくる。まず、新しい奉公先に向かう「下女」が、「行さきのよしあし」を占ってもらいに来る（同）。「行さきの主人が、人遣ひよいか、わるひか。傍輩中がよからふか。物をたんとくれやうか」が気になるというのである（一五〇頁）。対して道千は、「行さきの善悪は、人々手前の心にある事」（同）としたうえで、「何程ひどい主人でも、こちからの仕懸次第。若《もし》手ひどふ責さいなむ人に出逢たらば、是我宿世の罪業を滅する、修行ぞと、ふかく思ひとりて、主人をば仏菩薩と観念して、真実《まめやか》に働勤《はたらきつとめ》るよう「下女」を諭している（一五〇～五一頁）。諭された「下女」は、自らの「あやまり」を恥じ、「向後は万事仰の通りに、慎ましよ」と改心する（一五二頁）。

ついで、「六尺斗の大男」が道千のもとに現れる。見るからに気の荒そうな男の登場に、道千ははじめは「びつくり」するが、男の「手の筋を詠め」たうえで（同）、この男が「何時も銭なしに、腹一盃」、つまり無銭飲食をしていること、「町内」の「厄害」者として「いやが」られていること、「博奕をすく」ことを次々に言い当てていく（一五三頁）。言い当てられた男は、「これはほんに不思議だぞ」と驚く（同）。もっとも、道千の予想は、それほど突飛で詳細なものではなく、男の外見からある程度推し量れることをもっともらしく述べただけともいえる。ともあれ、予想が当たり、調子づいた道千は、男に対し、教えを垂れ始める。まず「卦体」がよくないので「当年」は「博奕」は止めたほうがいいとしたうえで（一五四頁）、「何程卦体がわるふても、其身のもちやうで、其年一盃慎めば、其年無事」になるのだから（一五五頁）、これからは深く慎んで「誠の人になり給へ」（一五七頁）と道千は男を諭す。男はすっかり「神妙」になり「あるとあらゆる不人品。今日からふつ〳〵いたすまい」と「一念発起」する（一五八頁）。

以上のように、「卜筮の道」の素養なく、半ば当てずっぽうで「売卜」をする道千の教えは、人々にありがたられる結果になるのである。

また、巻二「八王子の臍翁、座敷談義の事」では、「一生何の役にもたゝず、また厄害にもならず、あつてもなくてもと、人にも思はれて過し」（一二〇頁）ている臍翁が、八人の息子に対して、教えを説いている。また、巻三「娯《ご》足斎《そくさい》園茗《えんめい》、小栗の亡魂に出逢ふ事」では、定住地を持たぬ「風来人」にして「無筆」、酒好きの娯足斎園茗（一四〇頁）が、近年の商売化、娯楽化した「開帳」について滔々と述べている。

『続下手談義』巻五「下手談義総廻向」では、好阿自らが談義僧として登場している。好阿は、自らのことを「裏借家に出居衆暮し。世に捨られし俄道心」と述べている（六丁オ〜ウ）。これまで見てきた登場人物と同じく、いわば落伍者として自らを位置づけ、「俄」に仏門に入ったに過ぎないと述べているのである。そのような自らを、好阿は、何の取り得もない「芋掘坊主」、人に芸を見せて銭を乞う「大豆《まめ》蔵和尚」と呼んでいる（七丁ウ）。したがって、自身が説くことは「痴暗頑愚漆《（ママ）》墨」なことであり、「儒釈老荘どの道が、よいか、わるいか、どちらがどふかと、蹈迷ひたる辻談義」に過ぎないとまで述べている（同）。

以上のように、『下手談義』『続下手談義』では、学問や仏教の素養を有しないと思われる人物が「談義」を繰り広げる。しかも、その「談義」は、足屋の道千のように半ば当てずっぽうであったり、娯足斎園茗のように酒に酔いながらであったりする。にもかかわらず、彼らの教えは、荒唐無稽の教えとして斥けられるどころか、人々にありがたく受け止められているのである。

また、登場人物に関して、もう一つ見逃せないことは、『下手談義』『続下手談義』には、家を離れた放浪者が多く登場することである。このことは舞台設定からも窺い知ることができる。すでに見たように、両書において教えが説かれる場は、多くの場合、路上である。第二章、第三章で見たように、町人向けの教えは、家の存在を前提として成り立つものが多い。だが、『下手談義』『続下手談義』には、この前提がない。では、このことは談義の内容にどのような影響を及ぼすことになるのか。それを次に見ていきたい。

3 「談義」の内容

『続下手談義』の跋文で、好阿は「愚僧が談義ハ。皆町人乃教化のミにて。一字も武家の教を説ぬ」とまとめている（巻五・十八丁オ）。「武家」にもあてはまる教えをいわば大上段に説くのではなくて、好阿は「教化」の対象を「町人」に限定している。そして、好阿によれば、「町人乃教化」は次の文言に帰着する。

もろこし吾朝にもろ〳〵の智者達の。捌申さるゝ四角な文字の上にもあらず。亦伝授口決と申。むつかしき訳にもあらず只御法度の旨を守りて。朝夕忘れざれば。疑なく其身は治り候と思ふ外に。別乃子細さふらハず。但三綱五常と申事の候も。御高札のおもてに背かず候様にと心懸候へば。よろづ其中にこもり候也。（巻五・八丁ウ〜九丁オ）

これは、好阿が「下手談義」の締めくくりとして読み上げた「町人一枚起請」の文言である。したがって、この「起請」は、『下手談義』『続下手談義』両著の締めくくりとなる文言とみなすことができる。「町人の身持此一Form至極せり」（第五・九丁ウ）というこの「起請」において、好阿は、「智者達」に対する教えとは別箇の教えを「町人」に提示している。その教えにおいては、漢文（「四角な文字」）を読みこなすことも、「むつかしき」「伝授」を受けることも必要とされず、ただ「御法度」を守りさえすればそれでよいとされる。「御法度」には、君臣・父子・夫婦の道（「三綱」）についての教えも「五常」についての教えもこめられているのだと好阿はいう。

また、『下手談義』には次のような文言も見出せる。

商人の学問には、『史記』も『左伝』も入もうさぬ。求林斎の『町人嚢』、関氏の『冥加訓』、藤井蘭斎の、『和漢為善録』、『商人夜話草』、『家内用心記』抔を、昼夜家業のひまに、読がよし。此たぐゐの仮名本、近年沢山あるげな。仮名じやとて、見こなさずに、よまれい。（一二七頁）

〔名主に対して〕常に『百姓袋』、『農業全書』、『民家分量記』などの、好書を読きかせて、淳風の風俗にみちびきめされ。（一二九頁）

必ずしも「四角な文字」を読まなくてもよいとされること、そして、書物を読むことの重要さと並んで、「読きかせ」の重要性も指摘されていること。ここまで見てくれば、好阿が説く教えは、第三章で見てきた「庶民の学問」「町人の学問」そのものといってもよい。実際、先の文中には、第三章で取り上げた『民家分量記』『百姓袋』『町人袋』『商人夜話草』が登場し、読むべき（読み聞かすべき）書物として挙げられている。

このように、『下手談義』『続下手談義』で説かれる教えの内容は、第三章で取り上げた「町人の学問」「庶民の学問」と大きな相違はない[13]。だが、次に見るように、その教えはすんなり受け入れられるとは限らないのである。

4　予定調和的ではない教え

つづいて、『下手談義』巻一「工藤祐経《すけつね》が霊、芝居へ言伝せし事」を取り上げてみよう。「尊大にして、横平なる男」である竹生堂馬牛は、「若年」の頃は芝居の役者をしていたが（一一〇頁）、「芸」が一向に上達せずに追い出されてしまう（一一一頁）。その後、雑俳の点者になったりもしたが、「此儘ならば徒に、飢につかれて死なん命」なので、再び役者になるべく江戸へと向かう（同）。その道中で工藤祐経の霊に出会う。工藤祐経は、曾我物の芝居における敵役として著名な人物である。祐経は、当世の芝居のあり方を嘆き、その思いを一通の書状に認め、江戸の芝居作家に届けてもらうよう、馬牛に頼む。

祐経の嘆きとは、まず、芝居で自らが「不骨者の、田舎侍」として描かれていることに対してである（一一六頁）。また、芝居とは「諸人の教」（同）となるべきものなのに、例えば心中物の流行に見られるように、「家を破り身をほろぼす」ことを「見習」わせるような芝居が多いことを祐経は嘆いている（一一七頁）。もし「人の薬となる事を仕組て」芝居を作れば「芝居繁昌の基、長久の計」となるであろうに、と祐経は言う（同）。要するに、芝居の持つ教化的機能に言及されているわけである。

だが、この話には続きがある。祐経の言を聞き、書状を託された馬牛は、結局、祐経の頼みを聞き入れない。祐経の霊が消えた後、馬牛は次のように呟いている。「さりとは客人《しわい》じや。大な用を頼ながら、せめて酒代でもはづみそふな物じや」（一一九頁）。馬牛は、この「言伝」を届けないことに決める。

この例にはっきり見られるように、好阿の描く教化は、予定調和的には進行しない。教化の場面は描写されるが、そこでの教えが相手に受け入れられたのかどうか不明のままに終わるか、今挙げた例のように、受け入れられずに終わる場面も登場するのである。

次に、『下手談義』巻二「惣七、安売の引札せし事」を取り上げよう。商人が自分の商品の宣伝のために「引札」（ちらし）を配ることが流行する中、棺桶屋の惣七がこれに目をつけた（一三二頁）。ちょうど「疱瘡」の流行のために、子どもの死者が多数現れていた時期でもあり、「猿智恵」を働かせて、棺桶の「引札」を配り始めたのである（同）。その「引札」の中身は次のようである。「当年は子共向之棺桶」（一三二〜一三三頁）が多く必要になり、「世上一統売切申候」（一三三頁）。けれども、私どものところには、「丈夫」な棺桶を多数取り揃えております。「御弔之節」に必要な「水色麻上下」や「編笠」もお貸し致します。また、「随分達者に泣候女」も「差出し可レ申候」。「御寺にて御引導前、鐃鉢鳴次第、拍子能《よく》泣出申候様に、兼て稽古」した「女」ですが、「万一其節泣不レ申、拍子ぬけ」した場合は、「賃銀」は受け取りません（以上、同）。「近年」の「町方」の「御弔」は「仰山」（贅沢）なものになり、葬送の行列に参列する「御先供」が多くいないと「淋しく」見えてしまうものです（一三四頁）。そこで、おっしゃっていただければ、「何十人」であっても「望次第」の「御先供」をサクラとして「指出し」ます。ただし、「雨天」の場合は、「賃銀」は「少々相増申請候」（同）、といった具合である。

「近年」の「町方」に見られる葬送は、必要以上なまでに豪華なものになっていた。この「引札」には、その風潮をさらに煽り立てるかのようなことが悪ふざけとも受け取れる筆致で書かれている。

さて、問題は、この「引札」を見かけた者がどういう反応を示したかである。三通りの反応が記されている。「愚痴な人」は、「あらいま〳〵しや、けがらわしや」と眉をひそめ（一三五頁）、この「引札」を書いた者（惣七）を「たはけ」と一蹴する（一三六頁）。次に、こういう「愚痴な人」より「一格其上を行く人」は、この「引札」を「重法《（ママ）》な物」とし、「壁に張附、入用の時節を待」っている。そして、「又々其上をいき過たる人」は、この「引札」を書いたのはただ者（「通途の人」）ではないとする。この「引札」は、「近年町人の葬送、甚分限不相応の儀式。高位貴人の御葬送にも増りたる行粧を、余所ながら、諷諫の心より」書かれたものだとするのである（以上、同）。つまり、件の「引札」は、「分限不相応」な「葬送」を煽るものではなく、逆に戒めるものだとされているのである。

以上の三者の反応のうち、最も紙幅を割かれて描かれているのが、「いき過たる人」についてである。豪華な葬儀を煽る「引札」を「諷諫」と受け止めることは、確かに「いき過」ぎた反応かもしれない。だが、その「引札」に目くじらを立てるのも「愚痴」というものである。このように、件の「引札」をどのように受け止めるべきかについての好阿自身の態度ははっきりしない。ただし、はっきりしているのは、「分限不相応」なものごとを「分限不相応」と指摘すれば教化が完結するとは限らないということである。

もう一つ例をあげよう。『続下手談義』巻五「富貴になる相伝売し浪人が事」は、その名の通り、ある浪人が書いて売り歩いた「富貴になる相伝」の内容とそれへの人々の反応とを描いたものである。この「相伝」の主旨は、要するに「地獄へも極楽へも金次第」ということである（二丁オ）。「今日金さへ御持候へば。あほうも利発者の上に立申候」世の中である（三丁ウ）。したがって、この浪人によれば、学問なるものは必要とされない。むしろ、当世において「第一禁物は聖賢の書」である（同）。なぜなら「仮初にも聖人の教を聞込候得ば是非に仁心出来候」（三丁ウ～四丁オ）。「仁心」が「出来」すれば「人を憐みたく」なるであろう。これは「大なる毒」だというのである（四丁オ）。

このような「相伝」に対し、人々はどのような反応を示すか。腹を立てる者が出るなかで、その傍らにいた者は次のように述べている。

いや〳〵これは。仁をすれば富ず。富ぬれば仁あらずの格で。世間貪欲の人を。はぢしめたものと見ゆ（五丁オ）

つまり、金のためにはひたすら「貪欲」たれという勧めが、不仁たれという勧めと同義だとすれば、人々は不仁になることを「はぢ」、「貪欲」を「はぢ」るようになるだろうとされているのである。

また、教えがすんなり受け入れられないという点では、『続下手談義』の最後に登場する好阿自身の談義からしてそうである。聴衆は「姥達六七人」のみ（六丁ウ）。しかも「しやう事なしの聴衆と見へて。高座の前に居ねふりながら。最早弁当が来る時分じやが」と言い合っている有り様（七丁ウ）。これにはさすがの好阿も「聴衆のないハ兼てより。思ひもふけし事ながら。これハまたあんまりむごたらしい」と嘆かざるを得なかった（同）。

以上のように、『下手談義』『続下手談義』両著においては、教化が予定調和的には進行しない。そうした中で、芝居の教化的機能に言及されたり、貪欲になることを勧める教化など、多様な教化のあり方が描写されているのである。そして、こうしたあり方は、両著の後続書においてさらに大胆に描写されるようになるのである。

第三節　野暮な教化と粋な教化

一　野暮な教化

『下手談義』『続下手談義』の刊行は、大きな話題となった。そして、両著を意識した著作が数多く登場し、両著が厳しく批判されていくことになる。それでは、両著は、どのように評されたのだろうか。

まず、『下手談義』『続下手談義』は手厳しく批判されつつも、批判に値するだけの書と見られていたことを確認しておく必要がある。自他楽庵儲酔『当世返答下手談義』(14)、嫌阿『当風《いまよう》辻談義下手談義前後評判』(15)には、それぞれ次のように書かれている。

下手談義といへる書。頃日世に鳴る。誠に人情に通し、其言葉、俗にして。其本ハ、勧善懲悪の、教へあきらけし。驕奢に走る人を諷諫して、迷ひの眼をさます。其功偉哉（『返答下手談義』二七七頁）

凡、諸人の為とて、教訓を書た草紙も。数々あれど。談義（『下手談義』『続下手談義』のこと）ハ。詞ひらたふ下品下生の。これや又、衆の耳へ。入るやうに書た故。終に金平本一冊読だ事なきものも。よんで嬉しがつた（『当風辻談義』八六頁）

『下手談義』『続下手談義』は、文章が「俗にして」「ひらた」く、また、よく「人情に通し」ているため、これまで「教訓」の届かなかった「下品下生」にもよく読まれたとされている。なお、引用文中の「金平本」とは、当時流行していた浄瑠璃の一種、金平節の正本のこと、そして、「これや又、衆」とは、無骨に悪対をつく無頼漢を指す表現として用いられていた。人々の耳目を惹く芝居の脚本すら読んだことのないような無頼漢にまで、『下手談義』『続下手談義』はよく読まれたというのである。もちろん、以上の評を真に受けてよいものかどうかには慎重であらねばなるまい。ここで確認しておきたいことは、両著が従来とは異なる読者層にまで受け入れられるような教訓書として位置づけられていることである。そのうえで、これから見ていくように、『下手談義』『続下手談義』に対する手厳しい批判は、両著に描かれる教化がこの新たな読者層に通用するのか否かをめぐって展開されていくことになる。

『返答下手談義』には、『下手談義』巻四「鵜殿退卜、徒然草講談之事」をふまえた次のような話が出てくる。「近辺の隠居衆二三人づれ」が、「つれ〴〵草講訳、座料八銅。講師鵜殿退卜」と書かれた行燈を見かけて興味を持った（三三四頁）。その行燈を読んだ彼らは、「座料」（聴講料）とは「唐の軍者」の名前であろう、「講師」とは孔子のことであり（同）、したがって、鵜殿退卜とは孔子の替え名であろう（三三五頁）、などとさんざんに誤解をする。さらには、退卜の講釈を聞いた彼らは、その講釈を「はや合点」して、「めつたに家内の、妻子をしかりちら」すことの必要性に思い至る（三四〇頁）。『下手談義』においては、鵜殿退卜の講釈は、聴衆にありがたがられる結果になったが、ここでは、その教えを全くといっていいほど理解しない人々が登場するのである。

また、『当風辻談義』巻二「乙吉養父の家を出て本家へ帰りし事」では、『下手談義』巻二「八王子の臍翁、座敷談義の事」において臍翁に諭された末っ子乙吉のその後が描かれている。乙吉は、父親である臍翁に手厳しく諭されたために、一時は改心して学問に精出し始めた。だが、ある日、乙吉のもとを訪れた「以前の野楽仲間」（三〇頁）は、乙吉が「古文、三体詩」といった「古風」な書物を読んだり、「朱子とやら云とろい人」を慕って「まだるい読物」をしているのを見て、これはいけないと、乙吉を麻疹先生のもとに入門させる（三三頁）。

麻疹は、乙吉に対し次のようにいう。

乙吉殿の親父臍翁の、いわれた下手談義ハ。百年も以前の人なら。尤とも申べし。今時、あのやうな偏屈を云て。誰が用ゆべき。愚なる哉〳〵（三七～三八頁）

麻疹は、臍翁の「下手談義」を「偏屈」で時機不相応なものとみなしている。「かの下手談義のやうに、身を持と。無縄自縛とて。縄なしに、吾身をしはりて。形すくみ。短い浮世を、楽もなく暮して。いかゐ損したと。死して後悔するとも、埒のあかぬ事」と言うのである（三八頁）。そして、麻疹は「時機相応の、今様身持談義」（同）と称して次のような教えを提示する。

兎角、我等が教にさへ、したがわしやれバ。一生ハ、請合れぬが。当分ハ楽を極め。決定末には。身上をうしなひ。町処に、入れられず。世間の交絶果。辻小路。橋の下に、住給ハんこと。何うたがひあらんや（四

六頁）

麻疹は、自らの教えに「したが」えば、やがて「身上をうしな」うことになるだろうと述べている。だが、「身上をうしな」うまでは、「楽を極め」ることができる。「楽」を捨ててまで「身上」を維持することに何の意味があるのだといわんばかりである。

乙吉は、このような教えを説く麻疹にどうやら心を奪われてしまったようである。そして、乙吉とともに麻疹の教えを聞いたある男は、「兎角世の中に。おそれても、おそるべきハ。疫病神と。麻疹なりけり」という感慨を漏らしている（四九頁）。このように、同書においては、麻疹の教えが必ずしも肯定的に描かれているわけではないのだが、「下手談義」の効果を無に帰してしまう危うい魅力を備えた教えとして描かれているわけである。

以上の例に見てとれるように、『下手談義』『続下手談義』に展開される教えは、一定の評価を与えられつつも、その教えを誤解する人物や結局は捨て去ってしまう人物が描かれることによって、「下手談義」の効果に対する疑義が提起されているとみることができよう。

ところで、麻疹は臍翁の「下手談義」を「百年も以前の人なら」聞き入れる教え、要するに、時代遅れとみなしていたのであった。同様の指摘は、麻疹に限らず、『当風辻談義』全編を通じて見られるものであり、すでに序文において「下手談義」は「四十余年も過し昔の。爾前の古風を、是と心得て」いるような「古風」な教訓だと述べられている（九頁）。

それでは、ここでいう「古風」とはどういうことを指すのだろうか。手がかりになりそうな記述を『当風辻談義』から抜き出してみよう。

なんぼ下手談義の、古風先生が叱りても。当風の町人ハ。表を荘《かざる》が第一（五三頁）

古風に、律儀を説と。下手談義と号して。嘲るが。末世の凡夫（五六頁）

惣じて義理の、誠のと。理屈臭ひが、大きな損。名をとらふより、徳をとれじや（二〇〜二一頁）

これらの記述から窺えるように、『当風辻談義』では、「律儀」に教訓を説くことが「古風」とされ、「表を荘《かざる》」華美な生活に「当風」の「町人」の有り様が見出されている。なお、最後の引用文に見られる「徳」とは得のことであり(16)、つまり、「義理」や「誠」を追求することと経済的な富を求めることの両立し難いことがここでは述べられている。「当風」に見合った華美な生活をするためには当然富が必要となる。だが、『下手談義』『続下手談義』には、この点に対する配慮が見られず、「律儀」な教訓が展開されるばかりだとされている。ここに「古風」な教訓の有り様が見て取られているといってよいだろう。

同様の指摘は、『返答下手談義』にも見られる。巻一「工藤祐経が霊芝居へ言伝せし返答の事」では、『下手談義』における「悉皆江戸の芝居をば、学校の稽古場に仕立る」ような意見に対して、「世渡りといふ所に御心が、附ませぬか」という反問がなされている（二七八頁）。

腹の内から教てさへ、道にハ入がたきものなり。中〳〵そふした、まだるい工面で、行さふなこととも、思われず。第一芝居を、ことのほか能所しや、と思食より。ひよんな、お世話が出ます。色里芝居ハ。もと、たわいもない遊所なり（二七八〜七九頁）

「色里芝居ハ。もと、たわいもない遊所」である。その「遊所」においては「気を詰」めるような教えは不要である（二八二頁）。にもかかわらず、その「遊所」を「学校の稽古場」のようにしてしまうとなると、「どこの芝居も破滅の沙汰といふもの」であり、わざわざ「見物に、行人」もいなくなるだろうとされている（同）。

また、『当風辻談義』巻一「備前の大藤内が霊芝居の作者を称美せし事」においても、「兎角、人の為に成ふと。なるまいと。商売じやから。見物の一人も多が徳」とされる（一九頁）。心中物の芝居が害悪だといってみたところで、「親子兄弟の。誠の道沙汰する人は。あたまから、見には行まじ」（二〇頁）、という意見も提示され、芝居に教化的機能を付与することに対して徹底した疑問が述べられている。そして、「古風」な教訓を説こうとする祐経は「家暮《やぼ》」だとされている（一八頁）。

また、『当風辻談義』では次のような記述も見られる。

> 下手談義のやうに。身をもつと。皆よい人で。皆金持となるべし。そふなると。余処ハしらず。此方急度、こまり果る。其故いかんとなれバ。まづ此方の庫裏て働く。道心者の是計坊ハ。家持のはて。門番の鎰介ハ。稲荷橋辺の、分限者の息子。（中略）凡、寺方などハ。高給出して。奉公人抱へてハ。算用あわず。（六五頁）

教えに傾倒することは、渡世をよりよくすることに直結しないどころか、かえってそれを妨害すらしてしまうこともあると、ここでは述べられている。「寺方」では、家を持ち崩した者が「奉公人」として抱えられている。彼らがもし教えに触れて、実直に家業を継続していたならば、「寺方」の「奉公人」が足りなくなってしまう。要するに、教えを聞かず、家を持ち崩してしまう者が一定程度いてもらわなくては困る。「やぼで、寺がもたるゝ物にあらず」（六〇頁）とされるのである。

『当風辻談義』からさらにもう一つ取り上げてみよう。次に挙げる箇所は、『下手談義』だけでなく『返答下手談義』をも批判しようとした部分である。『下手談義』巻五「都路無字太夫、江の島参詣の事」では、当時流行っていた豊後節、宮古路節が風俗上好ましくないと述べられている。『当風辻談義』によれば、『下手談義』は宮古路節によって「風俗のわるふなる」ことを戒めようとしたものであり、他方『返答下手談義』は、「いや、わるい物じやない」ことを述べようとしたものとされる。この両書に対し、『当風辻談義』では次のように述べられている。

都て書を作る事ハ。人の為に、よいことをこそ綴れ。風俗のわるふなる、といふ事を。諸人が気の毒がる中で。いや、わるい物じやない、といふハ。たとへバ、鰒《ふぐ》ハ大毒としらぬものもないにナンノ鰒が毒であろうぞ。観音の市で。煮売まで喰ふたが。終にあたつた事がない、といふ様な物。人がらなものハ。万事に慎が深ゆへ。むさと毒なものを、家内へもいれず。煮売の鰒でも、してやる輩ハ。教訓異見ハ。馬鹿の口癖。毒立ハ、腰ぬけのする事と。呑込て居れバ。いかさま、其筈の事。われら、飛除て居る身なれバ。彼下手談義にも組せず。亦反答をも贔屓する気ハなし。廉直に、通町の真中を行く気て申す（八四～八五頁）

たとえていえば、『下手談義』における教訓は、「鰒《ふぐ》ハ大毒」であると述べるようなものであり、対する『返答下手談義』は「ナンノ鰒が毒であろうぞ」とそれを否定するようなものである。そして、『当風辻談義』はどちらのやり方にも与しないという。ここで重要だと思うことは、「鰒《ふぐ》ハ大毒」であることは誰もが知っていること（「しらぬものもない」）とされていることである。とすれば、「鰒《ふぐ》ハ大毒」であることを指摘することも、それを否定することも、実は教訓としては無意味に近いことになる。鰒《ふぐ》を食べる者は、それが「大毒」であることを知っていて食べるのであるから、「鰒《ふぐ》ハ大毒」と指摘されたところでそれを食べなくなることはないだろうし、「大毒」ではないと言われたところで今さら安心することもないだろう。むしろ、食べることにつまらなさを覚えるようになるかもしれない。逆に、食べない者にとっては、それが「大毒」であることはわかりきったことであり、改めて指摘されても「馬鹿の口癖」にしか聞えないであろう。

以上のたとえに、教化の無効性が語られてしまっているとみるならば、『当風辻談義』はいかなる教化を描こうとするのだろうか。先の引用では、「廉直に、通町の真中を行く」と書かれている。「通町」とは、毒とわかっていても鰒《ふぐ》を食べるような「通」のいる町のことを指すのだろう。『当風辻談義』の著者は、その「通町」から離れるでもなく、また、そこの風俗に盲目的に従うでもなく、「廉直」に通っていこうとする。だが、このような立場からいかなる教化が生れてくるかについては、『当風辻談義』を一読する限りでは、明瞭には見えてこないと思う。むしろ、既存の教化がいかに無効であるかを示すことに終始している。

2 粋な教化

以上見てきた著作では、『下手談義』に描かれる教化が「家暮《やぼ》」で「古風」なものと指摘されていたのであった。これから見ていく『当世花街談義』では、そうした教化のあり方を体現する人物が造形化されたうえで、それとは異なる教化を提示する人物との間で問答が展開されていく(17)。

孤舟なる人物によって書かれた『当世花街談義』は、二人の軍書講釈師、草上本無と止蔵軒の問答から構成されている。本無は、「若き時は程朱の学を慕ひ。性理の片端を聞はつりしが。不幸にして浪々の身となり読書指南の果」てに「軍書読」になったとされる(巻一・二丁オ)。対して止蔵軒は、「白眼をもて僧を呵り。青眼にして女を嬲《なぶ》る。聞もの腹を抱へて見るもの頤をとく」ような講釈を行なっていたとされる(巻一・一丁オ〜ウ)。このような対照的な二人が問答を繰り広げるのである。なお止蔵軒は、当時実際に卑猥な講釈で名声を博していた深井志道軒(?〜一七六五)をモデルに造形された人物であることは間違いないだろう。

まず本無がいう。

世尊四十余年声をからし。孔子足を摺子木にして説演給ふ中に。色を賞し婬をすゝめ給ふ事かつてきかず。しかるに汝毎日談ずる所色ならずといふ事なし。きくものおして婬をおもひ。行をみだらしむること。にくむべきの甚しきなり（巻一・三丁ォ〜ゥ）

本無によれば、「事実を演る間には。二才子供も聞とるやうな。喩をひゐて。忠孝の心をそだて。善に導くやうにする」ことが、「軍書の講釈」を行なう者の「職分」である（巻一・四丁ォ）。にもかかわらず、止蔵軒は、「色を賞し婬をすゝめ」ようとする。これは、釈迦（「世尊」）や「孔子」の教えを説く場合はもちろん、「高が軍書の講釈」（巻一・三丁ゥ〜四丁ォ）を行なう際にも許されるべきことではない。このように本無は述べている。

対して止蔵軒はいう。

汝宋学の糟をなめ。静観青柳等が津頤《よだれ》をすゝつて。理屈をこねれども。第一時と所をしらず（巻一・七丁ォ）

ここでいう「静観」とは、先に見た『下手談義』『続下手談義』の著者、静観房好阿のこと。そして「青柳」とは、『教訓雑長持』『銭湯新話』『教訓差出口』などの著書をもち、好阿と並び称されることの多い伊藤単朴（一六八〇〜一七五八）のことである（なお、『教訓差出口』については、序章で若干言及した）。つまり、止蔵軒は、「程朱の学」「宋学」によって人々を「善に導」こうとする本無の姿に、『下手談義』『続下手談義』に見られる「談義」と同様の姿勢を見てとっているのである。したがって、止蔵軒が本無に対し、「汝」は「時と所をしら」ないと述べる時、その指摘は、『下手談義』『続下手談義』に対しても向けられていると見ることができる。

止蔵軒によれば、「形」「姿」あるものはすべて「男女夫婦の情」を基本に成り立っている（巻一・七丁ゥ）。そして、「神国」たる日本では、その「男女夫婦の情」は「和を本」にして成り立ってきた。だが、近年は「和」

よりも「異国の礼」の方が重んじられており、止蔵軒はそこに問題性を見てとっている。「此頃は其礼ばかりにかゝわつて根本の和の道を失ふ」（同）。このように現状をとらえる止蔵軒には、本無の述べることは「異国の礼」を重んじ過ぎているように見えたのだろう。そして、そのような本無のことを止蔵軒は、「野夫《やぼ》」と呼んでいる（巻一・八丁ウ）。

だが、本無にとって、以上の止蔵軒の言は「非を飾る逃口」にしか聞こえない（同）。そこで止蔵軒は、本無に向けて、「先毒《せんとく》の誣《とき》給ふ迷客女郎《めいきやくによら》意《い》芳原境《ほうげんきやう》といふ狂《けふ》」を説き聞かせようとする（巻二・一丁オ～ウ）。本来であれば、先徳の説給ふ妙覚如来法眼経といふ経、とでも書くべきところだろうか。遊所を連想させる宛字を意図的に盛り込むことにより、仏教の経典を遊所でのあるべき振る舞い方を説いた「狂」典に読み替えていこうとするのである。以下、巻二から巻四は、専らこの「狂」典の記述に充てられるのだが、そこには同様の読み替えが随所に盛り込まれている。「情土」（浄土。巻二・一丁ウ）、「酒生」（衆生。巻二・三丁ウ）、「蜜恋小人」（日蓮上人。巻二・八丁ウ）、「心乱小人」（親鸞上人。巻二・十一丁ウ）、「物縁」（仏縁。巻三・一丁ウ）、「情物」（成仏。巻四・二丁ウ）、といったようにである。

このように止蔵軒は、既存の仏教の教えにいわば寄生しながら、遊所向けの教え、すなわち、人々の色欲を煽り立てる教えを構成してみせんとする。その寄生の詳細については、本書で検討する準備はない[18]。ただ、ここで確認しておきたいことは、「狂」典が本無の「野夫」な教えとは異なる教えとして提示されていることである。

だが、本無には、止蔵軒の説くことは「へらず口」でしかない（巻五・三丁ウ）。そこで止蔵軒は、「本然の志」（巻五・六丁オ）を打ち明け始める。まず、止蔵軒は、「色欲をこのむ」ことが「悪敷事」であることは、誰でも知っていることだという（巻五・六丁オ）。そして、本無が評価する「下手談義。雑長持」が「よく下情に通し」た「親切なる教訓」であることも認める（同）。だが、「能《よく》ない事とは知りながら。改るに憚る」のが「人情」というものである（巻五・九丁オ）。そして、その「人情」に流される者たちの「十が九ッ九分まで色の道にふけらざるはな」いと止蔵軒はいう。そしてこのような者に対しては、たとえ「百青柳」、すなわち、静観房好阿や伊藤単朴のような者が百人いたとしても「いかんともすることあたはじ」（同）。

だから止蔵軒は、「能《よく》ない事」を「能《よく》ない」と指摘するような教えとは別箇の教えを提示するのだという。「医門にいわゆる熱因熱用。寒因寒用とやら」に示唆を得て、「好色を賞ずる」ことによって教えを構成しようとするのである（巻五・九丁ウ）。そうすれば、その教えを「聞見するもの」は「自《みずから》はぢ入。たしなみの心をいだ」くようになるだろうと止蔵軒はいう（巻五・十丁オ）。

あらはに罪をせめざるに三ッの徳あり。凡人叱らるゝ時は己が悪を忘れてむつかりと腹立。よいことも請つけず。故に叱らず一ッなり。同類の言は善悪ともに用ゆ。故に同く色を賞ず。二ッなり。他人のあしきは見へ己があしきは知れず。故に我言を放埒にして彼をして自らあらためしむ三ッなり。止蔵年来の存念あら〳〵かくのごとし。ねがふ所は彼静観青柳等老婆心の一助ともなれかしと思ふのみ（巻五・十丁オ〜十一丁ウ）

止蔵軒の教えは、相手の「罪をせめ」るものではなく、「同類」の立場からあえて「放埒」に振舞うことによって、相手自らの改心を迫るものである。そのあり方は、明らかに「静観青柳等」とは異なるものであるが、対立はせず、相補的に機能し得るものだという。

これを聞いた本無は、止蔵軒のやり方の危険性を指摘しつつも、「爾《なんぢ》によつて過を改るものも多からん」ことを認める（巻五・十三丁オ）。そして、「向来随意に説法せよ」と述べて、両者はそれぞれのやり方で教化に励むべく別れを告げる（同）。

以上のように、『当世花街談義』には、二つの教化のあり方を見出すことができる。よくないことをよくないと指摘することを野暮な教化とするならば、よくないことをさらに煽り立てるようなやり方にも教化としての可能性が見出されているといってよいだろう。それは、野暮な教化に対して、粋な教化とでも称し得るかもしれない。だが、いずれの教化も、その有効性を確証できないということ。これが、一連の談義本において徹底的に暴露されたことであったといえるだろう。

これまで見てきたように、一八世紀中頃に登場する談義本には、前章で見てきた「庶民の学問」「町人の学問」と同様の教えが説かれる反面、そうした教えにもとづく教化が必ずしも予定調和的に貫徹しない様子も描写されているのであった。また、従来の教化のあり方を野暮と指摘し、例えば貪欲になることを煽り立てるなど、異なる教化のあり方の描写も見て取ることができるのであった。

こうした描写からは、人々の渡世を教化によって向上させることは可能なのか、好色を初めとする欲望を教化によって否定することは可能なのかといった問いを見て取ることができる。そして、この問いを前に、教化は動揺し、その有効性を確証できなくなっていくのであった。

次章以降の第二部で取り上げる石田梅岩、およびその弟子たちの教えは、このような状況の中に登場し、普及していくことになる。それでは、石門心学の教化は、以上見てきたような動向とどのように絡み合っているのか、いないのか。これが次章以降の一つの大きな論点となる。

註

（1）野田壽雄『日本近世小説史　談義本篇』勉誠社、一九九五年、一五頁。
（2）中野三敏『戯作研究』中央公論社、一九八一年、五三頁。
（3）野田壽雄前掲書、二一～二五頁。
（4）飯倉洋一「奇談から読本へ」（中野三敏編『日本の近世12　文学と美術の成熟』中央公論社、一九九三年）、同「「奇談」の場」（『語文』七八輯、大阪大学国語国文学会、二〇〇二年）など。
（5）前掲飯倉洋一「「奇談」の場」。
（6）なお、当時において、ある書物群が一つのジャンルを形成するとは、それらの書物がある程度決まった体裁を帯びるということでもあった。つまり、「奇談」と総称される書物は、冊数や表紙の色などにある程度の共通性が認められる。飯倉洋一は、この共通性を次のようにまとめている。

> 半紙本数冊、縹色または紺色表紙、漢字仮名交じりで半葉九行から十行、匡郭は縦十七～十九センチメートル、一冊十五丁から二十丁、挿絵が各冊約二面というのが、その平均的な姿であろう。正確なデータを以って述べるのではないが、三分の二程度は大体この形式に収まるのではないかと思われる。なお冊数は四冊または五冊がほとんどで、中野三敏のいうように、四冊が教訓系、五冊が読物系と大雑把には言える。（同前）

（7）三田村鳶魚『教化と江戸文学』大東出版社、一九四二年（『三田村鳶魚全集』二三巻、中央公論社、一九七七年、六二頁）。
（8）三田村鳶魚前掲書、寺谷隆「宝暦前後に於ける庶民教化の一断面」（『国語国文』二二巻四号、一九五三年）。
（9）中野三敏前掲書。
（10）『当世下手談義』は、中野三敏校注『新日本古典文学大系81　田舎荘子　当世下手談義　当世穴さがし』（岩波書店、一九九〇年）に所収のものを、『教訓続下手談義』は、京都大学附属図書館所蔵本を、それぞれ参照した。
（11）堤邦彦『江戸の怪異譚』ぺりかん社、二〇〇四年、二四〇頁。
（12）「教戒」の内容については、高野秀晴「談義本に見る宝暦期江戸民衆教化の一端」（『日本教育史研究』二七号、二〇〇八年）参照。
（13）本書では、好阿が著作で述べることと、「町人の学問」との共通性を強調するが、他方で、相違点が見られることも事実である。この点については、寺谷隆前掲論文、高野秀晴前掲論文参照。
（14）自他楽庵儲酔『当世返答下手談義』一七五四（宝暦四）年刊（柏川修一編『談義本集』二、古典文庫、一九九七年）。
（15）嫌阿『当風辻談義下手談義前後評判』一七五三（宝暦三）年刊（柏川修一編『談義本集』三、古典文庫、一九九九年）。
（16）得のことを「徳」と表記するのはよくあることで、例えば富裕な者のことを「有徳人」と表現することは、当時において通有であった。
（17）孤舟『当世花街談義』一七五四（宝暦四）年刊、京都大学附属図書館所蔵。
（18）この点については、酒井直樹『過去の声』（以文社、二〇〇二年）に考察が見られる。

■第五章　「赤裸」になる覚悟

第一節　本章の課題

ここまで本書では、学問なるものが広く「人」に向けて説かれるようになってから、より限定された職分に応じて学問が語り直されていく動向を見てきた。さらには、教化を受け入れようとしない人物が登場する談義本を取り上げ、教化が動揺する姿も追ってきた。以上をふまえたうえで、石田梅岩、およびその弟子たちの動向を考察することが以下の課題である。

まず本章では、石田梅岩の著書『倹約斉家論』（一七四四〈延享元〉年刊）を取り上げ、その特徴を前章までとの対比のもとに考察していく。『斉家論』は、庶民、とりわけ、町人のあり方が主題化され、彼らに向けて学問なるものが提示されている点において、第三章で取り上げた著作の系譜上に位置づけることができる。これまでの研究も、この系譜を多かれ少なかれ意識したうえで、『斉家論』からいわゆる庶民思想、町人思想を読み出そうとしてきた。[1] だが、梅岩は、「学問」は説いても「庶民の学問」や「町人の学問」を説こうとはしなかった。本章では、この点に注目する。

「石田先生事蹟」[2]によれば、『斉家論』が編まれたのは、梅岩の教えにおいて「倹約」がいかに重要な位置を占めているかを悟った門人たちが、梅岩から「聞得たる趣」を書き留めたことに端を発している。書き留めたことを梅岩に呈したところ、梅岩はそれを「うけがひ」、それから「門人専ら倹約を行」ならようになったというのである（下・六三九頁）。『斉家論』は、この門人たちが書き留めたことの紹介に加え、ある人が「俄に倹約を行ふ」ことに異を唱えて梅岩と交わした問答を書き留めた体裁をとっている（同）。このことから窺えるように、『斉家論』は、「斉家」（家を斉《ととの》えること）のために「倹約」がいかに重要であるかが示された書である。

当時の民衆にとって、また民衆に教えを説く者にとって、「斉家」がいかに重要な問題であったかは、本書でこれまで見てきた通りである。そして「斉家」が問題にされる際、「倹約」の重要性が説かれることは、当時においても、全く珍しいことではなかった。実は本書でこれまで取り上げてきたテクストには、例外なく「倹約」の重要性を説く記述が見られる。のみならず、「倹約」が説かれるにあたって、何らかのかたちで学問、あるいは「町人の学問」等に言及されることも通有であった。

ところが、『斉家論』は、「倹約」という一見通俗的なことを主題にした書のようではあるのだが、実は、論理の飛躍や転換が多く、その意味ではきわめて読みにくいテクストだと思う。これまでの研究は、その飛躍や転換を、梅岩の他の著作や語録を参照しながら埋め合わせることによって、『斉家論』を読解してきたように思う。意外にも、『斉家論』そのものを主題に据えた研究がほとんど皆無なのは、このためだと考える。(3) これに対して本章では、梅岩が主に町人の読者を想定して教えを説くにあたって、なぜ、論の飛躍、転換が伴わざるを得なかったのかにこそ注目したい。

なお、梅岩は、『斉家論』以外に『都鄙問答』という著作も残しており、さらには、日頃門人に対して語っていたことを書き留めた語録も残されている。だが、これらについては、次章で取り上げることにしたい。前章までに取り上げてきたテクストとはやや性格が異なると思うからである。確かに『都鄙問答』も、商人に学問を勧めた書物と見ることができないことはない。だが、片仮名で書かれていることも示唆するように、この本は、いわばより専門的な内容を学者に向けて盛り込んだ書物という印象を受ける。また、語録の大半は、親しい門人の前で梅岩が語ったことを書き留めたものであり、もともと世に広めることを想定して編まれたものではない。

第二節　石田梅岩の略歴

考察に先立ち、まずは、梅岩の事蹟を簡単にみておきたい。なぜなら、これから見ていくように、『斉家論』における梅岩の教えは、彼の二度にわたる開悟体験を起点に展開されており、のみならず、その教えは、読者にも同様の体験を迫ることへと帰着していく。そのため、まずは彼の開悟体験がいかなる体験であったかを、ある程度、ふまえておきたいと思うからである。(4)

石田梅岩は一六八五（貞享二）年、丹波桑田郡東縣村（現京都府亀岡市）に農家の次男として生まれた。十一歳の頃、京都の商家に奉公に出たが、奉公先の都合により、数年で帰郷している。その後二十三歳の時に、再び京都に奉公に出た。「石田先生事蹟」（以下、「事蹟」と略記）によれば、梅岩は、この二度目の奉公に出た時にはすでに「神道」にもとづいて「人の人たる道を勧めたし」という「志」を抱いていたという（下・六二一頁）。なぜ梅岩がこのような「志」を抱くようになったのかは謎である。

商家では、実直な奉公の傍ら、寸暇を惜しんで書物を読む生活を送っていたようだが、三十五、六歳になり、すでに知ったつもりでいた「性」に疑いが起こり、「かなたこなたと師を求め」るようになる（下・六二二頁）。やがて梅岩は奉公を退き、「性」を知ることに専念するようになり、師となる小栗了雲に出会うことになる。

小栗了雲との出会いについて、最も詳細な記述が見られるのは、著書『都鄙問答』においてである。そこで以下、同書からこの出会いについて見ていくことにしよう。

此人ニ出会物語ノ上、心ノ沙汰ニ及シ所、一言ノ上ニテ先ニハ、早速聞取テ、汝ハ心ヲ知リト思ラメド、未《イマダ》知《シラズ》。学ビシ所雲泥ノ違アリ。心ヲ知ラズシテ聖人ノ書ヲ見ルナラバ、毫釐ノ差《タガヒ》千里ノ謬ト成ルベシト云ヘリ。

（上・七頁）

梅岩は知ったつもりでいた「心」について了雲に語ったが、了雲はにべなく否定する。のみならず、「心」を知らないままに「聖人ノ書」を読んでも無駄だと述べている。「心」を知るためには読書以外のことが求められるというのである。なお、「事蹟」では、梅岩は「性」を知ろうとしていたとある。それが『都鄙問答』では、「性」ではなく「心」と記されている。本書では、この相違については問題視せず、梅岩が「性」と「心」とを同様の意味で用いることがあったと理解しておきたい。[5]

『都鄙問答』の記述は次のように続く。

或時彼人ノ云。汝何ノ為ニ学問致シ候ヤ。答テ云。五倫五常ノ道ヲ以テ、我ヨリ以下ノ人ニ、教ンコトヲ志ト云（同）

梅岩は、「我ヨリ以下ノ人」に教えを説きたいという。先に見たように、梅岩は、同様の「志」をすでに京都に出てくる頃から抱いていたのであった。ただし、その頃は「神道」にもとづこうとしていたのに対し、ここでは「五倫五常ノ道」という表現からわかるように、儒学にもとづく教えを志していたらしい。『都鄙問答』によれば、如上の梅岩の「志」に対して了雲は次のように述べたという。

彼人ノ云。道ハ道心ト云テ心ナリ。子曰、温《タツネテ》レ故《フルキヲ》而知《シルハ》レ新《アタラシキヲ》可《シ》ニ以為《タル》レ師矣。故《フルキ》トハ師ヨリ聞所、新《アタラシキ》トハ我発明スル所ナリ。発明シテ後ハ学所我ニ在テ、人ニ応ルコト窮ナシ。此ヲ以テ師ト成ベシ。然ルヲ汝心ヲ知ザレバ、自迷居テ、且他モ迷セ度候ヤ。（上・七〜八頁）

「温故知新」という表現で有名な『論語』為政篇の一節を引きながら、了雲は、自ら「発明」しないことには人に教える「師」となることはできないという。ここでいう「発明」とは「心」を知ることを指すのであろう。このように了雲に言われ、梅岩は「茫然トシテ疑ヲ生」じ、「夫《ソレ》ヨリ他事心ニ不入《イラズ》、明暮如何如何ト心ヲ尽、身モ労《ツカレ》、日ヲ過コト」が「一年半計」続いたという（上・八頁）。そして、母の看病のため帰郷していた折に「忽然トシテ疑晴」れることになったという（同）。その時に「会得」したことについて、『都鄙問答』には次のように書かれている。

堯舜ノ道ハ孝弟而已。魚ハ水ヲ泳《クヾリ》、鳥ハ空ヲ飛。詩曰、鳶飛《トビトンデ》戻《イタリ》レ天《テンニ》、魚躍《ウヲヲドル》ニ于淵《フチニ》一ト云リ。道ハ上下ニ察《アキラカ》ナリ。何ヲカ疑ハン。人ハ孝悌忠信、此外子細ナキコトヲ会得シテ、二十年来ノ疑ヲ解。コレ文字ノスル所ニアラズ、修行ノスル所ナリ（同）

「人」にとって重要なことは、「孝弟」（孝悌）あるいは「孝悌忠信」であり、他に「子細」はないことを「会得」したと梅岩はいう。だが、ここに書かれているのは「人」についてだけではない。魚は水中を泳ぎ、鳥は空を飛ぶと梅岩は述べている。こうした当り前のことと同じように「道」は「察《アキラカ》」であることを梅岩は言わんとしているのだろうか。だが、梅岩自身、右の引用に続いて「此会得セシコトハ言ガタシ」（同）と述べているように、言語によっては伝えることの困難なことを梅岩は「会得」したようである。そして、その「会得」は、師である小栗了雲が諭したように、「文字」から離れて、「修行」に徹することによって実現したのである。

それにしても右の記述は謎めいている。そもそも梅岩は（「事蹟」にいうところの）「心」、あるいは（『都鄙問答』にいうところの）「性」を知ろうとして「修行」に励んでいたのであった。しかし、右の記述には「心」という語も「性」という語も出てこない。これはどういうことなのであろうか。

結論からいえば、梅岩の「会得」は二度にわたることだったにもかかわらず、『都鄙問答』ではそれが一つにまとめて書かれているのだと考えられる。この点は、後に本章で取り上げる『斉家論』の場合も同様である。実は梅岩は、著作中においては、自身の「会得」の内容をあえて原理的につきつめては説明していないのではないかと考えられる。ところが、「石田先生語録」（以下、「語録」と略記）には、二度の「会得」を区別した記述を見出すことができる。「語録」所載の語録の大半は、梅岩が親しい弟子たちを前にして語ったことで占められている。梅岩は、親しい門人達のみを相手にする時とそうでない時とで、異なる語り方をしていたようにも考えられる。そこで以下、「語録」において、二度にわたる「会得」が述べられている箇所を見てゆくことにしたい。(6)

『都鄙問答』によれば、梅岩は母の看病のために帰郷している折に「会得」したのであったが、この「会得」について、『都鄙問答』には見られない記述が「語録」に見られる。「自性ハ是レ天地万物ノ親」という記述がそれである（上・四三八頁）。「性」あるいは「心」を知ろうと「修行」に励んだ梅岩は、「性」は「天地万物ノ親」という結論を手に入れたのである。梅岩はその結論を歌に表している。

天ノ原生シ親マデ呑尽シ自讃ナガラモ広キ心ゾ（同）

人は天地の子、とは、これまで本書で見てきたように、天地と人との関係を示す際にしばしば用いられる表現である。この表現をいわばひっくり返したようなことを梅岩は述べている。己の「心」は「天ノ原」まで「呑尽」す広大なものであることを「会得」したというのである。『都鄙問答』におけると同様、以上の「語録」の記述もやはり、容易に理解しがたいところがある。しかし、『都鄙問答』とは違い、ここには「性」や「心」について記されていることは確かだ。

しかし、この「会得」を師匠の小栗了雲は否定してしまう。「会得」した旨を告げた梅岩に対し、了雲は次のように述べたという。

師云、汝ガ見タル処ハ有ベカ、リノ知レタコト也。譬ヘヲ以テ云ハン。仏説ニ盲人ノ象ヲ見タルガ如クニテ、或ハ鼻ヲ見、或ハ足ヲ見、或ハ尾ヲ見ルト云ヘドモ、全体ヲ見ルコトアタハズ。自性ハ万物ノ親ト見タル処ノ目ガ残リ有リ。自性ト云フ物目ナシニテコソ有レ、其ノ目ヲ今一度離レ来レト云フ（上・四三九頁）

「性」は「万物ノ親」だと言ってしまうことは、「目ガ残」ったとらえ方というべきで、それでは「性」の「全体」をとらえたことにはならない。このような趣旨であろう。以後、梅岩は寝る間も惜しんで改めて「工夫」に励む。なお、この時期、梅岩はすでに奉公を辞し、修行に専念する生活に入っていた。そして、「事蹟」によれば、「一年余」の「工夫」の後、梅岩は再び転機を迎えることになる（下・六二三頁）。「語録」には次のように書かれている。

或時ニ夜半ニ成テ草臥フシケルガ、夜モ明ケケレドモ、夫レヲモ知ラズ臥シ居タルニ、後ノ森ニテ雀鳴声聞ケバ、我ガ腹ノ中ハ大海ノ中ノ静々タルニ似テ如㆓青天㆒。其時雀ノ声ハ大海ノ静々ト波ノ静ナル処ニ、鵜ノ鳥ガ水ヲ分テ入ルガ如シ。コヽニ於テ忽然トシテ自性見識ノ見ヲ離レ得タリ。

呑尽ス心モ今ハ白玉ノ赤子トナリテホギヤノ一音《コエ》

夫ヨリシテ後ハ自性ハ大ナルコトモ万物ノ親ト云コトモ思ハズ、迷ウタトモ思ハネバ亦覚メタトモ思ハズ

（上・四三九頁）

一度目の「会得」とは異なり、もはやここでは「性」とは何かということは問題になっていない。「性」とは何かと疑問を立ててみたり、さらには「性」を知りたいと思うこと自体、「目ナシ」になり切れていないということなのであろう。「見識ノ見ヲ離レ得タ」梅岩は、「赤子」の如く、「雀」の「鳴声」を「雀」の「鳴声」として聞くことができるようになったのであった。では、このいわば「赤子」の境地とでもいうべき境地はいかなる境地であるのか。だが、これは本章次章を通じて考えていかねばならないことである。

以上見てきた二度にわたる転機を、梅岩は別の語録で「自性ヲ知リ又知ルト云フ処ノ見モ知テ以離レル」と表現している（下・三〇九頁）。この表現にもとづいて、以上に見てきたことをまとめておくと次のようになろう。まず梅岩は、一度目の転機により、「自性ヲ知」った。だが、師・了雲より「知ルト云フ処ノ見」が残っていることを「知」らされた。そして二度目の転機により、その「見」を「離レ」た。このようにまとめられるだろう。

二度に亘る転機を経た梅岩は、教化活動へと向かうことになる。「事蹟」によれば、梅岩は、一七二九（享保一四）年、四十五歳の時、自宅において講釈を始めた（下・六二四頁）。講釈の際、自宅の前に次のような「書付」を掲げたという。

何月何日開講、席銭入不レ申候。無縁にても御望の方々は、無二遠慮一御通り御聞可被成候（同）

この「書付」に見て取れるように、梅岩は、「無縁」の者に対しても講釈を公開し、聴講料（「席銭」）も取らなかった。「事蹟」によれば、梅岩が講釈に用いた書物は「四書・孝経・小学・易経・詩経・太極図説・近思録・性理字義・老子・荘子・和論語・徒然草等」であった（下・六二五頁）。儒学とりわけ朱子学における基本的な文献が中心に使われたようだが、老荘関連や神道に関する書物（『和論語』）も含まれている。(7) また、梅岩の残した書簡によれば、梅岩とほぼ同時代に通俗的な教訓書を数多く著した佚斎樗山の『田舎荘子』の講釈や、「うたひ」（謡）の講釈も行なわれていたようである（下・五八八頁）。また著書『斉家論』によれば、孝子の伝記、いわゆる孝子伝を講釈の際に読み聞かすこともあったらしい（上・一九一頁）。

それでは右のような書物をふまえつつ、梅岩はどのような教えを説いたのであろうか。すでに示唆したように、梅岩は以上に見てきたような開悟体験を起点に教えを展開していく。「天ノ原」まで「呑尽」くすような「心」の発見。さらには、その発見から「離レ」てしまうような体験。こうした体験を受け手、読者に求める梅岩の教えは、本書でこれまで見てきたテクストとは明らかに異なったものであろうことが推測できる。「天地」を説明的に語るのではなく、「心」を対象化して語るのでもなく、梅岩はいかにして教えを説こうとするのか。以下、『斉家論』を手がかりに考察していきたい。

第三節　「おしへを立る志」

『斉家論』の記述は、「斉家」のことからではなく、梅岩が講釈を開始した当初のことを振り返ることから始まる。講釈を行ない始めたことに対し、「殊勝なりといふ人」もいたが、他方で「あの不学にて何を説やと譏る者や「影にて笑ふ人」もいて「評判まち〳〵」であったと梅岩は振り返っている（上・一八九頁）。もっとも、「不学」であることは、梅岩の自認するところであった。梅岩は自分の講釈が「文学に拙き講釈」であることを認めているし（同）、学者を称するからには当然漢文で読むものとされていた「四書五経」を、自分は「仮名して」読んだに過ぎないことを率直に表明すらしている（上・一九〇頁）。ある親しい「朋友」は、「今七八年も学問」してから講釈すればよいものを、と梅岩に助言したが、梅岩は「たとひ千万人に笑れ恥をうくとも、いとふことなき志」で、「不学」のまま講釈を始めたのであった（同）。

この梅岩の「志」を確固なものにする契機になったのが、先に見た二度に亘る転機であった。『斉家論』において梅岩は、この転機を次のように表現している。

吾おしへを立る志は、数年心をつくし、聖賢の意味彷彿と得る者に似たる所あり。此心を知らしむる時は、生死は言に及ばず、名聞利欲もはなれやすき事あり。是を導かん為なり（上・一八九頁）

「彷彿と得る者に似たる所あり」と控えめな表現ではあるが、梅岩は「聖賢の意味」を会得したという。ここでいう「聖賢の意味」とは、「仮名して」読んできた「四書五経」の「意味」のことだと考えるのが素直な読み方であろう。とすれば、梅岩は、読書を通じて会得するはずの「聖賢の意味」を「不学」にして会得したと述べていることになる。このような一見奇妙な宣言をもって『斉家論』の記述は始まっているのである。

この宣言に続いて梅岩は、自らが教化によって何を目指すかについて述べている。

ねがふ所は、一人成とも五倫の道を知り、君に事る者ならば、已を忘れ身をゆだね、苦労をかへりみず、勤むべき事を先とし、得る事を後にするの忠をつくす人出、又父母に事るに、親しく愛しまいらせ、常々よろこべる顔色あつて、身のとりまはしは、柳の風になびくがごとく、睦しくつかふるの孝をつくす人出来らば、これ生涯の楽也（上・一八九～九〇頁）

一読する限り、ここに書かれていることとは、「君」への「忠」、「親」への「孝」を中心とした「五倫の道」を「一人成とも」多くの者に知ってもらいたいという梅岩の願望である。「聖賢の意味」を知ったという先の宣言から出てくる願望としては、拍子抜けと言えるほど当たり前のことが書かれているようにみえる。だが、梅岩はこのような当たり前ともいえることを述べる前に、「聖賢の意味」を知ったという自らの体験に言及する。この体験を前提にしないことには、何も述べるべきではないというかのように。

続きを読み進めることにしよう。先に見たように、梅岩が講釈を始めた当初は、「評判」は「まち〳〵」であった。だが、「幸」なことに「今日まで入替り聴衆もたゝず、其中に親しき門弟も」出てくるようになったと梅岩は言う（上・一九〇頁）。その「門弟」の勧めもあって、梅岩はやがて講釈の際に孝子伝を読み聞かせるようになった。その結果、「門弟」達は「孝」の重要性を次第に認識してゆく。「文学なくては学問の甲斐なきなどゝおもひし者」も、孝子伝を聞き、梅岩の言うことに「同心」するようになったという（上・一九一頁）。このことについて、梅岩は次のように述べている。

五六年より十四五年も従へるしるしにや。去秋町家の門弟志を起し、来ていはく、我々年来教をうくるといへども、家を治むるうへに心得たがひあり。今般家を治るは、倹約が本となる事を得心せり。其本立ときは、奢りもやみ、家を斉ふべし。家斉ふれば、をのづから親の心を養ふ孝行となり、其外出入の者も、心安く恵まるべき理あり（上・一九二頁）

ここに来て、ようやく「斉家」に関する記述が現れる。「親」への「孝行」のためには、「家を斉ふ」ことが前提となる。そして「家を治るは、倹約が本となる」と門弟達はいう。このように門弟が述べたのは、「去秋」すなわち一七四三（寛保三）年。梅岩の没する一年前にして、ようやく門弟たちは「倹約」の重要性を確信したということになる。対して梅岩は、「聖人の意味は深長にして格別の事なり。しかれども先倹約に思ひ付るゝこそ殊勝なれ」と述べている（上・一九三頁）。「深長」なる「聖人の意味」は、「倹約」の一事にまとめ切れるものではないが、それでも「倹約」の重要性に思い至ったことは「殊勝」であると梅岩はいう。そして、この門弟の「得心」こそが、『斉家論』成立の契機になったことは先述の通りである。

以上のように、梅岩は、講釈を行ない始めた当初から同書が成立するまでの道のりを描くことをもって『斉家論』の記述を始めている。この道のりを読み進めてゆくと、梅岩が獲得したという「聖賢の意味」は、「斉家」の問題へ、そして「孝」とその「本」たる「倹約」の問題へと収斂してゆくようにみえる。

このことは、梅岩が教えを説く主な相手が、京都の町家に住む者だったことを反映しているといえるだろう。「世の有様を見来るに、町家ほど衰へ安きものはなし」と梅岩はいう（上・一九六頁）。本書でこれまで見てきた「家」の没落」は、確かに梅岩にとっても見過ごすことのできない問題であったといえる。その問題への対処として梅岩が見出したいわばキーワードこそ「倹約」であった。

先にも述べたように、「町家」に向けた教化で学問が語られる際、何らかの形で「倹約」に言及されることが一般的だった。だが、その際に、まず自らの教化の経緯について語ろうとする『斉家論』の書き出しは、本書でこれまで取り上げてきたテクストと明らかに異なっている。それでは、「倹約」をめぐって梅岩はどのような教えを展開するのだろうか。『斉家論』では、「倹約」に収斂される「聖賢の意味」を問答体によって明らかにしてゆく構成になっている。「或学者」「或人」の問いに対して、梅岩が答えるという構成である。

まず最初に登場する「或学者」は、梅岩の門人達の行なう「倹約」が「世間」と「あらそふ」かのごとく「あはたゝし」いものであることに疑問を発している（上・一九三頁）。確かに当世の「民」は、必要以上に華美な生活をしている。しかし、それを「急々にあらたむること」はできないのであって、「親の子を養育《そだつる》如く漸々を以て治め玉ふべ」きである（上・一九四頁）。「聖人の民をおさめ玉ふ」も「漸々を以て」であったはずだ（同）。このように「或学者」は述べている。

対する梅岩の答えは、妥協がない。「賤しき町家の者」が、「御所方」や「武家方」と見まがうまでの「奢り」

をなすことは、「道理にそむく罪人」である（上・一九六頁）。また、この「奢り」を「女や子共」も真似して、「貴賤尊卑の礼をみだる」（同）。「是をとゞめん其為に、止事を得ず争ふなり」と梅岩はいう（同）。そして、「奢り」が「愚痴といふ病」（同）から生じることを説いたうえで、次のように述べている。

都て分に過るは皆奢り也。何ほど奢りかざるとも農人は農人、町人は町人にて等《しな》を蹴《こへ》らるゝものにあらず。夫をしらざるは愚痴なり（上・一九八頁）

以上の梅岩の回答をまとめてみると、「倹約」は「奢り」と対比的にとらえられており、「奢り」は「貴賤尊卑の礼をみだる」こととされている。にもかかわらず、「分」不相応の「奢り」に身を任せることは「愚痴」というしかないのであって、その「愚痴」を改めるためには「争ふ」ことも止むを得ないと梅岩は述べている。

ついで、この梅岩の発言を聞いた「或人」が、「今の世の人聖賢には比がたし」という疑問を梅岩に投げかけている（上・一九九頁）。梅岩が「聖賢」にもとづく教えをそのまま「今の世」に当てはめようとすることへの疑問と見てよいだろう。「聖賢」の教えを妥協なく語ろうとする梅岩の姿勢に疑問を呈したという点で、先ほどの「或学者」の問いと同様であるといえる。対して梅岩は次のように答えている。

我不肖の身にて儒を業とす。心あらん人には賤めらるゝ事多かるべしと常々恥恐るゝことなり。然ども聖賢の道を説上よりは、自《みつから》昧《くらき》とて用捨のならざる所なり（同）

梅岩はここではっきりと自分が「儒を業」とすることを宣言している。だが梅岩は「不学」であることもまた認めていた。ここでは「不肖の身」と表現されている。だが、「儒を業」とし「聖賢の道」を説くからには、「不学」「不肖」であるからといって「用捨」はならないと梅岩はいう。「用捨」ならない――これはどういう意味であろうか。続きを読んでみよう。

蓋人々己に貴きものあり。教へ導くときはをのづから聖賢の道にも入礼儀をもわきまふべし。辨へざるときは禽獣に同じ。是を教へんと思はゞ先貴賤の分ちと天下泰平の御高恩を知らしむべし（同）

「人々」は「己に貴きもの」を備えているのだから、「教へ導」かれれば「聖賢の道」に「入」ることは可能のはずだ。いや、可能であるというより、「入」らなければならない。そうであるからには「用捨」なく「聖賢の道」にもとづくことが必要である。つまり、梅岩は、「今の世の人聖賢には比がたし」という「或人」の疑問に対し、「己に貴きもの」を備えている点では、「今の世の人」も「聖賢」も変わらないと述べているのである。だから、梅岩は「聖賢の道」を「用捨」なく説こうとするのであり、説くことが可能だと確信できるわけである。

さて、ここまで読み進めてきて、ようやく梅岩の基本的姿勢とでもいったものが見えてきたように思う。『斉家論』は、『大和俗訓』のように、天地と人に関する記述から始まるのではなく、『民家分量記』のように、「庶民」の社会的立場の確認から始まるのでもない。また、『商人夜話草』のように、冒頭から「斉家」へ向けてのなにがしかが語られているわけでもない。著者梅岩の「聖賢の意味」を獲得したことの宣言から『斉家論』の記述は始まったのであった。この奇妙な書き出しは、「倹約」という主題をあくまで「聖賢の意味」にもとづいて妥協なく語ろうとする姿勢の宣言であるといえる。そして、この姿勢を支えているのが、「人々己に貴きものあり」という梅岩の確信である。

それでは、ここでいう「己に貴きもの」とは何を指すのか。だが、先の記述を見ても後ろを見ても、「己に貴きもの」についての説明は出てこない。梅岩は、人々を「聖賢の道」に「教へ導」く方法へと論点を移動させてゆく。その方法とは「貴賤の分ちと天下泰平の御高恩を知らしむ」ることであるという。それでは、なぜこの両者を「知らしむ」ることが人々を「聖賢の道」へと導くことにつながるのだろうか。

まず「貴賤の分ち」については、「何ほど奢りかざるとも農人は農人、町人は町人にて等《しな》を蹖《こへ》らるゝものにあらず」と梅岩は述べていた。「農人」「町人」としての職分の自覚を促すことこそが、「聖賢の道」へと人々を導くことにほかならないと梅岩は考えていたらしい。では、「天下泰平の御高恩」を知らしめることについてはどうか。梅岩は先の引用に続いて次のように述べる。

此〔「天下泰平の御高恩」のこと〕有がたき事を告んとならば、乱世のかなしき事を説て治世の安楽成事を知らすべし。乱世のかなしみに比すれば百分の一にも足《たる》まじけれど、ちかく世に知る所なれば大坂大火の事を語るべし。（上・一九九頁）

梅岩は、「乱世のかなしき事を説て治世の安楽成事を知ら」そうとする。そして、「乱世」を思わせる例として「大坂大火」のことを語ろうとしている。「大坂大火」があった際、梅岩はちょうど大坂にいた。梅岩は、火から逃れる途上で、「走つかれて目をまわ」す者や「足より血をなが」す者たちを目撃する。だが、少し離れたところまで逃げると、「しんこ」（漬物）がいつもの通り「二文」で売っているのを見かける。これを見た梅岩は「げに天下泰平一統に治る御代の徳なれや」と思ったという（上・二〇〇頁）。「大火」という非常時に直面することによって、いつもどおりの値段でいつもどおり「しんこ」が売られていることが、そしてそれを買って食べられることが、いかにありがたいことであるかに気付かされたということであろう。このように梅岩は、非常時の「かなしみ」、苦しさを語ることによって、日常のありがたさを説こうとする。だが、なぜ日常のありがたさを「知らしむ」ることが人々を「聖賢の道」に導くことになるのだろうか。

今天下治る時なれば、己々が職分さへ勤れば、自《おのづから》養はるゝは、牛羊を野飼の地に放ち置ば、をのづから養はるゝがごとし。此味を知らず、安楽にくらせば、己が力と思へるは愚なること甚し。暖に着飽まで喰ひ、逸居をして、人の道を知らざるは、禽獣に近きぞと、孟子も戒玉ふなり。今治る御代の、広大なる御高恩報し奉る事を思ふべし。（上・二〇二頁）

例えば、ある商人が「しんこ」を毎日「二文」で売るように、一人一人が「貴賤の分ち」を自覚し、自分の「職分」を「勤れば」、それでいい。それでいいとされるのは、「今天下治る時」だからである。だからこそ、「天下泰平」であることの「御高恩」を思うべきであり、「御高恩」に「報し奉る事」を思うべきだと梅岩は言う。では、どうすれば「報し奉る事」になるのか。梅岩によれば、「家内一統和合して、一人のごとく、治むる」、すなわち「斉家」に励むことが多少なりとも報恩になる（同）。このように見てくると、どうやらこの報恩としての「斉家」のためこそ、「聖賢の道」が求められることになるらしい。

さて、以上が先の「或人」の問いに対する梅岩の長い回答である。「聖賢の道」にもとづいて妥協なく「倹約」を説こうとする梅岩に対し、「或人」は、「今の世の人聖賢には比がたし」という問いを投げかけたのであった。対して梅岩は、人々には「己に貴きもの」が備わっているのだから、「聖賢の道」にもとづくべきであると答える。そして、「今」は「天下治る時」であり、人々が「貴賤の分ち」をわきまえ、各々の「職分」に励みさえすればそれでよいありがたい「御代」である。そのありがたい「御高恩」に報いるためには「聖賢の道」にもとづいて「斉家」に励むべきであると述べている。

だが、この梅岩の回答は、「或人」の問いに答えているといえるのだろうか。「今の世の人」も「聖賢」と同様に「聖賢の道」にもとづくことが可能であることの根拠として梅岩が提示するのは、人々には「己に貴きもの」

があるという一点である。ところが、梅岩はこの「己に貴きもの」について多くを語らない。せいぜいこの「己に貴きもの」がどうやら「性善」、すなわち、人は生まれながらにして「善」なる「性」を備えていることを指すらしいことが窺えるぐらいである（上・二一一頁）。そして、梅岩は「性善」についても、それがどういうことなのかを説明することはない。「御高恩」に報いるためには「聖賢の道」にもとづくことが必要であると言われる反面、果してそれが可能であるのかという問いに対する回答は、梅岩の言には見出せないのである。

第四節　「赤裸」になる覚悟

『斉家論』巻下には、「或人」と梅岩との間に交わされた次のような問答が記されている。「或人」はいう。

> 門人方倹約の序文をみれば、町家相応にては面白し。しかれども、町家ばかりの倹約にて、大道の用にたらず。同くは世間一同に用るやうに教へらるゝがよかるべしと思へり。汝の門人には武士方もありと聞り。此等の教はいかん（上・二二五頁）

ここでいう「倹約の序文」というのは、門人等が「倹約」の重要性を確信して梅岩に呈したという、先ほど触れた文章のことである。「趣意予が心に合ふ」（上・二二二頁）と梅岩に言わしめたその文章において、門人たちは「元来今般の倹約は、上を恐れ、己が賤きことを知り、約を守り、万分の一なりとも礼儀を守」ることだとまとめている（上・二二五頁）。このようにまとめられる「倹約」のことを、「或人」は、「町家ばかりの倹約にて、大道の用にたらず」と評するのである。

これに対する梅岩の回答を見る前に、もう少しこの問いそのものについて考えてみる必要を感じる。前章で見てきたことをふまえていえば、ここに登場する「或人」は「町人の学問」を求めているのではなく、「学問」を求めているといえる。「学問」にもとづく教えである以上、町人だけではなく「世間一同」にあてはまる教えでなければならないのではないか。「或人」の問いは、このように言い換えることができよう。

また、『斉家論』は、「聖賢の意味」を獲得したという梅岩の宣言から始まり、「斉家」とその「本」たる「倹約」の問題へと主題が収斂していったのであった。「或人」の問いは、このような収斂のさせ方に対する疑問と解することもできる。「聖賢の意味」を説くと言いながら、「倹約」の問題ばかりを主題化するのはおかしいのではないか。やや深読みすれば、「或人」の問いはこのような意味に解することもできるかもしれない。

対する梅岩の回答を見てみよう。梅岩の回答の要点と思われる箇所のみを挙げれば、それは次の文に帰すると一応言えるだろう。

士農工商をの〳〵職分異なれども、一理を会得するゆへ、士の道をいへば農工商に通ひ、農工商の道をいへば士に通ふ。なんぞ四民の倹約を別々に説べきや（上・二一七頁）

梅岩は「倹約」を「士農工商」に通じる教えとして提示している。「或人」の要求どおり、梅岩は「倹約」を「町人の学問」としてではなく「学問」として提示するのである。なお、このことは『斉家論』だけにいえることではない。梅岩が残した他の記述を見ても、教えが「町人の学問」「庶民の学問」として提示されることは決してない。ここが、第三章や第四章で取り上げたテクストと決定的に異なる点である。

それでは、梅岩が「倹約」を「士農工商」に通じる教えと断言できる根拠はどこにあるのだろうか。梅岩は「国を治るには、用を節にして民を愛す」という（上・二一一〜一二頁）。この箇所は『論語』学而篇にもとづいた文言と考えられるが[8]、ここでいわれる「用を節に」することを梅岩は「倹約」と読み換える。このことにより、

「倹約」は「国を治る」為政者にとっても重要な徳目として浮かび上がることになる。梅岩が「倹約の事を得心し行ふときは、家とゝのひ国治り天下平なり」(上・二一五頁)と断言できる一つの根拠は、「聖賢の道」が書き記された『論語』学而篇に自説の典拠を求めたことにあるといえる。

だが、これだけでは先の梅岩の回答をうまく理解できないように思う。先の箇所で梅岩は、「一理を会得するゆへ」「倹約」は「士農工商」にあてはまると述べている。「一理」は「職分」を越えるというのである。ではここでいう「一理」とは一体何を意味しているのだろうか。

梅岩は、「倹約をいふは畢竟身を修め家をとゝのへん為也」と述べ(上・二一六頁)、「倹約」を「身を修る」ことに関わる問題として位置づける。さらに梅岩は、「身を修る主《あるじ》」は「心」であるとして、「倹約」を「心」の問題へと帰着させていく。梅岩によれば、「心」を「知る者はまれ」であり、「知といへども、其通に行ふ者甚かたし」。だが、「心」を知らなければ「こと〳〵不仁となる」と梅岩は断言する。そして、「心」を知らないことにより「不仁」になってしまうことを、『孟子』告子篇上にもとづき「放心」と表現したうえで、「放心」とならないためには、「欲にひかれ」ないことが重要であり、そのためには学問が必要であると梅岩はいう(以上、同)。

仁に心を尽さゞるはかなしき事かな。聖賢これを歎き給ひ、学問の道他なし、その放心を求むるのみと、孟子も既説たまへり。予教ゆる所もこれによれり。孟子開示《ひらきしめ》す所、至て重きことなれば、容易《たやすき》ことにあらず。しかれども、執《しゆぎやう》行の功により放心を求め得ることあり。求むるときは、心一致なることを知る(上・二一七頁)

梅岩は、孟子の教えにもとづき、自らの教えもまた「放心を求むる」ことを説くものだと位置づける。「放心を求むる」ことは「容易」なことではないが、「執行《しゆぎやう》」を通じて「求め得る」ことがある。そしてその時「心一致なること」を知ることになろうと梅岩はいう。実は今挙げた引用文に続くのが、先に引いた「一理を会得する」云々という記述である。ということは、素直に読めば、先に問題視した「一理」とは、「放心を求むる」ことによって得られる「心」のことだということになる。そしてその「心」は「一致」だと梅岩はいう。
では、「一致」とはどういうことなのだろうか。手がかりになりそうな記述を一応挙げてみよう。

此身の微なるを喩ていはゞ、大倉に稊米一粒あるがごとし。しかれども、天地人の三才となるは唯心のみ（上・二一六頁）

「身」は「大倉」の中にある米粒一つのように微々たるものに過ぎない。「心」だけが「天地人の三才となる」のだと梅岩はいう。どうやら「心」とは、自らの「身」を越えて、「天地人」との関連のもとにある何かであるらしい。また梅岩は次のようにも述べている。

倹約をいふは他の儀にあらず、生れながらの正直にかへし度為なり。天より生民を降すなれば、万民はことぐ〳〵く天の子なり。故に人は一箇の小天地なり（上・二一七頁）

「万民」は「天の子」であるから、「一箇の小天地」だといえる。先の引用と合わせて考えれば、梅岩のいう「心」を知るとは、自らのいわば内に「小天地」を見出すことだといえるのかもしれない。
また、先の記述では、「心一致なることを知る」は「正直にかへ」ることへつながっていくらしいことが示されている。人は「天の子」であるのだから、「生まれながら」にして「正直」であるはずである。つまり、人は「生まれながら」に「正直」であるという点では、「士農工商」の枠を越えているというのである。ここまで不明瞭なままであった「己に貴きもの」「一理」「心一致なること」とは、どうやら「正直」のことを指すらしいことがおぼろげながら浮かび上がってくる。それではここでいう「正直」とはどういうことを指すのか。

人は一箇の小天地なり。小天地ゆへ本私欲なきもの也。このゆへに我物は我物、人の物は人の物。貸たる物はうけとり、借たる物は返し。毛すじほども私なくありべかゝりにするは正直なる所也。此正直行はるれば、世間一同に和合し、四海の中皆兄弟のごとし。我願ふ所は、人々こゝに至らしめんため也（上・二一七～一八頁）

「人」は「小天地」なのだから、本来「私欲」はないはずだ。だから、「正直」でいさえすれば、「我物」と「人の物」は自ずと区別されるはず。そうなれば、「世間一同に和合」するというものではないか。梅岩はこのように述べる。どうやら梅岩のいう「正直」とは、「我物」と「人の物」を区別することへと帰着するらしい。だからこそ、「奢り」という「愚痴」によって、「人の物」を「我物」にしようとしてはならないのであって、「倹約」が求められるということになる。

ここまで読み進めてきてようやく、なぜ梅岩が「聖賢の道」を妥協なく説こうとするのか、そしてなぜ、その「聖賢の道」が「倹約」の問題へ収斂してゆくのかが一応見えてきたように思う。梅岩にとって「我物」と「人の物」を区別することは、「人」として不可欠なことであり、その区別をわきまえるためには、「倹約」にもとづくことがどうしても必要なのであった。そして「倹約」のためには「正直にかへ」る必要がある。「正直」は、「士農工商」を問わず、「人」として「生れながら」にして備わっているはずのものである。だから、人は「聖賢の道」にもとづくことが可能であるし、必要でもある。このように梅岩は述べるのである。

だが、このように整理してみても、どこか釈然としない思いが残ってしまう。「我物」と「人の物」を区別するために、どうしてわざわざ「聖賢の道」を学ぶ必要があるというのだろうか。また、人は「生れながら」に

「正直」であるのならば、ことさら「聖賢の道」にもとづく必要はないのではないか。人々には「己に貴きもの」が備わっているという梅岩の確信は、おそらく「聖賢の道」を学ぶことにより得た確信なのだろうと推測してみたところで、梅岩は「己に貴きもの」「一理」「性善」について説明を施そうとしない。だから、梅岩が説こうとする「聖賢の道」なるものの具体像がはっきりとは浮かび上がってこないように思うのである。

このような不明瞭さを覚えつつ、『斉家論』を読み進めてゆくと、次のような問答に行き着くことになる。

「或人」は梅岩に問う。どうすれば、新年の「御慶」を「目出度」祝うことができるのか、と（上・二一八頁）。というのは、この「或人」は、「去年関東の洪水」の際に「三軒の得意」の「家財より田畠まで」流されてしまったのである。これら得意先は、「或人」にとって「我蔵」同然と思えるほど大切な得意先であった。そこで「或人」は、「当分の見舞に金三十両あまり」を出すことによって、得意先を助けようとした（以上、同）。しかし流されたのは得意先ばかりでなく「売場」もであった（上・二一九頁）。そのため「借金を済さんとすれば、家財まで売払ひ赤裸」にならなければどうにもならない状況に陥ってしまったという。「難儀の所にて心を悩まさぬが学問のちから」であるはずだ。だが、このような状況では新年を祝う気持ちになれない（以上、同）。「或人」は以上のような苦渋を梅岩に打ち明ける。

対する梅岩の答えは、あまりにも、と言いたくなるほどあっさりしたものである。「家財残らず売払ひ赤裸になり、借金を済」せばいいと梅岩はいうのである（上・二二〇頁）。そうすれば「今の世にたぐひ稀なる正直ものと世挙てよろこぶ」だろう。また「人の心」には「自然に慈悲正直成所」があるのだから、「汝の裸になられし其日より、感心せし負方《おゝせかた》（貸主のこと）が、寄り集りて着すべし」と梅岩はいう（同）。

だが、本当に梅岩のいうようになるのであろうかという疑問が出てきてもおかしくないであろう。「正直」なる行ないに対して、本当に「世挙てよろこぶ」のだろうか。仮に「世挙てよろこ」んだとしても、世の人は本当に、「赤裸」になったこの「或人」に服を着せてくれるのか。梅岩の言う通りになる保証はただ一点、「人の心」

の「慈悲正直成所」だ。

右の梅岩の言に続いて、「或人」（先の「或人」とは別人）は言う。「惣て世間の事、汝がいふごとくさつはりと裸には成がたき所あり」と（上・二二二頁）。またこの「或人」は、梅岩のいう「正直」は「神道」で言われる「正直」であって、儒学の考え方とは異なるのではないかとも問うている。これに対し、梅岩は「神道」で言われることも「聖賢」が説くことも変わらないと答えるのであるが（上・二二二〜二二三頁）、今はこの論点に深入りしない。問題は、「さつはりと裸には成がたき」という相手に対して梅岩がどう答えるかである。梅岩はいう。

予云倹約は、只衣服財器の事のみにあらず。惣て私曲なく、心を正ふするやうに教たき志なり（上・二二三頁）

つまり、梅岩のいう「倹約」とは、「人の心」の「慈悲正直成所」を曲げないことへと帰着していくのである。したがって、先の「或人」が「赤裸」になって、それからどうなってしまうかは、ここでは問題にならない。「慈悲正直」であるからには、「赤裸」になるべきだ。そうすれば「慈悲正直」なる誰かが助けてくれるはずだ。なぜなら「人の心」は「慈悲正直」であるからだ。これが梅岩の出す答えである。

ここに来て、前章で取り上げた「町人の学問」と梅岩の説く学問との違いがはっきりしてきたと思う。「町人の学問」は、「聖賢の道」から町人の「世俗」に相応する部分を抜き出し、「世俗」に見合った「聖賢の道」を再構成しようとするものであった。「さつはりと裸には成がたき」者のために再構成された学問といってもよいかもしれない。対して、梅岩は、「聖賢の道」が「世俗」に相応するかどうかを問題にはしない。相応するしないにかかわらず、徹頭徹尾、「聖賢の道」にもとづいた「世俗」での生き方（先の問答の場合、「赤裸」になってでも借金を皆済すること）を説こうとする。「世俗」に生きる者を「聖賢の道」に相応するように向け変えようとした点において、「町人の学問」とはベクトルが逆になっているのである。

一見、『斉家論』で梅岩が語ることは、「聖賢の道」を持ち出すまでもないような、ありふれたことばかりのように見える。「倹約」しかり。「正直」しかり。だが、こうした通俗的な道徳を実践するためには、身持ちを崩すことすら覚悟しなければならない。その覚悟を固めるためにこそ、学問が必要だと梅岩は述べたのであった。すさまじいとすら形容される「「家」の没落」に直面して、梅岩が人々に求めた「倹約」とはこのようなものであった。

第五節　「万民ノ心ヲヤスムル」ために

以上見てきたように、『斉家論』で説かれる学問は、たとえ「赤裸」になってでも「我物」と「人の物」とを区別する（これを梅岩は「倹約」という）覚悟を固めることへとつながってゆく。そして、この覚悟をもたらすものは、先ほどから繰り返し確認してきたように、「人々己に貴きもの」があることへの確信、「心一致なること」への確信、そしてその確信によって「会得」される「聖賢の意味」「一理」であろう。だが、『斉家論』においては、この「貴きもの」「心」「聖賢の意味」「一理」についての説明が施されることはないのであった。

なぜ梅岩は『斉家論』において、この確信について説明的に語ろうとしないのか。その理由を推測させる一つの語録を本章の最後に見ておくことにしよう。

或問曰、神儒仏共ニ性理ハ至極ノ所ナリ。コレヲ除キ事ノ上ニテ用ユルニハ、何レヲ至極トシテ然ルベク候ヤ。

答。我一事ヲ肝要トシテ勤ルハ倹約ニ過ルコト有間鋪ト存候（上・四三一頁）

この問答で注意したいのは、「性理」を問題にすることと「事ノ上」を問題にすることとが区別されていることである。すでに見てきたように、梅岩の学問において「心」「性」を知ることが決定的に重要な位置を占めていたことについては疑う余地がない。この問答では「性理」と表現されている。もし「性理」について直接云々するのではなくて、行ないの上での指針というべきものを直接に説き示すとすれば何を「至極」とするか。この問いに対して梅岩が挙げるのが「倹約」である。

この問答を見れば、なぜ『斉家論』において、「性理」に関する問題に言及されつつも多くが語られなかったかを推測できる。梅岩は『斉家論』において、「性理」の問題を「除キ」、「事ノ上ニテ用ユル」べき問題のみを主題化して論じようとしたのではないだろうか。とすれば、本章で見てきたことは「事ノ上」に立脚した梅岩の教えであって、「性理」についての教えは、梅岩のもう一つの著作『都鄙問答』、そして、残された語録に眼を向ける必要があることになろう。

ところで、今挙げた問答には続きがある。梅岩の回答を聞いた問者は、「倹約一通ニテ性理ヲ明メ仁ニ至ル程ノ代リトナルコト心ヘ難シ」と述べる。確かに「倹約」は「世帯ヲ持、金銀ヲ溜ルニハ肝要」であろう（同）。だが、なぜこの「倹約」が「性理ヲ明メ仁ニ至ル程ノ代リ」になるというのか。このような問いが梅岩に出されている。

対して梅岩はいう。「倹約ヲ世帯ヲ持、金銀ヲ溜ルバカリト思ヘルハ見ル所狭シ」（上・四三二頁）。このようなこととして「倹約」をとらえるならば、「財宝溜、其財宝ヲ以テ世界ノ財宝ヲ買〆貪ルコトヲ勉メ」ることに帰結するだろう。それでは「世ヲ困マシム」というものである（同）。

我ガ倹約スルハ世ヲ貪リ度思ヒヲ止メンガ為ナリ。倹約ヲ守レバトテ貧空無福ノ身ナレバ、倹約ヲ守レバトテ一銭一合ヲ世ニ施スニハアラネ共、我貪ラザレバ世ニ施スノ理アリ。如何トナレバ我費ス程ノ財宝世ニアマルナリ。コノ倹約ヲ天下ニ用ヒ玉ヘバ民ヨリ捧グル貢モノニテ財宝アマラセ玉フ。コノユヘニ民ニ貢モノヲユルメテ取立玉フ。ユルメテ取立玉ヘバ民豊カニ富ルニ至ル。民富ル時、耕作ニ力ヲ入、糞等《コヤシ》ヲ用ユルユヘニ穀アゲテ用ヒ尽サレザルニ至リ、飢饉年有テモ餓死ナシ。四海ノ内ノ人民餓死ナキハ広大ノ恵ミニアラズヤ（上・四三二～三三頁）

「倹約」によって生じる蓄財は個々人にとっては大したものではなく、「貧空無福ノ身」を脱することに直接つながるとはされていない。つまり、「倹約」によって生じる余財は、「倹約」に励んだ当人の所有に帰するものとして考えられているのではない。また梅岩は、「天下ニ用ヒ玉」うレベルにおける「倹約」、すなわち、経世上の施策としての「倹約」にも言及している。経世上の「倹約」は、取り立てた年貢を節約して用いる→取り立てる年貢が少なくて済むようになる→民がますます耕作に力を入れるようになる→さらに年貢が少なくて済む、という善循環としてとらえられている。つまり、経世における「倹約」とは、財を「世ニ施ス」ことで「広大ノ恵」を生み出すことへとつながっていくものである。

梅岩は、こうした意味での「倹約」を個々人にも求める。個々人の「倹約」が「天下」の問題へと結び付けられていくのである。「我貪ラザレバ世ニ施スノ理アリ」という梅岩の言は、このことを示しているのであろう。「世ニ施ス」とは、財を流通させるということである。ここにおいて、商人が重要な「職分」を有するものとして浮上することになる。『都鄙問答』の「商人ノ道ヲ問ノ段」において、梅岩は次のように述べている。

富ノ主ハ天下ノ人々ナリ。主ノ心モ我ガ心ト同キユヘニ我一銭ヲ惜ム心ヲ推テ、売物ニ念ヲ入レ、少シモ麁相ニセズシテ、売渡サバ、買人ノ心モ初ハ金銀惜シト思ヘドモ、代物ノ能ヲ以テ、ソノ惜ム心自ラ止ムベシ。

惜ム心ヲ止、善ニ化スルノ外アランヤ。且《ソノウヘ》天下ノ財宝ヲ通用シテ、万民ノ心ヲヤスムルナレバ、天地四時流行シ、万物育《ヤシナ》ハル、ト同ク相合ン（上・三三頁）

「富ノ主ハ天下ノ人々」である。とすれば、その「富」を個人が独占してしまうことは「奢り」以外の何物でもないことになる。だから、「天下ノ財宝」は「通用」させなければならない。「通用」すれば「万民ノ心ヲヤスムル」ことになる。梅岩にとって、このことは、「天地」が秩序通りに運行して、「万物育《ヤシナ》ハル、」ことを意味するのである。

「天下ノ財宝」を「通用」させることに、商人がいかに重要な役割を占めているかは言を俟たないだろう。とすれば、商人は「万民ノ心ヲヤスムル」「職分」を有する者だということにもなる。

また梅岩は、「財宝」だけではなく、学問もまた「通用」させなければならないと考えていた。ある語録で、梅岩は次のように述べている。

文字ハ事ヲ天下ニ通ス器《ウツハモノ》ノ如シ。理ハ其主ナリ。子曰、謹二権量一ト称錘《ハカリ》ヤ斗斛《マス》モ天下ノ通用ヲ以テ宝トス。学問ノ道モ亦如是《カクノゴトシ》。理ヲキハメ天道聖人ノ心通用スルヲ以テ宝トス（上・七三頁）

この記述は、梅岩が「理」を理解するだけではなく「通用」させることに重要性を見出していたことを物語っている。すでに見たように、梅岩は、「性」を知るためには文字を一旦捨てねばならないと述べるのであった。だが、梅岩は文字を不要視したわけでは決してなく、「理」「事」を「天下」に「通用」させるためには、むしろ不可欠と考えていたことが右の記述からわかる。

梅岩は自らの教えを「町人の学問」と称することは決してなかった。しかし、「事ノ上ニテ用ユル」ことの

「至極」として「倹約」を提示し、「財宝」を「通用」させる「称錘《ハカリ》ヤ斗斛《マス》」と、「理」を「通用」させる「文字」とをアナロジカルにとらえる梅岩の学問には、町人性とでもいうべきものが色濃く現れているといえるだろう。

だが、町人性というだけでは、先の記述で、梅岩が「富ノ主ハ天下ノ人々」と、きっぱり断言できてしまうことを理解できないかもしれない。というのは、梅岩がこのように断言できる根拠は、「主ノ心モ我ガ心ト同」じであること（『斉家論』に出てきた表現でいえば「心一致なること」）への彼の確信があるのである。この確信があるからこそ、梅岩は、自らの教えを「町人の学問」とは称さなかったのだと解することができる。というのは、この確信を徹底すれば、町人の「心」と町人以外の「心」とを区別する意味がなくなっていくことになり、教えを町人に限定して、「町人の学問」を唱えることが自己矛盾になってしまうと考えられるからである。そして、先の確信を支えているのが彼の二度に亘る転機であったことは、繰り返し述べてきたことである。

『斉家論』に明瞭に見ることができたように、彼の教えは、常にこの二度の開悟体験から始まり、この体験へと帰っていく。要するに彼の教えは、聞き手、読者自らにこの体験を迫る教えともいえるのであり、見方を変えれば、この体験を共有しようとしない者には、彼の教化は届かないのかもしれない。次章で考察することを少し先取りすれば、梅岩は、「心ハ言句ヲ以テ伝ラル、所ニアラズ」（『都鄙問答』上・四〇頁）といい、また「心」は「師モ弟子ニ伝《ツタフル》コトアタハズ」（同）と述べている。このような「心」を知るという体験を梅岩はどのように人々に伝えていこうとするのか。この問題を次章で考えていきたい。

註

（1）西尾陽太郎「石門心学の発生について――町人嚢と都鄙問答との思想的関連」（『史淵』五〇輯、一九五一年）、竹中靖一『増補石門心学の経済思想』（ミネルヴァ書房、一九七二年）など。

（2）以下本書では、梅岩に関する史料はすべて、柴田実編『石田梅岩全集』上下巻（清文堂出版、一九七二年改訂版）に拠る。

（3）例外的な研究として、森田健司『石門心学と近代――思想史学からの近接』（八千代出版、二〇一二年）がある。森田は、『都鄙問答』に見られた「神秘的存在論」と現状肯定的な要素とが『斉家論』では後景に退いているとしたうえで、そこに

『斉家論』の「近代との親和性」を見て取っている（七一頁）。森田は、両著の相違に梅岩の「教説」の「改変」を見出そうとしているが（五五頁）、本章では第五節で示唆するように、「教説」の相違よりも両著が異なる目的で編まれたことの方に注目することにしたい。

（4）石田梅岩の事蹟については、柴田実『石田梅岩』（吉川弘文館、一九六二年）に詳しい。また、山本眞功「石田梅岩の生涯と教え」その一～三（『大法輪』二〇一一年三月号～五月号）からも多くを学んだ。

（5）幸い、梅岩が「性」と「心」とを区別なく用いることに対して、ある者が疑問を呈し、梅岩が答えた問答の記録が残されている。そこで梅岩は次のように述べている。「孟子曰、仁ハ人心也ト、仁ハ性ナリ。然ルヲ心トノ玉ヘバ心ト性トハ一物ナリ」（上・五四三頁）。つまり、梅岩自身、「性」と「心」をさしたる区別なしに用いていることを認めている。また、同じ箇所で梅岩はこのようにも述べる。「性ヲ知ルト云ベキヲ世ノ人得心シヤスキヲ第一トスルユヘ心ヲ知ルトモ云リ」（同）。この記述で、梅岩は、「世ノ人得心シヤスキ」ことを配慮して、「性」を「心」と言い換えることもあると述べている。梅岩が「性」「心」をそれぞれどのように理解しているかについては、これまでの研究でしばしば論じられてきたが、本書では、梅岩が「世ノ人」に応じて両語についての語り方を変えることがあったことの方に注目したい。

（6）なお、澤井努は、梅岩の二度目の転機の後に、第三段階として「自らの悟り得た境地を絶対的根拠としながら、人の人たる道を自然に身に行う聖賢のあり方を目指す」段階を措定している（澤井努「石門心学における「心の習慣」」、『教育史フォーラム』六号、二〇一一年）。他方で、澤井は「筆者は二度目の開悟体験をもってして「性」あるいは「心」を知る境地に到ったと解釈する」とも述べている。つまり、澤井は、梅岩は二度の転機で「性」「心」を知るに至ったが、その後の日常的実践も「修行」の一段階として位置づけようとしているのだと考えられる。けれども、本書では、さしあたっては、梅岩の「性」「心」を知るまでの経緯について考察しているので、二段階のみを設定しておくことにする。

（7）『都鄙問答』において梅岩は次のように述べている。「神儒仏トモニ悟ル心ハ一ナリ。何レノ法ニテ得ルトモ、皆我心ヲ得ルナリ」（上・一二二頁）。このように考える梅岩にとっては、「神儒仏」の相違、またこれら三者と「老荘ノ教」（上・一二三頁）との相違も問題にならない。彼によれば、これらの教えはすべて「我心ヲ琢磨種《ミガクトギクサ》」とされる（上・一二二頁）。

（8）本書が依拠する『石田梅岩全集』所収の『斉家論』は、板本の余白に書入れがほどこされたいわゆる「書入本」が底本に使われている。柴田実によれば、この書入れは「もと〳〵梅岩自らの手によつてなされ」た可能性があるという（柴田実「解題」、『石田梅岩全集』上・一五頁）。本文に引いた記述に対する書入れで典拠として示されているのが、『論語』学而篇の次の文である。「子曰く、千乗の国を道《おさ》むるには、事を敬しみて信、用を節にして人を愛す」（二二五頁、原漢文）。なお、「書入本」については、『石田梅岩全集』上巻に写真が載る（図版六）。

■第六章　教化に臨まんとする「病」

第一節　本章の課題

前章では、石田梅岩について考察するに当たり、考察対象を『斉家論』に絞ることにより、第一部で取り上げたテクストとの対比のもとに、梅岩を位置づけることを目指した。本章では、前章の考察を踏まえたうえで、梅岩が学問をいかに語ろうとするか、そして、教化に臨むうえでいかなる立場に立とうとしたかについて考察する。

まずはじめに考察すべきは、梅岩が「心」「性」についていかに語るかについてである。前章で見たように、梅岩の教えは、「心」「性」を知るという彼自身の体験を起点に展開し、同様の体験を受け手に求めることに帰着するのであった。その教えは、「言句ヲ以テ伝ラル、所」ではないところの「心」「性」を、「言句」を通して語るという不可能性を乗り越えようとするところに成り立つものであった。そしてこの点は、梅岩がいかに学問を語ったのかについて考察するうえで避けて通れぬ問題だといえる。

この困難な課題に対して、『斉家論』の場合では、「性理」を直截に語るのではなくて、「事ノ上ニテ用ユル」課題としての「倹約」を提示することに主眼が置かれたのであった。だが、梅岩のもう一つの著作『都鄙問答』、および、語録類には、「性」や「心」について、より踏み込んだ言及が見られる。そこで本章では、前章ではほとんど取り上げることのなかった『都鄙問答』と語録類を取り上げてみることにしたい。

ついで、本章の後半では、梅岩がいかなる立場から教化に臨もうとしたかについて考察する。前章で見たように、梅岩は、「世俗」における適合不適合を問題にすることなく、「聖賢の道」を説こうとしたのであった。この妥協のない姿勢の背景には、梅岩の二度にわたる転機があったことは、すでに繰り返し確認してきたことだが、その転機は、要するに、天地と自己との「心」が「一致」していることを体験することであった。となると、梅岩は、聖賢の「心」と自己の「心」との「一致」も体験したということになる。『斉家論』における「聖賢の意味彷彿と得る者に似たる所あり」という梅岩の宣言は、右のような体験を一見控え目な表現ながらも、ある意味不遜にも物語るものと解せられる。そして、梅岩は、この「一致」した地点から「聖賢の道」を語り出そうとするのである。このような梅岩の姿勢は、本書でこれまで取り上げてきた人物とは、明らかに異なっていると考えられる。その相違に留意しながら、教化に臨む梅岩の姿勢について考察していく。

考察するうえで特に着目したい点は、「聖賢の道」について語る際に、梅岩がとりわけ孟子の教えに依拠しようとしたことである。なぜ孟子なのか。この問いは、これまでの梅岩研究でしばしば発せられてきた問いであるが、教化に臨む梅岩の姿勢について考察する際にも重要な問いとなるであろう。

第二節　「性」「心」の語られ方

一　「文学ノ及バザル所」

まずは、『都鄙問答』の最初に位置する「都鄙問答ノ段」から見ていくことにしたい。

梅岩と同郷のある農民が来て、梅岩に問いかける。梅岩の述べていることは「性ヲ知ノ、心ヲ知ルノト、向上ノ論義ヲ為、人ヲ惑スコト」なのではないか。なぜなら「性ヲ知ルト云ハ古ノ聖人賢人ノコトニテ、後世ノ人及ベキ所ニ非」ざるからである。にもかかわらず、「性」や「心」を「知ル」ことを求める梅岩は「異端ノ流ニテ、儒者ニテハ無」といわざるを得ないのではないか（以上、上・三頁）。このような疑問が梅岩に投げかけられる。

こうした類の問いは、前章で見た『斉家論』においても繰り返し見られた問いである。現実の状況との適合不適合を問題にすることなく、「聖賢の道」を妥協なく説こうとする梅岩に対し、今日の者には「聖賢の道」を実践することは不可能ではないかという疑問が『斉家論』では繰り返し現れたのであった。『都鄙問答』においては、その疑問が「性」「心」を「知ル」ことを説く梅岩に対する疑問へと焦点化されている。「性」「心」を知ることは「向上」（高尚）なことであり、「後世ノ人」には無理だというのである。

この問いに対して梅岩は、「性」について語り始める。


性ト云ハ人ヨリ禽獣草木マデ、天ニ受得テ以テ生ズル理ナリ。松ハ緑ニ桜ハ花、羽アル物ハ空ヲ飛、鱗アル物ハ水ヲ泳《クヾリ》、日月ノ天ニ懸モ皆一理ナリ（上・四頁）

「桜」に「花」が咲くことや、「羽アル物」が「空ヲ飛」ぶことは、皆「天ニ受得」た「性」にもとづくことである。もちろん「人」もまた「性」を「天ニ受得テ」いる。では、「人」はいかに振舞えばいいのか。「五倫ノ道」を「能《ヨク》スル」ことだと梅岩はいう（上・五頁）。鳥が空を飛ぶように、魚が水を泳ぐように、人は「五倫ノ道」にもとづいて生きることが「天」から「受得」た「性」にもとづく生き方だというのである。「性ヲ知ル時ハ、五常五倫ノ道ハ其中ニ備レリ」（同）。だから「性」を知ることが必要だと梅岩はいう。

これを聞いた相手は、「性」を知ることは容易なことではないはずだと問う。ある知り合いの「禅僧」は、「十五年ノ間、心ヲ尽テモ、性ヲ知リ得ルコト難シ」と言っていた（同）。「然ヲ汝不学ノ身トシテ、知ルコト安シト云」（同）。これは一体どういうことなのかと問うている。

対する梅岩は、この「禅僧」を「未徹ノ僧」だと決めつける（上・六頁）。そして次のように述べる。

釈尊ハ暁ノ明星ヲ見テ大悟シ玉ヒ、唐土ノ霊雲ハ桃花ヲ見テ悟レシニアラズヤ。悟テ後ハ星ヲ月ト見ルベキヤ。又悟ザル前ニハ桃ヲ桜ト見ルベキヤ（同）

「釈尊」にしても「霊雲」にしても、何か特別なことを契機に「悟」ったわけではない。また「悟」ったからといって何か変わったことがあったわけでもない。「星」を「星」と見、「桃」を「桃」と見ただけのことだ。件の「禅僧」は、「悟」るとは何か「妙ヲ見ル」ことだと思っているようだが、それは「信心不及」というものであり、そのような考えで「精神ヲ費」したところで「無益」であると梅岩はいう（同）。なぜこの「禅僧」が「信心不及」とみなされるのか、一読する限り判然しない。「天ニ受得」た「性」なるものは、「松」が「緑」であることと同じくらい明白なものであるのに、それを「妙」なるものと見ようとするのは、この明白なものから目を背けてしまってしまっていると評さざるを得ない。だから「信心不及」とみなされるのだと思われる。

ともあれ、この梅岩の言は、梅岩自身の体験をふまえた発言であるだろう。実際梅岩は、右の記述の少し後で、自らの体験について語っている。その体験についての記述は、前章にすでに取り上げたが、彼は雀の鳴き声を聞いて「悟」りを遂げたのであった。その時、雀の声を何か別の声として聞いたわけではない。「赤子」の如く、雀の声を雀の声として聞いたのであった。このように梅岩は、自らの体験をもとにして、「性」を知るという体験が何ら特別な体験ではないことを、したがって、「不学」であっても体験可能であることを言おうとする。

文学アル者ハ文質彬彬ノ君子トハ云ベケレド、常体ノ者ノ至ルベキコトニ非ズ。如何トナレバ、家業忙、記臆薄キ者多ケレバナリ（同）

「文学」を習得するに越したことはないが、「家業忙、記臆薄キ者」には困難である。だが梅岩は、「不学」であっても「性」「心」を知ることが可能であり必要だとする態度を一歩たりとも崩そうとしない。「性」「心」を知ることは「文字ノスル所ニアラズ、修行ノスル所」だと梅岩はいうのである（上・八頁）。

その「修行」によって「会得セシコトハ言ガタシ」と梅岩は述べつつも、「譬ヲ以テ其趣ヲ語」ろうとする（同）。その「趣」とは、何日も見つからなかった探し物が、「他ノ用事アッテ、取リマギレ居トキ、忽然ト思ヒ出《イダス》」ようなことであるという。

思ヒ出ハコレモ文学ノ及バザル所ナリ。其時ニコソ、前ニ盗レヤセン、落ヤセント思ヒシ疑モ、忽ニ晴ナリ。心ヲ知ルモ其如ク、暗夜ノ忽ニ明、一天照然トシテ明カナルガ如シ（上・九頁）

この「譬」は示唆的である。まず「性」「心」は新たに獲得するものではなく、もともと持っていたのに紛失してしまったものとみなされている。「性」は「天ニ受得」たものであるのだから、「性」を知るためには、どこか遠くに探しに行くのではなく、身辺を探すことが必要であることが示唆されている。いや、そもそも探しても見つからないのだとすら述べられているように見える。探し物のありかを「忽然ト思ヒ出《イダス》」瞬間は、「他ノ用事」をしている時だったりする。「性」を知ろうといくら「文学」に励んだところで、結局のところ「忽然ト思ヒ出《イダス》」のは、「文学ノ及バザル所」である。つまり、「性」「心」を知るためには、「文字」「文学」は必要ないのみならず、捨て去ってしまわなければならないとすらされているのである。

ところで、如上の記述に見られる梅岩の考え方は、第一章で見た『大和俗訓』における益軒の考え方と相当程度異なっているように見える。益軒によれば、「心」とは、「心」を「運動」させること（「思案」）を通じて獲得される「智」によって「明らか」にされてゆくものであった。だが、右の梅岩の記述は、「思案」によっては

「心」を知ることはできないと述べているように見受けられる。

それでは、「文字」「文学」を一旦捨て去ることにより、いかにして「性」を知ることができるのか。『都鄙問答』所収の問答の中で、最も大きな分量を占める巻三「性理問答ノ段」に手がかりを求めてみよう。

「或学者」はいう。「性」については様々な説がある。告子は「性無ㇾ善無㆓不善㆒」と述べている。荀子は「性悪」と言う（九六頁）。他にも様々な説があるなかで、どうして梅岩は孟子にならって「性」を「善」というのか。どうせそう断言できる「證」はないのだろうと「或学者」は決めつける（上・九七頁）。

対して梅岩は、「性」を知ることなどできっこないとでも言いたげなこの相手を突き放しつつ、「先性善ノコトハ差置」いたうえで次のように問いかける。「孔子一貫トノ玉フハイカヾ得心セラレ候ヤ」と（同）。ここでいう「孔子一貫」というのは、『論語』里仁篇の有名な箇所をふまえている。孔子は弟子の曾子に向かって「吾が道は一以て之を貫く」と述べたところ、曾子はただ一言「唯」と答える。「唯」とは、はい、わかりました、とでもいった意味である。孔子の去った後、周りにいた弟子たちは、曾子に真意を問う。曾子は「夫子〔孔子〕の道は、忠恕のみ」と答えたという。梅岩は、この『論語』の一節をふまえつつ、「孔子」のいう「一貫」とは何かと問うのである。

「或学者」は、当然この『論語』の一節を知っているので、梅岩の問いに対し、「ソレハ曾子曰、忠恕而已、何ゾ疑ン」と答える。だが、梅岩はこの答えを「不可」とするのである（上・九七頁）。なぜなら「性善ヲ知ラズシテ一貫ヲ忠恕ト云ハ、曾子ノ粕ヲ食《クロウ》」というものだからである（上・九八頁）。孔子のいう「一貫」とは、「性善」を知らない者には答えられないはずである。曾子はそれを知っているので、ただ「唯」とのみ答えた。別に「忠恕」と言い直す必要はなかったのである。だが、周りにいた弟子たちは理解できなかった。だから、曾子はいわば解説するために「忠恕而已」と言い直したのだ（以上、同）。

このように解釈する梅岩にとって、あたかも一問一答式の試験問題を解くかのごとく、「一貫」とは「忠恕」

のことだと答えてしまう「或学者」の回答は、「曾子ノ粕ヲ食《クロウ》」ものに他ならない。「一貫」とは「忠恕」のことだと答えられるのは、曾子と同じ境地にたどり着いてからのことだと梅岩は考えるのである。

ところで、この問答で初めに問題になっていたのは「性善」のことであった。ところが梅岩は「先性善ノコトハ差置」いて、「一貫」のことを相手に問う。そして、相手が「忠恕」という「粕ヲ食」っていることを指摘する。これは、はぐらかしではないだろう。先に見たように梅岩は、「性」を知るためには「文字」「文学」を一旦離れる必要があると説くのであった。そのためにはまず、「性」について説く前に、「文字」という「粕」を相手から取り除く必要がある。自明のことであるかのように「一貫」は「忠恕」のことだと答えるのは、その者が「粕」にとらわれている証拠。だから、梅岩は、一見唐突とも思える「孔子一貫」のことを持ち出したのだと解せられる。

「粕ヲ食」っていることを指摘された「或学者」は、一応聞き入れたうえで、改めて「性善」について問う。それでは、梅岩は「粕」に頼らずどのように答えようとするのであろうか。

> 孔子易一陰一陽之謂道。継之者善也。成之者性也〔一陰一陽之《これ》を道と謂ふ。之を継ぐ者は善なり。之を成す者は性なり〕トノ玉フ。天地ハ一陰一陽ナリ。陰陽ノ外ニ他物有ヤ（上・一〇〇頁）

梅岩は『易経』繋辞伝上の一節を引きながら、「天地」について語り始める。『易経』では、万物の成り立ちがすべて「陰」と「陽」とで説明されてゆくわけであるが、梅岩は「陰陽ノ外ニ他物有」るのかどうかを「或学者」に問う。そして「他物ハナシ」と答えさせたうえで、「陰陽ハ二ツカ一ツカ」と問う。

> 曰。二ツトモ分ガタシ。又一ツカト思ヘバ動静ノ二ツナリ。

答。動静ノ二ツナリ。其動ハ何所ヨリ来リ、静ニナルハ何所ニ帰ゾヤ。

曰。無極大極《（ママ）》トイヘドモ、畢竟ナキモノニ名ヲ付タルニヤ。眡《シカ》ト落著《（ママ）》ナリガタシ。

答。無物ニアラズ。大極《（ママ）》トイフハ、天地人ノ体ナリ。（同）

「天地」には「陰陽」しかない。「陰陽」は二つとも一つともいい難いところがあるが、梅岩は「動」なる状態と「静」なる状態との「二ツ」に分けたうえで、両者のよって出ずる所、帰着する所である「大極」（太極）に相手の目を向けさせようとする。太極は「天地人ノ体」である。ここでいう「体」とは、よって出る所を指し示す語といった程度に受け止めておけばよいだろう。このように、梅岩は「天地」そして「人」のよって出ずる根源へと話を持っていくわけである。そのうえで、話題を一気に卑近な所へと移行させる。


答。先汝ガ鼻ノ息ト口ノ息トハ二ツカ一ツカ。

曰。是モ分ガタシ。

答。其口ト鼻トノ息ハ、直ニ天地ノ陰陽ナリ。天地ニ吐テ天地ニ吸、其吸ト吐トヲ暫モ止メ置レ候ヤ。

曰。止ルコト不能。

答。呼吸ハ天地ノ陰陽ニシテ、汝ガ息ニハ非ズ。因テ汝モ天地ノ陰陽ト一致ニナラザレバ、忽ニ死スルナリ。陰陽ノ外ニ汝ガ命ナキコト明白ナリ。吸息ハ陰ナリ、吐息ハ陽ナリ。継之者《コレヲツグモノ》ハ善ナリ。身ノ動モ静ナルモ天地ノ陰陽ナリ。易ト何ゾ替コトアラン（上・一〇〇～〇一頁）

「天地」について語りはじめた梅岩は、すべての生物が行なっているはずの呼吸へと話題を転換させ、呼吸という営みの中に天地の働きを見つけさせようとする。呼吸をやめようと思ってもやめることはできない。自らの意思でどうにもならないのだとすれば、それは「天地」のはたらきにもとづいているといわざるを得ない。このように梅岩は考えるのである。

人々にとってあまりにも身近ともいえる呼吸を取り上げることで、梅岩は「天地」と人との距離を一気に縮めようとするかのようである。だが、呼吸が「天地ノ陰陽」にもとづくことがどうして「善」であるとされるのか。一見すると、呼吸すること自体は、「善」でも「不善」でも何でもないように思えてしまう。

だが、梅岩によれば、このように思ってしまうことは「思慮」である。ここでいわれる「善」とは、「此ハ善彼ハ悪」と「思慮」をもって判断して得られることではない（上・一〇一頁）。なぜならここでいう「善」は、「悪ニ対スル善」ではないからである（上・一〇二頁）。だから、一旦「思慮」を離れ、「黙シテ工夫」しないことには、「性ハ善ナリ」と何度繰り返し説いたところで「聞分ケガタキ所」だと梅岩はいう（上・一〇三頁）。

このように梅岩は、相手である「或学者」から、「文字」という「粕」を取り除き、「天地」の働きがあまりにも日常的な行ないにまで及んでいることまでは説くのであるが、そこから先、すなわち、「天ニ受得」た「性」が「善」であることまでは説けないこととする。

なお、以上のように、梅岩が「天地」の働きを日常の身近な動作と結びつけて説くことは、しばしばであった。語録から一例を挙げてみよう。

或人問て曰、性を知るといふ事古へ子貢さへ漸々晩年に及んで性と天道の事を明め給ふ。然るに今日如き者の知事合点ゆかずといふ時いかん。

答。たとへを以ていふべし。西陣においてはたを織《おる》を見よ。色々の模様付るなり。何ぞ格別の智者たるべきや。しかも女わらべ也。是他なし、其道を知るゆへなり。第一汝心すなをならず、性を知る事を格別に替りたるやうに思ひ居ゆへ也。性を知る事は今多葉粉をのみ茶をのむ事也。是を知る事なれば何ぞ愚智《痴》蒙昧の者

とても知るまじき事有んや（下・四〇二〜〇三頁）

「性」を知ったと軽々しく言ってのける梅岩に対して不信感を呈する相手。それに対して梅岩は、「性」を知ることは、機を織ることや、たばこや茶を呑むことと同じようなことだと述べている。同様のやり取りは、梅岩の著作や語録の随所に登場する。聖人と後世のいわば凡人との懸隔を意識する者に対して、その懸隔を無化するかのごとく、日常の瑣末な行ないと「性」を知ることとを直截に結び付けることによって、いわば凡人であっても「性」を知ることが可能であり、必要であることを説こうとするのである。

2　「至極ノ楽」

先の『都鄙問答』巻三「性理問答ノ段」に戻ろう。「天ニ受得」た「性」が日常的な行ないにまで反映していることを説いた梅岩だったが、その「性」が「善」であることまでは説けないとするのであった。だが、その代わりにというべきか、梅岩は、「性」を知ろうとした末に「忽然ト開タル」時の「嬉サ」について語っている。

其時ノ嬉サヲ喩テイハヾ、死タル親ノ蘇生《ヨミガヘリ》、再ビ来リ玉フトモ其楽ニモ劣マジ。昔ヨリ重荷ヲ持シ山賤《ガツ》ノ息杖懸テ休タルヲ、安楽ノ至極ナリト画伝シ其人ハ豁然ト開タル、此楽ヲ不知《シラザル》者ニテ有ツラン。我ニ至極ノ楽ヲ画《エガケ》ト望《ノゾム》人アラバ、豁然トヒラケツヽ、手ノ舞足ノ踏所ヲ忘シ者ヲ画ベシ。此所ヲ伝曰、豁然貫通焉則衆物之表裏精粗無レ不レ到ト（上・一〇六頁）

すでに見たように、梅岩のいうところの「性」を知る体験とは、「妙ヲ見ル」ような体験ではない。雀の鳴き声を雀の鳴き声として聞く、何の変哲もないかのような体験であった。だが、その体験を遂げた時の楽しみは、まさに「至極ノ楽」だとされる。その「至極ノ楽」は、「仮令辻ニ立テナリトモ、此味ヒヲ世ニ伝ヘ残サント思フ勇気」を梅岩にもたらすほどの「楽」であった（同）。その「楽」を絵に表わすとすれば、「豁然トヒラケツヽ、手ノ舞足ノ踏所ヲ忘シ者」を描くだろうと梅岩は述べている。

「手ノ舞足ノ踏所ヲ忘」れるような「楽」というのは、儒学の経書である『礼記』や『詩経』に典拠を求めることができる表現なのであるが、第一章で見た『大和俗訓』にも同様の表現の見られる箇所がある。そこで以下、益軒、さらには、第二章で取り上げた河内屋可正が述べる「楽」と、梅岩のいう「楽」とを対比してみることによって、梅岩が人々に求める体験がどのようなものであったのかについて考えてみることにしたい。

益軒は『大和俗訓』で次のように述べている。第一章でも引いたが、改めて見てみよう。

一日は一日の功あり、一月には三十日の功あり、一年には三百六十日の功あり、三年には千日の功ありて、徳にすすみ善にうつりゆかば、其の楽極まりなくして、手の舞ひ足の踏むことをしらざるべし。かくのごとくすすみゆかば、君子となること必ず期すべし（『大和俗訓』六三～六四頁）

確かにここにも「手の舞ひ足の踏むこと」云々と述べられている。だが、ここで益軒が述べている「楽」は、梅岩のいうように「忽然」と感じられる「楽」ではないだろう。「功」を日々積んだ末に訪れる「楽」なのか、「功」を日々積んでゆくこと自体が「楽」なのかは判然しないが、いずれにしても「忽然」とではない。この相違をもとに考えれば、梅岩のいう「性」「心」を知るとは、益軒が設定した、人が「人」となる長い道程を、一気に飛び越えてしまうような体験を指すのだと解せられる。

また、第二章でみた『河内屋可正旧記』でも、「楽」について述べている箇所がある。だが、そこで可正がいう「楽」は、先の梅岩の記述に照らせば「豁然ト開タル、此楽ヲ不知者《シラザル》」の「楽」に相当すると考えられる。

有《（或）》上つかた様、絵師に向ひて、人間第一のたのしむ所を絵に書顕ハすべしと仰せられければ、画工畏て、嶮岨なる山路に、柴人の薪をおろして、木陰に休らひ、ゐねぶりのきざす体を、書て奉りけるとなり。此作意尤なる哉。楽と云ものハ、苦労せし中より出るとあれば、おも荷をおろして木陰にやすらひたる心、無上のたのしミならん（『河内屋可正旧記』二二一頁）

「重荷」「薪」を背負った「柴人」が「木陰」に休んでいる時の「楽」。なぜ可正が、この「楽」を「無上のたのしミならん」と述べるのかといえば、この絵には「楽と云ものハ、苦労せし中より出る」ことが描かれているからである。「苦労」の中に「楽」があるというとらえ方は、「「家」の没落」の激しい地域において、長年、指導的役割を果たしてきた可正ならではのとらえ方だと思う。ここで可正が念頭に置いているのは、「をのれがなすべき業をも苦労なりとてつとめず。風味よき飲食をねがひ求て、寝ツ起ツ、わがまゝにくらすを楽人也と思」っている「いたづら者」のことである（同）。このような「いたづら者」に対して可正は、「苦労」せずして「楽」はないと説いているのである。

対して梅岩は、このような「楽」と「豁然ト開タル」時の「楽」とを区別したうえで、後者の「楽」を伝えんとする。とはいえ、梅岩がいう「楽」が「苦労」と全く無縁であるかといえば、そうではない。先の「楽」について述べた箇所で、梅岩は、「性ヲ知リタシト修行スル者ハ得ザル所ヲ苦ミ、是ハイカニコレハ如何ニト、日夜朝暮ニ困《クルシム》ウチニ忽然ト開タル」と述べている（上・一〇六頁）。「楽」を体感できるのは、「苦」なる「修行」の末とされているのである。また、「修行」時の「苦」しみが大きければ大きいほど、その「楽」もまた大きくなると述べている（同）。

また、この「楽」を一旦味わうことができれば、もはや「苦」がなくなるというわけでもない。先に取り上げた「都鄙問答ノ段」で、梅岩は次のように述べている。

知ル心ハ一ナレドモ、力ト功トハ違アリ。聖賢ハ力強シテ功アリ。中庸ニ所謂安ジテ行フハ聖人ナリ。利シテ行フハ賢人ナリト云コレナリ。我等如キハ力弱シテ功ナシ。或ハ勉強シテ行フ是ナリ。然レドモ心ヲ知ルユヘニ、行ハレザルコトヲ困《クルシム》。困トイヘドモ行ヒオホセ、功ヲナスニ及デハ一ナリ（上・九頁）

梅岩が「知ル」べきだと力説してやまない「心」（「性」）なるものは、「聖賢」だろうが「我等如キ」者であろうが、同じである。だが、「我等如キハ力弱シテ功ナシ」なので、「困《クルシム》」ことなしに、「心」（「性」）にもとづく「行ヒ」をなすことは無理であると梅岩はいう。「心」（「性」）を知っても、やはり「苦」が待っているのである。

このように見てくると、先に可正が述べていた「楽」と梅岩のいう「楽」との違いを、あまり過大に受け止めないほうがよいのかもしれない。だが、両者とも「行ヒ」に「苦」が伴う点では同様のことを述べつつも、梅岩は、その「行ヒ」をなすためには、「性」「心」を知る必要があり、その体験には「至極ノ楽」が伴うと説いている。ある語録で梅岩が述べているように、「くるしみをはなれた事をたのしみといふ」（下・三七八頁）のだとすれば、「至極ノ楽」なるものは、一切の「くるしみ」を一旦は「はなれ」てしまうことをいうのだろう。こうした体験の前後には「苦」は常につきまとうが、一旦は「はなれ」ることが可能だし、また「はなれ」るべきだというこことにもなる。そして、このような境涯を梅岩は「賢愚得失の境」を離れることと表現している（上・三六一頁、下・三三六頁）。梅岩にとって、「性」「心」を知ることは、「賢愚得失の境」を離れることだったのである。

ところで、もし可正が梅岩の言に接したならば、如上の体験を求める梅岩に興味を示しつつも、「向上」（高尚）に過ぎる教えとみなしたことであろう。『河内屋可正旧記』のある箇所で可正は次のように述べている。

賢愚得失のさかいにおらぬなど云事もあめれど、向上の身の上の噂にて、今時の人の心の及べきさとりに非、かりにも沙汰する事なかれ（『河内屋可正旧記』三三二頁）

可正は、「賢愚得失のさかいにおらぬ」などということは「向上の身の上の噂」であり、「今時の人」には無理なことだから、「かりにも沙汰する事なかれ」と述べている。もし梅岩の教えに接することがあったならば、可正もまた、梅岩の説くことを「向上」（高尚）とみなしたのではないかと考えられる。

だが、別の箇所で可正は次のようにも述べている。

良智ハ性也。孟子の云、口に味ひ目に色を見、耳に声を聞事、皆是天理自然の性也。赤子にも是有。人情の伝へに非して天より持来りたる智也。可不可も一条にして、賢愚得失の境をはなれたり。（中略）然れ共君子ハ性なりとハのたまハず。をしへを受て貴ぶを命をうくと云り。今の世の小人性のまゝならば気随の狂人と云ツベし。唯よく常に君子の教へにしたがふべし（二六四頁）

先に挙げた箇所で可正は、「賢愚得失」云々については「かりにも沙汰する事なかれ」と述べていたが、ここでは、明らかに「沙汰」してしまっている。「賢愚得失の境をはなれ」るとは、「赤子」のように「天地自然の性」のままになることをいうのだといういうことを、可正は知っているのである。しかし、「今の世の小人」が「性のまゝ」であるならば、「気随の狂人」になってしまうだろうと可正はいう。

ここで可正は、人が「性のまゝ」に振舞うことと、「君子の教へにしたがふ」こととを対比的にとらえている。つまり、可正が「賢愚得失」云々について「沙汰する事」を厳しく否定するのは、人々が「性のまゝ」に振舞うことにより「君子の教へにしたが」わなくなってしまうおそれがあると考えたためであろう。

以上のように考える可正にとって、学問とは、己の「不善」「悪」を改めて、「善に順ふ」ことを求めるものだったことはすでにみてきた通りである。先に梅岩が用いていた表現を借りれば、「思慮」によって「善」「悪」を明らかにしてゆく、あるいは、「思慮」ある者によって明らかにしてもらうことだったといえよう。

対して梅岩は、「善」「悪」を分つのではなく、両者の分ちを超えたところに「善」を求めようとする。そして、可正が警戒した「赤子」のような境地に人々を誘おうとする。人が「人」となる長い道程を一気に飛び越え、「賢愚得失の境」を越え出てしまうことを求めるのである。

第三節　なぜ孟子なのか

一　「算用」なき「天地」と「聖人」

「賢愚得失の境」を越え出てしまえば、「至極ノ楽」が訪れると梅岩は言う。だが、その主張は、おそらく少なからぬ者にとって、警戒感を抱かせるものだったと考えられる。というのは、同様の警戒感を梅岩に投げかけた語録が「石田先生語録」に収録されているのである。それでは梅岩は、相手の警戒感に対していかに答えようとするのか。それを次に見ていきたい。

ある者が梅岩に問う。「汝」は「性ヲ知テ後ハ面前ニ見《アラハ》レタル如クニシテ善」という（上・三一一頁）。だが、「学問ハ智慧ヲ求メ溜ル物」ではないのか。「汝」は、その「苦労シテ溜タル智慧ヲ失フ」ことを説いているようにみえる。だが、「智慧ヲ失」ってしまっては「狂ヒ行《アリカ》ヌ狂人」ではないか。一体「何ノ益」があるというのか（上・三一三頁）。

この問いは、先に見た河内屋可正を思い出させる。善悪を分かつのではなく、両者の分ちを超えてしまうようなことを説く梅岩の教えは、人を「狂人」のようにしてしまうように見えたのであろう。

対して梅岩は、「智慧ヲ求メ溜ル」ことを、自国が「他国」を倒し（「求メ」）、治めてゆく（「溜ル」）ことに譬えたうえで、「性ヲ知ル」とはそのようなことを指すのではないと述べる（同）。自国が「他国」を倒し治めていくようなことを指すのではなく、「天下」が自ずと靡き従うようになることを指すのだという。つまり、「性」は「他国」ではない。いや、「他国」を治めようとする意図などそもそもないのだから、「他国」なるものは最初からないのだということを言わんとする（同）。そして次のように述べる。

自他ヲ阻《ヘダツ》ル欲心ヲ去ル時ハ天地一面ノ我心トナル。天地ヲ心トスルユヘニ知ラザル者ヨリハ広大ニシテ見難シ。其天地ヲ見ヨ。薬袋《ヤクタイ》ナキ如キ者ナリ。如何トナレバ算用ナシニ万民ヲ生出シ、又ムゴイコトヲシテエキレイ《（疫癘）》ヲハヤラセテハ殺シ、爰ヤ彼《カシコ》ニ津波ヲウタセテハ殺シ、或ハ大水ヲ出シテハ殺シ、或ハ大風ニテハ殺シ、或ハ大火ニテハ殺シ、殺サデナラヌ物ナラバ生ヌガ勝ルニテハアルマイカヤ。譬ヘバ天下ノ人鼻息ガ無クナレバ死スルト知ラザル者ハナシ。然レ共其息ヲ始末モナラザル者ナリ。天地モ其ノ如ク万物ヲ考ヘ出スコトナラザルコトヲ知ルベシ。其ノ前後ノ辨ヘナキユヘニ天地ノ万物ヲ遍ク恵ムコトナリ。即我性モ一体ナルガユヘニ何ゴトモナリ次第ナリ。其ノ成次第ニテヨキコトニ私心ヲ用テ苦ムハ損ナリ（上・三一三〜一四頁）

「すさまじい」とすら形容できる「天地」のとらえ方である。[1]「天地」は「算用ナシ」に「万民ヲ生出シ」たり「殺シ」たりする。もし「算用」があるのだとすれば、わざわざ「生出シ」た者を「殺」すことにいかなる「算用」があるというのか。「万民」は、「算用」なき「天地」の「恵」みによって生きているのだ。これを嫌だと思ってみたところで、「天地」の働きである「呼吸」すら、自らで「始末」できないではないか。

「性ヲ知ル」とは、そのような「天地一面」を「我心」とすることである。いや、「我心」になるといったほうが正確だろうし、「我心」などなくなってしまうといってもいいだろう。「自他ヲ阻《ヘダツ》ル欲心」がなければ、もはや「天地一面」が「我心」になってしまっているとしかいいようがない。

このように考える梅岩は、河内屋可正のように「「家」の没落」の生じる原因を「算用」によって求めようとはしない。(2) そもそも「天地」に「算用」などないのであるから、「天地」を「我心」とすれば、「何ゴトモ」「成次第ニテヨキコト」だと梅岩は言う。

したがって梅岩は、可正が必死になって見出そうとしていた地域の「安危の来由」を見出そうとはしない。ある語録で、梅岩は次のように述べている。

コノ善ハコレニ報ヒ、コノ悪ハコレハ報《(ママ)》ユトハ仏モ聖人モ知リ玉ハザル所ニシテ、昨日ノ善悪ニ依テ今日ノ苦楽ハ正ク来ル所ナリ。知ラレザルコトヲ知ラント思フハ忽ニ迷ヒナリ。コレヲ悟ル時ハ其疑ヒハ晴レ申候（下・四一二頁）只々修行スレバ知ラル、所ノ自性ヲ悟ルベキ様ニナサルベク候。

因縁幾国《イック》ヨリトハ正ク知ラザルハ仏聖神モ同ジカルベシ（上・三九九頁）

梅岩は、「因果」なるものが存在しないと考えているわけではない。「善悪ニ依」る「因果」はあっても、それを「算用」によって「知ル」ことはできない。そして「知ル」ことができないのは、「仏聖神」であっても同様だと述べているのである。したがって、梅岩にとって「聖人ノ道」とは、「善悪」を「算用」によって区分けしていくためにあるのではない。益軒や可正のように、「思案」によって「是非善悪」を「わかつ」という発想をとらないのである。

次の語録がこの点をはっきりと示している。「聖人ノ道ハ是非善悪ヲ明ラカニスルヲ以テ本トシ、老荘ノ道ハ是非善悪ヲ見ザルヲ以テ本意トスルヤ、否ヤ」という問いに対し、梅岩は次のように回答する（上・四〇七頁）。

聖人ノ教モ是非善悪ヲ明ラカニスルヲ本トスルニアラズ。只世ノ人、人ニナラザル故ニ人ニセント思召マデノ事ナリ。生レノマ、ノ人トサヘナレバ善、生レノマ、ナルヲ善トヤイハン、悪シトヤイハン。是トヤイハン、非トヤイハン。ヘンテツモナキモノナリ。如何トシテヘンテツガナキゾト云ハヾ聖人ハ民ノ心ヲ以テ心トシ玉ヘバ其身ハ空也。カラナレバ心ナシ。（同）

「生レノマ、ノ人」は「ヘンテツモナキモノ」で「善」としか言いようがない。にもかかわらず、「世ノ人」は「人ニナラ」ない。そうした「世ノ人」を「人ニセント思召」すのが「聖人」だと梅岩はとらえる。だが、「聖人ノ教」は「是非善悪ヲ明ラカニスルヲ本トスル」のではない。それでは「聖人」は、どのように人を「人ニセン」とするのだろうか。

聖人ノ心ヲ譬ヘテイハヾ、今コ、ニ盲ラ有テ水火ヲシラズシテ践《(フマ)》ントスル時、ヤレ其ハ水也、火ナリト云マデノ事也。又彼《カシコ》ニ人有テ人ヲ殺ス者アラン。其時ハヤレ可愛ヤ殺ナヨトイフマデノ事也。是ハ盲ガ水火ニ入テ苦シムヲ心トスル也。人殺スヲ見テハ殺サル、者ガ悲シムヲ心トスルマデノ事也。万事ニ付テカクノゴトシ。カクノゴトクサスル者ハ何者ゾトイフ事ヲ知ラズ。其知ラザル者ハ知ラザル筈ノ事也トモ思ハザルハ赤子ニ同ジ。其赤子ト同一ニシテ世界ノ人ノ苦ムト喜ビ《(ママ)》ト楽ムトヲ心トシテ私ノ心トイフ者露塵ナキ所ガ聖人也。其私心ナキ所ニ正ストイフ心バカリノアルベキヤ。規《ブンマハシ》ヤ　矩《マガリガネ》　ハ物ヲ円ウセントモ、方《ケタ》ニセントモ心ナキ故ニ能ク方円ヲナス。聖人モ天下ヲ正サント心アラバ争《イカ》デ天下ヲ正スベキヤ（上・四〇七〜〇八頁）

誤って水や火に入らんとする人を見た時、思わず声をかけて注意を促す。人が人を殺そうとしている現場に出くわした時、とっさにやめさせようとする。こうしたことは善悪の判断にもとづいてなすことではなく、いわば気付いた時にはすでにしてしまっていることともいえるだろう。だとすれば、人をして、注意の声をかけさせたり、人殺しをやめさせたりせしめるのは、そもそも「何者」なのだろうか。その人自身だといえるのだろうか。「聖人」が、水火に入ろうとする者に危ないと声をかける時、「聖人ノ心」は、水火に入ってしまった者の「苦シ」みそのものになってしまっている。人殺しがなされんとする現場を見て、それをとめようとする時、殺される者の「悲シ」みが「心」になってしまっている。その時の「心」はもはや「私心」ではない。「心」はもはや自他の境を越えてしまっているというのである。ではなぜそうなるのか。「何者」がそうさせるのか。それはわからないと梅岩はいう。「何者」のしわざかわからないが、その「何者」かがさせるがままにそうするのが「聖人」である。したがって、「聖人」とは「世界ノ人ノ苦ムト喜ビト《（ママ）》楽ムトヲ心トシテ私ノ心トイフ者露塵ナ」い者のことなのである。

「聖人」は、「是非善悪」の判断にもとづいて行動するのではない。善悪の分ちを超えたところの「善」に安住するのみである。だが、「聖人」でない者は、その「善」に安住できない。だから、善と悪とが生じてしまう。こうして生じた善悪に対応して説かれるのが、「聖人ノ教」だと梅岩はいう。

譬ヘバ今コヽニ人有テ忠孝慈愛アツキ職分ヲ明ラカニ勤ルナラバ、コレヲ見ル時ハ聖人ノ心ハ無事ナリ。又一人有テ不孝ヲナシ家業ニ疎ク悪事ヲナセバコレ聖人ノ苦ミ也。是ヲ以テ見レバ聖人モ世ノ是ニヨリ非ニヨル所也（上・四〇九頁）

梅岩は、「是非善悪」など存在しないと述べているわけではない。「世」には「悪事」もあれば「是」も「非」

もあるのだ。しかし、それらの「是非善悪」は、「聖人」によって分ち定められたものではない。「聖人」は「世ノ是ニヨリ非ニヨ」って教えを説いたまでで、それが「聖人ノ教」であると梅岩はいう。

このように考える梅岩にとって、「聖人ノ道」を学ぶことは「是非善悪」を一つ一つ明らかにしていくことではない。人としての「性」を備えているからには、「聖人」のように善悪の分ちを超えたところの「善」にもとづき得るのであり、それができれば、善悪は自ずと明らかになると述べているのである。

2　教えという「クサビ」

ところで、以上の梅岩の言は、「聖人ノ道」と「老荘ノ道」の異同について述べたものであった。「是非善悪ヲ明ラカニスルヲ以テ本トス」るように見える「聖人ノ道」と、そうではない「老荘ノ道」とを対比し、梅岩は、「聖人ノ道」もやはり「是非善悪ヲ明ラカニスルヲ以テ本トス」るものではないと述べたのであった。ここを見る限り、梅岩は、「老荘ノ道」に依拠しながら「聖人ノ道」をとらえているようにも見える。この点は、梅岩が「聖人ノ道」をどのようにとらえていたのかを考えるうえで重要だと思うので、以下、もう少しこだわってみることにしたい[3]。

先の語録で梅岩は次のように述べている。

真実ニ我ガ身ヲ世界ノ者ノ心次第ニ任セ課《オヽ》セタル所ガ聖人也。此故ニ聖人ハ世俗ニイフ所ノ常ヲ語リ玉ヒ、老荘ノ説ル所ノ不言ノ妙ハイハレザル事ニシテ、世俗ニ異《アヤシ》ム故ニ説玉ハズ。只々常ヲ語リ玉フ中ニ其妙具レリ。老荘ハ又不言ノ妙ヲ説アラハセリ。不言ノ妙ヲ説課《ヲヽ》セリト思フ共最早辞ニ見《アラ》ハシタルハ妙ニアラズ。然ラバ老荘ニ咎アリトイフベキヤ。末ノ儒者聖人ノ辞ニ泥ミ不言ノ妙ヲ知ラザル故ニ、聖人ノ実ハ辞ニアラハサル、者ニハアラズトイフ事ヲ知ラシメン為ニ、世ヲアハレム心ヨリ止ム事ヲ得ズシテ、是ヲ是トシ非ヲ非

トスル我ニ是非ノ心ナシト説リ（上・四〇八～〇九頁）

「聖人」は「老荘」とは違い、「常」を語るのみで「不言ノ妙」を語らない。「常」を語るとは、「世ノ是ニヨリ非ニヨ」って語ることを指すのだろう。「聖人」が「常」を語っていても、そこには「不言ノ妙」が「具」わっている。だが、「末ノ儒者」は「不言ノ妙」を知らない。だから、その「妙」を知らしめるために、「老荘」は「妙」を語った。だが、「辞ニ見《アラ》ハシタル妙ニアラズ」。ひとたび語ってしまえば、もはや「妙」は「妙」とはいえない。そして、「老荘」はこのことに自覚的であったと梅岩はとらえている。

この語録は、「辞」による教化が抱え込んでしまうジレンマを示しているといえるだろう。「辞」を用いなければ「妙」を伝えることはできない。だが、ひとたび「辞」にすれば、もはや「妙」は「妙」ではなくなるというのである。そして、「老荘」の抱え込んだこのジレンマは、やはり「辞」によって教えを説こうとする梅岩自身にも跳ね返ってくることになる。

梅岩は、ある語録において、「孔子」「孟子」「荘子」による架空の問答を構成している。儒者を称する梅岩の立場を鑑みれば、「孔子」「孟子」によって「荘子」が諭される構成が予想されるかもしれないが、興味深いことにこの語録は、「孟子」が「荘子」によって論駁され、「孔子」によって諭されるという構成になっている。

まず「孟子」が「荘子」に向かって、次のように述べる。

道ハ善ヲ勧《(ママ)》メ悪ヲ懲スノ外ナシ。二帝三王ヨリ孔夫子マデ伝ヘ来ル所也。然ルニ汝ハ可ヲ可トシ、不可ヲ不可トシ、是ニ因リ非ニヨルヲ善ト云。儒経ノ教ハ鏡ニ物ヲ移《(写)》スガ如シ。心ナクシテ是非善悪分ル、所ヲ以見レバ天理自然ノ善悪アリ。是ヲ教ル所也。汝ノ教ヘハ誤ル所決セリ。此義如何（下・一六八頁）

ここで「孟子」が述べていることは、本章でこれまで見てきたことをふまえれば、少々意外な感を受ける。先に見てきたところで梅岩は、「聖人ノ教」とは「善悪」の分ちを定めるものではなく、「世ノ是ニヨリ非ニヨル」のみであると述べていた。だが、ここで「孟子」は、「道ハ善ヲ勧《ママ》メ悪ヲ懲スノ外ナシ」と述べている。「善悪」は「心ナクシテ」「分ル、所」とされてはいるものの、ここで「孟子」が述べている「道」は、「善」と「悪」とを分けることを指すもののように見える。梅岩の言うところの「聖人ノ教」とは異なっているように見えるのだ。

さらに重要だと思うのは、「孟子」が疑問を投げかける「荘子」の教えが「是ニ因リ非ニヨルヲ善ト云」うものとされている点である。つまり、先に梅岩が述べていた「聖人ノ教」を、ここでは「孟子」ではなく「荘子」が説いているのである。また、「孟子」は次のようにも述べている。

汝ガ云ヘルハ寓言ノ寄《ママ》事ニテ実体ナキ事也。聖人ハ人倫ノ至ニテ人極ヲ立玉ヒコノウヘハナキ事ナリ。此徳ヲ以テ堯舜四海ノ中天下ヲ静謐ニ治メ玉ヒ、天下ノ民一人トシテ服セザル事ナシ。然ルニ汝ハ一国一邑一人モキフク《帰服》サセテ治ル事アタハズ。此レ聖人ノ道ニ劣ル所ノ證シナリ。実ニ非学者論ニ負ズトハ汝ガ事ナリ。恥ベキ事ニアラズヤ（下・一七〇頁）

「孟子」は、「聖人」が「天下ヲ静謐ニ治メ」たことを誇らしげに述べつつ、「荘子」の説では人を「キフク《帰服》サセテ治ル事」ができないと決めつける。

対して「荘子」は、まず、「孟子」が「道」を「二帝三王」（堯・舜・禹王・湯王・文王・武王のいわゆる「聖人」を指す）から「孔夫子」（孔子）まで「伝ヘ来ル所」であるととらえる点を「笑止」なことだとみなす（下・一六八頁）。「孟子」は、「道」というものを「聖人」から次代の「聖人」へと受け継がれてゆくものとしてとらえる。したがって、「道」にもとづくためには、その受け継がれてきた「道統ノ伝」を「会得」する必要があると述べている

（同）。この言を「荘子」は笑い飛ばすのである。

ついで「荘子」は、「孔子」が「老子」に教えを求めたという伝説を引き合いに出して、「汝ガ師」たる「孔子」の「器量」は、「我」が「弟子」たる「老子」の「器量」に及ばないと「孟子」を挑発する。(4) この挑発に「孟子」は怒り、先に挙げた「汝ガ云ヘルハ寓言ノ寄事（ママ）ニテ」云々の言をなすわけであるが、「荘子」にいわせれば、この挑発に乗ってしまうことは、「孟子」が「道統ノ伝」に拘泥している証拠である。

汝ハ天下ヲ治メ民ヲ喜バセ此レニ矜《ル》ヲ功ト思ヘリ。我《ガ》云《ノ》所ハ無為自然ニシテ治ムルコトヲ知ラズ。民モ亦タ治メラレテ喜ブ事《ヲ》知ラズシテ乱レヌコトヲ云。上古ノ世ニハ天下ノ民但（只）々君アルコトヲ知ルノミ。君民共ニ道（造カ）化ノ中ニ相ヒ忘ル。コレヲ以テ見レバ堯舜天下ヲ治メラレシト功ヲ見ルハ劣レルニアラズヤ（下・一七〇頁）

「上古ノ世」は「無為自然ニシテ」治まっていた。「天下ノ民」は「君アルコト」を知ってはいたが、とりたてて「君」を「親ミ誉」（同）めたり「畏懼」（下・一七一頁）したりはしなかった。ところが「孟子」は、「君」の「功」について語ろうとする。そして、その「功」を「仁義」などと名付けようとする。だが、「名ナキ所ニ名ノ見ル、ハ作リ花ノ如シ」だと「荘子」はいう。「君」は「民」を治めようとして治めたのではない。「君」の「功」によって「民」は帰服したのではない。「人ニ治メラル、事ヲ待ズ、自ラ治ルナリ。自ラ治ルト云ハ造化自然ノ所ナリ」。したがって、「功」について云々せずとも、「造化自然ノ所」に任せておけば、「可ハ可ナリ。不可ハ不可ナリ。是ニ因リ非ニ因ル」のである。にもかかわらず、「作リ花」を拵えようとするのは「笑止」なことだ。このように「荘子」はいう（以上、同）。

以上の「荘子」の言は、先に見てきた梅岩の言に非常に似ているように思う。梅岩は、「何者」かのしわざに任せておけば、水火に入らんとする者を助けることができるし、人殺しをやめさせることができると述べていたのであった。ここでいう「何者」なるものを「造化自然ノ所」と名付けてしまえば、両者が述べることに、ほとんど違いはないといえる。

「荘子」の言を聞いた「孟子」は、「対《フ》ルコトアタハズ、忘然《（ママ）》トシテ退ク」（同）。そしてその後、「孔子」にたしなめられることになる。「孔子」はいう。「荘子」は「混沌分レザル」「虚空」のような者である。「汝」はその「虚空」を「刃ヲ以テ」切ろうとするが、それは徒労である。また、「荘子」は「赤子」であり「無知ノ至極」である。「赤子ハ上手ニモリシテ眠サス」べきところ、「汝」は「赤子」と争おうとする。このように「孔子」は「孟子」を諭し、「君子ハ諍フ者ニアラ」ざることを示そうとする（以上、同）。

だが、争ったのは「孟子」だけではなく「荘子」も同様である。このことをもって「孔子」は「荘子」を「ホヘヤムコトヲ知ラ」ない「赤子」だとみなす。要するに喋り過ぎだというのである。また、「荘子」は「可ヲ可トシ、我ガ是ヲ去テ他ノ是ニ因リ、他ノ非ニ因ルト説」いていたにもかかわらず、「孟子」を「非トシ我ヲ是トシテ諍フ」のは矛盾しているではないかと「孔子」はいう（下・一七二頁）。

さらに「孔子」は、「荘子」「孟子」両者とも、「堯舜ノ功」を分かっていないと述べる。「堯舜ノ功ト云ハ天下ヲ治メ玉フヲ云ニハアラス。堯舜ノ心内ハ草木ニ同ジ。草木ニ同ジユヘニ人形ノ如シ」と「孔子」はいう（同）。「草木」「人形」――この譬えにより「孔子」は何を言わんとするのであろうか。

> 我レハ堯舜ハ人形ニナリ玉フ徳ヲ知ル。依テ我亦タ堯舜ニ同ジ。夫レ言葉ニ出レバ実ニアラズ。然レ共今汝ガタ、クニ因テ鳴スマデノ事ナリ。風ニ従テ草木ニ声アルガ如シ。コノ理ヲ知ラズシテ云者ハ諍ヒ止ムコトナシ。君子ノ恥ル所ナリ（同）

「草木」は「風ニ従テ」「声」を発する。この譬えは、「堯舜」が「他ノ是ニ因リ、他ノ非ニ因」て教えを説いたことを表わしているだろう。つまり「孔子」は、「堯舜」こそがまさに、「荘子」が説くように振舞った人物だと述べているのである。にもかかわらず、「荘子」は「堯舜ヲ非《ソシ》ル」（同）。だから、「孔子」は「荘子」の無理解をいうのであり、「荘子」を誇る「孟子」もまた「堯舜ノ功」を分かっていないというのである。

このように「孔子」は「堯舜ノ功」について語るわけであるが、「言葉ニ出レバ実ニアラズ」とも述べている。ちょうど「荘子」が、「功」について語ることを「作リ花」を拵えるに過ぎないこととみなしたようにである。「堯舜ニ同ジ」と称する「孔子」は、あくまで「孟子」「荘子」の「非ニ因」って語ったまでだという。

其レ学ブ者流レノツイヘ如何スベキ。コノユヘニ我レハ行ヒヲ先ダテ、行ヒ課《オオ》セテ後ニ辞ニ出シ、行ヒシ事ヲ云ハシム。其ノ教ヘニ違ハズシテ学ビ遂ル時ハ我心ノ欲スル所ニ従ヘ共、天理自然古今不易ノ法トナル。コレヲ天人一致極至ノ道ト云（下・一七二〜七三頁）

「孔子」は「辞」にされた「教ヘ」にもとづいて行動するのではない。そのような「教ヘ」がなくとも、水火に入らんとする者を助けることはできるのだ。だから、「辞」を吐く前に、「行ヒヲ先ダテ」る必要があると「孔子」はいう。だが、ここで「孔子」は「教ヘ」が必要ないと述べているのではない。「辞」による「教ヘ」に「違ハズシテ学ビ遂ル」ことが必要だと「孔子」はいうのである。

前章で見たように、梅岩は「理」を「通用」させるためには「文字」が必要であると述べていた。だが、この語録をみれば、「通用」させる必要があるのは、「文字」だけではなく「言葉」そのものであると梅岩が考えていたことがわかる。(5)

以上の「孔子」の言は、「孟子」の教えに立脚して、やはり「言葉」による教化を志す梅岩自身へと跳ね返ってくることになる。というのは、ここまで見てきた語録とは別に、梅岩が「孔子」によって諭される架空の問答を記した語録があるのである。

この語録は、「孔子」が高弟である「顔淵」に出した要求に、梅岩が「顔淵」に成り代わって答えるという構成になっている。「孔子」の要求とは、次のようなものである。

> 吾レ今ニ至テ道統ナキコトヲ歎ク。克ㇾ己復ㇾ礼コトハ既ニ告テ汝コレハ会得セリ。今極至ノ理ヲ一句ヲ以テ云来レ、我道統ヲ伝ン（上・三六〇頁）

孔子が顔淵に対して「克己復礼為仁」（己に克《か》ちて礼に復《かえ》るを仁と為す）と告げ、顔淵が胆に銘じたという話は有名である（『論語』顔淵篇）。この話がふまえられたうえで、梅岩の語録では、次は「顔淵」の方から「極至ノ理ヲ一句」述べてみよと「孔子」が要求する。そうすれば「道統」を伝えようというのである。それでは「顔淵」（梅岩）は、「孔子」の要求にどのように答えんとするのだろうか。

「顔淵」はいう。自分はかつて「仁義礼智忠孝ノ名目ヲ求メ望」んでいたが、「孔子」が「克ㇾ己復ㇾ礼ト告玉フ所ニ依テ、忽然ト目覚テ見レバ克ㇾ己トハ己ヲ忘ル、コト」だということに気付いたと（上・三六〇頁）。つまり、これまで「名目」にこだわってきたが、こだわる「己」を「忘」れるに至ったというのである。「忘ㇾ己《レバ》忽ニ天地トナル。復《テ》ㇾ礼見レバ礼トハ自然ナリ」。忘れたからといって何か問題があるわけではない。むしろ、忘れることによって、「己」は「天地」になるのであり、「自然」なる「礼」に復することができるのだと「顔淵」はいう（以上、同）。なお、このことを「顔淵」は、「賢愚得失ノ境」を離れたと表現している（上・三六一頁）。そして「顔淵」は、「仁義孝弟忠信ハ悉ク皆古人ノ粕ナリ。必々粕ヲ食フテ酔ベカラズ」と述べて眠ってしまう（同）。

以上の「顔淵」の言は、「粕」によっては「道統」を伝えることはできないことを述べたものと解せられる。

あるいは「道統」自体を否定していると見ることもできるだろう。だが、「孔子」が「顔淵」の夢の中に現れ、次のようにいう。「少シハ中ルトコロアレ共、又中《アタラ》ザル所アリ」と（同）。そして、夢から覚めた「顔淵」は、次のように言い直すに至る。

仁義忠信ノ辞ハ皆粕ナリト言句ニ出スハ大ニ中《アタラ》ザル所ナリ。如何ト云ニ、俗語ニクサビヲ以テクサヒヲ抜《ヌク》ト云（上・三六一頁）

名ニヨラズンバ争《イカ》デ天下ノ通用ヲナスベシ。（中略）然ルヲ聖賢ノ言語ハ皆粕ナリト思フハ誤ルコト必セリ。コレ即チ不レ中《アタラザル》所ナリトノ告ナルベシ。向後ハ四書五経ノ言葉ヲ重ンジ貴ンデ用ユベシ。聖賢ノ言葉ヲ譬テ云ハヾ鳥ヲドシノ鳴木《ナルコ》ノ如シ。鳴子ハ無心ナレ共人ガ鳴スニ従ヘバ田畠ノ守リトナル。聖人ハ私心ナク無心ノ如クナレ共、教ヘニ従ツテ鳴バ世界ノ法トナル。然レ共身ハ空蝉ノコトナレバ法トナルベキ心モナシ。心ナキコトナレバ道統ニ望ミモナシ（上・三六二頁）

「クサビ」（楔）を抜くためには別の「クサビ」を打ち込む必要がある。「辞」「名」「言語」という「粕」を用いなければ「粕」を取り除くことはできないし、「天下ノ通用」も果たせない。だから「向後ハ四書五経ノ言葉ヲ重ンジ」るのだと梅岩（「顔淵」）は言い直す。[6]

そして、「聖賢ノ言葉」を鳥除けの「鳴子」に譬えている。「鳴子」は「無心」であり自らの意思で音を出すわけではない。「人ガ鳴スニ従」って鳴るのみである。これになぞらえて梅岩（「顔淵」）もまた、「教ヘ」を説くのではなく「教ヘニ従ツテ」音を発する「鳴子」に自分をなぞらえようとしている。[7]

ところが、この言い直しもまた、「孔子」にたしなめられることになる。「孔子」はいう。

言葉ハ中《アタ》ル所アレ共身ノ業作ハ悉ク中《アタ》ラザルコトバカリナリ。言ハ中ラズ共行ヒニ中ル所アラバ善ナラン。言葉ノ満テ行ヒ欠タルハ天地モ悪ム所ナリ。戒ムベシ、慎ムベシ（同）

先に取り上げた問答で「孔子」は、「我レハ行ヒヲ先ダテ、行ヒ課《オオ》セテ後ニ辞ニ出シ、行ヒシ事ヲ云ハシム」と述べていた。ここでもやはり、「言葉」よりも「行ヒ」を重視する「孔子」の考えが見てとれる。そして、この「孔子」の言は「行ヒ課《オオ》セ」る前に「辞」を出してしまう（と自覚する）梅岩自身へと跳ね返ってくるのである。

このような自覚を持ちつつも梅岩は、これまたやはり「粕」にとらわれている（と梅岩がみなしているように見える）「孟子」の教えに立脚しようとする。このことをどう考えたらよいだろうか。

第四節　教化に臨まんとする「病」

このことを考える手がかりとして、「御幸町三条伊勢屋又左衛門」なる人物が一通の書簡を通じて梅岩に疑問を呈し、梅岩がそれに逐語的に答えた際の語録を見てみることにしたい。「伊勢屋」は、「性」を知ることを求めてやまない梅岩に対して疑問を呈している。すでに見てきたように、同様の疑問は梅岩の著作や語録に散見するのであるが、「伊勢屋」の場合、「性」（「天道性命」）について論じることは「聖人」ですら困難なことであり、また孔子の主だった弟子（「七十子」）ですらその論を聞き得たとは限らないと述べている点で、他の著作・語録には見られない指摘をしている（上・五四九頁）。また、たとえ「髣髴」として「一端」を知り得たとしても、それでは「益」はないであろう（上・五五一頁）。だから、「聖人」は軽々しく「性命之蘊」については語らなかったのだと「伊勢屋」は言う（上・五五三頁）。これに対し、梅岩は次のように述べる。

聖人七十子悉ク性命ノ理ヲ以テ告ゲ玉フナリ。何ヲ以テナレバ、聖人仁義ヲ以テ教玉フニ有ラズヤ。仁義ハ直ニ性ナリ、性ハ直ニ命ナリ（上・五四九頁）

梅岩は、「聖人」はもちろん「七十子」もまた、「性命ノ理ヲ以テ」語っていたと述べている。だが、この記述を見る限り、「聖人」が語っていたのは、どうやら「性命」そのものについてではないらしく、直接には「仁義」についてであったらしい。梅岩によれば、「仁義ハ直ニ性」であるから、「聖人」が「仁義」を語ることは、すなわち「性」を語ることに他ならないのである。

梅岩がこのように考えるのは、次のような理解が前提となっている。

孔子ノ時ハ門人モ仁ヲ以テ人タル者ハ仁ニ至ラザレバナラザルコトト思ヘリ。夫故ニ唯仁ト義ト別々ニ説キ玉ヘリ。最早孟子ニ至テ其仁ト云物ト（ママ）如何ナル物ヤラ知ラヌヤウナ時ニ至ル。夫レ故ニ性ハ善ヲ説キ、又仁ト云物ハ直ニ人ナリト説キ、又衆人モ此身推并《ヲシナラベ》テ仁ト思フ故ニ心ヲ尽シテ性ヲ知リ、性ヲ知レバ天ナリト説。又気ヲ養ヘバ天地ニ塞《フサガル》ト説玉フ。教ハトカク時ヲ知ルヲ知者トス。コ、ヲ以テ孟子ハ大聖ノ説キ玉ハザル事ヲ発明ナサレ、後世ノ為トナシ玉ヘリ（上・五五三～五四頁）

「孔子ノ時」はただ「仁」とだけ説けばよかった。だが、「孟子」の時代になると、もはやその「仁」が「如何ナル物ヤラ知ラヌヤウナ時」になってしまった。だから「孟子」は「性」について説き始めたのだと梅岩は理解する。したがって、「孔子」も含めた「聖人」の時代に、直接に「性」や「性命」が説かれなかったのは、「伊勢屋」がいうように、それを知ることが困難だったからではない。語るまでもなかったからだということになる。

そして梅岩は、自らの生きる時代もまた「仁」が「如何ナル物ヤラ知ラヌヤウナ時」であるととらえる。

聖賢ハ無事ノ人ナリ。今日ノ病人トハ替ルコトヲ知ベシ。譬ヘヲ以テ云ハン。無病人ハ食《メシ》モ強《（コワ）》キ食ヲ好ム物ナリ。又大病人ハ饘《ワリ》ヤ稀粥《ヲモユ》ヲ飲食フ。今日ノ人ハ大病故ニ聖賢ノ如クニ簡語ニテハ得聞トラズ。夫故ニ言葉繁《シゲシ》。言葉繁ハ大病人饘《ワリ》ヲ食フ如シ（上・五五四頁）

梅岩は「今日ノ人」を「大病人」とみなしている。だから、「孔子」が「仁」とさえいえば「七十子」が「仁」の重要さを悟る、というようなことは期待できない。「大病人」は「饘《ワリ》ヤ稀粥《ヲモユ》」を食さざるを得ない。ここでいう「饘《ワリ》ヤ稀粥《ヲモユ》」が「性」の「譬ヘ」であることは明らかだろう。だから梅岩は、「仁」を直截に説く「孔子」よりも、「性」を説く「孟子」の学問に立脚しようとするのである。

そしてこのことは、説かれるべき「言葉」が「繁」くなるということでもある。「孔子ノ時」には説くまでもなかったことを説かねばならないからである。「大病人」を救うためには、「言葉」という「粕」を用いなければならないのだ。なぜなら、「粕」を取り除くには、「粕」という「クサビ」が必要だからである。

ところで、この問答を見る限り、梅岩は「性」を知ることとの必要を説きつつも、知り得るのは、「性」の「一端」を「髣髴」とであるに過ぎないと考えているようにみえる。というのは、「性」の「一端」を「髣髴」と知ったただけでは「益」に立つまいとする「伊勢屋」の問いに対し、梅岩は次のように答えているのである。

髣髴ガ用ニ立テバコソ、諸侯ノ有増末々家中マデ目見ヲ御受有ルモ髣髴ト成リトモ君ノ面影ナリトモ見知リ居ラバ軍陣ニ立テ、若軍敗レテ君一騎ニモ成玉フヤウナル時、髣髴ト成トモ見知リ居ラデ何トシテカハ君ヲ相《タスク》ベケンヤ。是ハコレ一年一度カ、二度目見仕タル徳ニ有ラズヤ。終ニ髣髴ト見知ラズンバ何ノ役ニカ立ツ

ベケン。知《ルモ》レ性亦如レ是。先一端髣髴ト知ルコト有ラズンバ何ヲ的ニシテ至ルコトヲ為ンヤ（上・五五三頁）

「軍陣」に臨んだ際に守るべき「君」（「諸侯」）の顔を識別できるのは、「一年一度カ、二度」であっても「君」と対面する（「目見仕」る）機会があるからである。年に一二度であれば、「君」の顔を「髣髴」としか見覚えることはないであろう。それでも、「一端髣髴ト知」っておけば、それなりに「用ニ立」つ。たとえ「一端髣髴」とであっても「性」を知れば、なすべきことの「的」がはっきりする。だが、「孔子ノ時」とは違い、「今日ノ人」は、この「的」を知らない。だから、梅岩は孟子にならって、たとえ「一端髣髴」とではあっても、この「的」を知ることの必要をいうのである。

ここにきてようやく、梅岩がなぜ「心」や「性」に執拗なまでに言及するのか、その理由が見えてきたように思う。「孔子ノ時」とは違い、「今日ノ人」は、「性」や「心」を知らない。だが、それを知らなければ、皆が知っていることを前提に説き出されていた「聖賢」の教えは、理解しようがない。「心」を知らずして「仁」や「義」について語っても無駄である。だから、いかに人々が「心」を知ることに警戒感を抱いても、梅岩はそれを知るべきことを人々に向けて妥協なく求めようとしたのである。

「性」を知れば、なすべきことの「的」が定まると梅岩はいう。だが、その「的」は、「粕」をいくら積み重ねても決して見えない「的」である。「粕」にとらわれているがゆえに見えない「的」といってもよいだろう。だが、「大病人」に対しては、その「的」を「粕」を通じて指し示すしかない。ここに梅岩の抱え込んだジレンマを見て取ることができるだろう。

また、この問答を通じて、梅岩の抱え込んだ問題は、もう一つ見出すことができる。それは、「大病人」に対して教えを説く自らもまた「今日ノ人」であり、したがって「大病人」たることを免れないということである。

元来《モトヨリ》我教ユル人ハ十人ガ十人、百人ガ百人ヲ全人ニ至ルコトハ有マジ。何ヲ以テナレバ教ユル我身先立テ不レ全。（中略）今教ユル所ハ前云ヘル如クニ、自ラ規矩正シカラザレバ人ヲ全人ニ成コトハ不能ト云ヘドモ、譬ヘバ昨日マデハ盗ノ心有ガ今日ハ是レヲ止メ、昨日マデ親ニ不孝ヲ為シ行フ者、今日目ニ立ツ不孝ヲセズ、（中略）君ヘハ忠、親ヘハ孝、人ニハ信ヲ行フ、是レ人ノ道ナリト教ユルバカリナリ（上・五五二頁）

梅岩は、「教ユル我身」が「不全」であるという。だから、「人ヲ全人ニ成コトハ不能」と述べる。梅岩は、自らの教えを説くという行為に問題性を感じ取っているのである。

このような記述は、『都鄙問答』『斉家論』においては、明確に見出せないように思う。ところが、親しい門人や個別の相手を前にして教えを説く梅岩は、自らの拙さを率直に吐露してしまうようなところがある。[8]

このような吐露は、語録中に散見するが、一例だけ取り上げてみよう。「仁ヲ行フ本」（上・三二八頁）について答えた語録で、梅岩は自らが説くことを「狂言《タハコト》」と称している（上・三二九頁）。そして、たとえ「狂言《タハコト》」であっても「君臣ノ間ハ義ニ合《カナヒ》、父子ノ間ハ孝ニ合《カナヒ》、世界和合ノ世トナレカシト思フ心ニ勉《ツトムル》ハ、我身ニ仁ヲ行フ百ノ一ツ共可レ云ヤ」と述べている。「仁」とは「万物ヲ愛スルノ外他事」はない。とすれば、「狂言《タハコト》」を吐くことも「世界和合ノ世トナレカシト思フ心」からのことであれば、「万物ヲ愛スル」ことにもとづいているといえる。したがって、「仁ヲ行フ百ノ一ツ」だといえるだろう（以上、同）。

だが、以上のように述べることによって、かえって梅岩は、自らの「不仁」を思い知らされることになる。

欲ニ染タル此身ナレバ此旧キ染ガ清難ク、貪ルハ乱ヲ施ス本ト知リナガラ離レ得ルコト得難キハ是レゾ不仁ト云ツベシ（上・三三〇頁）

教えを説くことは、「仁ヲ行フ百ノ一ツ」だといえるかもしれない。しかし、「欲ニ染タル此身」によって説かれる教えなのであるから、説かれることは所詮「狂言《タハコト》」である。したがって、「我レニハ忠孝無ケレドモ他人ノ不忠不孝ヲ見テナヲシタシト思ハ、杓子ヲ定木《(ママ)》ニスル」ようなものであり、「天井カラ目薬ヲサス」より困難なことだと梅岩はいう（上・三三一頁）。にもかかわらず、「惟《タヾ》教ヘタシト思フコト日夜朝暮」やむことはない（同）。そして、このような思いにとらわれていることを、梅岩は「病」ととらえている（同）。

大徳ノ人ハ仁ヲ行フテ安楽ヲナス。我レハ亦タ大病ヲ煩フ。是ヲ以テ仁ヲ行フノ本トモ為ベケンヤ。奇哉、愚哉（同）

先に見たように、「今日ノ人」の一人としての梅岩は、自らも「大病人」であると自覚していたのであった。この語録でも梅岩は、自らが「欲ニ染タル此身」であることを認めている。だが、ここで梅岩は、自らがもう一つの「大病」に冒されていることをいうのである。それは、「大病人」でありながら、他の「大病人」に教えを説こうとする「病」である。確かに教えを説くことは「仁ヲ行フ百ノ一ツ」といえるかもしれない。だが、「大病人」たる自らが教えを説くことは「杓子ヲ定木《(ママ)》ニスル」ようなことなのではないのか。にもかかわらず、教えを説くことをやめようとしないのは、それもまた「病」だといわざるを得ないのではないか。

このように自覚する梅岩は、二つの「病」に対処するために、あることを行なっていた。

我レハ只々自炊ヲ致シ居テ欲心ノ出来ヌヤウニト思フ志ヲ以テ、我レ如キ柔弱ノ者ハ如是スレバ自ラ無欲ニナレバ少シハ世界ノ心ヲ相《タスク》便リトモ成ランカト思フ。夫レ故ニ我レ自炊ヲ致シ居タルハ我レ相応ノ仁ヲ行フノ本ト為スベシ乎（上・三三〇頁）

梅岩は「欲心ノ出来ヌ」ようにするために「自炊」をしているのだという。「自炊」とはどういうことだろうか。おそらく、教えを説くことを生活の糧にしないことを指すのだと考えられる。梅岩は、講釈をする際に聴講料（「席銭」）を取らなかった。では彼はどうやって生活していたのか。弟子たちの援助によってである。むろん、それでは清貧な生活とならざるを得ず、「自ラ無欲」とならざるを得ない。このように梅岩は、金銭によって得られる「欲」を満たし得ない生活に自らを追い込むことにより、同じ「狂言《タハコト》」でも少しはましな「狂言《タハコト》」を吐けるように図ったのだと考えられる。

また、先の「自炊」にはもう一つの意味が込められていると思う。それは梅岩が妻子や使用人を持たなかったということである。つまり梅岩は、文字通り自分で炊事していたのである。[9] それでは、なぜ妻子を持たないことが「自ラ無欲ニナ」ることへとつながっていくのか。

幸い、梅岩がなぜ妻子を持たないのかを直截に問われた際の語録が残っている。そこで梅岩は、次のように答えている。

　我志《シ》レ学アリ。然ルニ妻子如キ小事ニヨッテ大道ヲ教施スコトヲ失ンコトヲ恐レ独身ニテ過ス（上・五三〇頁）

梅岩は、「大道」に照らし合わせれば、「妻子」に関することは「小事」に過ぎないとみなしたうえで、「教施ス」ために「妻子」を持たないのだと述べている。

この梅岩の答えを聞いた相手はさらなる疑問を述べている。梅岩は「五倫ヲ専ラニシテ」教えを説いていたはずだ。つまり、「妻」や「子」にいかに接するべきかについて説いていたはずだ。にもかかわらず、それを説く当の本人が「妻子」を持たないのは、「五倫ヲ廃スル」というものではないか。「妻子ヲ帯シテ難行ヲ行フヲ然リトスベ」きではないかと（以上、同）。対して梅岩はいう。「顔子」（顔淵）のような人物であれば可能かもしれないが、「予ラ如キハ其地位ニ至ラズ」と。つまり、自ら「五倫ヲ専ラニシ」つつ、なおかつ人々に「五倫ヲ専ラニ」することを説くのは無理だと述べてしまうのである。「愚意ハ一身ヲ棄テナリ共道ノ行レンコトヲ欲」（同）。梅岩は、教えを説くために「一身ヲ棄テ」ることを選んだのであった。

こうして「一身ヲ棄テ」た梅岩は、「性」「心」を知ることが可能であり、必要であることを説き続けたのである。「性」「心」を知れば、なすべきことの「的」が自ずと定まる。けれども、「的」が定まったところで、「行フ」ことは至難である。その至難に直面した梅岩は、「一身ヲ棄テ」てしまうことにより、「教」を「施ス」ことに没入してしまう。

梅岩の語録のなかでもとりわけ著名なものの一つに、梅岩が熊本の神主行藤志摩守との間に交わした問答の語録がある。この問答において行藤は、学問とは「聖人ヲ向フニ立、一物々々ノ理ヲ極メ尽スコト」だとしたうえで、梅岩の立場は、「聖人ヲ身ニヒキ受」けようとするものに見えるが、「聖人ヲヒキ受ルコトハ不レ能コト」なのではないかと疑問を呈している（下・五三一頁）。「聖人ヲヒキ受ル」――行藤のこの指摘は、「聖人ノ道」に没入する梅岩の立場を見事に表現しているといえるだろう。[10]

それでは、なぜ梅岩は、そうまでして人々に「教」を「施」そうとするのか。だが、梅岩は自身に蠢くこの熱意を「病」と呼んでいたのであった。「仁ヲ行フ百ノ一ツ」として「教」を説くのだといってみたところで、おそらく当の梅岩自身を納得させる理由づけにはなり得なかっただろう。先に見たように、梅岩は「聖人」を「鳴子」にたとえた。「鳴子」は風に吹かれて音を出す。だが、梅岩は、風が吹かずとも音を発したいという熱意にさいなまれていたのかもしれない。そして、梅岩にとってこの熱意は、おそらく梅岩自身にも理解しがたい「病」に他ならなかったのである。

第五節　「鳴子」の教え

本章の最後に、梅岩と師の小栗了雲とのやり取りを記した語録を見てみたい。

了雲尊師先師ェ曰、我レハ書物ヲ不《ト》レ作ノ玉ヘリ。先師ノ曰、我レハ作ラント思フトノ玉ヘリ。了雲尊師ノ曰、汝ハ作ル、我レハ不レ作トバカリノ玉フ。其時先師不得、後ニ得タリトノ玉フ（下・四三一〜三二頁）

梅岩の師了雲は書物を作らなかった。それを聞いた梅岩は、「我レハ作ラン」という。すると、了雲は、反復するかのように「汝ハ作ル、我レハ不レ作」とだけ述べたという。この了雲の言を梅岩は最初理解できなかったが、後に分かったという。それでは、梅岩は何を「得タリ」というのだろうか。

今又按《ニ》レ之書ヲ作ルコトヲ欲スルニ非ズ。人モ作レト云ヒ、我レモ時ニアタリ世ヲ憂フルコト有テ不レ得レ止作ルベシ。何ンゾ書ヲ作ルコトヲ欲センヤ。コレヲ以テ見レバ言ヲ出スモ講訳《（釈）》スルモ言ヲ聞スルコトヲ心トスベカラズ。我ニ得タル所ヲ述ル而已ナリ。講ズルニアラズ能ク書ヲ見ルコトナリ。言ヲ出シテ能ク言フコトニアラズ、徳ヲ明ラカニスルコトヲ工夫スルコトナリ。怒リホド早キハナシ。然レドモ不レ得レ止コト以テ云ヘバ可レ怒理ニヲイテ怒ル。我ニ怒ハアルベカラズ（下・四三二頁）

一見、了雲は、自らと梅岩との相違を述べているかのように見える。確かにそうだ。だが、決然とした了雲の口調には、何かもっと違う意味合いが込められているのではないか。以下、一つの解釈の域を出ないが、右の語録について考察してみたい。

梅岩は、「天命」を「算用」によって説明しようとしないのだった。「何者」のしわざかはしらぬが、そうさせるもの。そのしわざに身を委ねてしまうことを梅岩はよしとしたのであった。これをふまえれば、梅岩に見られる教えを説く熱意。これは梅岩の熱意であって、梅岩の熱意でない。「何者」かのしわざによって、彼は教えを説く熱意を持たされているといえる。先に梅岩は、教えを説く自らを「鳴子」に譬えていたが、この譬えには以上のような意味も込められているのかもしれない。

梅岩という「鳴子」は、風が吹くから音を発するのであって、自らの「怒」などといった動機から教えを説くのではない。音を発するのは、鳥を除けるためだが、実際に自らの発した音によって、鳥がその場を去って行ったかどうかは、「鳴子」にとってはどうでもいいことかもしれない。そもそも、なぜ「鳴子」は「鳴子」として田んぼの真中にぶら下がっているのか。その理由は、当の「鳴子」にとっては不明であろう。そして、了雲は、なぜだかわからないが「鳴子」ではない。ひょっとしたら「鳴子」かもしれないが、彼のもとに風は吹かない。

とすれば、先に了雲が述べていたことは、了雲と梅岩との気質の違いだとか、まして師と弟子の反目とか、そういったことではないのではないか。「何者」かは梅岩に書物を作らせ、了雲には作らせない。了雲が述べたのは、この「何者」かが命ずるところの相違を確認したまで、といえるのかもしれない。

推測は以上にとどめておこう。いずれにせよ、梅岩は、風に応じて音を発する「鳴子」に自らをなぞらえようとしたのであった。その梅岩は、ある語録で弟子たちに次のように問うている。

某ガ他ノ儒者ニ変リタルハ不学ト不辨(辯)ト不徳トナリ。取ベキ所ナシ。依テ講訳(釈)ニ前辞アルベシ。銘々説テ見候コト然ルベク候（下・四〇頁）

講釈を行なうに先立ち、自らが「不学」である旨を聴講者にあらかじめ断っておくとしたら、どのように述べるのがいいのか。このように梅岩は弟子たちに問いかける。この問いに対して、梅岩自身が用意した回答は、つまるところ次のようなものであった。

仮令講訳（釈師）シガ不埒者タリ共、道ニ信仰アラバ意味ノ深長モ聞カルベシ。信心ナキ者ハ講主如何カスベシ（下・四一頁）

不信心ナル人々ヲ某如キ不学者ガ如何スベシ。力及バサル所ナリ（下・四二頁）

ここでいう「道」とは「聖賢の道」のことであろう。「聖賢の道」への「信仰」を持たないために、自らの提示する学問に対して、聴衆が「信心」を持つことができなかったとしても、「講主如何カスベシ」と梅岩は述べている。「聖賢の道」に対して「信心」を持つか否かは、最終的には相手側次第なのであって、無理にでも「信心」を植え付けようとする発想は梅岩にはなかった。まるで、自らの音によって鳥が去ったかどうかに頓着しない「鳴子」のように。

一人でも多くの者に「聖賢の道」を語り伝えようとすることが、「何者」かが梅岩に命じることであり、また「病」と称するまでの梅岩自身の熱意でもあった。だが、結果として、「聖賢の道」にいかほど多くの者が誘われるのかは梅岩の関心外であったのかもしれない。そうすべきだからそうするのであり、そうした結果どうなるかはいわばどうでもよい。たった一人しか聴講者がいなくても、顔色一つ変えず、普段の通りに講釈を行なったという有名な話は、如上の梅岩の態度をよく表したものといえるだろう（「石田先生事蹟」、下・六二五頁）。

ある語録で梅岩は次のように語っている。

頃日《コノゴロ》モ武州ニ一貫ノ理ヲ志ス儒者アリト聞、喜ブコト甚シ。コレ是《コノ》人ニ好ミヲ求ル為メニモアラズ、又私ニコノ人ヲ贔屓スルニモアラズ、只々コノ道世ニ行ハレナバ何国モ安カラント思バカリナリ（上・四三七〜三八頁）

「コノ道」とはもちろん「聖賢の道」のことであろう。「聖賢の道」が「世ニ行ハレ」るのならば、その「道」を説いたのが梅岩であろうが、他の「儒者」であろうが、関係ない。誰が説こうが関係ないのだ。なぜなら教えを説く者は皆「鳴子」であるはずなのだから。
にもかかわらず、梅岩は、自ら教えを説きたいという熱意に苛まれてもいた。ここに梅岩の「病」があったといえるのかもしれない。

註

（1）矢野敦子「石田梅岩における「我」の位相」（『日本思想史学』一一号、一九七九年）。「自我論的視点」からこの語録に注目した矢野は、「こういう「天」のすさまじさ」をも「「無心」の一つのあらわれとして受け入れ」ようとする点に、「無心」を求めんとする梅岩の「自我のすさまじさ」を見出している。

（2）第二章では挙げなかった記述を『河内屋可正旧記』から引いておこう。

異国には学文をして智有人を賞翫被成、官録共にすゝませ給ふと也。宜なる哉、智をもつてこそ善悪の道をもわかため、愚にしてわかつ事あたハじ（一六六頁）

可正のいう「学文」が「善悪」を「わかつ」ことを目指していたことが確認できよう。

（3）梅岩に見られる老荘思想の影響については、大野出『日本の近世と老荘思想』（ぺりかん社、一九九七年）参照。ただし、大野の関心は、近世日本における老荘思想の「受容史」にあるため、梅岩が「老荘ノ道」に依拠しながらも、「聖人ノ道」にとどまり続けたことの意味にまで、考察が及んでいるわけではない。

（4）なお、ここで「荘子」が「老子」を師匠ではなく「弟子」と呼んでいることは、「道統ノ伝」に拘泥する「孟子」への、皮肉を込めた物言いだと考えられる。

（5）本章の前半でふれたように、梅岩は、「文字」「文学」を一旦捨て去ることが必要だと述べるのであった。辻本雅史はこの点に、梅岩の文字に対する「不信」感を見出し、この「不信」が梅岩をして「口語」による学問の構成へと向かわせたと述べている（辻本雅史『思想と教育のメディア史』ぺりかん社、二〇一一年）。だが、梅岩は「文字」だけではなく、言語そのものに対して限界性を認めていたのであり、また、限界はあってもそれに頼らざるを得ないと自覚していた。

（6）矢野敦子は、この語録に、「儒教によっておのが学問を立ててきたあり方から脱皮」した梅岩の姿を読み取っている。確かに梅岩は、「これよりのちは儒教を重んじようという」が、「梅岩の力点」はすでに「儒教」の上にはないと矢野は解している（矢野敦子「石田梅岩の心性論」『日本学報』一号、一九八二年）。矢野の考察は、梅岩の思想をその深みにおいて鋭くとらえたものといえようが、本書では、梅岩が「儒教」の枠から「脱皮」したことよりも、それでもあえて孟子の教えにこだわり続けたことの方を重視したい。

（7）なお、本書では立ち入らないが、梅岩の残した著作や語録がいずれも問答体で記されていることは、自身を「鳴子」になぞらえようとする梅岩の姿勢と相関しているのではないかと考える。自らの意思で言葉を発するのではなく、相手の問いに応じて言葉を発する梅岩の立場を示す文体としては、問答体が最も適切だったのではないか。この点については、高野秀晴「心学教化の声と文字」（『民衆史研究』八六号、二〇一三年）参照。

（8）片岡龍は、「梅岩自身が「心学」の問題点（不十分さ）を自覚していた点に注目した」うえで、「実践主体」としての梅岩について考察している。「自他の弱さ」について十分自覚していたがゆえに、梅岩は「相互扶助の精神にもとづく能動的な他者との感応（教育）の情熱」を持ちえたのではないかと片岡は述べている（片岡龍「石田梅岩から考える「公共する」実践」、片岡龍・金泰昌編『公共する人間二　石田梅岩』東京大学出版会、二〇一一年、二〇一頁）。傾聴すべき考察だと思うが、本章では、梅岩がその自らの「情熱」を「病」とみなしていたことの意味を考えてみたい。

（9）「石田先生事蹟」によれば、梅岩は「下男《しもおとこ》」も持たなかった。「かへつて我労」になるからというのが理由らしい。心配した「門人」が「下男《しもおとこ》」を遣わせたこともあったが、かえって「下男《しもおとこ》」の方が梅岩の世話になってしまう有様だったらしい（下・六三〇頁）。

（10）なお、先の「一身ヲ棄テ」る云々の梅岩の言は、この行藤との問答に見られるものである。ちなみに、この問答は、少なくとも表面的には、梅岩と行藤が互いの違いを認め合って、円満に完結するに至っている。

■第七章　教化による継承

第一節　本章の課題

「石田先生事蹟」には、梅岩が師の小栗了雲と交わした次のようなやり取りが記されている。

師病ひ重り、終らんとしたまふ時、師曰、自註を加へし書どもを、授与《あた》ふべしとありければ、先生ほしからずと答へたまふ。師曰、いかがしてほしからぬぞと問給ふに、先生対へて、われ事にあたらば、新に述ぶるなりとのたまひければ、師大いに歎美したまひしとなり（下・六二四頁）

梅岩は、「師」が「自註を加へし書ども」を「ほしからず」という。「師」の著した「書」に頼らずに、自ら「新に述ぶる」ことが、梅岩の目指したところであった。これを聞いた「師」は、梅岩を「歎美」する。梅岩の姿勢は、「師」の望むところであったらしい。第五章で見たように、了雲は、「温故知新」について述べつつ、自らが「新」たに「発明」しないことには、人の「師」になることはできないと梅岩に述べていたのであった。右の梅岩の受け答えは、この了雲の教えに適った答えであったとみなせるだろう。

前章で見たように、梅岩は、自らが仰ぐ「聖賢」の教えを、「粕」をもって語ることに問題を感じ取っていた。

梅岩にとって、教えを説くことは、師や聖賢を顕彰することを意味したのではない。そうではなく、自らの「性」「心」を知ることにより、師の心、聖賢の心と一体化してしまう、つまり、師や聖賢を「ヒキ受」けてしまうことが、彼にとって、教えを説く起点であった。

以上のように考える梅岩であるから、彼は弟子たちに自らの教えを説き広めることを必ずしも求めはしなかったと考えられる。このことは、次の語録からも窺い知ることができる。梅岩が生前に、自らの「望ミ」を弟子たちに述べた時の語録である。「如何様ニナサレ候ハヾ、某ガ望ミニ叶ヒ申ベク候ヤ」と弟子たちに問い、自ら答えてみせた際の語録なのだが、ここには、自らの教えを広めることを求める記述はもちろん、なんらかの教化活動に従事すべきとする記述すらみられない。五倫の道を実践すること、倹約に励むべきことといった「望ミ」が述べられているだけである（下・八六〜八七頁）。

そもそもこのような問いを梅岩が出したのは、自らの「望ミ」を述べることに主眼があったのではなく、逆に、自らの「望ミ」に弟子たちが縛られてしまうことを戒める意図があったようにも解せられる。というのは、この語録で梅岩は、「仁義ヲテコニツカフ」ことを戒めている。いわば、○○すれば「仁義」にかなう、だから○○すべきである、というような思いにもとづいて「仁義」を行なうことを戒めているのである。とすれば、梅岩の「望ミ」を忖度し、その「望ミ」に叶うように行動しようと思うこと自体、もはや「粕」にとらわれていることになるであろう。「如何様ニナサレ候ハヾ、某ガ望ミニ叶ヒ申ベク候ヤ」と問うた梅岩は、この問いそのものを打ち消すように弟子たちに求めたのかもしれない。

いずれにせよ、梅岩は、弟子たちに教化活動に従事することを「望ミ」として明示していないのであった。にもかかわらず、その教えが教化運動として説き広められるに至ったのはなぜなのか。本章では、この問題について考察する。とりわけ、梅岩の教えを説き広める教化運動を組織、展開した手島堵庵の動向に焦点を当ててみたい。なお、教化運動の中身については次章にて考察することとする。

これまでの研究では、梅岩の教えが堵庵をはじめとする弟子たちによって説き広められていくことは、いわば自明のこととみなされてきた。梅岩は、石門心学の始祖、創始者とみなされ、前章で用いた表現を使えば、梅岩から堵庵への「道統」が所与のこととして受け止められてきたのである。だが、この「道統」を前提に据えてしまうと、梅岩以後の動向は、その教えがいかに忠実に継承されたかという観点からしか評価できなくなってしまうのではないだろうか。

梅岩の教えを継承することとその教えを説き広めることとは、決してイコールではない。梅岩の教えを広めることは、それ自体、弟子によって選び取られた一つの継承のあり方なのであり、そうではないやり方で継承を図った弟子もいたのである。そもそも、教えを説くという営みに問題性を感じ取っていた梅岩の教えが、教化によ り説き広められるに至るのは、奇妙なことだとさえいえる。だが、結果として、堵庵らによる教化運動の展開は、民衆に学問なるものが普及していくうえで見逃し難い動向となっていくのである。そして、後に見るように、それが学問と呼べるのかどうか自体が、大いに問題視されてくることになるのである。

第二節　「道」の「相続」

一　弟子たちの動向

石田梅岩は一七四四（延享元）年九月に息を引き取る。残された弟子たちは、同年一一月、「連中示合」と題する文書を記し、互いの志を誓い合った(1)。

不計《はからず》も今般　先生御卒去ニ付、道の廃ん事歎ヶ敷次第也。如何して相続致すべきや。此節迄は愁傷の事なれば、何茂先非を悔、志を起し、当時にては怠る意も無之様に相見へ候へども、其志弥届くべきや難計、既に先生御存生之時にも、善言善行を聞見る事数度に及び、即座に名聞利欲をも離れ、道に進む事飛立様に思へども、一日か二日、或は四五日過れば、漸々に其心うすくなり、纔一月をまたずして放心となり年月をおくり、先生一生につこりとし給ふ事もなく、空しく別れをなしぬ。今更歎き悲しみても全《（詮カ）》なし。数年学び、今日の歎を前に辨へぬこそ浅ましき事なり。当時は悲みの余りに、先生のこゝろを思ひやりて身命をなげうち、相続を我一にと思へども、去るものは日々に疎しと、中院も過、年月をおくらば、今の心相続ん事甚だ覚束なし。故に行末のことを今思ひとりて、連中心を合せ相励み、向後道ならぬ事は不及言、何事によらず、相背事あらば無遠慮異見を加へ、互に力を添、道にすゝまんため、此度示合記之もの也（二一一～二一二頁）

まずはじめに注目したいことは、弟子たちが、梅岩の死を「道の廃ん事」ととらえていることである。前章で見てきた通り、梅岩はあくまで「聖賢の道」を説いていたのであって、自ら新たなる「道」を説き示そうとしたのではない。だが、弟子たちにとって「道」とは、梅岩の存在を抜きに考えることはできなかったのである。したがって、弟子たちのいう「道」の「相続」とは、梅岩の教えを「相続」してゆくことに他ならないのである。

すでに見たように、梅岩は、自らの開悟体験を起点に教えを説いた。その姿勢は、あたかも「聖人ヲ身ニヒキ受」けようとするかのように弟子たちに見えたことであろう。となると、「聖賢の道」は梅岩の存在を抜きに考えることができない。「道」を「相続」するためには、梅岩を「身ニヒキ受」ける覚悟が求められることになるだろう。だが、梅岩を「身ニヒキ受」けることなどできるのか。後に見るように、この問いこそが弟子たちにとって重大な問題となるのである。

先の引用文には、「相続」の困難さについて繰り返し述べられている。弟子たちは、「先生」が「御存生」の時ですら、「放心」しがちであったと述べている。「先生」の「善言善行」を「聞見る」ことにより、「道に進む」実感を得ることもあったが、結局は長続きせず、「先生」を「につこりと」満足させることができなかった。にもかかわらず、今、「先生」を失ってしまっては、ただただ「覚束な」いばかりだと弟子たちは述べている。「先生」が亡くなった直後は、「身命をなげう」ってでも「道」を「相続」しようと思ったが、「去るものは日々に疎し」の言葉どおり、果してその志が持続するかどうか「覚束な」い。だから、残された弟子たちは、「心を合せ相励」み、「互に力を添」えることにより、「道」を「相続」しようと誓い合ったのである。

それでは、どのように「相続」していこうと誓い合ったのか。引き続き「連中示合」を見てゆくことにしよう。

一　毎月之会、三日　十三日　十九日　二十三日。
一　輪講は定之通。（二一二頁）

まず、「毎月之会」を月に四度行なうとある。この「毎月之会」は、梅岩存生中にも行なわれていたことと考えてよいであろう。梅岩もまた、「月次《つきなみ》に三度会」を開いていた。この「月次《つきなみ》」の「会」というのは、「兼て問を出し、門人に答書をさせ、先生も答を書き、判断したまへり」（「石田先生事蹟」、下・六二五頁）というもので、この時の出された「問」と梅岩の「答」を書き残したものが、前章でしばしば参照した「石田先生語録」である。弟子たちのいう「毎月之会」は、梅岩存生中とは異なり、月に四度になってはいるが、「会」の趣旨は同様であろう。ただし、もはや「先生」から新しい「答」が得られることはないので、おそらく、これまでの「月次《つきなみ》」の「会」で出されてきた「問」について改めて考え、梅岩の「答」を咀嚼し直すことが行なわれていたのではないだろうか。(2)

それでは、「輪講」の方はどうか。一般に、輪講とは、いわゆる読書会のようなもので、参会者が順番に経書の一節を講究し、それについて議論を行なうことを指す。その「輪講」を「定之通」に行なうとあるが、ここでいう「定」とは、梅岩存生中に決められた「定」のことであろう。なぜなら、梅岩が亡くなり、喪も明けないうちに「定」が作られ、この「連中示合」で改めてその旨を確認し直すというのは、考え難いことだからである。

次に、「講釈」に関する記述が続く。

一　朝夕之講釈・輪講ともに、当人の賢否をはかり、若軽しむる心あらば、我不徳と思ひ、心に於て急度慎み可レ申事也。古歌に「いふ人の高き賎きかへり見ずよきことの葉を我徳にせよ」と有り（同）

ここには、「講釈」をする者にではなく、聞く者に対する注意事が書かれている。聞く者は、「講釈」の巧拙を探るよりも、「よきことの葉を我徳に」することを心がけるように注意が促されている。このことから窺えるように、ここでいわれる「講釈」は、教えを説き広める手段としてよりも、残された門人たち自身の学習の一環という性格が強い(3)。このことは、「講釈・輪講ともに」と併記されていることからも窺えよう。

ところで、右の文言がわざわざ書き記されているのは、「講釈」が拙いものになることが十分予想されたためであるだろう。そもそも「朝夕之講釈」とは、梅岩が行なっていたことであるのだが（『石田先生事蹟』、下・六二五～二六頁）、梅岩の「講釈」であれば、それを「軽しむる」ような人がいることを想定し難い。右の文言は、梅岩の行なっていた「講釈」を「相続」していく旨を確認したものだが、梅岩のような「賢」にして「高き」「講釈」は望むべくもない。だから、このような注意書きがわざわざ記されたものと考えられる。

また、ここで、特定の誰が「講釈」を行なうのかが明示されていないことも注目しておきたい。ここでいう「定」の「相続」とは、特定の後継者を決めることを必ずしも意味しないことが確認できる。

以下、「連中示合」には、日頃の生活における心構えとでもいったことが記されている。「人之非」に対して、「少も遠慮」なく異見を加えるべきこと（二一二頁）、「卑下」するのはよくないこと、「敬《つつしみ》」を重視すること、といった文言が続く（二一三頁）。

そして、最後に書かれていることが、「斉家論之趣」を「相守」るべきことについてである。『斉家論』は「門弟中相勤可レ申證拠として書付を出し、先生其旨御得心にて世上へ流布に及候」書である（同）。したがって、「斉家論之趣」に反することは、「偽を以師を欺」くことを意味するのであり、「先生之御高恩を忘れ」ることでもある。のみならず、「世間よりは師をあなとるにも至る」だろうと述べられている（同）。

つまり、弟子たちにとっては、日頃の生活において「倹約」に励むことが、「先生之御高恩」に報いることを意味するのである。なぜなら、「倹約」に励む旨をすでに「先生」に宣言したからであり、『斉家論』にもとづく生き方を「世上」に身を以て示すことにもつながるからである。

このように見てくると、「連中示合」において門人が誓い合ったことは、二つに大別できる。一つは、「会」「輪講」「講釈」を引き続き行なうことにより、梅岩が示した学問に励み続けることである。そしてもう一つは、梅岩に教わったことにもとづいて日常生活を営むこと。これら二つを実践することが、梅岩の示した「道」を「廃」れさせないために、弟子たちが確認し合った「道」の「相続」であった。

以上に見てきた「相続」において、教化活動に関する記述が明瞭には見られないことに注意したい。確かに、引き続き行なわんとする「講釈」に、教化的役割がなかったとはいえないだろう。その「講釈」に新たな聴衆が集まったであろうことは十分考えられる。だが、先に見たように、「講釈」に関する「示合」は、「講釈」の聞き方に関するものであり、教化の手段としての色合いは薄い。もし教化の手段として「講釈」がとらえられていたならば、どのように「講釈」を行なうべきかについての注意書きが書かれてしかるべきだと思う。

また、「人之非」に「少も遠慮なく」異見を加えるべきとする旨を、教化への志を述べたものと解することもできるかもしれない。だが、ここでいわれる「人」を、不特定多数の人として解することには、やや無理が伴うように思う。というのは、この前後の項目は、それぞれ「連中」の「講釈」を「軽しむる」こと、「連中寄合」の場で「卑下」することを戒めたものであることから、この項でいわれる「人之非」もまた、主に「連中」の人々を想定しているのが自然であろう。かりに「連中」以外の人が含まれているとしても、この文言に、後に各地に広まる教化運動の萌芽を読み取ることは困難だと思う。

それでは、残された門人たちは、実際にはどのように梅岩の教えを「相続」していったのであろうか。その状況を示す数少ない史料の一つに、「石田先生事蹟」の草稿として現存するものに次の記述がある。

先生之没後塾には門人宗恒講釈し、また大坂に行て講釈す。重光は江戸に行て講釈す。京都には全門重光由正所々にて講釈し各先生の志を演《のべ》て遍く人ををしへ導けり（『石田梅岩全集』下・六四〇頁）

この記述を、他の史料や諸研究によって補いながら見てゆくことにしよう。

まず、「宗恒」すなわち杉浦止斎は、梅岩の自宅にして講席でもあった京都堺町六角下ル東側の「塾」を管理し、そこで講釈を行なった。しかしこのことは、止斎が梅岩の後継者になったことを意味するのではないと考えられる。先に見た「連中示合」の文言からも確認できることだと思うが、ここでは、岩内誠一が紹介する次の事例を見ておくことにしよう。

ある「門人」が止斎にある事を問うたところ、止斎はこの「門人」のいうことは正しくないときっぱり述べた。「門人」は、このやり取りを斎藤全門（全門については後述）に告げるが、対して全門は、「杉浦氏の学問は上達した」という旨のことを述べ、止斎を褒め称えたという(4)。

この事例は、全門が止斎の先輩として、止斎の学問を批評し得る立場にいたことを示している。数ある弟子たちの中でなぜ止斎が、梅岩の「塾」を預かることになったかは不明であるが、止斎は「塾」を文字通り預かる立場であったようであり、事実上は、他の門人たちとともに「塾」の管理を引き受けていたといってよいだろう。

また止斎は、かつて梅岩が出講したことのある大坂においても、「尊性堂」という塾を営み、講釈を行なっていた。「尊性堂」については山中浩之の研究に詳しい。山中は、「尊性堂」のものと考えられる門人譜を考察することにより、「尊性堂」における活動が「梅岩没後すぐ」に始められていたことをつきとめた。このことは、山中がいうように、「尊性堂」が「梅岩生前においてすでに一定の蓄積がなされ、その上に立って開かれたもの」であることを示すといえよう。(5)

京都の「塾」にしても「尊性堂」にしても、塾という形式で活動する以上、新たな門人の獲得をある程度は想定して開かれていたものであろう。だが、これらの塾は、あくまで梅岩によって活動の地盤が作られたものであり、後に各地に作られることになる心学講舎とは、異なる性格を持つものだと考えられる。

次に、「重光は江戸に行て講釈す」という部分に注目したい。「重光」とは木村重光のことである。彼は、梅岩の門下で二番目に早く「性」を知ったとされる人物であり、梅岩の身辺の世話にも従事していた高弟である。その重光が「江戸に行て講釈」したとあるが、実は、原史料のこの箇所には抹消のあとがある。したがって、重光が実際に江戸に赴いたのかどうかは不明とせざるを得ない。しかし、江戸まで足を運んだかどうかはともかく、彼が盛んに講釈を行なっていたことは確かなことであろう。というのは、重光は、四十五、六歳で家業（材木商であったらしい）を譲り、隠居するのであるのが、この早い隠居は、梅岩の教えを説き広めることに専念するためであったことを重光自身述べている。(6)また、重光が『易経』や『徒然草』の註釈を書き残していることも、彼の講釈への熱意を物語っているといえる。これらは手控えとして、講釈の際に用いられた可能性が高いからである。

このように、「師の教を弘めんとの志は、重光亦人後に落ちなかつた」(7)といえようが、どこでどの程度の規模で講釈を行なっていたかについての詳細は、現時点では不明である。

さて、改めて先の引用文に戻って、「京都には全門重光由正所々にて講釈し」という部分に注目しよう。まず、ここにも木村重光の名が出ているが、彼については先述の通り。次に、「全門」とは、梅岩の門下で最も早く「性」を知ったとされる高弟・斎藤全門のことである。門人たちの長老格とでもいうべき人物であり、梅岩の代講を行なうこともあったぐらいであるから、梅岩没後も、京都の等持院の近くに隠棲しつつ、近辺で盛んに『論語』や『徒然草』の講釈を行なっていたらしい。

最後に「由正」すなわち小森由正についてであるが、残念ながら現時点では、事蹟の徴すものがない[8]。

また、先の引用文には出てこないが、もう一人特筆すべき人物として、慈音尼兼葭がいる。彼女もまた、『徒然草』などの講釈を盛んに行なった模様であるが、単身江戸にわたったという点で異色である。また、彼女には『兼葭反古集』（一七五六〈宝暦六〉年刊。のち『道得問答』と改題されて、一七七四〈安永三〉年刊）という著作があるが、「先生の申置れし言葉の端々[9]」などを書き著したと序文にある通り、兼葭よりもむしろ梅岩の語録が多数集められて構成された書である。このことから推測できるように、兼葭は江戸で文字通り梅岩の教えを語っていたのだろう。だが、彼女の江戸における活動を伝える史料は、管見の限り残っていない。

このように見てくると、残された門人たちは、盛んに講釈を行なっていたようである。だが、その講釈がどのような趣旨のもと、どの程度の規模で行なわれていたのかまでについては不明な点が多い。「連中」、すなわち、梅岩在世中からその門下にいた者たちを想定して開かれた講釈であるのか、それとも、「連中」以外の人々へ教えを説き広めるべく開かれた講釈であるのか。杉浦止斎の場合は概ね前者、慈音尼の場合は後者と言い得ようが、現時点では不明な点が多い。

2　修身か教化か

だが実は、講釈をどのように位置づけるかについては、当の門人たち自身にとっても、意見の分かれる問題であったらしい。

斎藤全門が残した語録に次のようなものがある。「石田先生語録」に出てくる語録であるが、「石田先生語録」には時々、梅岩以外の語録が混ざっている場合がある。

近仁曰、名聞ヲ思フハ知音ノ手前ヲ思ヒ斗ル処ワヅカ百人斗リナリ。コレヲ過レハ不レ見不レ知ノ他人ナリ。他国ヱ行キテ名聞ノ心ハウスシ。人ノ手前ヲ恥ルコトナシト云ヘリ。コレヲ以テ見ルトキハ道ヲ弘メントスルモ連中ノ手前ニスルノ心ナリ。細《（ママ）》心ニシテ成就スベカラズ。先ヅ師ノ高恩ヲ思ヒ人ニ施ス心ニナルベシ。其レヨリ天下ニ及バン（下・四二八頁）

「近仁」とは近江屋仁兵衛の略称、すなわち斎藤全門のことと考えて間違いあるまい。ここでは、「道ヲ弘メントスル」際につきまとう「名聞ノ心」のことが問題になっている。「名聞ノ心」とは、他人によりよく思われたいがために外聞を飾ろうとする「心」と考えてよいだろう。この「名聞ノ心」が生じやすいのは、「不レ見不レ知ノ他人」に対する時よりも、むしろ「知音」に対する時であると全門はいう。このようにみなす全門は、「道ヲ弘メ」る行ないを「知音」の範囲にとどめていてはならないとし、広く「不レ見不レ知ノ他人」にまで「弘メ」ようとする志を持つことの重要性を説いている。

この語録には、梅岩の教えを広く「天下」に説き広めようとする全門の志が現れている。だが他方で、この語録からは、「ワヅカ百人斗リ」の「知音ノ手前」、または「連中ノ手前」に向けて梅岩の教えを説く門人もいたことを推測させる。

梅岩の弟子の一人、杉浦宗仲は、この「ワヅカ百人」に教えを説くことに専念していたように見受けられる。宗仲は、十一歳の時に梅岩の門に入ったが、十三歳の時にして師を失い、以後、斎藤全門や富岡以直に従うことになるので、実質的には、梅岩の弟子というよりは、孫弟子といった方がよいかもしれない。しかし、いずれにせよ、彼もまた梅岩の教えを継承しようとした人物である。(10) ところが、宗仲の日記を見てみると、師匠の教えを説き広めようとした形跡が見られない。やや不十分な事例ではあるが、彼の日記を見てゆくことにしよう。(11)

まず、日記を見ると、彼が富岡以直の講釈を聞きに行くのはもちろん、以直の動向を事細かに書き記していることが注目される。宗仲の以直への敬愛ぶりを物語っているといえよう。また宗仲は、家や店の者にも以直の教えを聞かせていたようで、以直の「接得」によって、家内の多くの者が「発明」を遂げている。「発明」とは、「性」「心」を知ることと解してよかろう。[12] とりわけ、一七八三（天明三）年には、「発明」に関する記述が目立ち、実に一六人もの者が「発明」を遂げ[13]、「当時」の「小者」が一人残らず「発明」するに至ったとある（一二月二九日）。先の全門の言葉を借りれば、宗仲は「ワヅカ百人」の者たちに対し、盛んに梅岩（以直）の教えを広めようとしていたように見受けられる。

ところで、日記を見る限り、「発明」とは、以直の「接得」を契機にして達成されるものであったらしい。[14] その以直は、一七八七（天明七）年一二月一九日に亡くなる。「先生」を失った宗仲は、翌年の一月に火災で家を失うなど不遇の時を迎えるが、やがては自らの指導によって、家内の者に「性」を知らしめてゆくことになる。[15] そして、以直が自宅で行なっていた講釈も、残された以直の門人たちによって、引き続き行なわれていくことになる（一七八九〈寛政元〉年七月二八日、一七九一〈寛政三〉年五月八日、など）。また、門人たち（「連中」）は、一七九一（寛政三）年五月一一日に集まり、今後は研鑽を積み合うべく、「四書」の「会読」を行なうことを決めている。

このように宗仲は、富岡以直の没後も、「性」を知ることを求める梅岩の教えにもとづいて学問に励み、また、家中の者にも説いていた。ところが、このような教えをもとに、彼が、家中や「連中」以外の者へ講釈を行なったという記述が日記には見られない。

また、ここまで天明～寛政期（一七八〇～九〇年代）における宗仲の動向を追ってきたわけだが、この時期は、後述する手島堵庵を中心として梅岩の教えにもとづく教化運動が普及を遂げていく時期にあたる。だが、宗仲の日記には、堵庵との交流を示す文言がまったく見られない。唯一、堵庵が日記に登場するのは、一七八六（天明六）年二月一〇日。「昨夜」「手島堵菴老」が死去したことを示す文言のみである。ここで宗仲が、堵庵のことを

「先生」と呼んでいないことに注意したい。宗仲は、梅岩に対してはもちろん、斎藤全門、そして堵庵とほとんど生没年を同じくする以直に対しても「先生」と呼んでいる。また、先の箇所で宗仲は、堵庵のことを「石田先生之門人也」とわざわざ説明している。これらのことは、少なくとも堵庵晩年の天明期においては、宗仲と堵庵の間に活発な交流がなかったことを示しているといえるだろう。

では、なぜ宗仲は、教化活動に参与しなかったのだろうか。その理由は現時点では不明である。だが、ここで確認しておきたいのは、宗仲は彼なりの仕方によって、梅岩の学問を継承し続けているとみなせる点である。したがってここで問題となるのは、これから見てゆく手島堵庵と杉浦宗仲のどちらが、梅岩の教えを正しく継承し得ているかということではなくて、別種の継承の仕方が現れてくることの持つ意味である。

この問題を考えるうえで、山中浩之の研究によって明らかにされた飯岡義斎の動向は、示唆的である。義斎は、杉浦止斎が不在の折に、大坂の「尊性堂」を預かっていた人物である。先述の通り、杉浦止斎は、京都に本拠を据えていたといってよいから、義斎は「尊性堂」の事実上の管理者だったといってよいだろう。

しかし、義斎はやがて梅岩の教えから離れてゆくに至る。義斎の教えを筆録した『善山漫録』には次のようにある。(16)

石田ノ門、倹約ヲシテ人ヲ救フヤウノコト甚タヨシ、儒者ノ心入也、然レトモソノ倹約ヲ主ニスルノ弊、遂ニ刻薄トナリ、現在人ノ救フベキヲモ救ハヌヤウニナル、甚タ恐ルベキコト也

梅巌先生ノ如キ美質ナレトモ道ヲ尊フト云テ倹約ヲ専ラニシテ人ヲ害シ人ノ嗣ヲタ、シメ、不孝ノ子トナシ、自ラ嗣ヲ絶テ不孝ノ子トナリ、毒ヲ生民ニ流ス、義理ヲクワシクシ、善ヲツトムルコト毫釐モ差ヒアラシムベカラズ

親ガドフナルモ兄弟妻子ガドフナルモカマハズ我ガ身ヲノガレン迚ノ修行也、自私ニ非スシテナンゾ、儒ハ修《メ》レ己《ヲ》治《ム》レ人《ヲ》、我ニタクシコムハ人ヲ救ハン為也

義斎は、「梅巌先生」の「美質」なることは認め、「人ヲ救」おうとする志については高く評価している。けれども、梅岩のように「倹約」を「主」にしていては、「人」を「救フ」ことはできないと義斎はいう。「倹約」を「主」にすれば「刻薄」になってしまう、そして、「人ノ嗣ヲタ、シメ」ることにもつながってしまうと義斎は述べている。要するに義斎には、「倹約」を「主」にすることが、結局は「我ガ身ヲノガレン」ための「自私」の「修行」に他ならないように見えたのであろう。

また、義斎は、梅岩が終生妻子を持たなかったことにも「自私」の「修行」を見て取っている。梅岩は「自ラ嗣ヲ絶」ってしまったといわざるを得ないからである。そのような人物が説く教えは、「毒ヲ生民ニ流ス」ことに他ならない。このように義斎は述べている。

つまり義斎は、「自私」の「修行」と「人」を「救フ」こととを対立的にとらえたうえで、梅岩の行状と教えに両者の乖離を見てとっているといえる。梅岩の教えにもとづいて「倹約」を「主」とすれば、「自私」の「修行」に陥ってしまう。逆に、「人」を「救フ」ことに主眼を置くならば、梅岩のように身を棄ててしまうことになりかねない。このように考えた義斎は、梅岩の教えから離れ、朱子学によって「人」を「救フ」ことに可能性を見出してゆくことになる。

以上の義斎の言が、梅岩の学問に対する批判として、的を射たものであるかどうかは今は問わない。だが、義斎の述べていることは、残された梅岩の弟子たちに対して、重い問題を突きつけているとみることができる。梅岩が、教えを説くために身を棄てたのだとするならば、その梅岩の教えを教化活動を通じて「相続」しようとす

る者は、自らもまた「一身ヲ棄テ」、「聖人ヲヒキ受ル」覚悟が求められることになるだろう。また、身を棄てるのではなく、あくまで五倫の道を実践することを通じて、梅岩の教えを「相続」しようとする者は、果して師の教えを説き広める活動に従事することができるのか。

この問題が、梅岩の門人達の間で、一定程度共有された問題であったことを推測させる史料がある。それは、梅岩の語録として残される史料に見られる。だが、「先生ノ相続」、すなわち梅岩の示した「道」の「相続」について述べるこの語録は、明らかに梅岩の語録ではなく、弟子の誰かが残した語録だと考えられる。

> 教ヲ立ル志アル者ハ先身ヲ修メ家ヲ斉テ人ヲ導クハ聖賢ノ道ナリ。我ラゴトキ者ノ家ヲ斉ヘントスレバ利欲ニカヽレリ。イカンゾ家ヲ斉フヲ待テ人ヲ教ヱン哉。先心ヲ大ヒニシテ天下ノ師トナル志シヲ可レ立。又思フニハ家斉フラザレバ人ヲ導クニ害アリ。ソレ故ニ家ヲ能ト、ノヘテ教ルコト善ナルベシ。如レ此思フモ尤ナレドモ善キ人ヲ得ント思ヘバ左ニテアラズ。志大ニシテソレヲ好ムホドノ者一人出来ラバ先生ノ相続ナル者ナリ。次第ヲ能スルヲ好ム者ハ又我ニ同ジ。如何ンゾ大道ヲ続クベケンヤ（下・四二九頁）

「人ヲ導ク」ためには、まずは自分自身の「身ヲ修メ家ヲ斉」える必要がある。だが、「我ラゴトキ者」にはそうはいかない。「家ヲ斉」えようとすれば、かえって「利欲」にとらわれてしまうことになりかねず、これではいつまでたっても「人ヲ導ク」ことはできない。また、たとえ「身ヲ修メ家ヲ斉」えるに至らずとも、「人ヲ導ク」ことにより「善キ人ヲ得」ることができれば、「先生」の教えを「相続」したといえるのではないか。このように述べられている。

ところが、この語録を残した当の本人は、「次第ヲ能スル」、すなわち、まずは「身ヲ修メ家ヲ斉」えることを選んだようだ。「次第」を守っているようでは、「人ヲ導ク」ことまでには至るまい。だが、「身ヲ修メ家ヲ斉」

えることの必要性は、梅岩が繰り返し力説していたことである。つまり、この門人は、「人ヲ導ク」ことの必要性を認識しつつも、自らは「身ヲ修メ家ヲ斉」えることに「相続」の道を見出したのだといえるだろう。

我が身を修めることを先決するか、それとも梅岩の教えを説き広めることを優先するか。このような困難な問題に門人たちは直面していたのである。それでは、これから見てゆく手島堵庵は、この問題にどのように対応したのだろうか。

第三節　教化運動の始動

一　「隠居」という立場

手島堵庵は、京都の裕福な商家に生まれた(17)。父は、第三章で取り上げた『商人夜話草』の著者、上河宗義である。十三歳の時に父を亡くし、十八歳の時に母を失った堵庵は、その後、二十七歳の時まで祖母に育てられたという（「手島堵庵先生遺稿答問集」七〇二頁）。

一七三五（享保二〇）年、十八歳の時、梅岩に出会い、入門する。それから二年後の一七三七（元文二）年、堵庵は「性の端」を知ることになる。ある語録で、堵庵はその時の様子を次のように語っている。


ある夕かた湯を浴て、浴衣を着んとしけるに、其湯衣、予が着るにもあらず、浴衣がきさすにもあらずして、きる着さす、其時微《わづか》に通ずる所ありて、其儘先覚の友の処に行て其趣をかたるに、友の曰、汝が知る所、甚だ微《かすか》なりといふて机を大きに打つ。其時予が全身滅して忽然として神通じ性の端を知りたり（六六一頁）

なお、「手島堵菴先生事蹟」によれば、ここでいう「先覚の友」とは、斎藤全門のことであったらしく、また、全門は「机を大きに打」ったのではなくて、「掌を以て不意に先生〔堵庵〕の頬をう」ったとある（六〇一頁）。実際がどちらであったのかは不明である。

「性の端」を知った堵庵は、その後も梅岩のもとで講釈を聴いたり、「月次の会」に出席したりしていたのであろう。だが、一七四四（延享元）年に、最愛の祖母、そして師匠の梅岩が相次いで他界する。梅岩没後、残された門人たちが「連中示合」において、「道」の「相続」を誓い合い、それに堵庵も参加したことは先に述べた通りである。

また、「連中示合」とは別に、堵庵が書いた追悼辞が残っている。岩内誠一によれば、追悼辞は、梅岩の「尽七日の祭祀を営んだ時に読み上げたもの」であるとのことである。(18) その追悼辞において堵庵は、梅岩から受けた「恩」がいかに「広大」なものであったかについて述べている。その「御厚恩」は、堵庵をして「報し奉るへきところをしらす」と吐露させるほど「広大」なものであったが、なんとかして報いるべく堵庵は、次のような「志」を書き記している。

たとひ此身は及ひ不申候共、此道を以てひと〱に伝え申度奉願候

ここには、梅岩の道を説き広めることによって、「恩」に報いようとする堵庵の「志」がはっきりと表れている。これが堵庵にとっての「道」の「相続」であったと考えられる。

ところが、である。この追悼辞の書かれた一七四四（延享元）年からの約二十年間において、堵庵が教化活動に従事していた形跡が見られない。(19) このことをどう考えたらよいだろうか。

梅岩が亡くなった時、堵庵はまだ二十七歳であった。働き盛りといってよいだろう。かりに家業から退くにしても、後継者がいない。後に家業を継ぐことになる長男の建が生れたのは、堵庵三十歳の時である（なお、建はの

ちに和庵と称し、堵庵の作り上げた梅岩門人組織の中心に位置することになる）。とすれば、彼が梅岩の教えを説き広めるべく、盛んに活動を行なうようになるのは、家業から退いた後のことであったと推測することができるだろう。実際、そうであったようである。

「手島堵菴先生事蹟」によれば、堵庵が上河家の家業から退いたのは、一七六一（宝暦一一）年九月以降であった（九月以降とする根拠については後述）。そして、堵庵は「手島家の旧居華頂山下の家」に退くことになる。[20]ところが、現在の知恩院の近辺に位置するその住居は、明らかに当時の繁華街から外れたところにある。教化活動を行なうのに便のいい土地とはいえなさそうである。したがって、堵庵が家業から退いたことに、教化活動に専念する意図を読み込むことには慎重であらねばならないだろう。

だが、四十四歳にしてのこの退隠は、通例よりも早いといえよう。少なくとも堵庵は、早いと考えていたようであり、五十九歳の時に著したと考えられる「着巾衣解」において堵庵は、「治生の業をまぬがれ、隠居すれどもとしいまだむそじにみたず、ゆゑを以て通礼俗にしたがへり」と述べている（五一二頁）。「隠居」したと述べてはいるが、「俗にしたが」った生活を継続していた模様である。

それではなぜ他ならぬこの時期に、堵庵は家業を退くことになったのか。この時期を前後して、堵庵の先輩にあたる梅岩の高弟たちが相次いで他界したことが関係していると考えられる。

「手島堵菴先生事蹟」によれば、一七六〇（宝暦一〇）年九月、梅岩の自宅にして講席であった「遺糞」を預かっていた杉浦止斎が没する。「遺糞」は黒瀬三鼎斎が預かることになった。「手島堵菴先生事蹟」によれば、この三鼎斎という人物は、斎藤全門の「門人」とのことだが、詳細は不明である。[21]なぜ全門が預からなかったのかは不明であるが、あるいは健康上の理由かもしれない。[22]

「手島堵菴先生事蹟」によれば、この三鼎斎は「いまだ講席を開くべからさる」という問題があり、「三の日」（毎月三日、一三日、二三日）の夜の講釈は「北山君」すなわち斎藤全門が担当することとなった（なお、先に見た「連中宗合」によれば、「三の日」は「毎月之会」開催日でもある)。だが、「早朝の講席」を担当する者がいない。そこで、翌一七六一(宝暦一一)年二月より、堵庵がこの「早朝の講席」を担当することになった。だが、同年七月、斎藤全門が病臥し、翌月帰らぬ人となる。

堵庵が家業から退くのは、これらの後のことである。同年「九月五日」、堵庵は父宗義の「三十三回の忌祭」を催し、その後、「上河氏の家事」から退くことになる。[23] 三十三回忌という節目が、堵庵をして家業からの引退を考えさせた一因になっているとも考えられるが、梅岩の高弟たちが相次いで没したことと、堵庵が家業から引退したこととの間にも、一定の因果関係を想定してみたくなる。

また、他に考えられる要因としては、一七五九(宝暦九)年五月に、手島家を預かっていた浄専が亡くなったことも考えられる。浄専の死去により、手島家を継ぐ人物がいなくなってしまった。このこともまた、堵庵が上河家の家業を退くのを早めさせた一因になっていると考えられる。[24]

だが、見方によれば、以上のことは、堵庵が手島家を継承せざるを得ない立場に追い込まれたこと、または、教化活動を行なわざるを得ない立場に追い込まれたことを示しているに過ぎないともいえる。以下、もう少し、堵庵自身が述べていることに即して考察を進めてみたい。

ここで問題になってくるのが、堵庵が隠居ということをどのようにとらえていたかについてである。というのは、ある語録で堵庵は次のように述べている。

予は前にいふごとく、さやうの身にはあらず、渡世もやめ病身故、隙なるまゝに同じ志し成人と道をかたり身の学びがてら、かつはたゞ居もならぬ故、仮名本にてもよみ、人よせすれば、予も儒者衆なみに思はるゝより不審おこる也。予も常人の隠居也。されば我が私を以、父母を火葬するにあらず、遺風は則先祖の御心入なれば遺言と同じ(六六四頁)

これは、堵庵が「儒道を信じながら死せば必ず火葬にせよと遺言」（六六三頁）したことに対し、ある者が疑問を呈した際の語録である[25]。ここで堵庵は、自らを「儒者」ではなく「常人の隠居」と称している。「渡世」をやめた「隙」なる身。だが、「たゞ居」もならぬので、「学びがてら」に「道をかた」る「隠居」の身。これが、この語録に限らず、堵庵が教えを説くにあたって自らの立場を示す言である。

この立場は、「不肖の身にて儒を業とす」と述べていた梅岩とは、明らかに異なる立場を示していると言わねばならないだろう。確かに堵庵は、梅岩にならって儒学の教えに立脚していた（ある箇所で堵庵は「我儒門は」云々と述べている。『安楽問辨』二二三頁）。だが、儒学を説くことを「業」とする「儒者」という立場とは一線を画し、「隠居」の立場から教えを説こうとするのである。

それでは、彼にとって「隠居」とは、いかなる意味を持っていたのであろうか。まず確認しておきたいことは、堵庵自身は、一七六一（宝暦一一）年に家業から退いたことをもって「隠居」を遂げたとは認識していなかったらしいことである。彼は、一七六五（明和二）年一二月一〇日の日付を持つ「覚」において、「何れもかたの苦労忠功のかけにて隠居いたし大慶」云々と述べている（九一五頁）。これによれば、彼は、一七六五（明和二）年に「隠居」を遂げたと考えていたことになる。

後にも述べるように、堵庵は、一七六四（宝暦一四）年二月より教化活動を本格化させる。そして同年四月、「乳婢松宮氏が御幸町三條坊門の北の家を平常の講席」に定めている（「手島堵菴先生事蹟」六〇三頁）。「華頂山下の地教授に便あらざる」からというのが理由である（同）。だが、この「講席」はあくまで仮に定めたものだったのだろう。翌一七六五（明和二）年一一月に「居を平安朝倉の街《ちまた》に移し」、ここを「平常の講席」とした（同）。堵庵はこの「講席」を「五楽舎」と名付ける。これが後に各地に次々に設立されてゆく心学講舎の第一号である（ただし、五楽舎は、堵庵の居宅ということもあり、他の講舎とは異なる性格を有していたと考えられる）。

つまり、堵庵は、五楽舎を構え、そこに居を移したことをもって「隠居」を遂げたと考えていたのである。そして、その転居は、「教授に便」のある地を求めた結果であった。とすれば、彼にとって「隠居」とは、教化活動を行なう足場を築いたことを示していることになる。

幸い、この「隠居」直後の一七六五（明和二）年一二月二八日の日付を持つ語録が残っている。ここで堵庵は、まさに自らの隠居のことを問題化している。それでは、ここで堵庵は何を述べているか。それを次にみていくことにしよう。

世の人宿替をすれば其移徒したるを我も悦び、人も目出たき由いゝて嘉儀を成し祝ふなり。然ば其移徒の目出たき所は何を以て目出たしとして自他共に祝ふ事にや、其目出たしとする至極の所は如何（八三九頁）

この問いは、明らかに、堵庵自らの隠居を想定して設定された問いであろう。堵庵が隠居したことに対し、「人」は「嘉儀を成し祝」い、そして、堵庵自らも「悦」んでいる。だが、一体何が「目出た」いというのか。右の問いは、このように言い換えることができよう。

この問いに対して堵庵は、同じ「移徒」でも、「狭く悪き住居を出て広く宜き家に移徒」することこそが「快く悦はし」いのだと述べたうえで、自らは「父母の慈愛、高師の御仁恵」のおかげで、「此度快く新居」を構えることができたとする（同）。

だが、以上はいわば前口上に過ぎない。続いて堵庵はこのように述べる。

然共道に志し有上からはかやうなる事を移徒の目出たき至極とはせざる事なりと思へり。夫をいかにと云ふに貧禍福《(ママ)》はしばしが間にも移りかわり、或は又時ありてまゝにならざるものなり。されば貧富禍福にかゝは

らざる居宅に移りたるをば真実最上至極の目出たき移徒とはする事なり〈同〉

「移徒」して「家」が「狭く」なったとか「広く」なったということは、「貧富禍福」に関わっている限りで、「至極」の意味での「目出た」さの基準とはならない。「貧富禍福にかゝはらざる居宅」に移ることこそが「至極」の「目出たき移徒」である。このように堵庵はいう。

それでは、「貧富禍福にかゝはらざる居宅」とはどのような「居宅」であるのか。ここで堵庵は、奇妙なことに、梅岩の教えに言及し始める。

世の人賢きやうなれとも只限りある富貴を願ひ求めて限りなき古今不易の本宅を求る事を思はず、故に我先生是をいたみ哀み給ひて善人を此最上至極の目出たき不易の本宅に移徒させせん事を願ひて導き給へり〈八四〇頁〉

「限りある富貴を願ひ求めて」得られる「居宅」は、「古今不易の本宅」とはいえない。にもかかわらず、人々は「富貴」を願い求める。「故に」梅岩は、「古今不易の本宅」に人々を「移徒」させるべく教えを説いたのだ。このように堵庵はいうのである。ここでいわれる「居宅」とは、もはや居住空間の謂ではない。教え導きによって得られる何かとしての謂に転換してしまっている。

そのうえで、堵庵は「古今不易の本宅」とは、「本心といふ安宅」〈八四一頁〉のことを指すのだと述べる。「本心に立かへりて安んする」ことこそが、「古今不易の本宅」に「移徒」することなのである。そして、このような「結構なる隠居」〈八四〇頁〉があることを示してくれたのが梅岩であるとする。

なお、ここでいわれる「本心」とは、堵庵が頻繁に用いる言葉で、彼が説かんとすることは、「本心」を知れ、の一語に尽きるといってもよい。試みに、『増補手島堵庵全集』のどこかの頁を開くと、必ずといっていいほど、「本心」という語を見かけるといったありさまである。では、「本心」とは何か。この問題は、梅岩と堵庵の思想の異同を考察するうえでの、焦点になってきたことだが、本書の立場からいえば、「本心」とは、「性」という語を諭しやすく表現すべく、梅岩が言い換えたものだということになる。したがって、「本心」と「性」とはほぼ同義とみなして以下考察を進める。(26)

話を戻す。堵庵は、「本心」（＝「性」）に「立かへりて安んずる」ことと、「隠居」に「移徙」することを明らかに重ね合わせている。堵庵にとって「隠居」とは、「本心といふ安宅」に「移徙」することを意味していたのである。

だが、もちろん、字義通りの隠居をしたところで、「本心」を知ることができるわけではなかろう。また逆に、堵庵は「本心」を知ってすぐに隠居したわけではなかったことは先述の通りである。そして、かかる問題は、堵庵にも自覚されていた。このことを窺わせる語録を次に見てみよう。

2　師との懸隔

ここで取り上げる語録において問題にされているのは、「隠居」をする際に、家の財産の一部を「隠居の所持」としてよいものか、それとも、すべての財産を家に残したうえで「隠居」すべきか、ということである（六八三頁）。先に見てきた語録と照らし合わせるならば、「隠居」とは「貧富禍福にかゝはらざる居宅」に移ることを指すのだから、財産はすべて家の後継者に託してしまうべきであるという答えが予想されよう。だが、これから見ていくように、堵庵の回答は異なっている。

右の問題に対し、堵庵は「身上と商売筋」を考慮したうえで決めるべきことを前提にしたうえで、ある「老友」に聞いた話を紹介している。「老友」が言うには、「隠居といふは世事を子息に譲り渡し、此世の隙あきたる身にて世に居れども死人同前」であるのだから、「死人が彼れ是さし出て世話すべきわけもなく元来財物を蓄はふべき」ではない。したがって、「隠居といふ死人にならぬ存命の内に能《よく》家を治め少しも心がゝりなき様に」しておくことが肝要である。これが「老友」の意見である（以上、六八四頁）。

この意見を紹介したうえで堵庵は、「何事も兼ての心得あるべき事」を確認する（六八五頁）。つまり、「若年」の時から家の相続に配慮していれば、「隠居」の際に、まさかの時のために財産の一部を確保しておくような必要もないということである（同）。ところが、堵庵は続いて次のように述べる。

我らごとき不器量のものは不器量相応の身心安堵するやうにして隠居するがよしとおもへり。たとへば何の弁へもなく潔《さつはり》と身体かぎり渡し隠居して、さて常住心の内に子息や家内を疑ひ危み、寒々《ひや》ときつかひやむ隙なきは烏が鵜の真似するゆへ也。これは却て大乱のもとなり（同）

確かに財産をすべて残して家を出ることこそが「隠居」としてのあるべき姿である。しかし、「我らごとき不器量のもの」の場合はそう簡単にはいかず、下手すれば「大乱のもと」にもなる。このように考える堵庵は、「不器量相応」の「隠居」の仕方として、「財物を持のく事」を容認する（同）。それは「褒らぬ事《ママ》」であるかもしれないが、結果として「妻子親類和合」することになれば、それでよかろうと考えるのである（同）。

このように堵庵は、自らを「不器量のもの」と認識し、「隠居」しても「死人」になり切れない自らについて述べている。「死人」になり切れないから、家のことが心配になり、「用心」のために「財物」の一部を確保しておくというわけだ。

堵庵が自らを「不器量のもの」とみなすことには、重大な問題が孕まれていると考えられる。だが、それは後述することにして、ここで確認しておきたいのは、いわば「隠居」になり切れない者として自らを認識する堵庵の姿である。

隠居した際に書かれたものと考えられる「環堵の記」において、堵庵は次のように述べている。

我は世を捨たるにもあらず、又世に捨られたるにもあらす、只いつとなく世の事いとまに成て無用の身とはなれり（五〇九頁）

僧のように「世を捨た」わけではない。「世の事」から退いた「無用の身」。だが、先の語録と重ねるならば、堵庵は「世の事」からは退き切れず、「無用の身」になり切ることができなかった、とみなすことができるだろう。このような、あいまいさの残る立場に自らを位置づけつつ、堵庵は、教化に臨むことになる。

堵庵がこのような立場に自らを位置づけたのは、師の梅岩と自身の懸隔を痛感したが故でもあった。このことを物語る語録を取り上げてみよう。堵庵が教化活動を始めた時期に残された語録である。一七六四（宝暦一四）年二月二八日の日付があるこの語録は、現存する堵庵の語録の中で最も古いものの一つである。のみならず、この宝暦一四年二月とは、堵庵の生涯における、一つの重大な画期になっている。

「手島堵菴先生事蹟」によれば、堵庵は、同年同月、「西陣本誓願寺大宮の西」にて「毎夜」におよぶ講釈を行なった。「中庸及びつれ〳〵草」の講釈だったという。「聴衆数十人」で、「本心」（性）を知る者が多数出たというこの講釈は、堵庵が「大に講席を開きたまふ始め」であったとされる（以上、六〇三頁）。

また、「断書」なるものが発行された日付も同年同月である。[27]「断書」とは、石田梅岩の弟子になったことを示すいわば証しとなるものである。[28]先の講釈の際に、「本心」（性）を知ったとみなされた聴衆に渡されたものと考えられる。[29]つまり、この講釈は、石田梅岩の弟子を新たに獲得してゆく起点に位置するものなのであり、その意味で、教化運動としての石門心学のはじまりを示す講釈といっても過言ではない。そして「断書」とは、石田梅岩の門人とそうでない者とを弁別するためのものなのであるから、それが発行され始めたことは、教化運動が組織化され始めたことを示しているといえる。

　これからみてゆく語録は、このいわば記念碑的な講釈がすべて終了した日の「夜会」（どのような会であったのかは不明）において述べられたものである。それでは、この語録で堵庵は何を述べているのであろうか。まず、堵庵自身が作成したと思われる問いから見てみよう。

　此度各性を知り玉ふ事は偏に古先生世に出生し給ひし故、其説を聞て発明し給へるにあらずや。人として苟《かり》且《そめ》の事たも恩を知らずば、人とはいはれまじ。況や此広太の恩に於ておや。然れば先此恩の広太なること如レ此と云事を知るべきことなり（八三六頁）

　まずこの問いは、すでに「性」を知った者に対して向けられたものであることを確認しておこう。「此度」とあるので、講釈の席において「性」を知ったばかりの者たちのことを指すと考えてよいだろう。初めて発行となった「断書」を受け取った者たち、と言い換えてもよい。

　彼らに対し堵庵は、「性」を知ることができたのは、「古先生」すなわち石田梅岩のおかげだという。だから、各自は、梅岩の「広太の恩」を受けていることになる。それではこの「恩」とはどのようなものなのか、そしてそれに報いるためにはどうすればよいのか。このように堵庵は問いかけている（同）。

　ところで、いうまでもなく、梅岩はすでに没している。したがって、右の問いを向けられている者たちは、梅岩の教えを直接聴くことなく「性」を知ったことになる。にもかかわらず、堵庵はここで、梅岩の名前を持ち出すのである。

　先の「連中示合」で確認できたように、堵庵も含む弟子たちにとって、梅岩の死は、「道」が「廃」れてしまうことのように思われたのであった。そして、梅岩の示した「道」において、「性」を知ることがいかに重要な位置を占めていたかは繰り返すまでもないだろう。となると、「性」を知るということもまた、梅岩の存在を抜きにしては考えられないという発想が生れてくることになる。堵庵の発する問いは、このことを示していよう。

この問いに対して堵庵は、まず自らが「性」を知った体験について語り始める。その体験とは、「教に因て自己の性を知り、其所より見れば天人一にして古今来無₂変滅₁仰て天の際《かぎり》なきを知り俯て大地の窮なきを知る」というもので、この体験により堵庵は、「上は尊く下は卑く、各其位を以て悖逆《もとりさかふ》事なく、人は五倫の道に順《したが》」うという「教」の「難₂有こと」を知ったという（八三六〜三七頁）。そして、堵庵は右の体験を一言で「天地を呑尽す」体験と表現している（八三七頁）。

「天地を呑尽す」——この表現は、『都鄙問答』において梅岩が自らの開悟体験を述べる際に用いた表現であった。堵庵はもちろん、この梅岩の言を知っているであろうから、自らの体験をその言になぞらえながら表現したといえる。堵庵がこの表現を用いたことの意味は後に改めて考察する。

ともあれ、堵庵は、このような体験をなし得たことを「難₂有こと」と述べ、ここに梅岩から受けた「高恩」を見出している（同）。それでは、堵庵は、この「高恩」にどのように報いようとするのであろうか。

一度如₂此天地を呑尽す上は人は唯孝行のみ為《なしをこなふ》行こと悉《ことごとく》義に従ひ、性徳を害ふ事なくば、是ぞ広太の報恩ならんと思ひ行ひ見るに、行あたること多く是にては一向勉らず。家業も子に譲り、世間も交りをやめ、其上にてなくば道は行ひ難き事也と甚倦たる時もありしに、其後ふと心づき、是迄我大きに錯《あやま》れり。（同）

ここでいわれる「報恩」とは、「人」としてあるべき姿のままに生きることを指すといってよいだろう。「性徳を害ふ事なく」、「性徳」にもとづいて生きれば、自ずと「孝行」へとつながり、「義に従」った行ないへと結実するだろう。これが梅岩への「報恩」だと堵庵はいう（なお、ここでいわれる「性徳」については、字義通り、生れつき備わった徳とでもいった程度に解しておく）。

ところが、このような意味での「報恩」を行なうことは自分には無理であったと堵庵は述べている。「性徳を害ふ事なく」して「家業」に励むことも、「世間」と「交」わることも、無理なのではないか。「世間」との「交」わりを断たないことには、「報恩」は不可能なのではないか。このように思ったこともあったと堵庵はいう。だが、続けて堵庵はいう。右のような意味で「報恩」をとらえるのは「錯《あやま》」っていたと。では、一体何が「錯《あやま》」っていたというのだろうか。

今迄徒に高遠に馳せるなり。自今は身代分限をしりて、先我が知る所を心一ぱひ尽し行はん。行ひがたき事は時々《よりより》有道の人に問ひたづね、それにても心に済がたき事は知ざるは闕《か》きおくともの給へば、其事は先除きおき、成ることを勉べしと思へり（同）

先に堵庵は、「行《をこなふ》こと悉《ことごとく》義に従」うようになることが「報恩」であると述べていた。だが、このように「報恩」をとらえることは「高遠」に過ぎたと堵庵は述べてしまう。「悉」くというわけにはいかず、どうしても「行ひがたき事」があることを思い知らされたのである。この「行ひがたき事」に対処するために、堵庵は、「有道の人に問ひたづね」、それでもわからないときは「先」ずは「除きお」くことに決めたという。

ここでいわれる「高遠」とは、梅岩の教えの通りに実践することの「高遠」さを示すことはもちろんであるが、その実践を目指すこと自体が「高遠」に過ぎると述べているようにも解せられる。つまり、なんとしてでも梅岩の教えの通りに実践しようと思うこと自体、自分の「分限」を知らないことに他ならないと。とすれば、ここで堵庵は、師匠と自らの「分限」に大きな懸隔があることを述べていることになる。

だが、このことは、堵庵が「道」の「相続」を断念したことを意味するのではない。続いて堵庵は次のように述べている。

予愚なりといへども大きに無道なる事に疑ひはなきもの也。疑はしくて決し難きことは他人も尤《とが》むることなく、是迄其通に済きたりたる事にあるものなり。是は今迄も人の尤《とが》めぬほどの事なれば、善にもあるまじけれど、漸々を以て善にをむ《(ママ)》べし（同）

ここでは人の行ないが三つに区別されている。「大きに無道なる事」、「人の尤《とが》めぬほどの事」、「善」なる事の三つである。このうち「大きに無道なる事」については、堵庵は「疑ひ」なく「無道」と判断できるようになったという。おそらく、梅岩に教えを受け、「性」を知った結果であろう。だが、「大きに無道なる事」を取り除けば、残りは「善」なる事のみになるわけではない。「無道」とはいえないまでも、「善」であるとも判断し難いことがあると堵庵はいう。以前の堵庵であれば、この判断し難いことを「悉」く「善」なる方向に向けようと苦慮したことであろう。だが、ここで堵庵は、この判断し難いことを「先」ずは「除きお」く。「善」なる事とはいえないにしても、「人の尤《とが》めぬほどの事」であれば、さしあたってはよしとしたうえで、「漸々」と「善」に進むことを目指そうとするのである。

「漸々」と「善」に進むことが、具体的にどのようなことを指すのかについては、後に改めて考察するが、ここでいう「漸々」とは、師匠の梅岩との間に見出してしまった大いなる懸隔を、少しずつ縮めていこうという堵庵の志の反映でもあろう。そして、この志は、梅岩から受けた「恩」を「広太」なものと身構えてしまっていた自らへの戒めとしての意味を併せ持っている。

学はとかく不レ倦してねばりづよく息《やま》ぬが肝要なり。予も今は悪きことが少しいやになりたり。何《いつ》の間にやら広太なと云事も忘れ、死ふかとも生ふかとも思はず、成らぬ事は成らぬと知り、我が手に合ふほど力一ぱい、内に省て、病ぬやうにして行ばかりにて、我性は広大なと思ふ世話もなく、成らぬ事でも無理に仕付ねばならぬと云心つかひもなし。悪い事をすれば内に合点せぬ故、それをせぬばかり也。扨無造作なる心安き事にて楽ばかりなり（八三八頁）

梅岩から受けた「恩」のあまりの「広太」さに茫然としてしまっていた堵庵であったが、「成らぬ事は成らぬと知り」、「漸々」と「善」に進めばよいと悟ったことにより、「恩」の「広太」さを意識することがなくなったという。そして堵庵は、「広太」さへの拘りから抜け出せたこともまた、梅岩のおかげであると述べている。

古先生此楽を世界の人に知せたく願ひ給へり。予もまた右の通外に何の思ひもなく心静《ひま》なれば其志を次ぎ、世の人面々の性を知れば悪をなさず、其身の分限相応々々にその身其まゝにて安楽なるばかりなるものなれば、何とぞ人々に其性を知らせたく思ふのみ（同）

教えの「広太」さ、「恩」の「広太」さに、いわばがんじがらめになっていた堵庵であったが、そこから抜け出すことによって得られた「楽」を、他ならぬ「古先生」から教わったことであると述べている。「広太」な教えから「無造作なる心安き」教えへ。この力点の移動は何を物語っているのだろうか。

ここで少し前に戻って、堵庵自らが「性」を知った体験について述べていた箇所を思い起こしておきたい。堵庵は、自らの体験を梅岩一度目の転機になぞらえるかのように、「天地を呑尽す」体験と表現していたのであった。この表現は、天地の広大さを強調するとともに、その天地すら「呑尽す」、自らの広大な「心」「性」の自覚であったといってよいだろう。

この体験にもとづいて、梅岩の「道」の「相続」を目指した堵庵であったが、梅岩が一度目の転機を小栗了雲に否定されたように、堵庵もまた、自らの考えを否定するに至る。その結果、梅岩の教えの「広太」さよりも、「無造作」にして「心安き事」であることの方が強く意識されるに至っている。前章で何度も登場した表現を使えば、「恩」という「粕」への拘泥から抜け出したといってもよいのだろう。そのような「粕」にとらわれなくとも、「悪い事をすれば内に合点」しないことには変わりないのであり、「無道なる事」に陥らずに済む。

このように、堵庵は、報恩への拘泥から抜け出し、「内に省」みさえすればよいと思い改めることにより、「無造作なる心安き事にて楽ばかり」になったという。そして、この「楽」を梅岩から教わったことであるとしたうえで、「楽」を「世界の人」に知らせようとする。ここに堵庵は、梅岩から受けた「恩」に報いる道を見出したのであった。

ところで、先の追悼辞に見たように、梅岩の教えを説き広めることとは、梅岩死去直後から堵庵が胸に秘めていたことではある。しかし、追悼辞におけるのとは異なり、ここで堵庵が説き広めようとする教えは、「広太」な教えというよりも、「無造作なる心安き」教えであることが強調されるに至っている。

だが、梅岩の教えを「無造作なる心安き」教えとしてとらえてみたところで、堵庵がその教えの通りに実践できていないという自覚を有していたことには変わりないわけである。にもかかわらず彼は、その教えを人々に説き広めようとする。

教えを自ら実践することを先決するか、それとも説き広めることを優先するか。ここに、梅岩の「道」の「相続」にまつわる困難性があることは先に述べたが、ここで堵庵は、あたかもその困難性を払拭したかのように、「心静《ひま》なれば其志を次」いで梅岩の教えを説くと述べている。このことをどう考えればよいのだろうか。

3 「不器量のもの」にできること

この問題への手がかりになりそうな語録を取り上げてみよう。この語録は、ある家に生じた問題への対処策について堵庵が答えたものだが、実は、同じ問題に対する梅岩および木村重光の語録も残されている。したがって、この語録を通じて、梅岩と堵庵の立場を対比してみることができる。重光の語録が、梅岩の語録の解説という体裁になっているのに対し、堵庵の語録からは、梅岩の立場との明らかな相違を見て取ることができる。

この語録は、ある家の主人が他家（といっても、親戚にあたる家だが）の手代たちから受けた頼みにどう対応するかについて述べられたものである。「或所」に「宿ばいりの手代」（手代として主人の家に住み込みで働いていたが、すでに独立して、自らの住家を持っている者）がいたが、「大病」を患ってしまった（八四一頁）。「或医師」のおかげで「次第に快《こゝろよく》」なってはきたが、薬として「人参」が必要だという（八四二頁）。しかし、この「病人」には「人参を調へる力」がない（ここでいう「力」とは、財力のことであろう）。そこで、かつて「傍輩」だった「手代」たちは、「主人」（「旦那」）に頼ろうとする。「主人」は、はじめは「得心して」、人参を用意してやっていたが、「入用多く成ゆへ」、やがて断るようになった。そこで「手代」たちは、「主人の一家」に頼ろうとする。ここでいう「一家」とは、「主人」とは別世帯を持つ親族のことである。頼まれた「一家」の者は、他家の手代を「助る理」はなく、もし「助力」したとしたら「主人に於て快からず」。だから、我々を頼るのではなく、改めて「主人」に相談すればよかろうと考える。だが、そうはいっても「大切なる病人」である。「義はともあれ人参を遣し候も道なるべきや」と思い悩んでしまう。そして、どうすればよいかを問いかける（以上、同）。

この問いに対する梅岩の回答をまずは見てみよう。梅岩が用意した答えは、非常に簡潔なものである。まず、「一家」の者として人参を用意するしないは、「末」の問題である。問題にすべきは、「手代」たちについてである。「手代」たちは、まずは「主人」を頼り、「得心」を得られないとして、「主人の一家」を頼ったのであった。だが、他人に頼る前に「手代」としてするべきことがあるだろうというのが梅岩の立場である（以上、同）。

「病人」を助けたいのであれば、「手代」たちは「衣類を売払」い、「着のまこ（ママ）」[30]（着のまま）になってでも、人参を用意すればよいのだと梅岩はいう。もしそれでも「不足」ならば、「傍輩」に頼めばよい。それでも「不足」した時、はじめて「主人」にお願いするのである。これが、「主人」に仕える者としての「臣の道」である。にもかかわらず、「自己を顧ず主人の非を見て他門へ語り、主人の悪を顕す事」は「不忠の第一」であると梅岩はいう（以上、同）。

着のままになってでも人参を調達せよとする梅岩の答えは、第五章でみた『斉家論』の記述を思い出させる。家財を売り払わなければ借金を皆済できないという相手に対し、梅岩は「赤裸」になってでも借金を返せばいいと述べたのだった。借金を返すために「赤裸」になる者は「今の世にたぐひ稀なる正直もの」である。だから、人々はこの「正直もの」に着るものを与えてくれるはずだと梅岩は述べたのだった。

だが、この者が「赤裸」になったとしても、人々が救いの手を差し伸べてくれる保証はない。そして、同様のことは、今の語録にもあてはまる。「手代」たちが着のままになったからといって、人参を調達できるだけの資金が調うとは限らないし、「主人」が助けてくれるようになるとも限らない。着のままになり、それから「主人」に頼み、それでも「主人」が「不得心」であれば、「暇を乞ひ出べし」と梅岩はいう（同）。「臣の道」を尽したうえで、主君が聞き入れなければ、主君のもとを去れと梅岩はいうのである。着のままになり「主人」のもとを離れた者が、その後どうやって生計をつないでゆくのかについては、梅岩の関心はない。

このように、梅岩の答えは、「手代」としてあるべき「臣の道」に愚直なまでにもとづいて行動することを求めるものである。「道」にもとづいた結果、着のままになってしまおうが、ここでは問題にならないのである。対して、堵庵の答えは趣が異なっている。堵庵の答えは、以上の梅岩の語録に疑問を呈した「或友」に対して答えたものである。「或友」は、如上の語録に対して次のような疑問を述べている。梅岩の答えを、「我」のような「不器量のもの」にあてはめて考えた時、「我」にはとてもできそうにない（八四三頁）。「我」が先の「一家」の者に代わって、「手代」に「臣の道」を説いたところで、「手代少しも聞入まじ」（同）。それでは「我が分際にてはいかゞ取はからふべきや」と「或友」はいう（同）。

おそらく、ここに登場する「或友」は、どこかの商家の主人なのであろう。だから、自らを「手代」ではなく、「一家」（の主人）に重ね合わせている。いずれにしても、この「或友」には、梅岩の答えが実践困難なことに見えたのである。「手代」たちを説得するだけの「器量」は自分にはなさそうであるし、また自らの抱える「手代」たちを見ていると、着のままになることも厭わぬまでに「臣の道」を意識しているようにも見えない。では、そのような自分は、どのように梅岩の答えを受け止めればいいのか。このように「或友」は堵庵に問いかける。

対して堵庵は「不審の趣左もあるべし」（同）と述べたうえで、次のように答えている。

我不器量なりに私の身勝手なき所を心あるだけ択みて、其所を行ふべし。これ如在《じょさい》なきしかたなり。然ばわれ彼一家にかはりて見るに我身善事なければ手代聞入れぬは初より知れたる事と思へり（八四四頁）

堵庵もやはり、自らを「一家」（の主人）にあてはめて考えようとするが、その結果、「我身」に「善事」がないことに思い至ることになる。「善事」がないのに、「手代」を納得させられるはずはない。したがって、「一家」の主人として「手代」にあるべき「臣の道」を説くことは、自分には無理なこととしてしまうのである。とはいえもちろん、「彼病人を見殺しに」するわけにはいかない（同）。したがって、「たとひ不義かは知らねども」、人参を調達して、「先病人を救ひ、快気さす」ことが必要だと堵庵はいう（同）。

ここで堵庵が自らを重ね合わせる「一家」（の主人）にとって、件の「病人」は他家に属する者である。その他家の者に対して、主人を介さずに、直接助けの手を伸ばすことは、「不義」であるかもしれない。だから先の梅岩の場合、問題をあくまで「病人」の属する家の問題としてとらえ、他家の主人としてなすべきことは、「手代」

としてのあるべき姿を諭すまでのこととしたのである。

だが、堵庵は、「たとひ不義」であったとしても、まずは「病人」を救うことを先決とする。「手代」を諭すだけの「器量」を、この「一家」の主人に期待することは困難だと考えるからである。

ところが、堵庵の答えは以上に尽きるのではない。

病人たすかりなば、其時期《あて》にするではなけれども、彼主人も手代も大かたはわれを思ひの外殊勝千万なるものと思ふべきか、仕合にてかくのごとくのみこまれなば、其折にこそ主人へも手代へも道をすゝめ、先本心を知らせ、人の道に引入るべし。人の道に入をかば今度の間にはあはねども此後とても家内一家に左様の事もありかちなれば其節は少しは間にも合べきか（同）

「不義」かもしれないが、まずは「病人」を助ける。この行ないを見て、「病人」の家の「主人」や「手代」たちは、「殊勝千万」と思うかもしれない。もしそのように思う「主人」や「手代」であったならば、彼らを「人の道に引入」れるのがよい。そうすれば、もし今後同様なことがあったならば、「手代」は着のままになってでも「病人」を救おうとするであろうし、「主人」もまたこの「病人」のために人参を用意しつづけることだろうと堵庵はいうのである。

ところで、右の堵庵の言は、先の「或友」の問いから逸脱してしまっているといえる。「或友」が問うていたのは、「我」のような「不器量のもの」の場合、「病人」を救うためにはどうすればよいかということであった。だが、ここでの堵庵の回答は、「病人」を救った後の話である。要するに堵庵は、「病人」を救った後、「病人」の「主人」と「手代」とを教化せよと述べているのである。

自らの「不器量」に直面する堵庵は、「手代」を諭すだけの「器量」を持ち合わせていない「一家」の主人の姿、そして、着のままにはなり切れない「手代」たちの姿に目を向け、彼らを教化することに関心を向けていく[31]。そして、堵庵は、教化を通じて「手代」とその主人を「人の道に引入る」ことにより、「共ともに道を談じ、互に道にすゝ」むことができるという。そうすることで「終には故石田先生の仰せられし地位にもいたる」ことができるだろうというのが、堵庵の目指すところであった（以上、同）。

したがって堵庵は、梅岩の答えを否定しているわけでは全くない。自らも含め、梅岩の答えどおりに実践できない者たちが協力し合うことにより、梅岩の教えの通りに実践できることを目指そうとしているのである。

> 我が卑力《ひりき》にてはかなひ難きをわきまへなくすれば却て害をなすともあるものなり。左様の事は先力相応に如《じょ》在《さい》なく行ふべし（八四四～四五頁）
>
> 惣じて御遺書を見きく時、予が此論を思ひ合せて見所きゝ所用ひやうあるべき事を考へ給はん事を希《こひねが》ふのみ（八四五頁）

ここには、先にも見た懸隔、すなわち、梅岩と自らの間の懸隔に直面する堵庵の姿がみられる。そしてこの懸隔の自覚は、堵庵をして教化活動へと向かわせてゆく。それは、梅岩への報恩としての意味を持つとともに、梅岩の教えを協力して実践してゆく朋友を獲得してゆく意味を持っていたのである。

こうして教化活動を始動させた堵庵は、ある語録で「即今の志」について語っている。

> 及ばずながら志を申さば、先つ、故先生の御志をつぎ、普く世の中の人不忠不弟のなきやうにしたくおもふなり。不忠不孝不弟さへなければ世間にいひぶんはなし。いづかたも和合して安楽なるべし。故先生さへ我

身に忠孝なけれど、人を忠孝にしたきが病となるとあれば、我は身に忠孝はなし、などといふも却而悍なればたゞ不肖はかへり見ず、人を善に進るに恥て、此方の非を改る便りとせんと願ふのみ（六八八頁。八五六～五七頁にも同じ語録が載る。）

堵庵は梅岩の「御志」を継いで、「世の中の人」の「不忠不孝」を無くそうとする。だが、梅岩が「病」とまで呼んだこの強い「志」を継ぐことは、「此方の非」を浮き彫りにするような営みである。だが、堵庵は教化を行なうことで「此方の非」を自覚し、それを「改る便り」にしようとする。

また別の語録には次のようにある。

古先生常々我身には忠孝なけれども人の不忠不孝を直したし、壱人なりともおしへ道引たしと思ふ事日夜朝暮、是を病とせりとの給へり。何ぞいたづらに此事をの給はんや。はづかしながら我々はさりとはか様の志なし。少しも道のはしを知つて此志なきは世の中の罪なき人をみづから殺すに同じ。不仁の甚しき事なり。痛かなしみてはづかしくつゝしむべき事也と思へり。（中略）夫ゆへ予もまた我身の不肖を忘れ、たとひ志はおこらずと、せめて其まね成ともして人を善に導かば予こそ不肖なれ、道は古人の道也。老蚌《ボウ》明珠を生ずるとやらいふ事もあればそれより集る人には如何様の賢徳ある人、いかやうの仁者が出来るべきもしらず（七〇九～一〇頁）

梅岩の「志」を継承することなど到底できない。だが、梅岩のもとで「少し」であっても「道のはし」を知った者として、その「志」を継承せずにはいられない。梅岩の「まね」であっても教化に従事すれば、「賢徳ある人」「仁者」が現れてくるかもしれない。

「不器量のもの」であるにもかかわらず、教えを説く。いや、「不器量のもの」であるがゆえに、切磋琢磨すべき学友を見つけけんと教化を行なう。かかる逆説的な考えのもとに、堵庵の教化活動は始動したのである。

註

（1）岩内誠一『教育家としての石田梅岩』立命館出版部、一九三四年。以下、「連中示合」からの引用は同書に拠る。同書には、「連中示合」の全文が翻刻されている。原史料の現在の所在は不明。なお、岩内の考証によれば、「此の示合には、杉浦宗恒止斎、上川喬房堵庵、富岡以直忠介、木村重光平助、同妻伝女、小森由正五市、渡辺元祐、黒杉政胤伊助等の高弟之に参加したといふことである」（二一四頁）。ちなみに、「上川喬房堵庵」とは手島堵庵のことである。

（2）この点については、すでに柴田実によって指摘されている。柴田実「解題」（『石田梅岩全集』上、三九頁）。

（3）梅岩の門下に限らず、この時代の講釈には、学習の一環としての意味合いもあった。武田勘治『近世日本学習方法の研究』（講談社、一九六九年）参照。

（4）岩内誠一前掲書、二三一～三二頁。

（5）山中浩之「尊性堂と飯岡義斎」（今井淳・山本眞功編『石門心学の思想』ぺりかん社、二〇〇六年）一六四頁。

（6）岩内誠一前掲書、二三四頁。ただし、史料名が明記されておらず、引用文も現代語訳されているので、ここには引用しない。

（7）岩内誠一前掲書、二三五頁。

（8）以上の門弟たちの動向については、岩内誠一前掲書、二二一～四二頁、石川謙『石門心学史の研究』（岩波書店、一九三八年）二一三～二五頁に多くを負う。

（9）黒川真道編『日本教育文庫――心学篇』日本図書センター、一九七七年、二八九頁。

（10）宗仲が梅岩の教えをいかに受け継いだかについては、植田知子「杉浦宗仲と梅岩心学」（『経済学論叢』六四巻四号、二〇一三年）参照。植田は、宗仲が残した「家中之定」の内容に、梅岩の影響を見て取っている。

（11）『杉浦家歴代日記』京都府立総合資料館所蔵。岩内誠一によれば、宗仲は、一七五八（宝暦八）年より一八〇九（文化六）年の約五十年間にわたって日記を書き残している（岩内誠一前掲書、二八三頁）。だが、同館にあるのは、一七八二（天明二）年四月一〇日以降のもののみで、それ以前の日記の所在は確認できていない。「やや不十分な事例ではあるが」と書いたのはこのためである。

（12）「知自性」（一七八五〈天明五〉年一〇月一五日）、「会得自性」（同年一二月八日）と表記されている例もある。

（13）「発明」ではなく「有省」と書かれている例もある。ここでは一応区別したが、両者をあわせると一九人になる。
（14）「接得」の際に以直が述べていたことは、宗仲によって「聞書」としてまとめられていたらしいことが日記から窺える。「聞書」の現在の所在は不明である。
（15）ただし、宗仲の指導による場合は、「発明」や「知自性」とは表記されず、「知性端」すなわち、「性」の「端」を「知」ると表記されている。このことは、宗仲が、自分には以直のような「接得」を行なう力量がないと考えていたことを示しているのかもしれない。
（16）『善山漫録』（山中浩之前掲論文、一八一頁所引）。
（17）以下本書では、手島堵庵に関する史料は、柴田実『増補手島堵庵全集』（清文堂出版、一九七三年）に拠る。
（18）岩内誠一前掲書、二一四頁。なお、これから見る堵庵の追悼辞は、同書二一六頁にも翻刻されているが、ここでは、前掲『増補手島堵庵全集』五五〇頁に拠ることにする。
（19）ただし、堵庵が家内の者に日頃説いていた教えを示す著作に、『我津衛』という書がある。自序の書かれた日付は、一七五九（宝暦九）年になっている。だが、この自序によれば、『我津衛』は、家内へ向けた教えを書き綴ったものであり、刊行を想定して書かれたものではない。実際、同書が刊行されたのは、一七七五（安永四）年。堵庵が、教化活動を展開し始めてからのことである。したがって、同書の執筆を、後に展開される教化活動と同列に並べることはできない。
（20）上河家と手島家との関係については、金成炫「近世の京都商人「近江屋」上河家による手島家の継承」（『史林』八五巻五号、二〇〇二年）を参照。金によれば、堵庵の代より、「上河家本家の当主は隠居とともに手島家を継承して「手島嘉左衛門」を名乗った」。
（21）なお、この時、木村重光はすでに没しており、小森由正も前月に亡くなっていた。
（22）全門は一七五八（宝暦八）年より、体調を崩しがちであったらしい。岩内誠一前掲書、二二七頁。
（23）前掲『増補手島堵庵全集』所収の「年譜」によれば、堵庵が家業から退いたのは九月となっている（四頁）。金成炫前掲論文でも、九月となっている。だが、いずれも資料的典拠は挙げられていない。
もし資料的典拠が「手島堵菴先生事蹟」に求められているのだとすれば、いくぶん正確さを欠いていると思う。「九月」という日付は、あくまで宗義の「三十三回の忌祭」を営んだことに対して付された日付であり、堵庵が家業から退いた日付は「今年」とだけ記されている（六〇二頁）。だが、次に述べる理由により、ここでいう「今年」とは九月以降を指す可能性が高い。まず、この「忌祭」は、堵庵が「とりこし営」んだものである。金成炫前掲論文によれば、手島家の年忌として宗義が祭られた例はないので、「忌祭」は上河家の行事として行なわれたことになる。堵庵が手島家当主の立場から、この「忌祭」を

「とりこし営」んだ可能性も否定できないが、「忌祭」が終わるまでは上河家当主の立場にいたと考えた方が妥当だと思う。

(24) 手島家の系譜については、金成炫前掲論文を参照。

(25) 「儒道」では「身は即父母の遺体」とされる（六六三頁）。この考えにもとづけば、「火葬」は親から授かった「身」を焼くことだからもってのほかだ、という解釈も生れてくることになる。

(26) 従来の研究では、「性」を「本心」と言い換えたのは堵庵だとみなしたうえで、この言い換えに梅岩と堵庵の違いを見出そうとしてきた。確かに、書かれたものを見る限り、梅岩が「本心」という語を用いるのは、語録に若干の用例が見られるだけである（『石田梅岩全集』下、一三八頁、一五一頁）。のみならず、これらの用例において、「本心」という語が重要な用語として用いられているようには見えない。したがって、「本心」という語を「性」の言い換えとして用い始めたのは堵庵であるとする見解は、確かに蓋然性が高い。

だが、『知心弁疑』という書において、堵庵は、「性」を「本心」と言い換えたのは、「翁の師」すなわち梅岩だと述べている（三五頁）。また、ある語録で、「汝ノ学何ヲ旨トス」と問われた堵庵は、「我師本心ヲ知ルヲ示ス」と述べている（七七六頁）。堵庵が梅岩の「道」をどのように「相続」しようとしたのかについて考察する本書の立場からすれば、これらの堵庵の言は、真に受けておく必要がある。

(27) この時期以前にも「断書」が発行されていた可能性がないとは言い切れない。だが、今日残されているもので、さらに古い日付を持つものは、管見の限り存在しない。また、「断書」は板木に彫られて印刷されることになるのだが、そこで彫られた日付は「宝暦十四年甲申二月」となっている。

(28) 石川謙による次の説明が最も詳しいものであろう。「心学の門に入つて修行を積んだ「初入」のものが所謂本心発明を済した場合に、この断書を渡して梅巌門人たることを認容した印にしたものである。後には、断書を受領したものを明倫舎備付の『石田先生門人譜』に登録したものであるが、それが積り積つて明治十三年までには三万六千余人を算するに至つた。かうした意味のものであつたから『断書』授与の式は明倫舎――後には各地の心学講舎――に於いて梅巌の真蹟を飾つた彼れの霊前に於いて荘厳に行はれたのであつた」（石川謙前掲書、二四二頁）。

(29) 講釈が終わり、その場で「性」を知ったと認められた者に「断書」が読み上げられた後、手渡されたのだと考えられる。ちなみに、年次不明ではあるが、堵庵の次の書簡からも、「断書」を渡すことが講釈の一環だったことが確認できる。

蛸やくし空也堂之講釈も此廿四日迄、廿五日に断書よみ候而、万事首尾よく致畢講候（「十二月朔日、鍵屋兵助宛書簡」、五七八頁）

なお、この書簡は、次章で取り上げる「初入咄」と「講釈」とがもとは未分化であったことも示している。

(30)『石田梅岩全集』にも同じ語録が載るが、そこでは「着ノマヽ」と書かれている(下・三四九頁)。「着のまこ」は誤写、ないし誤植であろう。

(31) このように堵庵が考えるのは、梅岩在世中の頃との時代背景の違いを物語っているのかもしれない。『女冥加解』と題された書の中で堵庵は、梅岩が『斉家論』を著した頃よりもはるかに「華美」になった当世のあり方を問題にしている。女性の「華美」が問題にされているのだが、その「華美」に対して「主親夫」が「異見」したところで、その女性は「異見」を聞き入れるどころか反発を深め、かえって「和合の破れ」に至る危険があるとされている。このことは「斉家論の時さへ」そうなりがちであったのに、「それより卅三年の星霜を経たる華美のならひ」のもとにあっては、なおさらその危険があると堵庵はいう(以上、一九一頁)。女性の「華美」を「むさとは制しがた」(同)いという右の堵庵の言は、一見、教化の無効性を語ってしまっているようにみえる。梅岩の時代よりもさらに教化が困難になった時代として、堵庵は現状をとらえている。だからこそ堵庵は、梅岩の教えを説こうとする。「故先生の遺教」によって「本心」(「性」)を知ることができれば、「主親夫」の「異見」に耳を傾けられるようになるだろうと堵庵は語っている(一九三頁)。なお、如上の時代背景については、逆井孝仁「石門心学における実践倫理の展開」(前掲今井淳・山本眞功編『石門心学の思想』)、山本眞功「堵庵心学の社会的機能」(『季刊日本思想史』六五号、ぺりかん社、二〇〇四年)に詳しい。

■第八章　「同輩」への教化と教育

第一節　本章の課題

前章では、梅岩の教えを継承しようすることがいかにして教化活動へと結びつくに至ったのかについて考察した。本章では、その教化活動の内実に目を向けてみることにしたい。

前章で見てきたように、堵庵は、梅岩の教えの通りに日々の生活を実践することは「高遠」に過ぎることと考え、「不器量」なる自身の「分限」に応じた教えの継承を模索していった。そして、「学びがてら」に「道をかた」る「隠居」の立場から、梅岩の教えを「無造作なる心安き」教えとして語り始めたのであった。その目的は、梅岩の示した「道」を「世界の人」に示すことで師の恩に報いることと、「道」をともに学びあう学友を獲得することとであった。

「手島堵菴先生事蹟」によれば、堵庵は教えを乞う者から「銭」や「音物」を一切受け取らず、それでも「音物」を用意しようとする者に対しては、次のように述べていたという。

> 我は人の師となるべき者にあらず、石田先生の教授の取次なり。其上儒を業とするにあらず。隠居の身にして衣食に不自由なし（五九八頁）

この記述は、教化に臨むうえでの梅岩と堵庵の立場の違いを端的に示すものである。「我不肖の身にて儒を業とす」と宣言し、「聖賢の道」を「用捨」なく説こうとした梅岩とは異なり、堵庵は儒者を称さず、梅岩の教えの「取次」として自らを位置づけていたというのである。

序章でも述べたように、従来の研究は、教化に際し両者が示す立場の相違が看過されてきた。そこで本章では、この相違が教化のあり方にどのように反映してくるかについて考察していく。特に着目したいのは、堵庵が梅岩の教えをいかなる教えとして提示するかについてである。前章で見たように、堵庵は梅岩の教えを「無造作なる心安き」教えと述べていた。だが、梅岩は「心ハ言句ヲ以テ伝ラル、所ニアラズ」と述べていたのであった。「取次」を自任する堵庵の教えは、当然、梅岩同様「心」「性」を知ることに焦点化していくわけであるが、「言句」では伝えられないことを堵庵はいかにして「無造作」に語り直そうとするのだろうか。そして、その語り直しは、教義の内容にどのような変化をもたらすことになるのか、ならないのか。これらの点を明らかにすることが本章の課題である。

第二節　「此方の学問」

一　「学びがてら」の講釈

残された史料による限り、堵庵は梅岩に比べて、はるかに多様な方法を用いて教化を行なったように見える。そこで、まずは、石川謙の研究によりながら、堵庵がどのような教化を行なったのかを概観しておこう(1)。

堵庵の行なった教化活動は、講釈、道話、坐談、前訓、女訓、出版活動の六つに大別できるのではないかと思う(2)。これらのうち、坐談については詳細は不明であるが、堵庵がある田舎人と問答を展開した著作に『坐談随筆』という書名が付されていることから推測するならば、講釈、道話とは違い、問答を通じた教化のことを指していたのかもしれない。

次に、前訓は、「七歳より十五歳迄」の「男子」、「七歳より十二歳迄」の「女子」を対象に、彼ら、彼女らに「相応の御をしへ」を説き聞かせようとしたものである（『前訓』六九頁）。そこで説かれたことの少なくとも一端は、『前訓』という書物にまとめられて刊行されている。女訓については、その詳細は不明であるが、文字通り、女性を対象に行なわれた教化であるだろう。(3) 子どもや女性といった対象に応じた教化方法が作られてきたことが注目に値するが、堵庵がなぜ子どもや女性に着眼するに至ったのかについては、現時点では不明である。

これらに対し、一応「無縁」の者を対象としたのが講釈と道話である（ここで一応と書いた理由については後述）。まず講釈についてであるが、これは、師の梅岩が盛んに行なっていたことである。堵庵も同様に、「無縁」の人々に対して講釈を行なった。いや、堵庵だけではなく、その他の門人たちも積極的に講釈を行ない始めた。すでに見たように、堵庵は講釈を「学びがてら」の講釈と位置づけていた。講釈とは、講釈者自身の学びの一環でもあるというわけである。したがって、堵庵以外にも、有力な弟子たちは講釈を盛んに行ない、その中から、中沢道二、布施松翁といった、多くの人々の耳目を惹きつける人物も登場してくることになるのである。

ところで、「学びがてら」という位置づけは、講釈のあり方にも当然反映してくる。後にも考察するように、堵庵、およびその弟子たちの講釈は、卑近なたとえを縦横に用いながら、梅岩の教えを平易に説き聞かせようとするものへとなっていく。これが心学道話もしくは道話と呼ばれるものである。もっとも、堵庵自身の書き残したものによる限り、道話という表現はまだあまり使われておらず、限られた用例を見る限り、道話と講釈との違いを窺うことは困難である。石川がいうように、このことは、「恐らく道話の形態がまだ充分に成熟しなくて、講釈と肩をならべるほどになつていなかつたことと、この頃の講釈がもう実際には道話と後に呼ばれたものになり切つていたので、別に他の名目を建てるに及ばなかつたこと」を示していると考えられる。(4) 石川の言はやや要領を欠いているが、このことは、講釈と道話の分化過程そのものが現時点では不明瞭であることを示しているといえる。いずれにしても、堵庵および門人たちの講釈は、当時の一般的な講釈のあり方とは趣の異なるものになってきていたであろうことは窺える。

だが、講釈から道話へ、ともいうべきこうした動向を堵庵は無条件に奨励したわけではなかった。天明年間（一七八一〜一七八九）に入ると、堵庵は、無許可で道話を行なってはならない旨を再三にわたって門人たちに通達している。[5] なぜなら講釈、道話が「雑話」のようになってしまっているからであり、それがもとで「間違之筋」が発生しているからだという（「社中順講定書」五八八頁）。ここでいう「雑話」が、どのような話を指すのかは判然としないが、ある通達にみられる「講釈之節聴衆御多人数に相成義を専一に思召候得者自然と雑話に相成候」という文言から推測するに、聴衆の関心を惹き付けるために多分に娯楽的要素を混じえた話のことを指すのだと考えられる（「他所え講釈並座談会輔等に御出之節別而都講より申入候条々」五九二頁）。

また、その「雑話」がなぜ「間違之筋」になったのかをはっきりと裏付けることは困難だが、この点については、柴田実が重要な指摘をしている。柴田によれば、堵庵が門人たちへの取り締まりを強化していくのは、一七八二（天明二）年、高槻藩において心学教化を禁止する触書が出されたことが契機になっている。[6] 同藩でかかる触書が出された理由は、現時点では十分に明らかにし得ないが、おそらく堵庵門下の脇坂義堂が同藩領内で「雑話」に相当することを話したことが原因ではないかと柴田は述べている。

ともあれ、講釈を「学びがてら」に行なうものとしたことにより、その講釈は、多くの聴衆を獲得するようになっていった反面、いわばまっとうではない講釈も発生してきた結果、それを取り締まる必要が生まれてきたことは確かだといえよう。[7]

2　「無造作なる心安き」教え

梅岩が公刊した著作が二冊にとどまったのに対し、堵庵は、多数の著作を刊行した。のみならず、堵庵は、他の人物の著した書物にしばしば序文や跋文を寄せている。これら序跋の記述からは、堵庵がいかなる書物を教化上有益とみなしていたかを窺うことができる。以下にいくつか挙げてみよう(8)。

誠に此草紙はいやしく浅はかなる小児のたらし事に似たれども、かしこき教にも巽与《そんよ》の言あり、滑稽あり、狂言綺語のうちに道理をのべしためしもあり。熟《つら〳〵》よみてかみしめ給はば其滋味濃《こまやか》ならんものか。言近ふして旨遠きものは善言なりとの仰もあれば人の徒に見過ごさん事をいたみて聊其志を後にしるす（岡田鷲光『臍隠居』序文、一七七四〈安永三〉年刊、五二〇頁）

此子もりうたは俚言鄙事なりといへとも、これ即道心微妙の赤子を撫育するの奇術なり（知真庵義観『子もりうた』序文、刊年不明、五二〇頁）

至れる哉、売卜先生の言近ふして最卑俗の風諭に長ぜり。是所謂其旨遠きものか。翁卜を鬻ぐは其行いやしけれども人を以て言を廃《すて》ざるは先哲のいましめ、釈氏も依法不依人とかや説けり（鎌田一窓『売卜先生糠俵』跋文、一七七七〈安永六〉年刊、五二一頁）

堵庵は、自ら序や跋を寄せた書物に対して、いずれも「言近ふして」「卑俗」なものであると述べている。「いやしく浅はか」「俚言鄙事」という文言もまた、同趣旨と解してよいだろう。だが、堵庵はこれらの書物をいずれも「旨遠き」ものと評価している。つまり「卑俗」な文言の中にも「遠き」「旨」を見出し得るととらえているのである。

このような考え方は、堵庵自身の教えにも反映している。そのことを窺わせるのが、『朝倉新話』という著作に寄せた有山玄統の序文である。『朝倉新話』は、堵庵の親しい弟子であった玄統が、堵庵の教えを聞き書きしたものであるが、序文も書いた玄統は、そこで次のように述べている。

先生の言辞これを翫ぶ時は其中自から深意あり。こゝを以て今この冊子を録するに其意味を失はんことを思ひ、只俚しき諺をもてす（二四五頁）

「俚しき諺」にも「深意」を見出すことができる。いやむしろ、「俚しき諺」で書き留めなければ、「深意」が失われるとまで玄統は述べている。つまり、この記述は、単に「卑俗」な教化の存立可能性について述べたにとどまらず、「卑俗」な教化こそが有効なのだとする自負すら読み取ることができるのである。このように玄統が述べるのは、もちろん、堵庵自身が「俚しき諺」を使って教化を行なったことを反映しているだろう。とすれば、この自負は堵庵自身の自負でもあったことが推測できる。

それでは、堵庵らをして、「卑俗」な教化を求めさせていったものは何だったのだろうか。ここで手がかりになると思うのが、前章で見たように、堵庵が梅岩の教えを「無造作なる心安き」教えとして人々に提示していたことである。実は、前章で見た語録に限らず、堵庵は随所で梅岩の教えの簡易さを強調している。これは梅岩には見られなかったことだと思う。確かに梅岩が自説の簡易さに言及する記述が皆無だというわけではない。例えば、『都鄙問答』において梅岩は、「我学問ナケレバ、六ヶ鋪コトヲ問フニハ非ズ。心得ヤスキヤウニ語ルベシ」（『石田梅岩全集』上・二八頁）と求めるある武士の要求に対し、「愚元来不学ナレバ、幸ナル哉」（上・二九頁）と述べ、「不学」が「不学」に教えを説くことの好都合について述べている箇所がある。だが、これはあくまで相手の要求に応じて梅岩が語ったものであり、堵庵のように教えの簡易さをいわば売り物にするようなことを述べている箇所は、管見の限り皆無である。

対して堵庵は、例えば、講釈の来聴者に配った「枢要」と題する一枚刷りの文書（一般に「施印」と呼ばれる）において、梅岩の教えを「甚だ匣約《むざうさ》の教」（五五四～五五頁）、「易簡《むざうさ》の示し」（五五五頁）と述べている。また、「問為学」と題する施印では、「かゝる無造作で手みじかき教導《みちびき》にあひしこと」に「師の恩恵」を見出すよう読者（来聴者）に求めている（五五一頁）。また、梅岩の三十三回忌における「追悼辞」では、梅岩の教えをやはり「簡易の示教」と表現し（八七五頁）、『会友大旨』という書においては、梅岩の弟子になった者に対し、梅岩の教えは「甚簡易にて下民たる身につとまりやすき教なり」と述べている（九八頁）。他にも類似の表現は随所に見られるが、ここでは、先にも引用した「問為学」に改めて注目し、もう少し詳しく見ておくことにしたい。

「問為学」は、「学問は何のためになされ候や」という問いと、それに対する堵庵の答えから構成されている。堵庵はいう。

> 師の命《おゝせ》に、汝先其方が身に具りたる本心を知るべし。本心を知れば学問の大意知るゝなりとの給ひし故、朋友の助によりて漸に本心のかたはしを知りて見れば、実《げに》も伝へきゝしごとし。扨は是を学問の大意とありがたく思へり。兼てはいか成事を知るぞと思ひしに、只我といふものなきこと合点したるまでなり。我なければ天理ばかりなり、これが即ち本心なり。学問の大意は此天理ばかりになる外はなし（五五一頁）

「学問の大意」とは「我といふものなきこと」を「合点」することだと堵庵はいう。「我といふもの」がないのであれば、すなわち、「天理ばかり」である。そして、このことを「合点」するためには「本心」を知る必要がある、いや、より正確にいえば、この「合点」こそが「本心」を知ることに他ならない、と堵庵はいう。

このように考える堵庵にとって、「生れつき」備わった「本心の心」に「背かぬが学問をするといふもの」である。そしてこのような「学問」を教えてくれたのが梅岩であるとされる（以上、同）。「本心」に「背かぬ」ようにせよ、というのは、スローガンとしては確かに単純明快であろう。そして、この明快さは、「愚昧鈍根なるもの」へ向けての教えとしてよく適っていることを堵庵は述べようとする。

我がごとき愚昧鈍根なるもの世にむつかしき教誨《をしへ》をうけば、何として勤るべき（同）

ここで堵庵が、教えの簡易さに積極的な意味を付与していることは明らかである。「むつかしき教誨《をしへ》」であれば、「我がごとき愚昧鈍根なるもの」には実践不可能である。だが、梅岩の教えは違う。その簡易さは、「愚昧鈍根なるもの」に見合った教えとして提示されていくことになるのである。

もっとはっきりした例を挙げよう。堵庵は、『坐談随筆』という書の中で次のように述べている。

身共が講釈でもせば、精出して聞にござれ。世間の講釈は聞にゆかしやることは無用でござる。それは世間のがわるいといふてとめるではござらぬ。多くはむつかしかつたり、文字言句のせんさくばかりであつたりして、そなた衆の身だめになる事はあまりござるまい。すりや、いそがしい身のひまつぶしでござるワイ。こちの講釈は身どもが文盲なによつて文盲にとくゆへ、そなた衆のために聞よいでござらぬか（二八頁）

ここで言われていることは、単に説かれる教えが「文盲」に相応した教えだということだけではない。その教えを説く自らもまた「文盲」であることに積極的な意味が付与されている。つまり、「文盲」であるがゆえに「文盲」に即した教えを展開できるのだという自負がこの文言には見られる。そしてこの自負は、「卑俗」な教化に対する堵庵の自負をも示しているといえるだろう。

このような文言こそ、梅岩においては前景化して見られなかったものである。そもそも梅岩は、特定の境遇の相手を想定して教えを構成しようとはしなかった。確かに彼のもとに集まってきた者の多くは京都の町家に住む者だっただろう。だが、彼が説こうとしたのは、あくまで「聖賢の道」であって、「町人の学問」といったものを説くことはなかったのであった。

対して堵庵は、教えを向ける相手として「不器量のもの」「愚昧鈍根」「文盲」を想定している。このように想定するのは、自らもまた「不器量」であり「文盲」であると自覚するからであるが、図らずもこの自覚は、教えを向ける相手を限定することへとつながっていくのである。

「心安」さの追求は、もちろん、教えの平易化をもたらし、それにともない、教えの受容層は拡大していくことであろうが、他方で、その教えに「心安」さを感じ取れない者を疎外してしまう可能性もあると考えられる。この問題について、以下考察を進めたい。

3　「無礼」な教え

ここで取り上げてみたいのが、堵庵の講釈を聞き書きした「論語講義」である。「論語講義」は、そのはしがきによれば、堵庵が「丹州亀山」に足を運び「城下安町西光寺」にて「続夜」行なった「道話」を聞き書きしたものだという（四五九頁）。「子ノ八月」のことである（一七六八〈明和五〉年か一七八〇〈安永九〉年のどちらかであろう）。刊行された著作ではないが、講釈の始めに『論語』の一節が引かれ、それに対する解説の体裁をとっている点、そして、様々な比喩やたとえ話を盛り込んでいる点において、「後来の心学道話の体形が整備されてゐる」と評される著作である。(9)

「論語講義」という書名は、『論語』の文言が提示され、それに対する解説によって話が展開していくことを読者に予想させる。しかし、堵庵は、開講にあたり、『論語』の解説の前に「いらぬ事」を話し始める。そして、これから見ていくように、この「いらぬ事」において、堵庵は、教化対象を限定していくことになるのである。

今夕は開講にて何角いらぬ事もたんと申さねは成ませぬ。先私は何もしらぬ者てこさる。是は卑下ても何てもこさらぬ。加様に御請待に預りて加様な所へ上ッてお咄しを申せは、何そ尤らしき者の様に思召されんか、中々とんと埒の明ぬ何も存せぬ者てこさる（四五九頁）

「開講」にあたって、まず堵庵は、自らが「何もしらぬ者」であることを断っている。この講釈は「御請待」に応じて開かれたものらしいが、まるで自らが「御請待」されるに値しないかのような物言いから、堵庵は講釈を始めるのである。

それでは、「何もしらぬ者」が一体何を語ろうとするのであろうか。ここで堵庵は、例によって梅岩の名前を持ち出し始める。

私も仕合て此石田先生に従ひ、二十歳の時本心の片端をしらせて貰ひました。知つたといふも甚恥しい事なれと、知て見れは我なし、我なけれはおのつから五倫和合して此外に道はなし、故に殿方もとふそして本心を御しりなされと申事也。私は石田先生へのお礼に、とふそ人〳〵に本心をしらせ、石田先生へ御引合を申迄也（同）

「本心を御しりなされ」——これが堵庵が講釈で説こうとすることである。「私」は「石田先生」のおかげで「本心の片端」を知ることができた。その「お礼」のために「私」は、人々に講釈することで「石田先生」に

「引合」せようとする。これが、堵庵が講釈を行なう目的として人々に提示することである。

先に堵庵は「何もしらぬ者」と称していた。ところがここでは「本心の片端」を知ったと称している。一見矛盾したこの言は、「本心」を知るということが、通常の意味での知る、知らぬ、ということとは別の意味合いを持つことを示唆していると思う。それでは「本心」を知るとはいかなることを指すのか。だが、後にも述べるように、この講釈で堵庵は、「本心」をどうすれば知ることができるかについて一言も語っていない。「本心」を知ることがなぜ重要であるのか、また、次の記述のように、「本心」を知ればどういうことになるのかを示唆するのみである。

本心をしつて見れは本心は元来古今に渡りて只一つの物也。故に仁者は天地万物を以一とすともいふ。仏家に所謂三界唯一心也。故に本心則石田先生也（四五九～六〇頁）

「本心」は「只一つの物」である。したがって、「石田先生」が示してくれた「本心」も我々の「本心」も同じ。したがって、「本心則石田先生」である。このような、わかりやすいといえばわかりやすい、だが、すぐには納得し難いような理路によって、堵庵は、人々を「石田先生」に「引合」せようとする。そして、「先生」は「無理身勝手はきつい御嫌らひ」であるから、「先生にお逢なされ」るうえは、「無理身勝手」をしないよう人々に求める（四六〇頁）。

無理をせされは心易し。自ら安けれは家内おのつから和合せねはならぬ道理なり。畢竟の所は自身を知て見さつしやれは甘《うま》い味ひのしれる事てこさる。此方の学問は論語を説ても、つれ〳〵を説ても、何を説《とこ》か外の事は申さぬ、只本心を御しりなされと申事しや。又論語て有ふか大学て有ふか本心を知て其通に従ひ行ふよ

り外はこさらぬ（同）

ここまで読み進めてくると、どうやら「本心」を知るとは、「自身を知」ることであり、「無理」をしないことを意味するらしいことがわかる。「無理」をしなければ「家内」は「和合」し、「甘《うま》い味ひ」を覚えることができるというのである。そして、この「甘《うま》い味ひ」を知らしめることこそ「此方の学問」であると堵庵はいう。「此方の学問」——この表現には、梅岩の教えを「学問」として、だが、他所では学ぶことのできない独特な「学問」として提示しようとする堵庵の考えが表れているといえる。

「学問」と称する以上、堵庵は、当時の一般的な講釈と同様、『論語』や『大学』といった著作の一節に言及し、それについての解説を施していこうとする。だが、堵庵によれば、『論語』であっても『大学』であっても、結局は「本心を知て其通に従ひ行ふ」べきことを説いたものに他ならない。要するに、何を講釈のテクストに用いようが、そのテクストから読み出されることは、すでに決まっているのである。

続いて堵庵はいう。

又御歴々方学者物識、或はむつかしき方なとは必御引合御無用也。是は爰斗てはない、毎々何国ても申事てこさる。其故は先刻よりも申通り、私は何もしらぬ気儘者の大無礼者なれは、左様の歴々に近つきに成たとて役に立ぬ事なり。左様の歴々は御尋なさるゝ事あらは、儒者衆出家衆なとに御聞なされてよろしうこさります（同）

先ほどまで述べていたことから話題を一転させて、堵庵は、講釈を説く相手を限定しようとする。この講釈は、城下町で開かれたものであることから、おそらく堵庵は武士が聴講に来る可能性を想定していたのであろう。だが、堵庵は、武士（「御歴々様」）だけではなく、「儒者」「出家」などにも教えを説こうとはしない。堵庵のいう「此方の学問」とは、武士や儒者が学ぶようなものではないとされるのである。(10)

それでは、堵庵は誰に向かって教えを説こうとするのであろうか。それは「町家」の者たちにである。

先は町家なれは同輩也。同輩なれは気楽に心易し。心安けれは自由にして用の有ときは用か有といふて帰りて貰ふ、艸臥《くたひれ》た時は寝なから咄すといふものなり。此無礼を構わす御合点て御出なさる御方は格別也（四六一頁）

堵庵はすでに隠居しているとはいえ、もとは「町家」で業を営んでいた者である。この立場から堵庵は、「町家」の者に対して、「同輩」としての「気楽」さを強調している。だが、この「気楽」さは、通例の学問講釈のあり方を基準にすれば「無礼」な振る舞いともなってしまう。だから、堵庵は、「無礼」の許されるであろう「同輩」、「無礼」を「合点」したうえで聞きに来る者に対してだけ教えを説こうとする。したがって、右の文言を見る限り、堵庵が聴衆を限定しようとするのは、教化に「気楽」さを重視した結果だということになる。

ところで、先の文言にも窺えるように、「気楽」さを追い求めることは、通例の学問の説き方、学び方から逸脱してゆくことにつながると堵庵は自覚していた。右の文言に続いて堵庵は、三つの例を挙げながら、「道」を説くこと、学ぶことが本来どのようにあるべきなのかを示そうとしている。どの例もつまるところは同様のことを示したものと判断し、ここでは一つの例のみ取り上げることにする。

堵庵は、『沙石集』に出てくる次のような話を紹介している。「故法性寺の光明峯寺」の「禅定殿下」が「猫間の随乗房の上人」という人物を「召て」、「上人」の説く「法門」がいかなるものであるかを問うた。すると、「上人」は「下座」にて「法門」を説くことはできないとし、「法門」を説くことを拒絶した（四六一頁）。そこで、

「殿下」は慌てて「上人」を「上座」に上げたのだが、「上人」は「対座」でも駄目だという（四六二頁）。「殿下」は、それならばということで、「上人」のために「御座敷に高く座を構へ」た。だが、これでもまだ不十分である。「上人」は「師弟の礼」をなすことを「殿下」に求める。納得した「殿下」は「師弟の御約束」を結び、以後、「殿下」は「上人」に深く「帰依」することとなった（以上、同）。

堵庵にとって右の話は、「道を尊む」とはどのようなことを指すのかを示したものである（同）。そして、この例を挙げることによって堵庵が示そうとするのは、自らは、講釈の聞き手との間に、「上人」と「殿下」のような関係を築くつもりはないということである。

堵庵が挙げる三つの例は、日常生活において貫徹する身分関係が、学問（「道」）の世界においては通用しないことを示している。だが、堵庵の場合は、教えを説くに当たっても、身分関係を無化しようとはしない。のみならず、「道」の世界において想定される関係、すなわち、専門的な「儒者」や「出家」と一般人、という関係もまた、追認していることになる。[11] だから堵庵は、身分的に上位である武士はもちろん、「儒者」「出家」などに対しても、「憚多く恐れ多い故」、教えを説こうとはしない（同）。あくまで「同輩」たる「町家」の者に教えを説こうとするのである。[12]

いや、厳密にいえば、「同輩」に対してすら、教えを説くという表現は正確ではない。というのは、次の記述の場合、堵庵は、教えを説く側であるとともに、「承る」側にも自らを位置づけようとしている。

時に何と先各様方も私とともも有難き時節に生れ合せ、結構なる教へに逢ひ、道の片端をも承る事しや。是に付ても只〳〵御上の御恩有がたく御互に思はねはならぬ事てこさる。論語を説とて外の事しやない、是か論語の大事てこさる。御上を恐れ敬ひ、五倫和合せねはならぬ事しや（同）

この文中における堵庵は、「同輩」の者に「論語を説」く存在であるとともに、「同輩」と同じく「結構なる教へに逢ひ、道の片端をも承る」存在でもある。前章でも確認したように、この両義的な立場こそ、堵庵が人々に教えを説くにあたって保持する立場である。したがって、堵庵が「御上を恐れ敬ひ、五倫和合せねばならぬ」という時、それは、自らが説く教えであるとともに、自らもまた「有難き時節に生れ合せ」たおかげで接することのできた教えという意味が含まれていることになる。それでは、「結構なる教へ」とは何か。右の文を見る限り判然しないが、おそらく「御上」の政治（経世）を通じて人々に浸透する「教へ」という意味に加えて、そのような「有難き時節」に生まれ、道を説いた梅岩の「教へ」という意味も込められているのだと思う。いずれにせよ、堵庵は、「御上を恐れ敬ひ、五倫和合」するためには、「本心御知りなされねはならぬ」とし、梅岩の教えを説こうとするのである（四六三頁）。

以上が、堵庵が開講に当たって、前提として述べた「いらぬ事」である。あえてまとめれば、堵庵はこれから誰に向けて何を説くのかについて述べているわけである。すなわち、この講釈は、「町家」の「同輩」に向かって、「本心」を知ることの重要性を繰り返し説き続けるものであり、世間一般の学問講釈とは異なるのだと。

だが、世間一般の講釈とは違うと述べる時、彼は同時に、梅岩の講釈のあり方からも離れていっているように見える。というのは、梅岩は、一定の創意を見せつつも、あくまで当時一般の学問講釈のあり方にこだわり続けたように見えるのである。

すでに見てきたように、梅岩は自らを「不肖の身」と認めつつも、「聖賢の道」を説くために「儒を業」とすると自称したのであった。確かに彼の講釈は、女性を含めた「無縁」の者に対して開かれたものであり、この点に一定の独自性を認めることはできる。[13] また、孝子伝を講釈のテクストに用いたことに一定の創意を認めることはできる。[14] しかし、『斉家論』によれば、彼は来講者に対して、「礼服」としての「袴」を着てくることを原則としていた（『石田梅岩全集』上・二一〇頁）。だが、梅岩は、「農工商の身として、毎日袴着て徘徊すれば、隣近所の人々がしさいらしく思ふゆへ、遠慮せねばならぬ」（上・二一一頁）ような者に対してまで、「袴」を着ることを求めなかった。「袴」を着ることによって表わされる「礼」よりも、「聖人の教を有難く思ふ実」の方が重要だからである（上・二一〇頁）。だが、「遠慮のいらぬ旁《かた〳〵》に、袴無用といふべきや」と梅岩は述べる（上・二一一頁）。講釈に臨む以上は、一定の「礼」を来講者に求めることが梅岩の基本的立場だったといってよいだろう。この点、たとえ一種の修辞だとしても「艸臥《くたびれ》た時は寝なから咄すといふもの」（前出）とまで述べてしまう堵庵の「気楽」さ、「無礼」さとは、相異なるものを感じてしまう。

この相違点についてもう少し考察を続けよう。『斉家論』において、梅岩は次のように述べている。

尤文学に拙き講釈なれば、聴衆もすくなからん。若聞人《もしきく》なくは、たとひ辻立して成とも、吾志を述んと思へり（上・一八九頁）

これは、梅岩の教えを説く熱意を示す文言として、しばしば取り上げられる文言である。だが、今ここに引用したのは、そのことを確認したいからではない。梅岩は、自らの「講釈」を「聞人《きく》」がいなければ、「辻」に出ることも辞さないという。だが、裏を返せば、ここで梅岩は、できることならば「辻」とは別のところに教えを説く場を見出そうとしているわけである。確かに梅岩が実際に「辻」に立った可能性も否定できないが、普段彼が講席としていたのは自宅であった。そして、前章で見たように、弟子たちは、その講席を「塾」と認識していた。梅岩自身がこの講席を「塾」と呼んだ例は見当たらないが、彼が教えを説こうとした場は、一般的な儒者が講席として想定する場と同様の場であったとみなしてよいであろう。

ところが他方で、先の文言は、梅岩が「辻」という場を多かれ少なかれ意識していたことを示しているという見方もできる。彼は、自ら教えを説き始める前に、諸方の講釈を聞き巡っている。おそらくこの際に、「辻」に足を運ぶこともあったでだろう。

それでは、「辻」では、いかなることがどのように説かれていたのか。第四章で取り上げた談義本の描写から考えるに、いわゆる学問講釈よりも、はるかにくだけたことが「気楽」に説かれていたと考えてよいだろう。

先に見たように、学問における師弟関係は、日常的にすり込まれたであろう身分関係とは別箇の関係性として機能していた。その関係を築くには、「師弟の御約束」を結ばなければならない。そのようにして形成されていく場を第一義的に想定して行なわれる講釈の場合、そこに一定数以上の聴講者が集まることは考え難いわけである。塾という空間の一般的な面積を勘案してもそういえよう。梅岩の場合、「無縁」の者に公開した講釈だったとはいえ、自宅の講席に数百人もの来講者が集ったとは考え難い。

対して、「辻」であれば、野次馬も含めて、多数の聴衆が見込める。そもそも梅岩が、「辻立して成とも」と述べるのは、「辻」の方が多数の聴衆を集めやすいことを知っていたからであろう。だが、梅岩は「辻」に出ていくことを必ずしも潔しとはしなかった。

他方、堵庵以降の講釈や道話に関する史料を見てみると、百人を越える人々が集まることも珍しくなかったらしい。このことは、寺の境内など、多くの人を収容できる場を講席にしたこともあるとはいえ、来聴者に「師弟の御約束」を求めない堵庵の「気楽」さが一役買っていたといえるだろう。あるいは、寺の境内が娯楽性の高い講談などが行なわれることの多い場であったことを鑑れば、境内を講釈の会場にしたこと自体、「気楽」さの現れといえるかもしれない。

もっとも、堵庵が「辻」に出ていったというわけではない。少なくともそれを示す史料は確認できない。だが、堵庵の弟子の中からは、「辻」や寄席などに出て教えを説こうとする者が現れてくることは確かである。このことは、辻や寄席において説かれる教訓的な話と心学道話との間に重なり合う側面があったことを示している。(15)

このように見てくると、堵庵の講釈は、聴講の際に求められる「礼」をある程度柔軟にとらえ、「無縁」の人々に公開しようとした梅岩の創意を受け継ぎつつも、講釈の場に「気楽」さを持ち込み、「無礼」を自認してしまうことによって、梅岩の講釈とは異なる場が生み出されていったといえるだろう。数百人の聴講者を集める心学道話は、このようにして形成されていったのである。

第三節　「初入」への配慮

一　初入咄とは

「本心を御しりなされ」――「論語講義」で述べていたように、教化活動を通じて堵庵が人々に示そうとするのは、この一言に尽きる。だが、「論語講義」で示されるのは、「本心」を知ることとの重要性までであり、どうすれば「本心」を知ることができるかについてまでは示されていないのではないかと思う。

だが、このことは異とすることではない。というのは、堵庵は、講釈や道話、あるいは、著作を通じて、「本心」を知ることとの必要性を悟った者たちのために、講釈や道話とは別種の場を設けたのであった。その場で説かれた話は、初入咄と呼ばれる。その名の如く、「初入」の者たちに用意された話である。

初入咄は、堵庵によって創案されたものである[16]。梅岩も「性」を知る寸前とみなせる者に対して講釈とは異なる調子で語りかけたことはもちろんあったであろうが、それはあくまで個別に応じたものであり、堵庵のように、一定の型を作り出すことはなかった[17]。ところが、堵庵が活発に教化活動を展開し、「本心」を知ることを求める者が増加してくると、個別での対応が難しくなり、ある程度定型化した対応が必要になってきたものと推測する。

それでは、初入咄において堵庵は、「言句」によって伝えられないところの「心」をいかにして知らしめようとするのであろうか。それを次にみていくことにしたい[18]。

堵庵の初入咄を書き留めたものとして、「善導須知」「手嶋先生口授話」の二つの史料が確認されている。考察を行なうにあたって、まずこれらの史料の性格についてふれておかなければならない。

まず「手嶋先生口授話」は、一七七九（安永八）年に堵庵が「浪華」にて行なった初入咄を、「摂州浪華」の坂上秀之なる人物が「聞書」したものである（四四五頁）。他方、「善導須知」は、成立年代は不明であるが、題名の示す通り、「善導」を行なう際、すなわち人々を「本心」を知るまでに導こうとする際に弁えておくべきことを書き留めたものである。つまり、「善導須知」は、「善導」を行なう者（この人物を指して「善導」と呼ぶ場合もある）に対して書かれたものであり、彼らに手控えとして使われることを想定して編まれたと考えられる。

石川謙によれば、「善導」は、「道話することよりも、石門に於いて一層手重い事柄と見られてゐたから、従来一切堵庵自身の手によつて為されてゐた。然るに教化の広い普及と共に、地方々々で私に手引きするものを生じた」[19]。この事態を受けて、一七八二（天明二）年、堵庵は「善導」を求める者は京都の明倫舎まで足を運ばねばならないことを決めた。つまり、「善導」は明倫舎において行なわれたのであり、したがって、「善導」を行なう者もまた明倫舎にいたということになる。だが、この体制はいつの頃からか崩れ始めたようである。遅くとも一七九八（寛政一〇）年には、「善導印鑑」なるものが江戸の参前舎で発行されていたことが確認されている。[20]「善導印鑑」とは、「善導」を行なう資格があることを証するものである。つまり、もはや「善導」は、明倫舎だけではなく、参前舎でも行なわれるようになっていたのである。いや、印鑑があれば「善導」ができるというのであれば、明倫舎、参前舎以外でも「善導」が行なわれた可能性もある。

その「善導」のための手控えとして編まれたのが「善導須知」である。手控えであるからには、実際の初入咄を単に書き留めたものというよりは、利用しやすいようにある程度の加除が施されたと想定したほうがよいだろう。実際、「善導須知」は、「手嶋先生口授話」に比べて、話がかなり整備されている印象を受ける。だが、「手嶋先生口授話」と「善導須知」に見られる話柄には、共通するものが多く、初入咄の内容は、すでにかなりの程度定型化していたことが推測できる。

ただし、「善導須知」の後半は、「手嶋先生口授話」には出てこない展開が見られる。逆にいえば、「手嶋先生口授話」は、初入咄の前半部分のみを書き留めたものだと考えられる。初入咄の内容は大きく二つの部分に分けることができるが、「手嶋先生口授話」はその前半部分のみを筆写したものであり、日時を改めて話されたと考えられる後半部分の内容は「善導須知」のみに記載されている。

「手嶋先生口授話」とは異なり、「善導須知」は三つの編に区分されており、順に「心学初入の者に口授の辞」「発明即時の口授」「発明の人へ口授」と題されている。さらに、「心学初入の者に口授の辞」は、「又」という文言で区切られた三つの部分に分けることができる。仮にこれらを前から順に第一編、第二編、第三編とみなし、「発明即時の口授」を第四編、「発明の人へ口授」を第五編とみなすとすれば、第二編までが初入咄の前半部分、第三編以降を後半部分とみなすことができる（理由は後述）。以下、山本眞功にならって、前半部分を教導の「第一段階」、後半部分を教導の「第二段階」に区分して考察していくことにしたい(21)。

「善導須知」は、「石田先生本心の伝来は格別不思議にして、早く知らるゝことなり」という文言から始まる（四一七頁）。例によって堵庵は、これから説くことが「石田先生」の教えにもとづいていることを最初に述べるわけだが、ここで注目されるのは「早く知らるゝ」と書かれている部分である。「本心のことは古来より種々に説あらわされてあるといへとも、是を知り得んと学ぶ人もその道の次第に苦しみて性善の道理分明ならぬ」と堵庵はいう（同）。堵庵は「儒」も「釈氏」（仏教）も「神道」もともに、「本心」を知ることを説くものだととらえている（同）。だが、それらを学ぶ人々は、どのような「次第」によれば「本心」を知ることができるのかを「分明」には知らないという。このような状況において、梅岩は、人々に「本心」を「早く知らるゝ」よう教えを説いたというのが堵庵の理解である。

先生幼年より身命を投て修行し給ひ、此本心を分明に得給ひて学者に諭し、又文盲不才の人にも得らるゝ様

に工夫し給ひしこと、不思議にして早きこと言語に絶たり（同）
「先生」は「身命を投て修行」したからこそ、「本心」を「早く」知ることができた。そして、「先生」の「工夫」により、人々は「本心」を「早く」知ることが可能になった。このように堵庵は考える。だが、「古徳より知れぬとするを早く会得させらるゝゆへ、大方は虚なるへしと疑て人々信薄くして得ることあたわす」。だから、堵庵は、初入咄を始めるに当たって、人々に「信」を持つことを求めている。「早く知らるゝ」のは「人の信厚によること」だというのである（同）。

このように理解する堵庵は、同じ「本心」を知るでも、「其人の明不明と信の厚薄に由て違」いがあることを述べ、「信」を「厚」くすることを人々に求める（同）。堵庵によれば、「信」を生じてから「いまた工夫も熟さゝれとも漸くして少々会得し」た者は、「本心」の「片端を少し針の目ほと見たる」に過ぎない（四一八頁）。そのような者の知った「本心」は、「行燈の火」のようなもので、「少しの風来れは忽ち消ゆる」であろう（同）。また、「万物の疑初て深く、信起こりたるもの」が知る「本心」は、「月の光」のようなもので、「いまた隅みまては光行届かすとはいへとも」「めつたには消ぬ」（同）。そして、「数年来の疑心深きもの工夫熟し、年来の疑心一時に解て全体を会得する」のは、「日の光」が出たようなもので、もはや消えることはないだろう（同）。このような例を挙げながら、堵庵は、人々に「信」を起こすことを促す。

そもそも初入咄とは、すでに梅岩の教えに傾倒し始めている者たちに聞かせるものだった。つまり、一人一人の聴衆の側に一定の「信」が芽生えつつあることが、前提になっているわけだ。堵庵の右の言は、その前提を改めて確認するかのようである。

だが、ここに挙げられた例は、少し奇妙なものに思えてしまう。堵庵は初入咄を通じて、人々に「本心」を「早く」知らせようとしていたのであった。だが、他方で堵庵は、「数年来」にわたる「工夫」によって知られた

「本心」こそ確かなものだとする。とすれば、「本心」を「早く」知らしめようとする堵庵の行ないは、「行燈」に「火」をともすような行ないということになってしまい、初入咄によって、人々が知ることができるのは、「針の目ほと」の「本心」の「片端」に過ぎないことになるのではないだろうか。

だが、堵庵はこのことを十分自覚していたらしい。というのは、少し話を先取りして、「善導須知」第四編「発明即時の口授」によれば、堵庵は「発明」を遂げた者すなわち「本心」を知った者に対して次のように述べている。

各本心を知られたは僅か針のめど程本心を覗きしがごとし。少しでも目がふれる時は見失ふ也。それゆへ今度本心のかたはしを見つけたればその処を見失はぬよふに養ひたつるを実の学者といふ也（四三七頁）

これを見れば、堵庵が初入咄によって目指したところは、人々に「針のめど程」の「本心」を「覗」かせることだったことがわかる。その「本心」は「月の光」「日の光」ほど確かなものではなく、「片端」に過ぎないことを堵庵は承知しているわけである。この点については後に改めて考察するが、初入咄とは、あくまで「初入」の者に対する教えであったことをここでは確認しておこう。

2　「虚空」のような心身

以上のような前置きをした後に、堵庵の言は、いよいよ本題へと向かってゆく。

本心を知らんとおもはゞ是までの古き心得違を明むへし。人々三四歳までは我心ありともなしとも知らぬ也。然れどもはや物を見聞習ひて、腹の内に何ぞ火の玉の様なるものがある様に思ひなれたるもの也。腹の内に

　左様なるもの少しもなし。一切万物一体也（「善導須知」四一八頁）

「本心」を知るためには「古き心得違」を改める必要があると堵庵はいう。その「心得違」とは、「腹の内に何ぞ火の玉の様なるものがある」とする心得を指すらしい。そして、堵庵はこの「心得違」を改めるためには、「今までの智恵を払ひ捨て、元の赤子の所へ立かへ」る必要があるといい、さらには、「心といふものも心学といふものも捨はて」る必要があるという（同）。初入咄を聞きに来る者は、すでに何らかの機会を通じて、「心学」の教えの一端に触れてきたはずの者たちである。その者たちに対し、堵庵は、その「心学」の教えすら「捨はて」ることを求めるのである。

堵庵によれば、「腹の内」に「火の玉の様なるものがある」とするとらえ方は「皆芝居や絵艸子で見習ひ聞習ひ」したことにより形成されたもので、実は根拠のない考えであることを「証拠」をもって説明しようとする（「手嶋先生口授話」四四八頁）。例えば、「草木を割て」みても「根にも末にも少しも魂らしきものはない」し、「蚤虱蚊」を「つぶして」みたところで「尻か口より少分の魂」が出るわけでもない（「善導須知」四一九頁）。また、もし「火の玉」のようなものがあるのだとすれば、「此前の様な傷寒か流行て夥敷ふ人の死た時分には夜分歩行《あるく》に人玉て提灯か入らなんたといふ様な事」になるはずだが、そのようなことはない（「手嶋先生口授話」四四八頁）。こうした「証拠」を持ち出すことによって、堵庵は、元来「腹の内」に「火の玉」のようなものはないことを聞き手に納得させようとする。

　鰻の腹を割き、腸を去り、血を洗ひ捨て後にも動く也。気は入り充ておる也。これ心あるゆへ也。心は此のことく引出しても目には見へぬ也。目には見へね共なしとはいはれす、則天也（「善導須知」四一九頁）

お前方の腹の中に腸はあれど外の物は何にもない、天而已《のみ》しや。天のみといふは天斗といふ事しや。天といふと合点行すは、まあ虚空の様なものと思ふて居たか能《よい》（「手嶋先生口授話」四四九頁）

ここで堵庵は、「心」なり「魂」なりといったものが存在しないことを述べているのではない。それらを「火の玉」のようなものとしてとらえることを「証拠」をもって否定し、「心」はすなわち「天」であり「虚空の様なもの」であることを言わんとしている。「心」は「腹の内」にはない。だが、ないと言い切るのは実は不正確で、「虚空の様なもの」として、ある。より正確にいえば、「虚空」というよりは「天」である。

こうした説明は、「合点の仕悪《にく》ひ処」だと堵庵自身認めているが（同）、説明しがたいことを人々に伝えるにあたって、堵庵はたたみかけるように「証拠」を持ち出そうとする。[22]

それではなぜ堵庵は、かくも「証拠」にこだわるのか。堵庵によれば、これらの「証拠」は、聞き手の「合点の仕能《しよ》ひ」ようにとの配慮から出されるものである（同）。だが理由はそれだけではない。

近比《ちかごろ》はわるい学問が流行て、ないとさへいへは能と心得て居る。是等はあふない学問の仕様といふ物じや。此方は断無の何のといふ気遣ひ気のないやうに、一つ〳〵慥な証拠を以て合点さしますのしや（「手嶋先生口授話」四四九〜五〇頁）

堵庵が「証拠」にこだわるのは、「近比《ちかごろ》」の「あふない学問」を意識してのことである。「あふない学問」というのは、「ないとさへいへは能と心得て居る」ような「学問」のことである。

改めて確認しておくと、堵庵は、初入咄において、多くの人々に通有の「心」のとらえ方、すなわち、「腹の内」に「火の玉の様なるもの」として「心」があるとする考え方を否定しようとしている。人々の通俗的な考え方を改めようとしているといってもよい。だが、「心」が「火の玉の様なるもの」であることを否定することは、そもそも「心」など存在しないのだという誤解を招くおそれがある。このような誤解を防ぐために堵庵は「証拠」を持ち出そうとするのである(23)。

　また、もう一点注意しておきたいのは、堵庵と似たようなことを説く者が、当時、他にもいた、少なくとも堵庵はそう認識していた、ということである。それを堵庵は「あぶない学問」と呼んでいる。では、「あぶない学問」とは何なのか。これについては、次章で取り上げることにしたい。

　話を戻そう。堵庵は、「心」とは「天」であり「虚空の様なもの」であることを伝えるべく、さらなる「証拠」を持ち出す。「梅の木に梅かなり、桜の木には桜の花か咲たりする」ことをどう考えればよいかと堵庵は問いかける（「手嶋先生口授話」四四九頁）。堵庵によれば、「梅」にも「桜」にも「心かあれはこそ花も咲たり実もなつたりする」のであるが、その「心」は目に見えるものではない。「根を切る也と又きさみなりと仕てみた」ところで「仕かけ」が見当たるわけではないし、「土」を掘ってみたところで「操《からくり》」が見つかるわけでもない。それでは「梅」や「桜」の「花の有か（処）」はどこか（同）。このように堵庵は問いかける。

　此非情の艸木は天の気を正しく請て居る故私なく、春は花咲、夏は葉か生、四季に応して銘々請取前を全ふ勤る故教へは入ぬ。人斗り全ふ勤らぬ。夫はなせなれは彼一人前の魂を拵へて居る御蔭しや。其名を私といふ。則迷ひの事しや。夫て本心をしらねは成ません。此本心をしると其迷ひのない事をしり、又其花を咲せたり、実をならせたりする主をしる（知）しや（「手嶋先生口授話」四五〇頁）

「非情の艸木」は「請取前」たる「天の気」にもとづいて、「勤る」のみである。だが、「人」は「一人前の魂を拵へて居る」ために、「天の気」に悖った行ないをしてしまう。堵庵によれば、「一人前の魂を拵へ」ることは、

「私」にとらわれた「迷ひ」に他ならない。だから彼は、「腹の内」に「心」があるとする考え方を斥けようとするのである。そのうえで、堵庵は、人々に「本心」を知ることを求める。

堵庵によると、「本心」を知れば、「梅」や「桜」に「花を咲せたり、実をならせたりする主」を知ることになる。すでに見たように、「本心」とは「只一つの物」であり、それはすなわち「天」である。したがって、自らの「本心」を知ることも、「梅」に「花を咲せ」る「主」を知ることも同断だということになる。そして、このような考え方は、聞き手各々の「心」のとらえ方のみならず、身体のとらえ方をも揺さぶらずにはおかない。「人の身はいふにおよばず、家も火鉢も灰吹も一切形あるもの都《すべ》て土也。然れは見へたものは皆土、見へぬものはみな天、各方も此火鉢も灰吹も同しこと也」と堵庵はいう（「善導須知」四一九頁）。同じ「土」で出来ていることを根拠にして、堵庵は「人の身」を「火鉢」や「灰吹」と同列に並べてしまおうとする。このように考えてゆけば、あらゆるものが「形」のある物とない物とに分類されることになる。

全体は形の有と形のないとはつかり。其形といふも天の塊《かたまつ》たのしや。天の塊つたとかたまらぬ天としやと思ふたかよい。此眼に見へる形は土、土といふも丸て天しや。たとへは水と氷とのやうな物て、氷はつまゝれても水は撮《つまゝ》れぬ様な物て、骸《からだ》の身は天の塊つた所しやに依て撮れる。虚空の天は天の塊らぬ処故撮れぬ。天の塊つたを土といふ。人も此見へる処は土、目に見へぬ天か人の心《こゝろ》。家も形は土、内外の虚空は家の心《こゝろ》

（「手嶋先生口授話」四五二頁）

「形」の有無でいえば、「心」は「天」、「骸《からだ》」は「土」ということになる。だが、「天の塊つたを土」というのであれば、「心」も「骸《からだ》」も同じく「天」ということになる。とすれば、先に堵庵は、「一人前の魂を拵へ」ることを戒めていたわけだが、「一人前」の「骸《からだ》」を「拵へ」ることも同様に問題視されることになる。

よく熟睡した時に男て有つたか女て有たか、目か有たか鼻か有たか、石か金か、牛か猿か能覚へて居るか、覚へはせまいかの。夫に寝深い衆は尻まくつてぽん〳〵叩てもしらぬ。何と其時太郎兵衛といふ者か有たか。天地の間に我といふ者はあるまいかな。此不足ない身を誰そと問へは天地といふ、天地といふ名もない。何れも能御得心なされましたか（『手嶋先生口授話』四五三頁）

あれあの天井の三枚目の板の節穴から蜘か出懸つて居るか見へますか、能ころうしませといふと、惣々か仰《あおむい》て銘々の骸をすぽんと忘れて居る。忘れたは消たも同しものしや、何と希有なものな。此所を能御得心なされまし。元来骸はなふてもすむ物しや（同）

寝ている時に「我」を意識する者はいない。また起きている時でも、普段は自らの「骸」を意識することはない。意識していてはかえって「怪我」をしかねない。例えば、歩く際に「先壹番に骸は我かのしや」と確認して、それから「左の足からふみ出す、足の下は土しや、如何にもと心に思ふ」というようにしていては、向こうからやってくる馬をよけ切れずに「突こかされて怪我する」（『手嶋先生口授話』四五四頁）。こうした譬えを「証拠」にして、堵庵は、「元来骸はなふてもすむ」ことを言わんとする。

以上のように堵庵は、「心」と「骸」を「我」のものととらえる考え方を「証拠」を挙げながら否定したうえで、両者と「天」とを結び付けようとする。となれば、堵庵が求める「本心」を知ることとは、理屈でいえば、「天」を知ることと同義ということになる。だが、もちろん堵庵が求めていることは、理屈のうえでの納得ではない。まさに身をもって体感させるべく、堵庵は次のような問いを聴衆に投げかけている。

とん〳〵〳〵此音はいくつしや、骸も心も虚空しやか此音は誰か聞ぞ、此三ッの外には何もない。お前方今何に成て居るそ。骸は虚空しやか此扇子は何者か見て居るそ（「手嶋先生口授話」四五五頁）

「骸も心も」「我」のものではないとするならば、「音」を聞いたり「扇子」を見たりしているのは、そもそも一体「何者」なのか。先に見てきたことをふまえれば、「本心」あるいは「天」という答えが正解ということになろうが、もちろん堵庵はそのような答えを求めているのではなかろう。では、堵庵の求める答えとは何か。

だが、初入咄は右の問いが発せられることをもって、一区切りがつけられることになる。というのは、「手嶋先生口授話」は、右の問いに対して「御工夫か付ましたら御返答承りましやふ」と堵庵が述べることで記述が終っているのである（四五六頁）。

「善導須知」の場合でいえば、以上見てきたところは、先に仮に区分した全五編のうち、第二編までに相当する。第二編の前半には、第一編の内容がやや具体的に述べられてはいるものの、新たな話題が提示されているわけではないと考えられる[24]。また、第二編の後半の内容は、第三編で述べられることを一部先取りしつつも、中途まで述べたうえで、やはり聞き手に先に見た問いを発することで終っている[25]。したがって、「善導須知」の第三編以降が、初入咄の第二段階に相当すると見ることができる。以下、第三編を見てゆくことにしたい。

3　「見たまゝ聞たまゝの場」

初入咄の第二段階は、これまでのように堵庵が一方的に語りかけるのではなく、堵庵の問いに対して、聞き手が答える形で話が展開してゆく。先に見たように、堵庵は初入咄の第一段階を、一つの問いをもって締めくくり、「御工夫か付ましたら御返答承りましやふ」と述べたのだった。したがって、これから見る第二段階は、「御返答」を見出した者と堵庵との一対一の問答という形式になるはずである。だが、このように判断するには躊躇される記述が見られる。というのは、第三編の冒頭には次のように書かれている。

善導印鑑以上の人、修行人ある時は礼儀正しく相対して礼をなし、修行人の姓名と居所を聞て我が名も所も名乗りて、先一礼を述べて、扨御修行の御志立候は此上もなきありがたき御事に候。善をなすも心、悪をなすも心ゆへ、先心をよく御知りなされて御らふじませ（四二六頁）

山本眞功が述べるように、この記述は、「善導印鑑以上の人」と「修行人」とが「相対して」これから問答を繰り広げんとする様を表わしているようにも読み取れるし、両者が同席したうえで堵庵の話を聞いている（すなわち一対一ではない）ようにも読み取れる。[26] また、本編に続く第四編「発明即時の口授」には、「此座の人尽く我身也」（四三五頁）、「各此度少々にても本心を知りて見れば」云々（同）という記述が見られる。これらから、第四編の「口授」においては、「本心」を知った者が複数人同席していることがわかる。とすれば、第三編においても、「修行人」が複数人同席している可能性も否定できない。ただし、この第四編が「断書渡しの時の教諭」（四三五頁）であることを鑑みれば、第三編における問答とは別に、ある程度の人々をまとめて同時に「断書」を渡す機会が設けられていた可能性もある。

このように、第三編における問答が、どのような場においてなされたのかについては不明確な点がある。だが、いずれにしても、はっきりしていることは、先の第一段階とは違い、「修行人」が堵庵の問いに答える形で進行してゆくことである。それでは、問答の内容を見てゆこう。

まず堵庵は、「修行人」に対し、「御修行の御志立候」ことは「此上もなきありがたき御事」だと述べたうえで、「この修行」が「たゞ正直になされるため」のものであることを述べる（四二六頁）。そのうえで、「学問はなされ候や」と問いかける。対する「修行人」は、おそらく謙遜してだろうが、「少しもいたし不申候」と述べる。だが、「正直」に答えるよう堵庵に念を押された結果、「なる程大学や中庸ぐらいは読ました」と答え直している（同）。この答えを聞いた堵庵は次のように述べている。

それは別してありがたいことでござりますが、先〳〵その御学問を暫く私に御あづけ被下まして、誠の無学に御成りなされまし。禅学などもその通り、何でもこれまで覚へこんだことは何もかもなくして、無知無学の今生れて出た赤子に成て、見へた通り聞へた通りありべかゝりの処を御こたへなされまし（同）

同様のことは、先に見た第一段階においても述べられていたことだが、ここで改めて堵庵は、「修行人」に「赤子」になることを求めている。だが、これは「これまで覚へこんだ」ことを捨て去れというのではない。堵庵のもとに「暫く」「あづけ」ることが求められている。堵庵は、「修行人」が「これまで覚へこんだ」ことを「梁や柱その外の材木」（同）にたとえたうえで、これから行なおうとすることは、「地形」（地築き）のようなことだと述べている（四二七頁）。「地形最中に梁や柱を持出しますと邪魔に成ります」（同）。このたとえにもとづけば、「梁や柱」は、「地形」をした後に改めて用いられることになる。それでは、「地形」後に「梁や柱」はどのように用いられてゆくことになるのか。だが、それは、初入咄を経て「本心」を知ったと認められた後の問題である。ここで確認しておくべきことは、「梁や柱」という「思慮分別」を用いてではなく、「見たまゝ聞たまゝの場で」答えることを堵庵が求めていることである（同）。

以上の前置きの後、先に見たような問いを堵庵は投げかける。つまり、「扇」を取り出して、「これは何でござります」と問うのである。「修行人」は「扇」と答える。この「見たまゝ聞たまゝ」の答えを堵庵は評価したうえで、改めて扇を持ち出してこれは何かと問う。

答、やつぱり扇。

いやそのやつぱりがわるふござります。知れて居るものをまた出すといふ前の扇に執着しておるものがあるから、やつぱりといふ辞《ことば》が出ます（四二七〜二八頁）

この文言を見ると「見たまゝ聞たまゝ」に答えることが案外難しいことに気付かされる。前と同じく再び「扇」を出された時も、ただ一言「扇」と答えることを堵庵は求めるのである。そのうえで、堵庵は続けて「この扇を何が見ます」と問う（四二八頁）。「修行人」は「目が見ます」と答えるが、対して堵庵は次のようにいう。

なる程目が見るにちかひないが、生れた赤子の前に出しても、この扇の形は見へて居るが、その時に赤子に目が見るといふものはありません。（中略）こちらから何が見るといはれて、目を思ひ出して、目が見るとこたへるもので、それはもふ跡と申もの（同）

「目が見ます」という答えは間違いではないが、「跡」から考えて拵えた答えに過ぎない。それではどのように答えればよいというのだろうか。だが、堵庵は続いて別の問いを「修行人」に投げかける。堵庵は「扇とは何か知りました」と問う。対して「修行人」は「心が知ります」と答える。だが、これもやはり同様の理由で堵庵は否定する。「修行人」が述べる「心」とは、「生れて後に聞ておぼへた心でかりもの」に過ぎず、「本真の心ではございません」と堵庵はいうのである（同）。

以上のように堵庵は、「修行人」の答えを次々に否定してゆくわけだが、単に否定するだけではなく、同時に答えのヒントになりそうなことを述べていっているように見える。「少も外へ心をそらさず」に「扇」を「しつかりと見つめ」たならば「この時扇の外に何かありますか」と堵庵はいう（四二九頁）。また例えば「美ことにさいた桜」を「一心不乱に見る時には此身はすつぱり桜の中へかくれて」いるはずだと堵庵は述べる（同）。このような、ヒントとも解せることを堵庵は述べたうえで、改めて問いかける。

然らば此扇を見る時は何が心でござります。外にこたへようはないはづ。

答曰、扇が心。

それでよふござります（四二九〜三〇頁）

「一心不乱」に「扇」を見ている時、「目」を意識することもなければ「心」を意識することもない。「扇」しか見ていないし、他の何かを意識することもない。とすれば、「扇が心」としか答えようがないことになる。ついで堵庵は「この扇は何か扇と知る」と問うが、以上をふまえれば「扇が知る」というのが正解ということになる（同）。

「扇が心」「扇が知る」――ここだけを見ると、いかにも奇妙な正解といえなくもない。だが、実は堵庵は、「扇が心」「扇が知る」としか「こたへようはない」ところにまで、「修行人」を導いていっているように見える。そもそもこの問答に登場する「修行人」は、「此扇子は何者か見て居るそ」（前出）という問いに対する「返答」を見出したからこそ、この場に出てきたはずだが、「目が見ます」というその「返答」は、すぐさま堵庵に否定されてしまったのであった。ところが、堵庵は、この「修行人」に対し、再び「返答」を考えさせるべく、追い返したりはしない。そうではなく、他に「返答」がしようのないところまで導いていこうとするのである。

いや、実は、そもそもこの「修行人」が事前に自分なりの「返答」を見出していたのかどうかすら、定かではない。というのは、先には引かなかったが、「手嶋先生口授話」の末尾、すなわち初入咄第一段階の最後において、堵庵は次のように述べているのである。

となたでも若此音の聞へぬ、此あふきを見る物かしれぬとて夫限《ぎり》にして御捨なされますなへ。との様にしても御返答か出来すは、其手前の御方々へ行て私はとの様にしても此見るものかしれぬ、此聞ものかしれぬといふて御出なされまし。さうすると其衆中か導きて工夫の付様を相談して下さる程に何れも必御すてなされまするな（「手嶋先生口授話」四五六頁）

堵庵は、初入咄の第一段階を一つの問いをもって締めくくったのであった。だが、堵庵は、この問いに対する「御返答」を聞き手自らの力で見出すことを必ずしも求めていない。むしろ、問いの前に挫折し、教えの場から離れていってしまうことを憂慮しているようにも見える。したがって、「御返答」を見出すことができなかったとしても、その旨を打ち明ければ、「其衆中」（おそらく「善導」のことを指すのであろう）が導いてくれるであろうことを述べている。

とすれば、今この問答に登場している「修行人」も、あるいはそのような者だったのかもしれない。つまり、この「修行人」は自力で「返答」を見出したから、問答の席に臨んだのではなく、「工夫の付様を相談」しようとして堵庵のもとにやって来たのかもしれない。だとすると、語弊をおそれず言えば、堵庵による「相談」はいかにも親切なものだといわねばなるまい。

堵庵は、問答に臨む者に「思慮分別」を求めてはいない。正しい「返答」すら求めていない。ここで必要とされるのは、「本心」を知ることの重要性に対する「信」、さらには、「本心」を知ることが可能だという「信」のみだということになる。この「信」さえあれば、堵庵は、人々を「外にこたへようはない」ところにまで導いてゆくのである。

少し話を戻そう。堵庵は「この扇は何か扇と知る」と問い、「修行人」は「扇が知る」という答えを見出すところにまでたどり着いたのだった。以下、堵庵は同様の問いを次々に発していく。「此音は何が聞ます」（「善導須知」四三〇頁）、「今こゝで沈香とか伽羅とかいふよい匂ひのものを焚くとよひ匂ひがする。その匂ひとは何が知る」（四三一頁）といったようにである。先の「扇」に関する問いは、視覚に関わる問いであった。引き続いて堵庵は、聴覚、嗅覚、味覚、触覚に関する問いを持ち出してくる。だが、もはやこの「修行人」にとって、これらの問いは、同じ問いのいわば変奏に過ぎない。概ね問題なく回答してゆくことになる。そして、五感についての問いをクリアした「修行人」に対し、次に堵庵は「意識」を問題にする。


扨それから意識じや。長いものと短いものを出して、どちらが長くてどちらが短い。

答曰、扇は短く、きせるは長ふござります。

それは思按して知られしや、思按なしに知られしや。

答曰、思按も何も入らずに知りました。

そんならこの思按のない処で何ごとでも捌ぬことはありません。さて前の目で見ること、耳で聞くこと、鼻で嗅くこと、口で味へたりいつたりすることも、この意識の一ツへつゞまつて、こゝが元〆のさばき所（四三三頁）

堵庵によれば、「意識」とは五感の働きの「元〆」である。二つのものの長短を「思按」なしに判別できることが「意識」の働きということになるらしいが、なぜ長短を判別することが「元〆」の働きに相当するのであろうか。

道二ッ仁と不仁とのみで、天地間のことは一ッだちのものはない、皆二ッづゝならんであるもの、天があれば地があり、暑があれば寒いがあり、高いがあれば低いがあり、左があれは右があり、親があれは子があり、主人があれは家来があり、亭主があれば女房あるという様なもの、その二ツづゝあるものにはどちらかに長い短いがあつて、短いものは長いものに従ふのが道（四三三〜三四頁）

堵庵は、「天地間のこと」はすべて「二ツ」の「こと」が「ならん」だ状態であるのだという。その「二ツ」には「どちらかに長い短い」があり、「短いものは長いものに従ふのが道」である。とすれば、「道」にもとづいて生きるためには、「長い短い」を判断する「意識」の働きが必要だということになる。

先に見た五感に関する問いは、「扇」や「よい匂ひ」など、すべて一つの対象に関する問いであった。だが、ここでは二つの対象が問題にされ、それらの関係（「長い短い」）を「思按」なしに判別することが求められている。「意識」は、その関係性を明らかにする働きだということになる。だから、「元〆」ということになるらしい。

4　「本心」の「体」と「用」

以上をあえてまとめるならば、堵庵は問答を通じて、対象に「一心不乱」に向き合えば、「思慮分別」や「思按」をまじえずとも、その対象を認識できるし、のみならず、その対象を他の対象との関係の中に位置づけることが可能だということを示そうとしているといえる。以上の問答を経たうえで、堵庵はいう。

扨これからは発悟と申ことを心がけねばなりません。発悟と申すは悟りのはじまり、我といふものゝなひことを実知いたすことで、朝夕我することといふことを跡から詠めて居る内にふいとなる程我は少しもないものといふことを会得いたすことがあります（四三四頁）

「修行人」は堵庵の問いに答えることができたわけだが、このことをもって「発悟」を遂げたとはみなされていない。確かに「修行人」は「我といふものゝなひこと」を知ったといえようが、堵庵によれば、それではまだ「実知」とはいえない。「実知」とは、堵庵の問いに答えることによって達成されることではなく、ある時「ふいと」「会得」するようなことを指すらしい。そして、もし「会得」することがあったら、「先輩の人」に「聞ておもらひなさりませ」と堵庵は述べている[27]（同）。

それでは、「実知」とはどういうことを指すのだろうか。先にはあえて引かなかったのだが、初入咄において「実知」という語が登場する箇所が他にもある。それは、「修行人」が、「扇」に関する問いに対して、「扇が心」と答えた際に、堵庵が述べた箇所である。堵庵は、この答えをよしとしたうえで、次のように述べている。

> この扇も見る時は扇が心、たばこ盆を見る時はたばこ盆がその時の心、（中略）その時／＼向ふへ出たものを心とする処で、本心の用といふもの、この用の場を実知する時は体用一源顕微無レ間《ヘダテナシ》で漸々に本心の場合も修行の手引で知れるもの、先《ツ》この用の場合がしつかりと知れる時には今日のことにまちがひは出来ません（四三〇頁）

「扇」というものが「向ふへ出」された時、「修行人」は、それを「一心不乱」に見た結果、「扇」が「心」になってしまったのであった。その「心」を堵庵は「本心の用」と呼んでいる。「用」とは、「体」と対比的に使われる言葉で、当時の学問の世界においてしばしば登場する言葉である。ここでは、「体」＝本体、「用」＝作用、というぐらいに考えておくことにしよう[28]。要するに堵庵は、「修行人」の述べる「心」が、いわば「心」そのものではなく、作用として発現した限りでの「心」（＝本心）であると述べているのである。つまり、ここで問題にされているのは、「扇」というものが眼前に現れた時点における「心」だということになる。したがって、この

「修行人」は「心」の「体」をとらえ得たわけではないということになる。堵庵が問答を通じて知らしめようとしてきたのは、「本心の用」だったのである。

堵庵によれば、「本心の用」を「しつかり」と知ることができれば、「今日のことにまちがひは」ないという。だが、「発悟」に至るためには、この「用の場」を「実知」する必要がある。「実知」すれば、「体」と「用」とが不離にして隔てのないことを知ることになると堵庵は述べている。

さて、「善導須知」第四編には、まさに如上の「実知」「発悟」を遂げたとされる者が登場する。第四編は「発明即時」の者への「断書渡しの時の教諭」を書き留めたものである（四三五頁）。「発悟」が遂げられたと「先輩の人」（堵庵も含めてよいだろう）に認められた者が、この「断書渡しの時」に臨むわけである（なお、第四編では「発悟」ではなく「発明」と表記されているが、両者が異なった意味合いで使われているようには見えない。よって、ここでは同義とみなして考察を進める）。

第四編は、「発明即時」の者に対する堵庵の問いかけから始まる。おそらく、相手が本当に「発明」できたかどうかを確かめる問いであろう。

我と学者と応対し、我学者に問ふ、何があるや、又なしや。答曰、老翁ありと。其時示して曰、汝もしなしと答へば無にあらず、反て汝が胸中に何もなきとするは、夫は私按の一物ある也（四三五頁）

「何があるや、又なしや」という問いは、これまで見てきた問いとは少し趣を異にしている。というのは、これまでの問いは、「これは何でござります」「此音は何が聞ます」のように、指示対象（「これ」「此音」）を明示したうえでの問いであった。そして、その指示対象を相手に答えさせたうえで、相手が対象に「一心不乱」に向き合っている時は、他ならぬその指示対象（「扇」「此音」）が「心」になってしまっていることを示そうとしたのであった。だが、今度の問いでは、堵庵の方から特定の指示対象が示されることはない。となると、堵庵が憂慮しているように、問いを受けた者は、対象は何もないと判断して「なし」と答える可能性があるわけだ。だが、この語録に登場する「学者」は、自らの力で対象を見出し、「老翁あり」と答えている。

この「学者」の答えについて、これまで見てきた問答と対比しながら考えてみよう。まず「学者」は、眼前にいる堵庵という人物を視覚によってとらえている。だが、「老翁あり」という答えは、視覚の働きのみによって得られるものではないだろう。眼前の人物を「老翁」と呼ぶには、その人物を自分（あるいは他の人物）と対比して、相対的に年長の人物であること、また、その人物が男性であることが、判断されていなければならない。つまり、この「学者」が「老翁あり」と答えるためには、眼前の人物の「長い短い」（年長か年下か、男性か女性か）を「意識」によって判断したうえでなければならない。とすれば、「何があるや、又なしや」という堵庵の問いには、それまでの堵庵の一連の問いを集約しなければ答えられないことになる。そして、「学者」は、自力でその問いに答えることができたのである。

ところで、この「学者」は、「発明即時」の者である。「本心の用」だけではなく、「体用一源顕微無レ間《ヘダテナシ》」ということを「実知」した者のはずである。だが、「老翁あり」という「学者」の答えは、眼前に見える対象について答えたものである限りで、やはり「本心の用」について答えたもののように見えてしまう。「本心」の「用」だけではなく「体」についても「実知」したことを、「学者」の回答から窺うことは困難に思えてしまう。

むろん、指示された対象について答えることと、指示されずとも答えられることとの間には、「学者」自身の修行の成果を見て取らねばなるまい。また、ここで堵庵は、「心」には対象を見出す働きもあることを示そうとしているのかもしれない。だが、「何があるや又なしや」という堵庵の問いは、やはり「用」として現れた「心」を問題にした問いであるように見える。

だが、堵庵は、右の問いに答えられたことをもって、この「学者」が「本心」を知ったとみなしているらしい。

汝は今汝にあらず、堵菴といへる老翁也。我は市兵衛といふ廿歳くらいの若輩もの也。堵菴も市兵衛も我にはなきなり。我なければは天地万物ばかり也。故に仁者は天地万物を以て一体とすといふ也。又仏者は法界身とて三千世界を以て身体とし給ふともいへり。本心を知らぬ内は此五尺の身を我として贔屓するゆへ、誰があしきの彼が聞へぬと恨不足のみにてありしが、本心を知て見れば我といふ身はなし。世界中が皆我なれば、誰をか怨み誰をか悪むべきや（四三五頁）

堵庵の問いに対し、「学者」が「老翁あり」と答えた時、この「学者」は「堵庵といへる老翁」になってしまっている。逆に堵庵はこの「学者」になってしまっている。このように対象をとらえていくならば、もはや「我」というものはなく「天地万物ばかり」であるともいえるし、「世界中が皆我」だともいえる。とすれば、「我」が「身」に対する「贔屓」は起こりようがないので、他者に対する「恨不足」も生じようがない。そして、このような境地にたどり着いたのは「本心を知て見」た結果だと堵庵はとらえている。

そして最後に堵庵は、この「本心」を知った者に対し、いくつかの注意事を述べて初入咄を終えているが、その詳細はここでは触れない。ここで確認しておきたいことは、堵庵が一連の初入咄において、「本心」の「体」について直接には言及していないように見えることである。なぜなのだろうか。以下、この問題について考察を進めていきたい。

5　孕まれる「嘘」

堵庵が「本心の体」について述べている語録がある。この語録では、「性と本心の体と用との差別如何」が問題にされている（七一九頁）。堵庵は、この「差別」は「言句の及ばぬ所」（同）であると断ったうえで、次のように述べている。

本心の体は故先生曰、心の体をいへば性に似たる所ありと、先生事跡に見へたり（七二〇頁）

「心の体」と「性」とは「似たる所」があるが、同じではないらしい。続いて堵庵が述べることの理解を助けるために、「先生事跡」（「石田先生事蹟」）の該当箇所もあわせてみておこう。

心といへば性情を兼ね、動静体用あり。性といへば体にて静なり。心は動いて用なり。心の体を以ていはば性に似たる所あり。心の体はうつるまでにて無心なり。性もまた無心なり（『石田梅岩全集』下・六三七頁）

ここでは、先にも出てきた「体」と「用」の観点から「心」と「性」とが区別されている。「性」が「体」であるのに対し、「心」とは、「体」と「用」とを「兼ね」た意味合いを持つ。この点において、「用」だけを指す語である「情」とは区別される。

この点をふまえつつ、堵庵は、まず「性」について解説しようとする。たとえば、「火」が「あつ」いのは「火の性あるゆへ」であり、「水」が「つめた」いのは「水の性有故」である。だが、「火」の「あつ」さ、「水」の「つめた」さそのものは、「性」とはいえない（七一九頁）。なぜなら、「性」とは「些も何もあらわれぬ内に其道理の具り有処」を指すのであって（同）、「微塵もあらはるれば」「性」ではなく「情」といわねばならないからである（七二〇頁）。つまり、「火」の特性である熱さは、「火の性」に根拠を持つのであるが、熱いものとして現れてしまうと、もはや「性」とはいえない。「火」が熱いものとしてあることからいわば遡及することによって、その熱さを「火の性」とみなすのである。「性」は現象しない。どこまでも「体」なのであって、「用」として現れれば、もはや「性」ではなくて「情」なのである。

それでは、「性」と「似たる所」があるという「本心の体」についてはどうか。堵庵はいう。

> 性に似たる所とは何ゆへの給ふとなれば心を以て云時は性情を合せ、知覚をかねて心と名づくるゆへ、其体を直《タヾチ》に性とは云がたし。本心の体を備《ツフサ》にいはゞ一切に向ふ所のまゝにして向ふの念なき時がこれ本心の体也。是即性のまゝ成所也。然るに其時性といはずして本心の体といふは念なしといへども直に向ふ所の通りあらはれある也。これ本心の体とは情をかぬるがゆへに此時いまだ情にはわたらざるがごとくにて、情(性カ)とはわかちがたけれども前に云ごとく覚へず知らぬごとくなれ共、些《スコシ》もはやあらはれたるは情なりと知るへし（七二〇頁）

込み入った記述である。「言句の及ばぬ所」をなんとかして説明しようとする堵庵の苦慮が窺える。要するに、「本心の体」は、「向ふ」に「扇」や「此音」のような対象が現れていない時の「心」を指すのであって、その点では「性」と似ているが、「心」という以上は「情をかぬる」ものなので、「性」と同じとはいえないということなのであろう。

だが、そもそも「体」と「用」とを「合せ」「かねゐる」ものとして「心」と「名づくる」のであるならば、「心」の「体」と「用」とを区別して論じることは、論理的に不可能なのではないだろうか。先の堵庵の記述にみられる不明瞭さは、この不可能性に直面したうえでのものだろう。

他方で、堵庵は「本心」と「性」とを同じものとして論じることもある。例えば『知心弁疑』という著作で堵庵は次のように述べている。

知㆓本心㆒は則知㆑性と同じ。性は理にして諭しがたし。故に知㆓本心㆒と説《とく》のみ。中庸は性によつて説き、大学は心によつて説く。心は体用をかねて説くゆへ、人達するにちかし（三五頁）

ここで堵庵は、「本心」と「性」とを同一視してはいないが、十分に言い換え可能なこととしてとらえている。「心」という語が「体」と「用」とを兼ねた意味合いを持つのに対し、「性」は「理」（「体」と言い換えても問題ないと思う）を表わす語であるから、難解である。だから、堵庵は、人々への「諭し」易さを考慮して、「性」を「本心」と言い換えるのである（もっとも、堵庵によれば、この言い換えは梅岩によるものなのであるが）。そして、「性」を知ることも「本心」を知ることも結局は同じことだととらえている。

また、『朝倉新話』という著作にも同様のことが書かれている。

性はいひあらはされぬものでござつて、少しでも顕れました所は情といひますハイ。又つひ心といひますりや、善心もあり悪心もござれども、本の字をつけて本心といひますりや、根本の性の通にあらはるゝ心ゆへ、皆善心のことに成まして、性と何もかはる事はござらぬハイ（二四八頁）

ここでもやはり堵庵は、「性」と「心」とを同一視してはいない。「心」には「善心」も「悪心」もあるからである。だから堵庵は、「心」に「本の字をつけ」ることによって、「性の通にあらはるゝ心」を表現しようとする。こうして「本心」と表現してしまえば、もはや「性」と「本心」とは同じものとして扱われることになる。

果して「性」と「本心」とは同じなのか、違うのか。堵庵は場合によって異なる説き方をしているように思う。そして、初入咄においては、「本心」を知らせるといいつつ、実際には「本心」の「用の場」について知らしめようとしている。

このような堵庵の立場に対して疑問を呈したとみられる語録がある。『為学玉箒後篇』という著作に収められたものである。「或心友某氏」と堵庵の問答の記録なのだが、「某氏」は堵庵に対して「足下は本心の用を体と教へらるゝやいかん」と問うている（三六三頁）。この「某氏」には、堵庵が「本心」を知ることの重要性を説きつつ、実際には「本心の用」ばかりを説いているように見えたというのである。

これに対し堵庵は、自らが「初心の学者」に対して「心の用」について説いていることを認めている。「先は用を背かぬやうを肝要」と思うからだという（同）。続いて「某氏」は、「本心の体」について堵庵に問う。だが、ここで堵庵は「しらず」と答えてしまう（三六四頁）。先ほど見た語録では、堵庵は「本心の体」について「言句」によって説明しようとしていたが、ここでは「しらず」の一言で片付けてしまっている。

堵庵によれば、「本心の体」は「初心の学者に無理に覚へさせいでもくるしからぬ事」だという。だから、「予は其沙汰に及ば」ないのだと述べている（同）。そして、堵庵は「体」と「用」とをことさら区別しようとすることを戒めている。

若輩の朋友達も度々会輔の席かさなれば、いつの間にやら功者になりて、それは体の、それは用のと、体用さばきが上手に成て、目にも見へねば知るにもしられぬものを、よく知り覚へて、我が心体は死なぬ、虚空に充満して、火にもやけず、水にも溺れず、変滅なしなどゝ、眼をいからして目なしなりといひあらそふ（同）

ここでいう「会輔の席」とは、「本心」を知った「朋友」たちが互いに研鑽に励むために設けられた場のことである。堵庵によれば、「朋友達」の中からは、「体用さばきが上手に成て」、「しられぬ」はずの「心」の「体」を知ったかのように振舞う者が現れていたらしい。堵庵によれば、これは「目なし」になり切れていない誤ったとらえ方であり、だから堵庵は「初心に体の沙汰するをきらふ」のだという(同)。

ここからわかるように、堵庵は「本心の体」について語ることに抵抗を覚えていた。かといって、「体」に言及しなければ「用に泥む友が多く出来」てしまう(同)。したがって堵庵は、「体」と「用」との「いづれにかたよらずにいはれぬは、むかしより学者の通病とき丶及べり。然ればその所は力及ばずせんかたなし」と述べてしまう(同)。「体」と「用」とのどちらに比重をおいて教えを説けばよいのか、堵庵は明らかに困難を感じとっていたのであった。その結果、堵庵がとった道が、「初心」には「用」から説こうというものであった。だが、そうしてみたところで、論理的には分けられぬはずの「心」の「体」と「用」とを区別して説く以上、その困難性が克服できるわけではあるまい。

もっとも、堵庵自身、このことをよく承知していたようである。というのは、「心」の「体」と「用」とが問題にされている語録が他にもあるのだが、そこで堵庵は次のように述べている。

或人心はいかやうなるものぞと尋ねしに、答て向ふ所の万物皆心也とは嘘なり。此返答は三里さがりて向ふ所の物の外に我心なしといふ私意の分別よりいでたるもの也(七九四頁)

惣じて向はぬ時我に知らぬにはあらず、向ふてゐる時もしらぬが心の本体にして常住也(七九五頁)

「心」が「体用」を兼ねた物言いであるならば、「向ふ所の万物皆心也」という答えは実は「嘘」なのである。なぜなら、この答えは「向ふ所」の存在を前提にした答えである限り、「用」としての「心」を答えたものに過ぎず、この答えにもとづけば、「向ふ所の外に我心なし」、すなわち「体」としての「心」が存在しないことになってしまうからである。本来、「心」の「体」とは知ることのできないものなのだから、それはあるともないとも決定できないはずである。にもかかわらず、「我心なし」といってしまうのは、「私意の分別」以外の何者でもない。もし「体用」を兼ねたものとしての「心」について答えるならば、何かの対象に「向ふてゐる時」も「向はぬ時」も「心の本体」は「しらぬ」と答えなければならないはずである。このように堵庵は述べている。

だが、以上をふまえれば、先に見てきた初入咄で堵庵が述べていたこともまた、「嘘」ということになってしまうのではないだろうか。初入咄において、堵庵は相手に「此扇を見る時は何が心でござります」と問い、「扇が心」という答えにまで導いていったのであった。だが、先の堵庵の語録をふまえるならば、「扇が心」という答えは「用」としての「心」について答えたものに過ぎず、本来ならば「しらず」と答えるべきだということになるのではないだろうか。

だが、「しらず」で済ませてしまっては、「初心」の者に本心を知らしめることにはならない。だから堵庵は、「初心」への配慮から「嘘」を盛り込まざるを得なかったのである。

第四節　教化と教育の区分

初入咄に孕まれていた「嘘」は、石門の門下になり研鑽を経ていくうちに、それと理解できるものであっただろう。実際、堵庵が「嘘」について述べた語録が残っていることは、堵庵が門人に向かってそれを吐露する機会があったことを示している。だが、その「嘘」は、石門の門下になるまでは、明かされることはない。ここにはっきり表れているように、堵庵は、教えに対する誤解が生ずるを防ぐために、一般向けの教化と門人向けの教育とを区別していったのであった。

だが、この区別は、必ずしも厳密なものではなかったのではないかと考えられる。というのは、本書では詳細に触れ得ないが、堵庵が門人向けの教育の場で語ったことは、書物に編まれ、刊行されていくのである。刊行といっても、必ずしも世に広めるために編まれたわけではなく、もとは書を座右に置いておきたい門人たちの要望から写本として流通し、やがて刊行に至ったのではないかと考えられる。だが、刊行されたからには、書物は門人以外の手にもわたり、教義は広く流通していくことになる。[29] 事実、次章で見るように、堵庵の初入咄の内容は、明らかに門人外へと流出していくことになるのである。

また、教化と教育の区別のあいまいさは、本章で取り上げた記述からも窺うことができる。堵庵は、初入咄の聴講者が「本心」を知ることを中途で断念してしまうことを危惧していた。だから、自らが出す問いの解答が分からない場合であっても、聴講者に「相談」に来ることを求め、「相談」があれば堵庵は「外にこたへようはない」ところにまで聴講者を導いていったのであった。

堵庵の教化活動は、ともに研鑽を積む朋友の獲得を目的としていた。したがって、門人になるための条件を厳しくすることよりも、多少未熟なところがあっても門人として認める方向へと向かっていったようである。では、門人同士で行なわれる教育活動はどのようなものだったのだろうか。その考察は、本書の課題ではないが、一端だけ触れておくことにしたい。

『朝倉新話』によれば、堵庵は「本心を知りたる門人」に次のように「不断示して」いたという。

> 大かた誰も常住、扨も私案なしに見るものじや、私案なしに聞ものじやとせわをします。左様《さう》せずにひとり私案なしなものじやのに、夫では私案なしなものとする程《だけ》の目が残ります。然れども先初心のうちはそれなりにひたと我なひことを究めさッしやれイ。是も初は私案なしなものじやとする目がござれども、それから入らねば私案なしの目を離るゝ事はなりませぬハイ（二五一頁）

「目が残ります」とは、一度目の開悟を遂げた梅岩に対し、小栗了雲が述べた言と重なる。堵庵もまた、最終的には「目を離るゝ」ことを門人たちに求めてはいる。だが、前節で見たように、堵庵は、「目なし」になったつもりの「初心」が現れることを危惧していた。だから、「初心のうち」は「目が残」っている状態を否定しない。こうして「目なし」になり切れていない門人たちは、互いに切磋琢磨することによって、「目なし」を目指すことになるのである。(30)

その途上において、門人は心学への「志」を失いかけることもあった。『為学玉箒』に次のような問答が収録されている。まず「或友」がいう。

われ道を信ぜざるにあらず。然れどもとかく信ずる志立がたし。いかゞいたさば、志大きに発るべきや（三四〇頁）

「道」を「信ずる志」の不足を率直に述べるこの「或友」に対して、堵庵は次のように述べる。

先我此度ふしぎにして、此道の端をしりたる事の有がたく、逢がたき明徳の師に、逢奉りたればこそと、師恩の限りなきことを熟思ふべきなり。それを思はんには、凡世に生るゝ人、幾億万ともなき人の中に、この道理を知りて、心身やすらかに生涯を送る人を、指を折て算へ見るべし。幾人ぞや。我其数の一ッに入事、悦びてもなほ余りあるべし（同）

「本心」を養う「志」を起こさせるべく、堵庵は梅岩の名前を持ち出している。梅岩に「逢奉」ったありがたさ、梅岩から受けた「恩」の深さ。これらを思うことによって、「志」を起こさせようとしているのである。

また、堵庵は『朝倉新話』において、次のように述べている。

本心を知りた衆は故先生の御恩を有難う思はッしやれイ。何方でも知れる事じやとおもはッしやるであらうが左様じやござらぬハイ。這様《このやう》な事が又何方にござらうぞひの。事を知る事はなりませぬハイ。こちの方では彼も知り是も知るによつて沢山に思はッしやれうが、縦令千人や万人知つても天下中の人では何ほどでもござらぬハイ。それほど大切な事を知るといふは有がたひ事と思ふて不断此事を忘れぬやうにさッしやれイ（二五〇頁）

「本心」を知ることができたのは「故先生」に「出あふて御恩を受」けたからであって、「何方でも知れる事」ではない。ここで堵庵は、「故先生」の教えを唯一無比の教えとして提示している。その教えは、学問ではあるが、他所では学べない学問である。つまり、堵庵は、梅岩が説いた学問を梅岩の学問として枠付けしていくのである。こうして付けられた枠こそ、石門と呼ばれる門人組織であるだろう。かくして石門心学は手島堵庵によって創出されたのであった。

註

（1）石川謙『教化の方法を話題として石門心学を語る』広島図書、一九四九年。

（2）門人同士で行なわれていた会輔や静坐についてはここでは取り上げない。序章で述べた区分にもとづけば、これらの活動は、教化ではなく教育とみなすべきだからである。

（3）堵庵が残した著作に『女冥加解』がある。これは、梅岩の三十三回忌に際して、堵庵が行なった講釈を書き留めたうえで聴講者に手渡されたものであるが、題名の示すように、この講釈は主に女性の聴講者を対象にしたもののようである。ただし、これを女訓とみなしてよいのかどうかはわからない。

（4）石川謙前掲書、一三頁。

（5）こうした一連の通達は、一般に社約と呼ばれている。社約については、石川謙『石門心学史の研究』（岩波書店、一九三八年）に詳しい。

（6）柴田実『梅岩とその門流』ミネルヴァ書房、一九七七年。

（7）その取り締まりは、講釈で扱うテクストの限定となっても現れている。堵庵は、講釈に用いる書物を「四書 小学 近思録 都鄙問答 斉家論」の八書に限定している（「他所え講釈並座談会輔等に御出之節別而都講より申入候条々」五九二頁）。

（8）『増補手島堵庵全集』には、堵庵の書いた序跋の類も収録されているので、同全集から引用することにする。

（9）田辺肥洲「心学道話の展開と道二翁」（『古典研究』六巻二号、一九四一年）。

（10）なお、この引用文中には、堵庵の述べたことを解説すべく、筆記者が記したものと思われる書き込みが二箇所にわたってなされている。その書き込みによれば、堵庵が右のように述べたのは、「御歴々方」などを「おそるゝ」からではなく、「歴々方又は学者に真の道を信する人少き事を言外に」述べたものだとされる（同）。

（11）ただし、こちらの関係については、堵庵は、皮肉を込めるためにわざと追認してみせているという見方もできる。註(10)参照。

（12）もっとも、教えを説く対象が「町家」に限定されているのは、教えの内容が「町家」向けであるからというわけではない。確かに彼が「性」ではなく「本心」という語を用いるのは、諭し易さを考慮してのことで、その考慮は、彼の眼前に主にいたであろう「町家」の聴衆に対する配慮であろう。だが、彼は「本心」というものは、身分にかかわらず誰もが有しているという前提を決して崩そうとはしない。この点は梅岩と同様である。なお、後に堵庵の教化運動が、彼の意図とは裏腹に、武士層にも普及したのは、ひとつにはこのためであろう。

（13）「公共性」という観点から梅岩を考察した川田耕は、梅岩の講釈の公開性から梅岩思想の普遍的な性格を見てとっている。川田耕「石田梅岩の普遍主義」（片岡龍・金泰昌編『公共する人間二 石田梅岩』東京大学出版会、二〇一一年）。

（14）石川謙は、この創意が後の心学道話につながったとしている。前掲石川謙『石門心学史の研究』一六〇頁。

（15）この点については、延広真治「江戸落語の展開――心学道話との関連において」（『国文学 解釈と教材の研究』一九巻一一号、一九七四年）、高野秀晴「石門心学における教化統制力とその圏外」（『季刊日本思想史』六五号、ぺりかん社、二〇〇四年）参照。

（16）石川謙「解説」（『こころ』五巻三号、一九五七年）。

（17）「石田先生語録」巻二二には、梅岩の弟子小森由正が「ヤ、発明セントスルノ日」に、文書を通じて梅岩とやり取りした記録が載っている。このやり取りから「日アラズシテ」、由正は「省悟」したという（『石田梅岩全集』下、二六六～六七頁）。

（18）堵庵の初入咄については、山本眞功「堵庵心学の社会的機能」（『季刊日本思想史』六五号、ぺりかん社、二〇〇四年）に詳細な考察がある。山本は、初入咄の考察を通じて、梅岩の「発明」と堵庵のそれとの相違について論及している。

(19) 前掲石川謙『石門心学史の研究』二六一頁。
(20) 同前、三四二～四四頁。
(21) 山本眞功前掲論文。
(22) なお、こうした「証拠」は、「善導須知」よりも「手嶋先生ロ授話」の方に多く書かれている。
(23) この誤解に対する警告を、堵庵は、すでに「発明」を遂げた者に対しても述べている(「善導須知」四三六頁など)。
(24) やや注目される部分として、堵庵が「天」について述べている箇所が挙げられるだろう。堵庵によれば、「天」は「あの高い蒼い処」のみを差すのではなく、「人間万物」は「天の中にすつぽりつゝまつてある」。こう述べることで堵庵は「天」と「人」との距離を「近く」しようとするのである(四二二頁)。
(25) 第二編後半の内容を手短に紹介しておこう。堵庵は聞き手に「扇」を見せ、「これは何が見る」と問いかける。聞き手は「眼が見ます」と答えるが、堵庵はその答えをよしとはしない(四二三頁)。「その外に一ッ見聞の主がある」というのである(四二四頁)。以上の問答は、第三編で改めて登場するが、第二編ではこれ以上進展することはなく、「見聞の主」についてのイメージを聞き手に喚起すべく、「手嶋先生ロ授話」と同様の話が展開することになる。よって、第二編後半もまた、初入咄の第一段階に相当すると考えてよかろう。
(26) 山本眞功前掲論文。山本は、次の二つの理由から、後者の読み方を取っている。一つは、「善導須知」はあくまで堵庵の語った初入咄を筆録したものであるということ。そして二つ目は、第三編の末尾近い部分で、堵庵が相手に対し、「発悟」したと思ったら、「持て来て聞いておもらひなさりませ」「先輩の人に正してもらはねばなりません」と述べていることである。この記述から山本は、この問答の場に「先輩の人」が同席していることを読み取っている。
だが、先述のように、「善導須知」が「善導」のための手控えとして編まれたものであるならば、第三編の問答は、「善導印鑑以上の人」と「修行人」との問答を想定して書かれたものと見ることもできる。とすれば、本文中に引いた「善導印鑑以上の人、修行人ある時は礼儀正しく相対して礼をなし」云々という記述は、「善導印鑑以上の人」が初入咄の席でどのように振舞えばよいのかを解説的に示した文言と解釈する余地もあるのではないかと思う。また、堵庵が「先輩の人」に言及していることは、その「先輩の人」が同席していることの理由には必ずしもならないと思う。
(27) もっとも、堵庵は、「修行人」が「実知」できるように配慮して「見聞をかためる問」(内容は記されていない)を「修行人」に与えている。だが、この問いは「会得」のための手助けとなるべく出された問いであって、この問いによって「実知」如何が判定されるわけではないだろう。
(28) 島田虔次は、次のように説明している。「「体用」とは要するに「因果」に対していうことばであって、『大乗起信論』のたとえを借りていえば、因・果の関係が風と波との関係であるのに対し、体・用の関係とは水と波との関係をいうのである。定義としては、きわめてばくぜんとしているが、「体とは根本的なもの、第一次的なもの、用とは派生的なもの、第二次的なもの」ぐらいに考えておいてよい」（島田虔次『朱子学と陽明学』岩波新書、一九六七年、三～四頁）。

（29）高野秀晴「教化メディアとしての心学道話聞書本」（『日本の教育史学』四六集、二〇〇三年）、同「心学教化の声と文字」（『民衆史研究』八六号、二〇一三年）。

（30）「目なし」へと至る道程を、かつて拙稿で次のようにまとめた。(1)「差し当たり堵庵が目指すのは、梅岩が二度目に至った境地ではなく、一度目に至った境地に人を誘うことであった」、(2)「梅岩の開悟体験になぞらえるなら、梅岩が一度目に開悟した境地にたどり着いたことをもって、「門人」になることができた」（高野秀晴「手島堵庵による石門心学の創出」、『日本思想史学』三五号、二〇〇三年）。これに対し、山本眞功は前掲論文において、(1)に対しては同意したうえで、(2)については次のように述べた。

梅岩の開悟体験になぞらえるなら、梅岩が二度目に開悟した境地のいわば一端を覗くところにまで辿り着いたことをもって（教導の第二段階）、門人になることができた。

上記拙稿は、梅岩の「開悟体験」についての十分な考察を経たものではなく、(1)を明らかにしたうえで、そこから類推して(2)を導き出したのであった。だが、山本が指摘するように、(2)を考察するためには、初入咄の分析を経なければならない。本章のここまでの考察を経た結果、(2)については、山本の指摘の通り改めたい。

■第九章　石門心学への批判

第一節　本章の課題

手島堵庵によって主導された教化運動は、広く普及していくことになる。石川謙の研究によれば、堵庵は、明和～天明年間（一七六〇～八〇年代）にかけて、山城、近江、丹波など少なくとも七カ国で遊説を行なった。また堵庵の門下からは、布施松翁、中井利安、中沢道二らが輩出し、盛んに遊説活動を行なった。彼らの活動も含めれば、遊説地の広がりは、畿内各地、美濃、信濃、甲斐、そして江戸など十カ国以上に及んだ。また各地には、心学を学ぶ場として講舎が作られ始め、一七八五（天明五）年までに少なくとも二二舎が設立された。(1) この広がりは、寛政年間（一七九〇年代）に入るとますます大きなものになっていく。

ところで、第四章で見たように、堵庵らの活動が拡大していった時期は、談義本において、教化が動揺する様相が描写され、教化の有効性が徹底的に問い直されていた時期でもあった。こうした状況において、梅岩は「聖賢の道」を「用捨」なく説こうとし、堵庵はその教えを「気楽」な教えとして盛んに説き広めていく。それでは、彼らの活動は、どのように評されていくことになるのか。本章では、この問題について考察する。

心学に向けられた批判については、岩内誠一による詳細な史料紹介があり、本章も多くを負っている。(2) だが、岩内の研究は、もともと梅岩の顕彰に向けられたものであるため、批判がいかに梅岩への誤解にもとづいたものであるかを指摘することに主眼が置かれている。確かに批判の中には、伝聞のみにもとづいていると思われるものや、偏見と受け取れるものもある。だが他方で、心学の特徴や問題点を鋭く衝いていることも確かである。また、心学への批判については、石川謙によっても取り上げられているが、心学を肯定するものと否定するものとを分類することに主眼が置かれており、一つ一つの批判に立ち入った考察がなされているわけではない(3)。したがって、第二節では、これまで取り上げられてきた批判を改めて取り上げ、心学の何が問題視されたのかを明らかにしていく。

ついで、第三節では、これまでの研究で取り上げられてこなかった史料として、心学を題材に取り入れた談義本を取り上げる。第四章で取り上げた談義本は、宝暦期前半（一七五〇年代前半）に刊行されたものであり、したがって心学について言及するものではなかったが、天明期頃（一七八〇年代）に出版された談義本には、明らかに心学を思わせる教えを題材に取り上げるものがあり、そこでは心学の教えの内容やその教義に傾倒する者の様子が皮肉や風刺を混じえて描かれている。

談義本には、家から放逐された者や各地をあてどなく彷徨する者が多数登場し、教化を繰り広げるのであった。他方、堵庵は、「町家」の「同輩」に向けて教えを語ろうとする。教化の場面が明らかに異なっているのである。それでは、心学は談義本においてどのように描写されていくことになるのか。これが第三節の課題である。

なお、談義本と心学との関連はこれまでにも指摘されてきた。例えば野田壽雄は、「談義本発生の原動力」の一つとして「心学」をあげている(4)。また、三田村鳶魚は、談義本と「心学本」との「混同」に注意を促しつつも(5)、談義本の著者たちによる「教化運動」は、「石田梅巖の心学が江戸へ移入するに当って、大きな便宜があったともいえばいえましょう」と述べている(6)。

だが、本書でこれまで考察してきたことをふまえれば、これらの指摘には首肯できない。談義本が数多く出版され始める宝暦前期（一七五〇年代）は、まだ手島堵庵が本格的に教化活動を展開した形跡が見られない。堵庵以外の梅岩直弟を含めても、慈音尼が江戸で教化活動を行なった形跡はあるとはいえ、その活動が談義本の流行を促すほどの規模をもったものだったとは考え難い。(7) また、談義本の隆盛が心学普及の土壌を形成したという三田村の指摘にも疑問がある。というのは、すでにみたように、談義本には、「古風」な教化に対する徹底した批判が見られることが多かったが、実はその批判は心学にもあてはまっているのではないかと考えられるのである。

第三節の考察をふまえて、改めて心学者たちによる教化の特質を考察するのが第四節である。数々の批判に対し、心学者の側が積極的な反応を示した形跡は見られない。だが、心学者の中からも談義本を意識したとおぼしき著作をなす人物が登場してくる。第四節では、これらの著作を取り上げることにより、心学を批判する談義本と心学者による談義本を対比的に考察していくことにしたい。

第二節　学問からの逸脱

一　「禅学の余習」

心学に対する批判として著名なものに、中井竹山（一七三〇～一八〇四）によるものがある。竹山は、大坂にあった懐徳堂の学主を務めた人物である。当時の懐徳堂の活況を鑑みれば、竹山を当代きっての学者であったとみなすこともできる。

竹山の心学に対する批判は、時の老中松平定信の諮問に応えて一七九一（寛政三）年に著した『草茅危言』巻之七のうち、「出家の事」と題された部分に見出すことができる。このことからわかるように、竹山は、心学を学問というよりは仏教（「出家」）の一派とみなそうとしている。竹山はいう。(8)

石田流と称する学徒有て、儒名を以仏意を勧め、無縁に人を集、盛に行るゝ事也、一通りは日用著実を務め、民生産業渡生の事を主とするは、凡庸の暁易事もあれども、夫計にては余り浅近鄙俚成故、禅学を奥の手とし、禅機を以愚民を悟道せしめ、眼一丁無ても道を得しとするは、大に人心を害す者也、奥義は禅に落れども、鄙近を以手広愚俗を引入る事は、一向宗より一転したる者也、其徒打寄信徒の人を集講習するは随分然る可、浮屠氏の説法の如諸方に無縁の人寄をするは有間敷事也（四八五〜八六頁）

竹山によれば、「石田流と称する学徒」は「儒名を以仏意を勧め」ようとするものである。「仏意」にもとづく教えであるにもかかわらず「儒名」を称するその姿に対して、竹山の非難は容赦のないものである。それでは、竹山は、心学のどこに「仏意」を見てとっているのだろうか。それは次の二点である。

まず竹山は、この「学徒」に「禅学」の影響を見てとっている。そもそもこの「学徒」の教えは、「日用著実を務め、民生産業渡生の事を主とする」ものであるが、それだけでは「余り」に「浅近鄙俚」なので、それを繕うかのように「禅学を奥の手とし」て、「愚民を悟道」させようとしているのだと竹山は決めつける。だが、「禅学」に頼ることは、文字を学習せずとも（「眼一丁無ても」）「道を得」ることができるという誤解を人々に広めることになるため、「大に人心を害す」というのが竹山の主張である。

このように、竹山は、心学の「日用」的な教えの背後（「奥」）に、「禅学」の影響を見出し、その危険性を指摘する。また、竹山は、この「学徒」が「鄙近を以手広愚俗を引入」れようとする有り様に「一向宗」の影響を見ている。「信徒の人を集講習する」のは勝手にすればよいが、「信徒」でもない「無縁の人」を「引入」れようとするのは「浮屠氏の説法」さながらであり、「有間敷事」である。先に見出された「禅学」の影響が心学の教義に関わるものだとすれば、竹山は、その教義を「無縁」の人々にまで説こうとする教化のあり方にも仏教（「一向宗」）の影響を見出しているのである。

このように竹山は、心学の教義の内容と教化のあり方の両面にわたって仏教の影響を見てとっていく。だが、心学の教義が「禅学を奥の手」にしているとはどういうことを指すのか。また、心学の教化のどの部分が「鄙近」にして「浮屠氏の説法」さながらとされるのか。竹山は、これらの点を詳らかには書いていない。

以上のような批判は、竹山ほど激越ではないにしても、他の評者にも見出すことができる。つまり、心学に対する批判の多くは、大別すれば、教義の内容か教化の仕方のいずれか、あるいは両方に、仏教の影響を見出すことによって成り立っているといえる。もっとも、その影響をどのように評価するかは、評者によって異なる。

それでは、心学の教義に対しては、どのような批判が出されていたのだろうか。教義に見られる「禅学」の影響に対する最も詳細な批判は、朱子学者・尾藤二洲（一七四七〜一八一三）の『正学指掌』（一七八七〈天明七〉年刊）に見出すことができる。(9) 二洲は、当時大坂で塾を開いていたが、後に幕府に登用され学政に関与することになる人物である。『正学指掌』は、その名の如く、「正」しい「学」について示そうとした書である。同書の末には「近世世間」に現れて来た「種々ノ異端」について論じた「附録」が付されており（三四二頁）、「本心ヲ知ルトイフ一派」が取り上げられるのは、その「附録」においてである（三四九頁）。「本心ヲ知ルトイフ一派」が「正学」ならざる「異端」とみなされていることがわかる。

二洲もまた、この「一派」を「禅学ノ余習」（同）とみなしたうえで、次のように述べている。

〔この「一派」の教えは〕気ヲ謬リテ理トシ、道ハ人ノ理ナルコトヲ知ラヌヨリ起リタル者ナリ。其徒ミナ此心ノ霊活ヨク知覚スル所アルヲ見テ、珍重スベキコトト思ヒ、ソレヲ主トシテ、人ヲモ教へ、口ニ任セテ廓然大公ナドト説キ出シ、人ヲ空虚ニ迷ハシム。ソノ害モ亦浅鮮ナラズ。（中略）タヾ其心ヨリ作為ナシニ出レバ、ソレヲ道トモ理トモイヒテ、猖狂妄行ス。嗚呼聖人ノ門、何ゾカヽル率易無稽ノ談アランヤ（同）

二洲の批判は、心学の学説が「気」と「理」を混同するものであることに向けられている。この「一派」の者は、「作為」をせずとも「心」が「ヨク知覚」することをとらえて「珍重」としているが、「作為」をなくすだけでは「理」をとらえたとはいえない。「気ヲ謬リテ理トシ」ているだけだと二洲はいう。

それでは、二洲のいう「理」とは何か。手短に確認しておこう。[10] 二洲によれば、「人倫事物スベテ皆自然ト兎アルベシ角アルベシトイフ則」がある（三二二頁）。そして、「則」とは、「人ノ作リ出セル者」ではなく「天理」である（同）。したがって、「則」（「天理」）は「私心ヲモテ」知ることはできない。「必ズ書ヲ読ミ古ヲ稽《カンガ》ヘ、一々ニ精究シテ後ニ明カニスルコトヲ得ベ」きものだと二洲はいう（三二五頁）。例えば、「父ノ慈ナルベク、子ノ孝ナルベキノ如キ」は皆「則」であるが、「タヾ漫々ニカクアルベシト説キテヤムコトニアラズ。必ズカクアラデハ叶ハヌト云フ処マデ窮メ到ル」必要がある（同）。

以上をふまえれば、二洲には、「本心ヲ知ルトイフ一派」の説くことは、「心」から「作為」を取り除きさえすれば、「孝」や「慈」が自ずと実践できるかのように説くのみで、それらの「則」を「精究」しようとはしないように見えたのであろう。「理」の「精究」をせずして「聖人」の道について云々するという点で、その学説は「率易無稽ノ談」でしかないし、またその「談」を人々に聞かせることは、「人ヲ空虚ニ迷ハシム」ことにしかならない。したがって、「志アラン者ハ、必ズカノ本心等ノ説ヲ聴クベカラズ」（三四九頁）。このように二洲は述べている。

他方、心学の教義に「禅学」の影響を見て取りつつも、そのことに必ずしも目くじらを立てない者もいた。近江出身の歌人・伴蒿蹊（一七三三〜一八〇六）が著した『近世畸人伝』（一七九〇〈寛政二〉年刊）は、様々な人物の伝記を集めた作品として知られるものであるが、作中で手島堵庵も取り上げられている。そこにおいて蒿蹊は、次のように述べている。[11] まず蒿蹊は、心学の教えが「播磨、盤桂《（ママ）》禅師、不生仏心と説れしによる」（一六九頁）ものであることを確認したうえで、このことがもとで、心学は「禅儒」だとの「誚り」（同）を蒙っているとする。[12]

ついで、蒿蹊は、心学の教えが、文字（「一丁字」）の読めない「門生」によって説かれる場合もあることを指摘した後、次のように述べている。

これによりて、文学の人は甚いやしむれども、もとより学者を教《をしふ》とはいはず、市井の人の人道をしらず、自性を識ざるを導《みちびく》となれば、世に有益の事とすべし（同）

「一丁字」を読めない人物が「禅」にもとづく教えを説くことを蒿蹊は否定しない。なぜならそのような教えでも「市井の人」にとって「有益」な教えとなり得るからである。だが、「有益」とみなせるのは、「学者を教《をしふ》」と称しない限りでのことであるらしい。蒿蹊は学問に文字が必ずしも必要ないと述べているのではなくて、学問ならざる教えであっても「有益」な教えとして成立し得ることを述べているのである。学問と教化とを区別してとらえたうえで、後者の役割を担うものとして心学に注目したといっていいだろう。

この点をふまえれば、尾藤二洲が心学を手厳しく批判したのは、彼が心学を学問として（ただし、「異端」の学問として）とらえていたことの表れとみることができる。他方、伴蒿蹊は、そもそも最初から心学を学問とはみなしていない。このように、心学を学問とみなすか否かによって、心学評価のあり方は変わってくるのである。

2 「聖教ヲ軽ンズル」

心学は学問といえるか否か。この問いは、心学の教義に対してだけ発せられたものではない。教化のあり方に対しても、この問いは向けられることになる。

和学者・津村淙庵（一七三六～一八〇六）が著した『譚海』（一七九五〈寛政七〉年自跋）は、当時の江戸の世相、風俗が約二十年間にわたって書き綴られた史料として知られる。[13] その『譚海』において淙庵は、堵庵らの教えは、「程朱」の説に「もとづき」つつも、「至極の所は釈老の旨とひとしく」、「禅家悟入の理に粗かはる事なし」とみなしている（二九五頁）。そして、その教えは、「俗人をすゝめみちびくには、又巨益少からず」と述べている。だが、その「すゝめみちび」き方に対して、淙庵はある種の物珍しさを感じ取ったようだ。次の記述にそれが表れている。

只俗人を教ふる事を先として、おのれをたてず、たとへば其むねを著たる書を披露するとても、何とぞ是をよんで御かんがへ下されよなどと、無心いふやうにたのみて人にすゝめ、講談をするとても席料などと云事一銭もとらず、其座敷男女の席をわけて、しるしらず、人まねき、其弟子の世話する者は、袴を着て入来る人の草履はき物まで、丁寧にあづかり取扱て、さりとては御気のどく成事、よう御こしありしなどと、此方より説をうるやうにもふけかまへたれば、人々よろこび帰依して至る所市をなし、感服せずといふ事なし（同）

「おのれをたてず」、「無心いふやうに」教えを説く心学者の姿は、慇懃に商品を「うる」商人の姿を髣髴させる。淙庵には、このように感じられたようだ。もっとも、教えを「うる」といっても、「席料」をとるわけではない。このこともまた、「人々」が「よろこび帰依」する一因になっていると淙庵はとらえているらしい。

淙庵が注目したのは、「しるしらず、人まねき」をして行なわれる教化のあり方であったが、別の点に注目した人物もいる。京都で医者として活躍した橘南谿（一七五三〜一八〇五）は、『北窓瑣談』後編巻之四（一八二九〈文政一二〉年刊）において、次のように述べている。[14] 南谿は、手島堵庵の「講釈」を「二席」聴いたうえで、その教えを「甚だ殊勝の事にて世に益有る講説」だと認めている（三三三頁）。「婦人小児などの耳にも入り安く説聞せて、孝悌、忠信の事より、家業、商売、家産、倹約、農業、耕作の事に至るまで、手近く教ゆる」ので、大いに実効が挙がっているというのである（同）。だが、続けて南谿は次のように述べている。

但其高弟に教ゆるには、禅学の頓悟に似たる事有りて、少し奇僻の筋にも入るにや（同）

一般の「婦人小児」に対しては「益有る」教えだが、「高弟」に対する教えは「禅学」じみていて「奇僻」な点もあるらしいと南谿は述べる。つまり、南谿は、「婦人小児」に対する教えと「高弟」に対する教えとの間に、異なる点のあることを見てとったうえで、後者の「奇僻」さを指摘しているのである。

だが、「奇僻の筋にも入るにや」という表現から窺えるように、どうやら南谿は、「高弟」に対する教えのどこが「奇僻」なのかを、直接の見聞をふまえて述べているわけではないらしい。前章で見たように、心学の教えは、「無縁」の人々に対する教化と、心学への志を持つ者のみを対象とする教育とに区別されていた。この点をふまえれば、南谿が「二度」接したという「講席」は、「無縁」の人々を対象とするものであったと考えられる。その「講席」の背後に「高弟」向けの教育があるらしいことは、伝聞によって知ることはできても、その教育の実際はいわば隠されているといえる。だが、詳しくは本章の後半で取り上げるが、たとえ伝聞ではあっても、「高弟」向けの教育がいかなるものであるかについては、かなりの程度知れわたっていたと考えられる。このような、いわば中途半端なベールに包まれた有り様もまた、南谿には「奇僻」に映ったものと推測する。また、翻って考えれば、中井竹山が心学の教義は「禅学ヲ奥ノ手」にしていると述べたのも、この点を指摘したものと解釈することもできるだろう。

このような有り様を別の角度から問題視した記述を、神沢杜口《かんざわとこう》（一七一〇～九五）『翁草』巻之百七十八に見ることができる。[15] 京都町奉行所で与力を務めた杜口は、致仕後、膨大な随筆を綴った。その『翁草』において杜口は、「近年」新たに登場してきた「手島先生」の教えを「儒仏老荘を混じたる様」なものだととらえたうえで、その教えが流行する要因として、「婦童奴婢の類」にとっても「耳近き」教えであることと、「衆人を勧るに、いさゝかの謝物を請」けないこととを挙げている（一六九頁）。「謝物を請」けないことに対して、「諸人」は「殊勝の思ひ」をなしているというのである。

以上のことを杜口は必ずしも否定的にはとらえておらず、「手島先生」の教えは「あしき化度」ではないとする。だが、次の一点に対して違和感を表明している。それは「本心」を「会得発明する者には免許を出す」ことに対してである（同）。

余事は兎もあれ、本心会得の事は、庸人の容易く成就すべき事に非ず。たとへば僅の技芸すら、奥秘の事は修行を積ても、是に至る人寡し、況人道の大事をや。一芸の如く免許などゝ云ふ事、今古例を不聞、定て先生の意は衆愚を励さん為成べけれども、余の事と違ひ、本心の事は軽々敷免すのゆるさぬのと云論は非ざるべし。禅の大悟に比する心かも知らね共、夫とは心替るべし（同）

「本心会得の事」を「人道の大事」とみなす杜口は、その「会得」は「庸人」には困難なことだとする。その困難なことに対し、たとえ「衆愚を励さん為」だとしても、「軽々敷」「免許」を与えたりすることは、「今古」「例」のないことだと杜口はいう。なお、ここでいう「免許」とは、梅岩の門人の証となる「断書」のことを指すのであろう。そして杜口は、「免許」を発行することに「禅の大悟に比する心」を見て取っている。

これまでの研究で紹介されていない史料も一つ挙げておこう。『知心弁疑評』と題された著作がそれである。(16)同書は、手島堵庵の著作『知心弁疑』に対する疑問を「手嶋御門人中様」宛てに問い質すべく著されたものである。所見本による限りでは、著者の名前は確認できず、裏表紙に「渭水」なる名前が書かれているのみである。全六丁の短い写本ではあるが、『知心弁疑』という特定の著作にもとづいた批判を「手嶋御門人中」に読まれることを想定して書かれたものであり、したがって、その批判は、先に取り上げた著作よりも具体的なものである。

ただし、全八項目からなる同書のうち、『知心弁疑』の文言に直接言及されるのは二項目のみであり、分量としても全体の三分の一（二丁分）を占める程度である。他の部分は、「手嶋氏」の教え全般に及ぶ批判になっている。

同書における心学への批判は、「次第階級ト云事」をふまえぬままに「本心ヲ知ル事ヲ学問ノ始トスル事」に対して向けられている。ここでいう「次第階級」とは、「人生レ八歳ニ成レハ小学ニ入」り、「十五歳ニ及テハ大学ニ入」るという、朱子学にもとづいた学問の「次第階級」を指す。もっとも、当時の日本に「小学」「大学」に相当する教育機関があったわけではないのだが、それぞれの機関においてなされるべきことを著したとされる書物『小学』『大学』は、学問に志す者が読むべき基本的な書物であった。この両書をふまえて「次第階級」を重要視する『知心弁疑評』の著者には、「文盲愚昧ノ奴婢ノ輩」に対して「本心ヲ知ラシメン」とする心学のあり方は、「大ニ本末ヲ失ヒタルコト」に見えたのである。

すでに見てきたように、かかる批判は、石田梅岩の著作や語録に散見するのであった。『知心弁疑評』の場合、かかる批判が、梅岩にではなくて「手嶋氏」の学説に向けられていることが確認できる。堵庵は梅岩同様、「本心」（梅岩の場合は「性」と表現されるが）を知ることを学問の始めと位置づけていたのであった。したがって、梅岩にしばしば向けられた右のような批判が堵庵にも向けられることになったといえる。

また、「次第階級」をふまえていないという批判は、次のような点にも見出されている。

手嶋氏ノ教ハ狂哥仮名草紙ヲ以テ教ヘ聞人文盲愚昧ニテモ耳ニ入ヨク一ト通リハ尤ナル様ナレドモ狂哥仮名草紙ニテ大聖人ノ道ハカウシタ物ト思ヒ安キコトニ思フハ聖教ヲ軽ンズルノ理ナリ其ノ上狂哥ヤ仮名本ニテ知リタルハ誠ノ知リタルト云物ニアラズ

前章で見たように、堵庵は「卑俗」な教化に積極的な意義を見出していた。だが、そのような教化ではかえって「聖教ヲ軽ンズル」ことになると述べられている。のみならず、「聖人ノ道ヲカロ〳〵敷安売ニスルコト」は「当世ノ談義僧ノキヤウガイニシテ誠ノ儒タル者ノ為スコトニアラズ」とも述べられている。ここで心学教化のあり方が「談義僧」さながらとされていることは、次節との関わりから見て重要である。

次に、『知心弁疑評』の批判は、心学の講釈において「席料」をとらないことにも向けられている。なぜなら「礼物音物ヲ受ザルコト」は「師弟ノ礼」を軽んじており、「敬スルノ義」に背いているからである。さらに、「手嶋氏」が「剃髪シテ」いるにもかかわらず、儒者が着する「十徳」を着ていることは「孝ノ道」に悖るとされている。儒学においては、「身体髪膚」を親からの授かり物、より厳密にいえば親の「遺体」と考えるので、その「遺体」の一部を切り取る「剃髪」は、するべきではないとされている。にもかかわらず、堵庵は「剃髪」している。『知心弁疑評』の著者は、この「手嶋氏」の姿に「儒学トモ見エス禅学トモ見ヘス何トモ知レヌ」有り様を見て取っている。そして、その「学術ハ異端ニ近キモノ歟」と述べている。

以上のように、『知心弁疑評』の批判は、多岐にわたるものであるが、それらの批判はすべて「手島氏」の教えが、学問とみなし得るものから逸脱している点をとらえたものといえる。

以上をまとめてみると、堵庵による教化運動が広く展開していた明和～天明期（一七六〇～八〇年代）における、心学に対するある程度共通したイメージを見て取ることができる。一言でいえば、心学は儒学と仏教、さらには老荘思想との混淆したものとして受け止められていた。かかる混淆は、教義の内容、教化のあり方の両面において見出されていた。「席銭」を取らず、慇懃に教えを売り込むような有り様は、当時の学問講釈のあり方から逸脱しているように見られていたし、「狂哥仮名草子」を用いて「庸人」に「本心」を知らしめようとする教化は、学問の「次第階級」を無視しているように見られていた。

また、堵庵らの教化活動に対する評価は、その教えが学問とみなせるか否かという問題に対する評価と密接に関連していた。心学を学問ととらえる者は、教化のあり方に「談義僧」と類似したものを見て取り、それを問題視している。他方、心学を学問ととらえない者にとっては、教化に見られる仏教の影響はさして問題にならず、教化としての有効性に好意的な評価が付与されることもあった。

第三節　「本心」を知らせることは妥当か

一　「迷」をもたらす「本心」

ここまで取り上げてきた批判では、心学教化のあり方に物珍しそうな意見が出されることはあったが、教化の効力そのものについて疑義が提起されることはなかった。むしろ、効力が大きいと判断されるがゆえに、心学に対する批判が一層手厳しくなった一面もあったといえるだろう。

これに対して、以下に取り上げる談義本では、心学教化の効力そのものに疑問が付されている。取り上げる著作は、甘涎斎『本心開悟破莞莚』(17)、同『本心開悟一ッ鉄炮』(18)、是道子『本心早合点』(19)、西湖『本心鬼が捶杖《うつつえ》』(20)の四著である。いずれも、明らかに梅岩や堵庵らによる教化を念頭に置いて書かれた著作であるが、これらの著作を詳細に取り上げた研究は、管見の限りこれまで皆無である。

まず、これらの著作（『本心早合点』は除く）が、奇談、談義本といわれるジャンルに分類可能なものであることを確認しておこう。まず、書物の巻数や体裁からみれば、『本心早合点』以外はすべて、「奇談」というジャンルに分類し得る書誌的体裁を備えている。(21)また、『破莞莚《やぶれござ》』の序文を書いた是道子によれば、同書は「甘涎斉がよだれ談議」を書き留めたものである（巻一・序三丁オ）。また、同じ著者による『一ッ鉄炮』の場合は、自序に「前篇破蒖蓙」（巻一・一丁オ）という表現が出てくることから、『破莞莚』の続編とみなしてよいだろう。そして、『本心鬼が捶杖』は、有隣斎という人物の「奇談」「鬼談」を書き留めたものであることが序文に述べられている（同）。なお、『本心早合点』は、一巻一冊という体裁から見て、「奇談」とはみなし難いが、後に述べるように、

『破莞莚』を強く意識して編まれた著作であるので、本章でも取り上げることにしたい。

まず初めに取り上げる著作は、甘涎斎なる人物によって書かれた『破莞莚』である。本文のはじめから見てみよう。

当世ハ人気が高上になつたといひたいが、実ハ根気がうすふなつて、古人のことく年をつんで熟するまでを得ますたす。負恪《まけおしミ》の高上にて、今時ハ念仏や題目ぐらいでハ、なか〱てもないいけぬことと、悟じやの本心じやのと、只奇節をこのむやうに成たハ、やつはり迷のたゞなかなり（巻一・一丁オ〜ウ）

この記述には、甘涎斎が書中で述べようとすることの大半がすでに盛り込まれているといえる。ここで注目したいのは、「本心」の教えについての良し悪しよりも、まずは、それが流行した理由に関心が注がれているらしいことである。甘涎斎は、「本心」流行の要因を「当世」の「人気」に求めている。「当世」の「人気」は「高上」（高尚）になったため、「念仏や題目ぐらい」の教えでは満足せず、「悟じやの本心じやの」といった「奇節」を含んだ教えが好まれるようになった。だが、人々は「高上」になった反面、「根気」がないので、「年をつんで熟する」ことをしようとしない。そのようなことでは、「悟」に至ることはなく、「迷のたゞなか」から逃れることはできまい。このように甘涎斎は述べている。

以上のように考える甘涎斎は、まさにその「当世」の「人気」を描き出そうとする。「本心」について云々しながらも、あるいは、しているがゆえに、「迷のたゞなか」に陥ってしまう人物を描こうとするのである。

例えば、巻一「負恪《まけおしミ》の心法」では、「一天四海浪先生」なる人物の「心法」（巻一・二丁ウ）に関する教えを聞いたある人物が、「心こそ神や仏」（巻一・四丁オ）だと心得、家の「神棚」や「位牌」（巻一・三丁オ）などを捨て去ろうとして起こった騒動が滑稽に描かれている。また、同じく巻一「吝嗇の本心」では、「我等本心先生の弟子、凡そ十三年程も先生の御世話に成ました」（巻一・十丁ウ）と誇る人物が登場するが、彼は「石田家の斉家論にかいてある倹約」（同）と「吝嗇とを取ちかへ」（巻一・十六丁ウ）ているために、周りの人々に「遍屈《ママ》」（巻一・十一丁ウ）呼ばわりされ、その評判が「〔本心〕先生の顔よごし」（巻一・十六丁オ）になってしまう有り様が描かれている。

このように、『破莞莚』では、「本心」の教えに接したことがもとで、人々に疎まれたり、身を持ち崩す人物が描かれる。もっとも、ここでいう「本心」の教えを、本書でこれまで見てきた石田梅岩や手島堵庵の教えと同一視してしまうことには慎重であらねばならない。先の「一天四海浪先生」は「楠の軍法に悟の講釈」（巻一・二丁ウ）を行なっていたとされるが、梅岩や堵庵がいわゆる軍書講釈を行なっていたことを示す史料は管見の限り存在しない。また、巻三「高慢の開悟」では、「禅法」（巻一・三丁オ）に接したことがもとで、「高慢」になった人物が描かれており、同じく巻三「無我の禅法」では、家内の者に生半可な「禅法咄」（巻一・九丁ウ）を説く者とそれを聞いた手間取とが言い合いになる話も出てくる。確かに梅岩、堵庵およびその門流の教えに、禅からの影響を見て取ることは困難ではないが、彼らは自らの教えを禅としては提示しない[22]。

だが、同書には、先述のように「石田家の斉家論」の趣旨を読み違える者が登場する。また、巻二「放屁の本心」では、「本心先生の弟子」が「この音は何がなる」（巻一・五丁オ）と思案している様子が描かれている。これは明らかに堵庵の初入咄をふまえた記述である。心学への志を持つ者のみが聴くことができたはずの初入咄の内容が明らかに漏洩しているのである。『破莞莚』が出版された一七八〇年代には、すでに堵庵の門流が畿内を中心に相当程度の広まりを見せていたことを鑑みれば、同書に登場する「本心」に関する文言は、明らかに堵庵とその門流を読者にイメージさせる文言だったと推定してよいだろう。

ただし、ここで思い起こしておきたいことは、前章で見たように、堵庵が初入咄において、「ないとさへいへは能と心得て居る」ような「わるい学問」「あぶない学問」が「流行て」いることを指摘していたことである。すでに「本心」に関する教えが、堵庵の門流以外の者たちによっても説かれていたらしい。とすれば、同書に登場する人物は、堵庵とその門流のみならず、堵庵のいうところの「わるい学問」に陥る人物をも指していると解することができるだろう。だが、同書では、「わるい学問」に陥る者が他ならぬ堵庵の門流からも現れていたことをも示唆している。繰り返しになるが、巻一「吝嗇の本心」では、「石田家の斉家論」に傾倒しつつも、その教えを取り違え、「先生の顔よごし」になってしまう者が登場していたのであった。彼が石門の門下であったとは明示されていないが、「石田家」の教えそのものの中に、「わるい学問」に陥る要素があることを示唆しているようにも読み取れる。

このように、『破莞莚』では、当時流行していた「本心」に関する教えに傾倒する者の振舞が滑稽味を加えつつ描かれるのであるが、作者である甘涎斎の意見とおぼしき記述もところどころに登場する。それらの記述によれば、甘涎斎は必ずしも「本心」の教えを否定しているわけではないらしい。

皆我身の明徳をてらして人に教ゆるに、学文の入ことでハない。此明徳が師と成て、学文ハ悉く腹内《はらのうち》にあるといへとも、其明徳にあハぬための学文なれハ、別に文字をぎん味したり詩文の述作ハいらぬことなり。唯心を正ふし行を正ふして、外物の欲にくらまされず、己に勝て礼義《（ママ）》に反《（ママ）》るの心でなければ、喜怒《（ママ）》愛楽の情にをしたをされてしまうやうに成て、本心ハいよ〳〵くらく成（巻二・一丁オ～ウ）

「学文」は「腹内」の「明徳」を「師」とするものなのであるから、「文字」の「ぎん味」や「詩文の述作」は「いらぬこと」だと甘涎斎はいう。したがって、「学文」のためには、「心を正ふ」することが必要なのであり、そのためには「外物の欲にくらまされ」ないことが必要となる。「我身がかハゆひ」（巻二・一丁ウ）という思いを「うち捨」（巻二・二丁オ）てることが必要なのである。

だが、以上のような「学文」は「少し本心に志のある人のこと」とされる（巻二・二丁オ）。

一向に志もなく、仏が何やら、孔子がどんなお人じややら、五常ハ何の教じややら知らぬ、むかしの仏の教にまかせ、南まいだ〳〵の御談議に未来を頼ミ、御助の御恩徳有難や忝なやと、なミだまじりに嬉しがつてゐる祖母嬶達の信心を、悟の本心のと、かきさがすゆへ、迷の上に迷がついて、あちらへもつかず、こちらへもつかず、何のことやらとんと知らぬうろたへものと成なり。いつこうに本心ハ此世の教、未来ハ仏、とたて分て教た方がよかろう（巻二・二丁ォ〜ウ）

「本心に志」がなく「学文」に関心のない「祖母嬶達」は、「仏の教」にすがることによって、未来の成仏を願っている。そのような「祖母嬶達」に向かって、「本心」の教えを説き聞かせることは果して妥当なのか。「祖母嬶達」の「信心」に対して、その「信心」こそが「悟」だ「本心」だと同定してみたところで、それは、「祖母嬶達」の「信心」をいたずらに混乱させ、「迷」を生み出すことにしかならないのではないか。だから、甘涎斎は、「本心」の教えを「此世の教」と限定したうえで、「未来」に関する「仏の教」との区別を保持することが必要だと述べている。

甘涎斎によれば、当世の「本心」の教えは「祖母嬶達」の「信心」にまで口出しすることによって、「仏でもなけねハ儒でもなく、鳥なき里の蝙蝠か井のうちのかへる」のようになってしまっているという（巻二・二丁ォ）。儒仏を混淆させた教えの奇怪さをいうのである。

また、別の箇所で、甘涎斎は、「本心」の教えに限らず、教化という営みそのものの限界を指摘している。そのことを示すのが、巻二「野楽《のら》の本心」である。この話では、ある「野楽」の息子がさんざんに放蕩した挙句、「本心」を知るに至るまでの過程が描かれている。

「下京老松屋和左衛門とて、相応にくらす人」（巻二・八丁ゥ）がいたが、その「兄子息の和十郎」は「おそらく野楽のことハせんこともなく、博奕遊女ひにち毎日酒きげん、舌をもつらしての悪口」を親に吐く人物であった（巻二・八丁ウ～九丁オ）。「一家一もんが取まいてのいけん」も聞き入れず、とうとう和十郎は勘当されることになる（巻二・九丁ウ）。和十郎は「野楽友達の所」（同）を頼りにするが、親の金をあてにできなくなった和十郎に対し、「野良友達」の態度は冷たい。「野良友達」の紹介で奉公に出るも、遊所通いがもとで、この奉公先にも居られなくなり、頼りにした「なしミの女郎」にもやがて愛想をつかされる（巻二・十三丁ウ）。幸い、代役として、「宮芝居の幕引」を引き受けることになったが、慣れない作業で「首の骨をしたゝか痛め」てしまう（巻二・十四丁ウ）。仕方なく、和十郎は「手嶋莞莚に坪皿ソレ勝負」と勝負事に手を出すが、[23] その結果「あちらでハおいまハされ、こちらでハにけ行《ある》き、あげくのはてにハ、足も腰もぬけるやうなめに逢て（中略）どこでどうしたやら知れぬやうなめにあふて」しまう（同）。もはや和十郎は、物乞いをするしかない。「親の内に居たらバ、こんな形《なり》には成まいもの」をと、和十郎は後悔する（巻二・十五丁オ）。

そんな中、「足の痛やからだのさむさを温らん」と立ち寄った風呂屋で、和十郎は父親と鉢合わせてしまう（同）。両者は見て見ぬ振りをしてやり過すが、先に風呂を上がった父親は、「金子三両」を「和十郎が着物の袖へ」そっとしのばせる（巻二・十五丁ウ）。風呂から上がり、「金子」に気付いた和十郎は、「親ハ是程までに慈悲な者」なのかと「先非を悔」いて（巻二・十六丁オ）、親の元へ向かい、詫びをいれる。許された和十郎は、心を改めて親孝行に励んだという。

さて、問題は、以上の話に対して、甘涎斎が述べる口上である。甘涎斎はいう。

よく／＼の浮かんなんに、親の慈悲が身にしゆんだやら、其後ハ商売をぬけめなく、近所にもひやうばんの親孝行人になられしとのうわさ。これぞ誠の本心といふなるべし。とてもならば、かやうな修行せんよりは、さきに御悟り／＼（巻二・十六丁ウ～十七丁オ）

やや込み入った文章だが、まず注目したいのは、勘当されてから再び家に戻るまでの和十郎の道程が「修行」にたとえられていることである。そのうえで、甘涎斎は、「かやうな修行」をするよりは、もっと早い段階で「悟」っていればよかったものを、という。ここでいう「御悟り」とは、「本心」を知ることを指すのだろうが、もう少し文脈に即していえば、「親の慈悲が身にしゆん」でくる（沁みてくる）ことと解してよいだろう。

それでは、「親の慈悲」が「身」にしみるとはどういうことか。和十郎は誰かに教えを乞うたわけではない。だが、和十郎は「修行」の末、「誠の本心」を知ったとされている。その「修行」は適切なものとはいえないかもしれないが、人々を「迷のたゞなか」に陥れかねない「本心」の教えによる「修行」よりは「誠」の「修行」といえるかもしれない。このような趣旨を読み取ることができよう。

ところで、この「野楽の本心」の冒頭には、次のような文言が出てくる。

生れつきての悪者ハ、如何に御世話を成れても学文させてもいけぬものなり（巻二・八丁オ〜ウ）

ここには、「生まれつきての悪者」に対する教化の無効性が語られているといえる。だが、教化は無効でも、和十郎のように教化によらずに「本心」を知ることはあり得る。このようなメッセージを読み取ることができるだろう。

以上のように、甘涎斎は、「本心」を知ることの重要性を否定しているわけではないが、教化を通じて「本心」を知らしめることに疑問を提起する。かかる甘涎斎の立場が最も鮮明に現れているのが、巻四「乞食の問答」であろう。この話は、ある二人の者（便宜上、A、Bと表記する）が「本心」について語り合った後、それを聞いた「乞食」に疑問を提起されるという構成になっている。話はAの次のような発言から始まる。

身を立て、道を行《おこなひ》、名を後世にのこす、といふやうなことハ、余程徳力の強人《つよひ》でなければバ、いかぬこと。老荘の無為も、仕合を好むやうな欲の深《ふかい》ことでハ、出来ぬことなり（巻四・一丁オ）

「身を立て」云々とは『孝経』に出てくる有名な文言で、当時、学問する多くの者にとって指針となる文言であっただろう。だが、この指針にもとづいて生きられるのは、相当の「徳力」を持った者に限られるところでは述べられている。また、学問と並んで、老荘のいう「無為」の境地に憧れる者も、当時多く現れ始めていた(24)。だが、この境地を目指せる者もやはり、「欲」にとらわれない者に限るとされる。

それでは仏教はどうか。Aは、「釈氏の教ハ、それ〳〵の気に応じて《ママ》」説かれるものだと考えている。教えの受け手によって（機に応じて）、様々な教えの説き方があるとされているのである。そして、Aは、そのような「釈氏の教」のあり方を、様々な日用品を売る「小間物屋」にたとえている。「小間物屋」には様々な商品（教え）が並ぶが、「値段の易代ロ物《やすいしろもの》は少な」い（巻四・一丁オ）。だが、「念仏題目」は「値が易」いので、「まへかたハ、たくさんに買人《かいて》があつた」（巻四・一丁オ〜ウ）。「念仏題目」の「値が易」いとはどういうことか。おそらく、その教えを学ぶためにさして金銭が必要とされないという意味だけではなく、その教え自体が簡易なもので、その気になれば誰にでも実践できるという意味も込められているのだろう。だが「近年」は、「商の上手な坊主《ぼん》さまがな」く、また「人が高上になつて、古くさい念仏題目」を好まなくなったので、「念仏題目」は流行らなくなったとされる（巻四・一丁ウ）。

そのような中に登場してきたのが「本心」の教えである。「本心」の教えは、「上代ロ物《じやうしろもの》」であるにもかかわらず、値は「たゞ」である（同）。このことが「何ぞかハつたことの銭いらずに出来ることてなけねハ人ががつてんせぬやう」な「当世」の風潮によく見合って、「本心」の教えの流行につながったとされている（同）。すでに触れたように、石田梅岩や手島堵庵は、聴講者から聴講料を取らなかった。聴講料なしに「何ぞかハつたこと」が聴ける。ここに心学流行の要因が見出されているのである。

だが、Aにとって、「本心」の教えは、仏教のように機に応じた教えとはいえない。したがって、日頃「念仏題目」を唱える者にまで「本心」の教えを説くのは、「馬をもろふて鼠をとる猫の役をさすやうなもの」だとされている（一丁ウ～二丁オ）。「本心」という「馬」には、「鼠をとる」役は果たせないというわけである。それでは、いかなる教えが「猫の役」を果たすのか。先述の話をふまえれば、それは念仏ということになろう。

以上のAの言に対し、Bは反論する。「本心」の教えに接したことがあり、その教えに傾倒するBは、「武士の家でも町人百姓の家でも、其分相応に倹約を守て、身を修《おさめ》、家を調ふることハ、これ皆本心でなけれバいかぬこと」と述べ（巻四・二丁オ）、「本心」の教えは、誰にとっても必要なものだと述べる（巻四・二丁ウ）。「本心」の教えは、「銭壱文いらずに」「禅にいふ直指心（ママ）見性成仏と同じ」境地に人々を導くものである（巻四・三丁オ）。これに対して、「念仏題目」の教えは、「念仏題目をとなへさへすれバ、いかやうな悪事をしても、極楽へ羽がはへて飛行《とんでゆく》やふに」説くので、かえって有害であるとされる（巻四・二丁ウ）。

以上の話をまとめてしまえば、ここで問題になっていることは、「本心」の教えは万人にとって有効な教えといえるのか、という問題であろう。Aは、「本心」を知ることができるのは、「徳力」のある者に限るとしたのに対し、Bは、「本心」を知らねば修身斉家に至らないと考え、万人が「本心」を知る必要があるという立場を崩さない。二人の意見は、相対立するように見えるが、やがて二人は、物乞いに来た「乞食」によって、もろともに批判を受けることになる。

話している二人のもとへ、「乞食」が物乞いに来る。これを見たAとBは、次のようなことを話し始める。

一人がいふにハ、此乞食にも行《おこのふ》べき道があるてあらうか、と問かくれバ、ハテ、彼は至つて身のいやしきも

のなれバ、何とて道を知るものならん、たとへ道を知るにもせよ、非人とて人にあらず（巻四・三丁オ〜ウ）

対して「乞食」は、「聖人の道ハ、乞食が聞ても身を安ず、我々ごときにも心あり。豈天命に随《したがハ》さらんや」（巻四・四丁オ）という立場から、二人の話に疑問を呈する。だが、二人は聞く耳を持とうとしない。二人は乞食を「親もなく妻子なき堕弱」者（巻四・六丁オ）、「人倫そろハぬ片輪者」（巻四・七丁オ）とみなしている。そのような乞食が、なれなれしく語りかけることは、二人にとって「過言」（巻四・三丁ウ）でしかないわけである。

対して「乞食」は、二人の高慢ぶりを指摘してゆく。

念仏題目をそしり給ふハ、是仏への過言なり。乞食が旦那衆にものいふよりも其過言甚だし（巻四・四丁オ）

旦那の境界を以て、乞食の境界を笑バ、大名の境界を以て、旦那の境界を笑ふがごとく、だん／＼上をみれバ限なし、下を見ても又限なし（巻四・七丁ウ〜八丁オ）

「仏」に対する「過言」も「乞食」に対する嘲笑も、要はこの二人が自らの「境界」を心得ていないことの表れだと「乞食」は指摘する。「身に貴賤あれども、心に貴賤なし」というのが「乞食」の理解である（巻四・三丁ウ）。「心」に「貴賤」はないのだから、乞食であっても「天命」にしたがって生きることができるし、生きるべきである。だが、先の二人は、「身」と「心」をいわば弁別できていないので、「身」の「貴賤」をそのまま「心」の「貴賤」にも当てはめて「乞食」を嘲笑する。このことの不当を「乞食」は指摘するのである。

ついで、「乞食」の話は、「本心」のことへと及んでいく。そもそも「乞食」が二人の話に耳を傾け始めたのは、二人が「心法の事を論じ」ていたからで（巻四・十二丁オ）、しかも「音を聞の、響の声を聞の、と仰らるゝゆへ、耳よりとそん《存》じ」たからである（巻四・十二丁オ～ウ）。だが、二人が述べているのは、「我とわが手にものをたゝきて、其物の音響きの声を聞て悟入せよとの御示し」であって、「自然の声を聞給ふ」ことではない（巻四・十二丁ウ）。「乞食」によれば、「我とわが手に」鳴らした音について「どちらか鳴ぞ、何ものが聞ぞ、といふくらいのこと」を理解するのは簡単なことであって、それがわかったところで「真の本心」を知ったとはいえない。「未たたゝかざるの声」を聞かなければならないというのである（同）。

以上の「乞食」の言は、明らかに堵庵の初入咄をふまえたものであり、その不備を指摘するものとして読むことができるだろう。「乞食」の言は次のように続く。

譬ハ、石と金とをすりあハす時ハ、忽火出て、たちまちきゆ。消《きゆる》ときハ、火なしと見給ふか。吹時は、さハがしき風の声、ふかざる時ハ、いかゝ見給ふや。人の忠孝を尊敬するはかりにて、我主親への忠孝ハおよハすとして、なし給ハざるや（巻四・十三丁オ）

二人が談じていた「音を聞の、響の声を聞の、と」いったことは、すべて場面を人為的に設定したうえでの話である。だが、その場面以外ではどうなのか。「石と金とをすりあハ」せて「火」を起こすという場面を作り上げても、その「火」はすぐに消える。それでは、消えた後となっては、もはや「火」はないというべきなのか、それともやはりあるのか。また、風が音を立てながら吹いている場面を思い描いて、その音の主について詮索してみたところで、それでは、風の吹いていない時は、その主はどこへいってしまったのか。「乞食」はこのような問いを出すことによって、二人の談ずる話の不備を指摘してゆく。

「乞食」の指摘はそれだけではない。「人の忠孝」について云々することと、自分が忠孝に励むこととの違いを、「本心」の知り方に関わる問題として「乞食」は提起している。ある人の事蹟を取り上げ、その人の「忠孝」について評価することは、先の火や風の場合と同様、あらかじめ設定された場面に対してなされる評価である。だが、自らが「我主親への忠孝」に励もうとする時、そこにはあらかじめ設定された場面は存在しない。いってみれば、自ら場面を作り出してゆかなければならない。その際に、二人のようなやり方で知られる「本心」とは果して何の役に立つのだろうか。このように「乞食」は問いかけているようにみえる。

以上のように述べた「乞食」は、笑いながら去って行く。以上が巻四「乞食の問答」である。だが、話はこれで終わりではない。「高慢の生霊」と題が改められたうえで、話は次のように展開していく。

腹を立てた二人は、この「乞食」を殺すため追いかけようとするが、その時、二人のもとに「天狗」が現れる。「天狗」は二人の「高慢我慢」（巻四・十三丁ウ）より生じたものだという。「天狗」は、二人に対して次のように述べる。

　汝等が本心ハ、たとへバ大海の水を杓に一杯のミたるを、早大海も呑たるやうにおもふハ、本心にハあらずして是慢心なり（中略）最前の乞食めハ、なか〳〵汝等が及ぶ所の者にあらず（中略）人に貴賤あれども、道に貴賤なし、道を知れるものならハ、恥《はぢる》事なし。彼に随て何そこれを問ざるや（巻四・十四丁オ～ウ）

「天狗」は、二人のいう「本心」が十全な理解にもとづいていないことを指摘したうえで、「本心」について深い理解を持つ「乞食」に素直に教えを乞わなかったことに、二人の「慢心」を見出している。

「天狗」によれば、「悟」や「本心」といった「心法の事にハ入易くして入難」いことである（巻四・十五丁ウ）。「日蓮」が「心法」に励む「禅」のことを「天魔」と謗ったのは「無理」もないことである（同）。したがって、「天狗」は、「まつひとをりの人ハ、念仏題目で随分すんである」とみなし、「其上に悟の本心のといふハ、諺にいふ、栄耀に餅の皮、ひつけふは、心の奢といふものなり」と述べている（巻四・十五丁オ）。

だが、「天狗」は、「本心」について云々すること自体を否定しているわけではない。「汝等もとても、修行するものならバ、真の本心を悟るやうの工夫か肝要なるべし」と述べていることから分かるように、「天狗」は当世流行っている方法によっては、「真の本心を悟る」には至らないと述べているのであって、「本心」を知ること自体を否定しているわけではない（巻四・十六丁ウ～十七丁オ）。

「天狗」の話を聞いた二人は、「今より心を入替、よき知識を求て、二度《ふたゝび》修行をなすべし」と誓う（巻四・十七丁オ）。これを聞いた「天狗」は二人の前から姿を消したうえで（このことは二人の「慢心」が消えたことを表していよう）、二人に対して「真の本心におもむくべき道」（同）を示そうとする。その示しは、「たたいて鳴る音」ではなく「いまだたたかざる音」を聞かなければ、「本心の体」を知ったとはいえないとするものであるが、中途半端なところで終っており、十分に展開されることはない。

だが、この示しで重要だと思うところは、中途半端ではあるが、「本心の体」に言及しようとしていることである。前章で見たように、堵庵の初入咄は、「本心の用」を知らせることを目指すものであり、この咄で「本心」を知ったとみなすことには「嘘」が孕まれていることを堵庵は自覚していた。先の「乞食」および「天狗」が述べていることは、まさにこの「嘘」を暴いたものとみることができるだろう。

2　暴かれる「嘘」

だが、この「嘘」を暴き、「真の本心におもむくべき道」を示すことを、甘涎斎が『破莞莚』において目指していたかどうかは定かではない。このことは、天狗による「真の本心におもむくべき道」の示しが中途半端なところで終っていることからも窺えるが、実は、この天狗の示しが甘涎斎によって書かれたものではないらしいことを示す史料がある。

その史料とは、是道子『本心早合点』のことである。同書は、「中京辺」にて「本心早合点指南」という「看板」を掲げる「墨江松風斎」の講釈を書き留めた体裁になっているが、その講釈の始めにおいて、松風斎は、『破莞莚』に言及し、同書には是道子の加筆部分が多いことを述べている。とりわけ「四巻目の終り三枚ほど」はすべて「是道子の加筆乃所」だというのである（七丁オ）。この「終り三枚ほど」とは、まさに天狗が「真の本心におもむくべき道」を示した部分に該当する。

この言に拠るならば、『破莞莚』において「真の本心におもむくべき道」を説こうとしたのは、甘涎斎ではなく是道子だったということになる。以上から推測すると、是道子は『破莞莚』においては十分に説くことのできなかった「真の本心におもむくべき道」を『本心早合点』において示そうとしたと考えられる。実際、そのように読むことができる。

先述のように、『本心早合点』は松風斎なる人物の講釈によって構成されている。その講釈の冒頭で松風斎は、『破莞莚』の場合と同様に、まずは「本心」の教えが流行する理由を「当世」の「人気」に探ってゆく。

扨、各方も御ぞんじのとふり、近頃は、何国のうらへ参つても本心沙汰。これと申も、今泰平の時節ゆへ、次第に代が文華に成て来まして、往古から有来つた事ハ、古めかしうて面白がらぬ当世乃人気でござるによつて、さま〲乃めづらしい事が出て来るゆへ、人によつてハ、本心といふものも紅毛《おらんだ》か琉球あたりから近年渡つた物か、又ハ長崎か薩摩あたりで作り出した物のやうにおもふてゐる人も有そふにござる（四丁ウ）

表現こそ違えども、松風斎の見出す「当世」の「人気」なるものは、『破莞莚』で述べられていたこととほぼ同様といってよいだろう。『破莞莚』では、「高上」とされていた「人気」が、ここでは、「古めかし」いことに満足せず「めづらしい事」を好む「文華」な「人気」とされている。そして、「本心」の教えが「めづらしい事」の一つに数えられている。

ついで、松風斎は、「本心」の教えの問題性を指摘していく。松風斎によれば、「今時はやる心法といふもの」では、「一切乃ものが皆無じや、無といふものもない、などゝ」と言われがちであるが、「是ハ断見といふ物」である。かといって、逆に「一切のものが皆有と思ふハ、常見といふ物」である。「此断常の二見をこへ、有無をはなれて自由自在乃場所へいたらねバ、心法でも本心でもござらぬ」と松風斎はいう（以上、九丁ウ）。

だが、「自由自在乃場所へいた」ることは容易ではない。そこで松風斎は、「本心」の「知やうの手がゝりをはなして聞」かせようとする（十一丁オ）。その「手がゝり」とは「銘々の心といふ物ハ、どふした物じやぞと僉儀」することであり、そのためには「身と心ハ一ツのもの、又ハ二ツのものか」を「工夫」してみることが必要であると松風斎はいう（同）。

以下、松風斎は、自ら出したこの問いをめぐって話を進めてゆくのだが、「本心」ばかりは「外の事とちがふて、自身にしらねバやくに立ちませぬ」（十丁ウ）と述べる松風斎は、先の問いに対する解答を述べることはない。その問いは、聞き手自らが「工夫」していかねばならないのであり、松風斎が述べようとすることは、「工夫」の手助けになることまでである。

そして、その手助けのために、彼は一貫して、「身と心ハ一ツのもの」ではないことを示そうとする。

今時、心法の本心のといふ御衆などハ、そりやしれた事、身と心とハ一ツの物じや、死すれバ魂魄天地に帰して、空々寂々と成る物じやに、心がうまれかハるといふ様なことハ、何もしらぬもの丶云ふ事（中略）と云ハつしやらふが、一既《ママ》にそふもいはれぬ事がござる（十一丁ウ〜十二丁オ）

松風斎によれば、「今時」の「心法の本心のといふ御衆」は、皆「身と心とハ一ツ」だと考えている。その考えの間違いを指摘することによって、彼は「本心」を知るための「手がゝり」を示そうとするのである。そのために彼は、次の五つの例話を提示する。

「釈迦」が「衆生を済度せんか為に、此娑婆世界」に「八千度」も生まれ変わったという話（十二丁オ）。「達磨から五代目の祖師」である「弘忍大師」は、もとは「松を栽るを業にしてゐられた親仁」であったが、「四祖の道信大師」から教えを受けるために、生まれ変わったという話（同）。「聖徳太子」が「前生」の時に所持していた「法華経」を取りに行くために、「魂」だけを「震旦《もろこし》」へ遣わした話（十五丁オ）。かつて親に決められたいいなずけとは別の男のもとに嫁ぐことを親に求められたある女が、かつてのいいなずけに一生連れ添って「女の操」を守ろうとする心と両親の安否を思う心の間に引き裂かれ、からだが二人に分離してしまった話（二十一丁オ）。「本心を知つた」と思ったが認められず、「がつくり」して自殺した男が、幽霊になって出てくる話（二十三丁ウ）。

これらの話は、いずれも「身と心とハ一ッ」であることを疑わせる話であるといえよう。だが、先述の如く、是道子は、本書において「身」と「心」が「二ッ」であることを示しているわけではない。「一ッ」とする当時の一般的な見解に疑問を付したうえで、改めて「一ッ」か「二ッ」かを問い直す必要を述べているのである。

以上のように、是道子『本心早合点』では、「真の本心におもむくべき道」を示すことが目指されており、本心を知ること自体が否定されているわけではない。けれども、是道子が心学を風刺する『破莞莚』に筆を加えていることを顧みれば、『本心早合点』は、心学の教えが「真の本心におもむくべき道」とはみなせないことを示したものと読むことができるだろう。

3　脅威となる「本心」

ところで、甘涎斎は『破莞莚』の続編に相当する著作も残している。『一ッ鉄炮』という著作がそれである。『一ッ鉄炮』における甘涎斎の立場は、『破莞莚』とほぼ同様といってよいだろうが、「本心」にもとづく教化の問題性をより鋭く衝いた箇所も見られる。巻一「蜜柑之話」を取り上げてみよう。

「蜜柑之話」は、京都の「西聚楽の裏借家」を舞台にしたものである。この「西聚楽の裏借家」には、「日雇」や「手伝」や「荷持」といった「かせぐにおいたをさるゝ貧乏人」たちが暮らしていた（二丁オ）。そして「蜜柑之話」では、このように貧困にあえぐ者たちが「名利をすてたるともがら」と表現されている（同）。

「蜜柑之話」の初めは、「本心」を知るためには「少欲知足」でなければならないことが述べられている。かつては例えば「鴨の長明」のように、「名利を厭て」「山林へかくれ」ることによって「少欲知足」になろうとする者がいた（一丁オ）。だが、今は「天下治まつた御代なれば」、そのようにせずとも「少欲知足」になれる（同）。「まことにけつこうな世に生まれしありがたさ。爰らこそハ、彼《かの》天命を楽しみて、また何ぞうたがハざらん」（一丁オ〜ウ）。

「西聚楽の裏借家」に住む者が「少欲知足」にして「名利をすて」たとされるのは、「欲」を満たすだけの資産を持たないからであり、「名利」を得るにもその方途のない生活を余儀なくされているからだといえる。そのような生活を「少欲知足」な生活とみなし、そこに「天下治まつた御代」を見出そうとするのは、明らかに皮肉が込められているといえるだろう。まさに「西聚楽の裏借家」という場から、当時の「御代」のあり方が照らし返されようとしているのである。

この「西聚楽の裏借家」に住む菊田酒酔は、「少々の医学を元手に、浪人して医者とな」った人物である（一丁ウ）。酒酔は、療治の帰りの暇つぶしに「北野の画馬堂の見物」などをしていたが、そこで「夏のはじめ」だというのに「正月じぶんのみかんに少しも違わ」ぬ蜜柑を売っている者を見かける（二丁ウ）。珍しがって大勢の人が買い求める中、酒酔も「十ばかり」（同）買って、早速食べようとするが、「むくりて見れば、肉こと〳〵く乾き腐って、十が十ながら一ツも腐ぬ」蜜柑はない（三丁オ）。酒酔は蜜柑売に文句を言うが、次のように蜜柑売に反論されてしまう。

身過のためにハ、おまへがたが人をあざむかぬでもあるまい。我等も世間一通りの身過といふものじや（三丁ウ〜四丁オ）

時分ならざるものは喰ぬか養生、といふ事ハ、医書にもある事、近比《ちかごろ》御医者にハ似合ぬ御馳走（四丁オ）

この蜜柑売の言葉に「恥入」（三丁ウ）った酒酔は、蜜柑売を自宅へ誘い、酒を酌み交わすことになる。打ち解けた蜜柑売は、腐った蜜柑を売るのは、困窮に迫られての止むを得ない仕儀だと恥入るが、「世間の人」も同様だということを改めて述べている。そして、やや唐突ではあるが、その「世間の人」の例として、蜜柑売は「本心」について云々する者（以下、本心家と呼ぶことにする）を挙げている。

歴々の分限者さへ、なを足事《たること》を知らす。おもてに後生本心の悟り顔に見せかけ、人にもすゝめて、此門に入れんとする人から。志ざしハよけれとも、内心ハ利欲のミなり（四丁ウ）

ここで「本心の悟り顔」をしている者が「歴々の分限者」とされている点に注目したい。なぜ「歴々の分限者」とされるのであろうか。もう少し続きを見てみよう。

講釈聞時はかりが本心で、内へいぬると例の欲心。ほんのうわべばかりて、信心な人ハないもの。皆この蜜柑のやうなもので、さりとハ気のどく千万（八丁オ）

この引用から分かるように、「蜜柑之話」における「蜜柑」（外見は良いが、中身が腐っているもの）とは、本心家の姿を象徴するものとして描かれている。本心家の見せる「本心」は、「うわべばかり」の「本心」に過ぎず、「内心」は「利欲」ばかりだというのである。

本心講釈ばなしを我が内へ請待して、家内の奉公人まで聴聞させて、有難からせ、自身も信ずる顔にて、随分万事に気をつけて、我ものでなひ主のものでも、炭焼木《たきヾ》味噌紙一枚でもあだづかひすな（中略）其身ハ信心な事ハなけれども、我欲のために本心をだしに遣ひ（八丁ウ）

「うわべ」では「本心」の教えを「信ずる」ような「顔」をしているが、実は、「だしに遣」っているだけである。なぜなら「家内」の「あだづかひ」を戒めることによって、「我欲」を満たそうとしているだけだからである。そして、最後に蜜柑売はいう。「我」は、貧窮にあえぐ「切なさのあまりに人をあざむ」いてしまっているのは確かだが、本心家とて「利欲のために本心をあざむく、おもてばかりの朽蜜柑」ではないか。「罪の軽重」を問うならば、腐った蜜柑を売るぐらいのことは「くるしかるまじ」（九丁オ）。

「少欲知足」の生活を余儀なくされている蜜柑売には、「あだづかひ」のできる境遇にいる者が「歴々の分限者」に見えたことであろう。したがって、本心家の教えにもとづいて「あだづかひすな」と説くことは、その者が「歴々の分限者」に他ならないことを示しているわけである。また、「あだづかひすな」という教えは、必ずしも「少欲知足」たることを目指して説かれているとは限らず、むしろ吝嗇に「我欲」を満たす口実ともなることが暴露されているのである。

以上の蜜柑売の話を聞いた酒酔は、「我もまた、世をあざむくに似たり」（九丁ウ）と吐露し始める。医者たる者、「人の病苦をすくひ、仁心をもつはらとすべき」にもかかわらず、自らは、「まずしきをきらひ、富貴にへつらひ、おもてをかざ」る有り様である（同）。「人を助ける」ための「て」（手段・手腕）を持たないにもかかわらず、「見るを見まね聞《きく》をきゝまねに」療治しているために、「上の町でハ生薬師」と仰がれたかと思えば、「下の町でハ人殺しと憎まれ」る有様である（十丁オ）。

ついで酒酔は、「織ずして着、耕さずして食《くろふ》の遊民。医者に医者なく、坊主に坊主なし」（十一丁ウ）と述べ、話題は坊主のことへと移行してゆく。そして、当世の坊主の堕落ぶりに言及した後に、「釈迦を虚《うそ》つきの開山とおぼへ、後生ねがひを欲の第一ときわめ」るような者に話は及ぶ（十二丁ウ）。「神棚をこぼつて火にもやし」たりする（十二丁ウ〜十三丁オ）ような彼らの行ないは「天下第一の国法にそむき、一人の私言を信じて公道をすつる」ことに他ならないと酒酔はいう（十三丁オ）。これは「本心」の教えに傾倒する者のことを指すのであろう。というのは、甘涎斎は『破莞莚』にも同様の人物を登場させているからである。蜜柑売の話においてもそうだったが、酒酔の話題は、いつの間にか本心家の話へと移行していくのである。

さらに酒粋は次のように述べる。

すべて在家の心法沙汰ハ、いらぬ事なり。異端を攻《をさむる》は斯害のミ、の聖語ハ、此事なるべし（十四丁ウ）

在家ハざいいけ、出家ハしゆつけの身分相応のおしへこそ肝要なるべし（同）

酒酔によれば、例えば「猟師に因果経を釈きかせ、太鼓もちに実学させ、遊女夜発に貞女両夫にまミへずのおしへ」を施すことは、「家業の害」にしかならない（十四丁オ）。同様に「在家」の者にとって、「心法」の教えは「家業の害」になると酒酔はいうのである。そのうえで、「猟師」や「太鼓もち」、「遊女夜発」のような「家業」を持つ者に対しても有用な教えとして、酒酔は「ねんぶつ」を提示する（十四丁オ）。「ねんぶつ」こそが「在家にハ、そうわう（相応）の事にて、ふミかぶりのない教化《けうけ》」とされるのである（十四丁ウ）。

そして酒酔は、以上のような「ねんぶつ」に傾倒する者にとって、本心家が脅威となっていることを述べていく。「あさはん（朝晩）、ぶつだんにむかつて」「ねんぶつ」を唱える「親仁」を「たらしかけ、むかひの本心親仁が、貴様の毎日たゝきたてる鉦と鐘木ハなんで鳴ぞ、と不審しかけ、はしめのほどハ、相手にならさりしが、フトまよひ出してから、商売も打わすれ、本願ごりが本心ごりとなり、他力が自力と変じ」てしまう（十五丁ウ～十六丁オ）。このようなことでは、「一向人情にはずれし気違同前」になってしまう。だが、「世間俗人のさとりは、おゝくかやうな類なり」と酒酔は述べている（十七丁オ）。

以上をまとめてみると、蜜柑売、酒酔は、それぞれ「世間の人」、「世をあざむく」者について語り始めたのであったが、いつの間にか話題を本心家へと向けていったのであった。蜜柑売は、「朽蜜柑」のごとき「世間の人」をいわば体現するような存在として本心家をとらえ、酒酔は、「世をあざむ」くことにより「家業の害」をもたらす教えとして本心家の教えをとらえたのであった。要するに両者は、本心家の教えが「うわべ」だけの教えであることを指摘したうえで、にもかかわらず、その教えが人々を「あざむく」ことによって勢力を拡大していくことに脅威を感じ取っているのである。また、以上の話の舞台が「西聚楽の裏借家」であったこともあわせて考えれば、本心家の教えは「かせぐにおいたをさるゝ貧乏人」たちには妥当しない教えであることが指摘されているといえるだろう。

4　「本心」という「私案」

心学への批判を盛り込んだ談義本の最後に、西湖なる人物によって書かれた『本心鬼が捶杖』を取り上げてみよう。これから見ていくように、同書には、本章でこれまで見てきた心学に対する数々の批判のほとんどが集約的に盛り込まれていると見ることができる。

序文によれば、同書は、「有隣斎先生」という「成徳」が、「七日」にわたる意識不明から蘇った後に話し始めた「奇話《あやしきはなし》」を「門人」が書き留めたものである（巻一・一丁オ）。その話は「鬼談」「奇談」という「寓言」を用いて「道を説」くものであり、その「寓言」には「輓近、佞辨を以て人を惑し、鬼神の為に呵責せらるゝ事を知らざる者をいましむ」意味が込められているのだという（同）。

有隣斎は、意識不明の間、「冥府焔魔王城」にいたのだという（巻一・三丁ウ）。なぜなら「焔魔」に呼ばれたからである。「今日、人間より一人の罪人が来」て、「大王、此是非を判断し玉ふ」ことになっている。だがその「判断」は「一通り」のものではないので、有隣斎を呼んだのだという（同）。「判断」のよしあしについて有隣斎の意見も聞きたいというのであり、その「判断」の様子を「人々に説聞」かせる役目を有隣斎に負わせるためである（巻一・五丁ウ）。また、この「判断」の場には「諸《もろ〳〵の》地獄の罪者」「牛頭馬頭の獄卒共」（同）も「聴衆《きゝて》」（巻一・六丁オ）として臨席しており、彼らは件の「罪人」に対して様々な疑問を投げかけていくことになる。

その「罪人」こそ、「本心といふ事をあやまり説て、儒業を教し者」のことに他ならない（巻一・三丁ウ）。以下、本文にも出てくる表現を用いて、この「罪人」を「本心家」と呼ぶことにするが、この本心家は明らかに手島堵庵を念頭に置いて描かれた人物である。というのは、本心家の台詞の中には、堵庵の著作『朝倉新話』にある記述をそのまま引用したものを散見するのである。[25] 以下、明らかに『朝倉新話』の記述を引用しているとみなせる箇所については、該当部分を註記にて示していくことにしたい。

まず「大王」は、本心家に教えを説いてみることを求める。これを受けて、本心家は次のような教えを述べる。「此方の本心と申す学問ハ、何にも煩多《むつかしい》ことハ」なく、「本心」を知って「本心」に「違ハぬ」ようにするばかりである（巻一・六丁オ）。「神儒仏」といっても「道ハ一ツ」であり、「本心知るより他の事ハござらぬ」（巻一・六丁ウ）。「本心」さえ知れば「孝弟が行ひ安」く、「器量次第で聖賢にも至らるゝ」のである[26]（同）。このように本心家は述べている。

これを聞いた「獄卒」が疑問を述べる。「本心」とは「学問する者の知る事で、此方どもの用に立」たないのではないかと（同）。これに対し本心家は、「道を学ぶ」といっても「別にかはつた事てハ」なく、「農人ならバ耕作をなし、商賈《あきんど》なら商ひを精出」すといったように（同）、「我家業をようつとむるを学問」というのだと述べている[27]（巻一・七丁オ）。

対して「獄卒」は、本心家の述べる学問の矛盾を突く。例えば「われら」のように「罪人を責さいなんで、くるしめまする」ことを「家業」としている者でも、それを「精出して」すれば、「学問」したといえるのか（同）。また「盗賊を家業として居《おる》もの」や「酒色を勧て、耽婬ならしむる事を家業とする者」の場合でも同様なのか（巻一・七丁ウ）。

以上の指摘は、先に見たように、甘涎斎が一貫して指摘していたことと重なる。だが、「獄率」の指摘は以上にとどまらない。「獄卒」は、「大王の仰によつて」、本心家の「判断」の場に臨席しているわけだが、この臨席中は「家業をやめて」いることになると「獄卒」はいう（巻一・七丁オ）。そして「獄卒」は、このことにこそ、本心家の教えの矛盾を見出している。

家業を止て、本心の御咄しを聞て居《おる》のが本心でなくバ、其元の説せらるゝ本心ハ、本心でござるまい（巻一・七丁ウ）

「家業」に励むことを説く「本心の御咄し」を聞くためには、「家業」を一旦中断しなければならない。これは矛盾しているのではないかという「獄卒」の指摘は、揚げ足取りのようではあるものの、「家業をようつとむる」ことに教えを収斂させてゆく本心家の教えに対する強烈な違和感の提示を見て取ることができる。先に見たように、「獄卒」は「学問する者」と「此方ども」のように学問しない者とを区別したうえで、「本心」を知ることができるのは前者に限ると述べていた。対して、「家業」をつとめることの必要は、前者、後者ともにあてはまることだと考えているらしい。このように考える「獄卒」にとっては、「本心」を知ることと「家業」に励むことを同列に並べようとする本心家の説は、奇怪なものでしかない。「獄率」の追及は、この点をついたものだといえよう。

それでは以上の指摘に対して、本心家はどのように返答しているか。

此説道《とくみち》ハ、人間の道なり。人ハ万物の霊なり。其方達の如き、鬼畜の類に教る道にハあらず、と、いつて黙然たり（巻一・八丁オ〜ウ）

最後の「黙然たり」という記述から窺えるように、本心家は明らかに答えに窮している。窮した結果、本心家は教えを説く対象を「人間」に限定してしまう。「獄卒」は「鬼畜」であり、したがって、教化の対象から除外されることになる。だが、ここでいう「鬼畜」とは「獄卒」だけなのか。「獄卒」の指摘をふまえれば、例えば「盗賊を家業として居《おる》もの」や「酒色を勧て、耽婬ならしむる事を家業とする者」もまた、「鬼畜」ということになってしまうのではないか。とすれば、「家業」に励むことと「本心」を知ることを両立させようとする本心家の教えは、矛盾にさらされることになる。なぜなら先の本心家の言は、「本心」を知ることができるのは、特定の「家業」に従事する者に限ると述べたに等しいといえるからである。

この本心家のいわば言い逃れに対して、「獄卒」は次のような問題を見て取っている。本心家は「神儒仏」といっても「道ハ一ッ」だと言っていたはずだ（巻一・八丁ウ）。また、仏教では「一切衆生平等无二」であり「人間も鬼畜も地獄の罪人も仏菩薩も同じ事」と説いている（同）。ならば、「神儒仏」にもとづく「本心」の教えが、「鬼畜」を教えから疎外するのは自己矛盾でしかない。このように「獄卒」は指摘するのである。

「獄卒」の発言は以上で終わり、続いて「罪人多勢《おほせい》の中より、一人の罪者」が登場する。そして、「罪人」は、本心家のいう「私案なしの本心」をめぐって疑問を投げかける（巻二・一丁オ）。本心家によれば、「本心ハ如此《かうした》ものじや、如彼《あゝした》ものじや、と、いろ〱におもふハ、皆私案」という「作意」であり、「本心」は「私案なし」にならなければ知ることができない[28]（巻二・一丁ウ）。だが「罪人」にとっては、この説明は「さつぱりと」しない。というのは、「罪人」は「此界へ落て参り、猛火乃中へ追こまれた時」からというもの（同）、「四方から猛火が吹付て来て」、その苦しみは「何共云ハれた事でハない、中〱私案する間」もないほどである（巻二・二丁オ）。このような境遇の「罪人」にとって、「私案の思ひが出ること」はむしろ「安楽」ですらある（同）。「罪人」は「大王の仰によつてこれへ参り、本心の御断を承」る機会を得た（同）。この機会は、苦しみから解放され、つかの間の「安楽」を「罪人」にもたらすものであった。だが、「罪人」にとって、本心家の教えは、このつかの間の「安楽」を否定するかのように聞こえたらしい。

本心の御断で、此《かう》でもあらふか、あゝでも有ふと、色々に思ふて私案して安楽な処ハ本心でハない、と云ハしやるのでござるか。左候へバ、只今承る本心の御断ハ、本心を承るのでハないかな（同）

「罪人」は「本心の御断」を聞くことにより、「色々」な「私案」が沸き起こってきた。「私案なし」になれ、という教えを聞くことにより、「私案」が生じてきたのである。これは、「獄卒」の指摘と同様、本心家の教えを聞くことが本心を知ることに結果せず、むしろ妨げにすらなり得ることを指摘しているといえる。

「罪人」の追及は続き、「本心と云ハしやるハ、とんな物ぞ。どふして本乃字を心につけたものでござるぞ」と問う（巻二・三丁オ）。本心家によれば、「心」には「善心」も「悪心」もある。そこで、「根本乃性の通にあらハるゝ」「心」を言い表すために、「本」の字をつけて「本心」と言うのだと本心家はいう。また、「本心」とは

「根本乃性」「天理」に淵源することから、「善心」に他ならないとも述べる[29]（同）。

だが「罪人」によれば、「心といふ時、善心も悪心もある」のだから、「本の字をつけて本心」といったところで、「悪」を消し去ったことにはならない（巻二・三丁ウ）。そもそも「悪がないものならバ、何乃ため教をたてておしへ」るのだと「罪人」は問う（同）。本心家は、「本心」を白い糸にたとえたうえで、「悪心」とは「本ハ白い物」である糸が黒く染まったものだとする（巻二・四丁オ）。だが、「罪人」によれば、この説明は自家撞着である。


糸の白きを段々染て、黒く成た物を、どのやうにあらふても、本の通りに白くなるといふ事ハござらぬ。さすれハ、本心を教さつしやるハ無用な事で有そふな物じや（同）

教化によって「悪」を「善」に変えることは可能か。「罪人」は本心家に対し、このような問いを投げかける。そして、このような問題が発生してしまうのは、「心」に「本」の字を加えることにより、「心」と「天理」とを無媒介に結びつけてしまうからだと「罪人」は述べている。

本心家は「心」と「天理」とを結びつけることによって、「悪」を「善」に変えることが必要であり可能であることを言わんとするわけだが、「罪人」によれば、このように考えること自体が「私案」に他ならない。それは「勧善懲悪」のために拵えられた「私案」とはいえ、明らかに矛盾を孕んでいる。なぜなら「天理の処に善悪の名ハない」のであり「善悪と云名ハ跡からの事」であるとされるからである（巻二・五丁オ）。

したがって、このような矛盾を孕んだ教えは、「勧善懲悪」（同）の趣旨をもって「婦人小子を教る」（巻二・五丁ウ～六丁オ）には有効かもしれないが、「大丈夫の在位の君子の教でハなひ」（巻二・六丁オ）。だから、「今よりハ、此方共の教ハ婦人小子に教る道じや、と断て教」えるべきであり、「本心」を知れば「器量次第にて、聖賢に至らる〻」などとは軽々しく言うべきではないと「罪人」はいう（巻二・六丁ウ）。

このように「罪人」は、本心家の「勧善懲悪」への志に対しては一定の理解を示しつつも、「心」への働きかけをもって、「悪」を「善」に変えることは不可能であることをいわんとする。そして、「本心」についての教えを説く対象を「婦人小子」に限定すべきことをいう。逆にいえば、この「罪人」には、本心家の教えが「婦人小子」に対してだけではなく、「在位の君子」にも向けられているように見えたのである。

以上の「罪人」の指摘に対し、本心家はやはり反論できなくなってしまう。そして、先の「獄卒」に対してと同じく、「其方達の様なものに説く教でハない、と申て黙然」してしまう（巻二・六丁ウ）。

次に登場するのは「冥官」である。「冥官」は、これまでの話をまとめたうえで、本心家の教えを「勧善の一方で有ものに、本心の性理のといふ事を取つけて、大キに聞る様に説なす」ものだと決めつける（巻二・七丁オ）。つまり、本来は、「在位の君子」に対する教えではなく、「隠者の君子、或ハ、下賎匹夫婦人小子」への「勧善」を目指すだけの「小キ教」であるにもかかわらず、「本心」や「性理」という言葉を用いることにより、教えの大きさを誇示しようとしているのだととらえるのである。そして、その混乱したあり方は、「婦人小子」に「心得違ひ」をもたらすであろうとされている（以上、同）。

ついで「冥官」は、本心家の教えの不備を逐一指摘してゆくが、その批判は、本心家が「私案」によって「前後そろハぬ」教えを組み立てることにより、人々を「誑惑」することに向けられているといえる（巻二・九丁オ）。例えば、本心家が「本心」を「性」と述べつつも、「不義をすれバ」「本心」を失うと述べることに対し、「冥官」は矛盾を見出す。曰く、「失へる物を性じやの根本じやのとハ云ハれまじ」（巻二・八丁ウ）というようにである。

また、「冥官」は、本心家の教えに儒仏の混淆した姿を見出し、その姿に、人々を「誑惑」する危険性を見ている。本心家が「本心を知つた衆ハ、故先生の御恩を有がたふおもハツしやれイ[30]」と述べたことに対して、「冥官」は次のように述べている。

これも其方が私案で、仏法の中に、今時日本ではやる、親鸞宗派の勧め方を取まぜていふのじやな。成程、婦人小子を勧るには面白い私案じや。しかし、聖賢乃教にハ、べつたりとして、いやミな弁舌じや（巻二・八丁オ）

本心家が、「本心を知った衆」に対して「故先生」への感謝を要請することに対し、「冥官」は「親鸞宗派の勧め方」を見てとっている。その「勧め方」によって「聖賢乃教」を説くことは、「べつたりとして、いやミな弁舌」だと「冥官」は指摘する。恩着せがましいといったところだろうか。

「冥官」による追及の次は、「大王」自身がいくつかのことを本心家に問いただした後、続いて「生涯の作業」が映るという「浄頗梨鏡」を用いて、本心家の生前の「善悪業」が調べられる（巻三・六丁オ）。もっとも、「浄頗梨鏡」に映るのは、本心家自身の「善悪業」ではなく、その教えを聞いた者がどのような「善悪業」を為すに至ったかである。以下、映し出された「善悪業」を列挙してみよう[31]。

(1)「本心の説によつて、親に孝をつくすもの」（同）。
(2)「仏神を無《なき》ものと合点して、冥罰をおそれざるやうに成しもの」（同）。
(3)本心の教えに接することで「工夫顔」になり、「主人の云付る事さへ、うか〳〵として打わすれ、一から用を勤」めなくなったため、ついには追い出されて「流浪いたす者」（巻三・六丁オ〜ウ）。
(4)「本心乃勧めより儒学を精出」すが、「容儀をつくらぬゆへ、城下にて交り出来」ず、やがて「百姓」になるも「肥を荷ひ働く事いや」と言い出す者（巻三・六丁ウ）。
(5)「本心の説を聞て、其中に禅宗の事のあるを」見出し、禅寺に行くが、やがて「さとりをひらいたとて、自慢して僧徒を軽んずる者」（巻三・八丁オ）。

(6)「私案なしに成たとて、女人禁制乃山寺へ女郎を揚てつれて」行ったが、「何の障《さハり》なかつた」と自慢する者（同）。

(7)「何事も私案なしにするがよい、とおもふて、商売するに利得損失をかんがへ」なくなったので、やがて「身上不如意と成り」、妻子にも「見限」られ、「乞食」になる者（巻三・八丁オ〜ウ）。

(8)「斉家論にあるとをり、倹約が第一と」心得、夜になっても「家内」を寝させずに「家業」させ、また「食物」も「昼夜に二度」しか与えないので、「家内」の者は皆出ていき「ひとり身」になる。それでも同様の生活を続けたため、「大に病を生じ」「介抱する者もなく、つゐに落命」する者（巻三・九丁オ〜ウ）。

(9)「博奕遊女」そして「酒」のために「毎日〳〵」「遊びある」く「野楽」息子に困り果て、「本心先生へ入門」させたが、「私案なし」の教えを聞いた息子は、「何もかも思案入らぬ、とて、思出し次第、人の云次第に」遊びふけり、「私案なし」に金銀を費やしたので、ついに「親の勘気をうけ、義絶」させられた者（巻三・十丁オ〜ウ）。

このように、本心家の教えにより発生した「善悪業」は多岐にわたるが、あえてまとめれば次のように分類できるだろう。まず、(1)は「善業」についての唯一の例である。後述のように、「本心」の教えが必ずしも「悪業」に結果するとはされていないことが注目される。次に、(2)(6)は、「仏神」を蔑ろにする例。(3)(7)(8)は、本心の教えにもとづくことが家業の精励に結果しないことを示している。(4)(5)もまた、家業を蔑ろにする者の例といえるが、興味深いのは、本心の教えを契機にして「儒学」に励み始める者と「禅宗」に傾倒し始める者との両方が指摘されていることである。そして、(9)は「私案なし」の意を誤解し、無計画に金銭を使い捨てる者の例である。

このような「善悪業」の発生をふまえたうえで、「大王」はいよいよ本心家の「評決」に入る。まず「聖人の教を説《とく》に、仏道を取ませ《(混)》、殊に禅宗の悟りをいふやうな事をいひなす」ことは、「聖人の道」を「私意を以て取ま《(混)》せる」というものであり、「重き罪科」である（巻四・一丁オ）。また、本心家がことさら強調する「性善の説」とは、「戦国の時孟軻」（孟子）が「遊説の便りに」なした説であり、「聖人の教乃一分」にすぎない（巻四・一丁オ～ウ）。もちろん、「一分といへども、全分をはづれた事でハな」いが、本心家はその「一分」をもって「仏法の辻談義を説やうな勧め方」をしている（巻四・一丁ウ）。これは「私の思案を以て、聖道を取斗ふ」ものであり、「其罪軽き科」である。さらに、「私案を以て聖道を説ながら、私案なしになれと勧る」ことは「下愚」の「聞者《きゝて》」に「心得違ひ」をもたらす。よって「其科軽からず」（同）。

以上のように、本心家の「罪科」は複数にわたって容赦なく下されている。ただし、次の一点だけを除く。それは、本心家の「根本の意《こゝろ》」が「勧善懲悪を本として」いることである（同）。確かに本心家の教えは「聞者《きゝて》」に「心得違ひ」をもたらすものだが、それは「聞者《きゝて》の科」であって「説者《ときて》の科」ではないとされるのである（巻四・二丁オ）。「心得違ひ」をもたらすのは、「これミな、下愚上知の機発の考なく、聖道を私案を以て説ゆへ」であり（同）、その点では「説者」にも「科」があるとはいえ、「大王」は「説者」をかばおうとしているようにも見受けられる。

それではなぜ「大王」は本心家をかばうのか。それは、「勧善を仮にも説者を重く罰せは、後来勧善するものたえてなく成ぬへし」（巻四・三丁オ）という懸念からである。

かくして本心家は、罰を蒙ることになる。その罰は、「今日より、人間の一昼夜を一年として、三千年の間、毎日三百棒を与へ」るというものであるが、この罰が終れば「再び人間に生を受」けることを認められている（巻四・二丁オ）。こうして本心家は、「無間地獄」に落ちることを免れるのである（なお、「棒」で打つというこの罰が本書のタイトル「鬼が捶杖《うつつえ》」の由来であろう）。そして、以上の「評判」を聞いた有隣斎は、再び人間界に帰り、「評判」の顛末を「奇談」「鬼談」として語ることになる。以上が『本心鬼が捶杖』の概略である。

一読して明らかなように、同書における心学の批判は、多岐にわたっていて、本章でこれまで見てきた批判の論点の多くが網羅されているといえる。また、同書には、批判される側である本心家自身が登場し、批判に反論する機会を与えられている。といっても、「獄卒」「罪人」らの厳しい追及を前に結局は反論できなくなってしまうわけだが、その際、本心家は自説の及ぶ範囲を限定することによって、自説の正当性を確保しようとしている。

このような苦しい反論を堵庵やその弟子たちが実際に行なったのかどうかは定かではない。先述のように、本書における本心家の発言は、明らかに堵庵の『朝倉新話』をふまえて記述されているが、本心家の苦しい反論部分までが『朝倉新話』に出てくるわけではない。

「本心」は万人が生得的に有するものだという前提に立てば、教化の範囲を限定してしまうことは自己矛盾というべきだろう。だが、堵庵らが教化対象を「町家」の者に限定しようとしていたことは確かである。この限定は、教えに「気楽」さを求めた結果であり、「気楽」さの追求は、堵庵が梅岩との間に架橋し難い懸隔を意識した結果であったことは、これまで見てきたとおりである。

だが、『本心鬼が捶杖』において徹底的に指摘されていることは、「気楽」な教化によって「本心」を知らしめようとする堵庵らの試みが、「町家」の者にすら妥当しないことであるといえる。確かに『本心鬼が捶杖』は、「町家」ではなく「冥府焔魔王城」を舞台にした著作ではある。だが、そこに呼び寄せられた有隣斎は、そこでの「評判」の模様を「町家」に帰って人々に説き示す役割を与えられている。

「本心」を知ることができるのは、「学問する者」に限るということ。本心家のいう「本心」の教えは矛盾だらけであるということ。にもかかわらず、本心家は「本心」を表に掲げることにより、教えを必要以上に大きく見せようとしていること。これらの点を「町家」の者に対して警告することが『本心鬼が捶杖』の眼目であったとみなすことができるだろう。

第四節　「本心」を知らせることは可能か

本章でこれまで取り上げた批判に対して、石門の側から反応が示された形跡は見られない。堵庵が門下に向けて示した一連の社約において、道話の「雑話」化を懸念し、道話者への統制を強めていく背景に、これらの批判を見出すことができるのかもしれないが、根拠となる史料は、管見の限り見当たらない。一連の談義本における既存の教化への批判と堵庵らの教化運動とは、すれ違いながら展開していった観がある。

だが、堵庵をはじめとする心学者らは、以上に見てきた批判の少なくとも一部に対して、ある程度自覚的だったのではないかと考える。というのは、堵庵は、「本心」を掲げる自らの教化に限界があることを自覚していたのではないかと考えられるのである。

一　「遊所」という異界

堵庵の語録に次のようなものがある。まずある者が問う。堵庵の教えは「小気」で「不自由」な教えではないかと。この者には、「倹約を専とし、始末、堪忍を守る事」を説く堵庵の教えが、ひどく気詰まりな教えに見えたのである。このような「不自由」な教えでは、人々は「化せられる物にあらず」。「殊に遊所などにては一向行はるべし共思はれず」。このようにある者は述べている（八三三頁）。

対して堵庵は、この疑問を「さもあるべし」と受け止めたうえで、「此方の学問といふは推察のやうに行つまりたる事にはあらず」と述べる（同）。堵庵によれば、「倹約」や「堪忍」に関する教えは、すべて「本心を守る助」としての位置を占めるものである（八三四頁）。そして、その「本心は元来甚安楽成生れつき」である。したがって、「倹約」や「堪忍」を守ることは、決して「不自由」なことではなくて、「大安楽をうる」ことにつながるのだと堵庵は述べている（同）。

だが、ここで堵庵がいう「大安楽」とは、実際に体感することによってしか味わうことのできない類の「安楽」であるだろう。たとえば「遊所」に安楽を見出す者にとって、ここでいわれる「大安楽」はよくわからないものであるだろう。実際、堵庵は次のように述べている。

本心を知るものは病人のよく疾苦の実を知るもの丶ごとし。ゆへに苦味鍼灸のたへがたきを忍てよく受るに同じ。学問の味は岡目にてははかられず。立入てしる事也。畢竟安楽に成事を為る也（同）

堵庵のいう「大安楽」とは、傍目（「岡目」）から見ていては味わうことができない。そして、それを味わおうとしない者は、「倹約」「堪忍」という「苦味鍼灸」を「忍」ぶことはないだろう。このように考える堵庵にとっては、たとえば「一盃の過酒」に楽しみを見出そうとする者こそ「真実の小気もの」である。「左様の人は学問沙汰はやめにして随分好の身贔屓」をすればよかろうと、堵庵は突き放した物言いをしている（同）。一見、教化の放棄とも受け取れるこの文言は、堵庵の「遊所」理解と関連している。堵庵はいう。

遊所に道を行事なるましきとの疑ひ、これはいふに及ばぬ事也。先思ふて見給へ、道を行ふ程の所ならば遊所は止ますするなり。遊所は道を行ふ所ならず。然れども道なしといふ事にはあらず。遊所は遊所之道あるなり（八三五頁）

やや要領を欠く記述である。「遊所」には「遊所之道」があることを堵庵は認めている。だが同時に、「遊所」で「道を行ふ」ことは不可能だとも堵庵は述べている。それでは、「遊所之道」とは何か。堵庵によれば、それは「人を使ふ」際に求められる「慈愛」や、「客」に対する「真実忠節」、「親方」への「忠義」、「親」への「孝」

などを指すらしい（同）。とすれば、その「道」は、とりたてて「遊所」の世界特有の「道」というわけではなさそうである。

だが、求められる徳目は同様であっても、「遊所」では、それらの徳目を「十分」に実践することは不可能だと堵庵は考える。なぜなら「遊所」でなされる「作業」は「いやしき」ことだからである。堵庵によれば、「遊所」で「作業」に従事する者は、「折あしく生れ所のよからぬ故、人にも数えられぬ」者たちである（同）。このようにみなしたうえで、堵庵は、たとえ「生れ所」が悪くても、「夫なりに」「道」を行なうことは可能であり必要だと説こうとする（同）。「十分」とはいえなくとも「夫なりに」実践が必要な「道」。それが堵庵のいう「遊所之道」だと考えられる。

ついで堵庵は、「教」を「水」にたとえ、「教」を「受る」ことを「水を汲」むことにたとえたうえで、次のように述べる。

浄器を持来れば浄器に入、穢し器を以て汲ば穢器にも入なり。其入なり、其入たる水は浄穢共に必水の用に立なり（八三五〜三六頁）

この譬えに窺えるように、堵庵は、「遊所」向けに別種の「水」を用意しようとはしない。その水を汲む「器」には「浄」と「穢」があるが、どちらの「器」に汲まれた「水」も「水の用」を果たすだろうとされている。だが、ここで注意したいのは、「器」の「浄」と「穢」は、「生れ所」に刻印されたものであるらしく、「水」によって「器」そのものが「浄」になるとはされていないことである。つまり、堵庵は、「遊所」にも教えが届く（「水」が汲まれる）可能性までは否定しないが、その「いやしき」「遊所」が教化によって無くなることはあり得ないとみなしていたのではないか。だとすれば、事実上、「遊所」への教化を断念していたということになる。

ところで、残された著作や語録による限り、以上のように、堵庵が「遊所」に言及することは稀である。このことは梅岩においても同様である。「性」にしても「本心」にしても、それはすべての者が生得的に有するものとされるのであるから、「遊所」に関わる者に別箇の教えを用意することは、論理矛盾ともいえる。とすれば、彼らが「遊所」のみにあてはまることを特別に述べることがほとんどなかったことは当然ともいえるだろう。だが、先の語録に見られるように、堵庵は「遊所」が自らの教化の届かない世界であることに明らかに気づいている。ある語録で堵庵は次のように述べている。「少年より今日まで色事にあやまりしことなく、遊所色遊など一度もせず」と（七〇二頁）。堵庵は「遊所」という「いやしき」世界には決して出入りしなかったというのである。堵庵にとって「遊所」とは、まさに異界であり、そこの住人にも「本心」が備わっていることは想定できても、実際に教化を行なう術を持ち合わせていなかったと考えられる。

堵庵によれば、「遊所」に出入りすることは、「少し志在人」であれば「誰もいたさぬこと」である（同）。だが、続けて堵庵は次のように述べている。

此方渡世に付て田舎より遊興の客来などある時は執持ちもいたさねばならぬ身分なり。其時此難甚あやうし。尤豪強なる人はこれらの事は何でもなきことなるべけれど予が不肖の身にとりては幸に此難をまぬがるゝこと偏に師恩の力なり（同）

商家の「身分」に属する者として、時には「遊興」の「執持ち」をすることも「渡世」の一環であると堵庵はいう。つまり、「渡世」において、「遊所」とのかかわりを完全に絶つことは困難であると堵庵は認めているのである。その困難性を克服するためには「師恩の力」が必要だと堵庵は言う。つまり、梅岩の学問は「遊所」に近づかぬために必要とされるのである。

このような堵庵の立場からは、例えば、第四章で見た『当世花街談義』における止蔵軒のように、「遊所」に惹かれる人々の立場に立った（つもりの）教えは出てこないだろう。そして、止蔵軒であれば、堵庵の立場を「古風」で「野夫」な立場とみなしたことであろう。

さらにいえば、先に取り上げた『一ッ鉄炮』や『本心鬼が捶杖』における心学批判も、右の語録に見られるような堵庵の立場を問題視したものだったとみなすことができる。つまり、堵庵らの教えは、「遊所」などの世界に近づいてはならぬことを説くのみで、その世界に惹きつけられる人々の関心に即していないように見えたのではないだろうか。食べてはいけないと知ってはいても、食べたくなるのが鰒《ふぐ》汁であるように、よくないことと知りつつも足を運んでしまうのが「遊所」であるならば、「遊所」に通うことはよくないと指摘することは、教えとして十分とはいえないことになる。もっとも、堵庵らに言わせれば、「本心」さえ知ることができれば、「遊所」への関心は自ずとなくなることになるのだろうが、「本心」を知らない者にとっては、ことはそう単純ではないように見えてしまう。

こうしてやはり問題は、「本心」を教化によって知らせることの困難性へと立ち戻ることになる。堵庵はおそらく、遊所に出入りする者に「本心」を知ることの重要性に気付かせることに限界を感じ取っていた。だが、梅岩の「学問」を説こうとする限り、「本心」（性）を知らせることを目的とせざるを得ず、また、「本心」とは万人が生得的に有するのだという前提を崩すわけにはいかない。こうして堵庵は、遊所においても「道」にもとづくことは「夫なりに」可能だと、あいまいな言及をするにとどまってしまうのである。

2　野暮な立場の保持

先にも述べたように、堵庵が遊所に言及することは稀であり、以上に取り上げた語録がそのほとんどすべてといってもよい。だが、堵庵の弟子の中には、より紙幅を割いて遊所に言及しようとした人物もいた。

脇坂義堂（?〜一八一八）は、堵庵に教えを受け、活発に教化活動を展開した人物である。とりわけ、刊行した著作の多さでは、石門の中で随一である。もっとも、義堂は、長きにわたって、石門から破門されていた期間がある。高槻藩で「雑話」を説いたためだとされているが、真相は定かではない。だが、その間も、中沢道二、鎌田柳泓らとの交流は続いており、旺盛な執筆活動も続けていた。そして、ここで注目したいのは、それらの著作の中に談義本を意識して著されたらしいものが確認できることである。

まず、『民の繁栄』（一七九六〈寛政八〉年刊）は、虚白斎執筆の序文によれば、「おもしろをかしき。寓言の奇談」によって「人をさとし」さんとしたものだとされる。[32]様々な話し手と聞き手が登場して、「談義」を繰り広げる様子や、全五巻からなる書物の体裁から見ても、談義本の範疇に入れてもおかしくないと思う。また、同じく序文によれば、同書は、『御代の恩沢』の「後編」（二六〇頁）をなすものとされる。確かに書物の体裁や内容から見てそのようにみなし得るものであることから、『御代の恩沢』もまた談義本とみなしてよいだろう。さらにいえば、両書以外の著作も様々な話し手と聞き手が登場して「談義」を展開するという点では、いわば談義本的な著作といえるものである。ただし、両書以外の著作は概ね全一巻、多くともせいぜい全三巻程度の著作であり、この点では、談義本とはいえなさそうである。

もっとも、義堂の著作を談義本の範疇に加えてよいか否かは、ここでは重要ではない。『民の繁栄』の序文を書いた虚白斎、そして、おそらく義堂自身も、同書を談義本とみなしていたことがここでは重要であり、談義本の体裁を借りることによって、いかなる教えを展開しようとしたかがここでの問題である。

「奇談」と称される『民の繁栄』の前編に当たる著作『御代の恩沢』には、遊所を舞台にした次のような話がある。[33]この話には、『徒然草』の筆者として著名な「兼好法師」と、ある「遊女」とが登場する。「兼好法師」は「遊女」を見て、「浮れ女の心」の「いつはり」について述べる（二一一頁）。彼女らの示す「誠」の「心」とは、所詮は「財」がある限りでの「誠」に過ぎない（二一二頁）。また、彼女らに惹かれる男達もまた、「我粋と思へるにほれて」いるだけのことである。要するに遊所の世界には、「誠」の情けによって結ばれるような関係は成立しないと、「兼好法師」は決めつける（同）。

これを聞いた「遊女」は、「誠」であるか否かは客次第であることを述べようとする。つまり、「客〱たるの誠あれば。遊女〱たるの情有こそ常なるに」というのである（二五頁）。確かに「遊女の形体《かたち》」は「誠なき」ように見えるかもしれない。だが「心に実《まこと》」はあるのである（二九頁）。だが、そうはいっても「形体」の「誠なき」は隠せない。だから、「口のけつぱくなるに迷ひて。必傍へ寄給ふな」と「遊女」は述べる（二九～三〇頁）。「心」の「誠」ぶりを主張しつつも、あるいは、主張するが故に、自分たちに近づくべきではないと「遊女」は述べてしまう。なぜなら「誠」なる「心」から見れば、「遊女」として生きることは「誠なき」所業でしかないからである。このように「遊女」は述べているのだと解せられる。

以上の「遊女」の言を聞いた「兼好法師」は、「座を立」って「見返りもせず」に「走りの」いてしまう（三〇頁）。そして、次のように述懐する。

> 我もかの遊女が。色香には迷はざれども。彼が心の切なる。誠に感じ良《やゝ》もすれば。心浮れて。疵を蒙らんとするの情あり。恐るべし。慎むべし。永居するにおいては。堕落せんもはかりがたし（同）

「兼好法師」は、「遊女」の「心の切なる」こと、「誠」なることは認めたらしい。だが、その「誠」に惹かれて「永居」をすれば、その「遊女」のもとから離れられなくなり、ついには「堕落」する。だから「兼好法師」は「見返りもせず」にその場をあとにしたのである。

だが、あとに残された「遊女」は、「アノ法師めは。此手でも行かぬ歟」とつぶやいている（同）。先に「誠」な心情を漏らした「遊女」は、その「誠」が客引きの手段に過ぎなかったことを明かすかのように、「誠」らしからぬつぶやきをもらして、この話は終わるのである。

一見、この話では、「遊女」の心情に沿いながら、遊所における「誠」が見出されようとしているかのようにみえる。だが、最終的には、その「誠」なるものは、客引きの手段としての位置をあてがわれている。そして、遊所の「誠」がいわば誠の「誠」ではないことが暴かれ、「兼好法師」は遊所から逃げるように立ち去るのである。したがって、この話から最終的に見出される教訓とは、遊所にはくれぐれも近寄ってはならないという教訓であるだろう。「遊女」にその心情を十分語らせた後に提示される教訓であるのだから、その教訓はより強い調子を帯びることに結果しているといえる。

第四章で見たように、一般に談義本において遊所という場が描かれるのは、予定調和的な教化が無効になるような場としてであったといえる。対して義堂の著作では、遊所が舞台になったとしても、教化が破綻をきたすことはないのである。

また、『売卜先生安楽伝授』（一七九六〈寛政八〉年刊）という著作には、「粋」とは何かをめぐる次のような話が出てくる。[34] ある「香具屋」の息子（「悴《せがれ》」）が「売卜先生」を称する翁のもとを訪れる（三〇頁）。この息子は、ある「遊女」と「色や浮気」ではない関係、いわば本気の間柄になったが、母に「異見」されて、「何程の粋な私でも」困っているという。相手は「私が吸《（粋）》いを見込で義理を立」ててくれているというのに、母は理解してくれないというのである（同）。「遊女」と自分の「粋」な間柄を、不粋な母は理解しないということであろう。

対して、翁は「翁不学なれば粋といふ事をしらぬ」と述べ、「粋といふ事を聞きしは。今日が始てなれば我等が様な文盲の耳にも分《わかり》よきやうに」説明するよう、この息子に求めている（同）。

息子によれば、「粋といふ事は中人以下の知べき所にあらず」。したがって、「誰も粋は望め共愚蒙短才にては一代粋の名を得る事は成ませぬ」と述べている（同）。そして、このように前置きしたうえで、「抑粋といふものは。先一番に真実厚く何事にても情有て万に筋の通る事なり」と説明している（三一頁）。これをふまえれば、この息子は、ある「遊女」との関係が「真実」の「情」による関係であり、したがって、きちんと「筋の通」った関係であると自負したうえで、母がそれを理解しないことに不平を抱いているといえるだろう。

この説明を聞いた翁は、先の説明の「筋の通る事」という部分に着目する。どうやらこの息子は「きつい粋学者」であるらしいから、「よう筋の通つた人」であることになるらしい。とすれば、「伝授」も「殊の外いたしよい」であろうと前置きしたうえで、次のような「伝授」を行なっている。すなわち、「御袋の教へ異見に従ひ埒もない遊所の女にかゝつて居ずと早〳〵に別れる事じや」と翁は言うのである（同）。「左すれば母は悦び身は無事で家は修まる世間はよし。一家別家は安堵する。さあれば貴様も入らざる心痛苦労もなし」（三一〜三二頁）という具合に「筋の通る」ことになろう。これが翁の「伝授」である。

だが、この息子は、このような「伝授」は「無粋」なものでしかないと立腹する（三二頁）。対して、翁は「馬鹿め黙れ」と一喝する（同）。そして、「人の心を能《よう》知て道筋のよく通る」のが「粋」というならば、「先一番に親の心をよく知て道筋のよく分る身持行状なぜせぬぞ」と翁は言うのである（同）。ちなみに、同書において、翁がここまで声を荒げる場面は他にない。この一喝は、翁が「遊女」「粋」に関わる問題をいかに強く意識していたかを物語っているように見える。

ついで翁は、この息子と「遊女」とが本当に「真実」の「情」によって結ばれたものなのかを問い返すべく、ある女郎が披露した、客を多く集める「秘事」を紹介している（三四頁）。その「秘事」とは、「御客を私に惚さそとせずに御客を御客に惚させ。自身を自身に惚さす」というものである（同）。とすれば、この息子は、ある「遊女」に「真実」の「情」を抱いているらしいが、本当は「自身に惚」れているだけなのかもしれない。「遊女」の「秘事」にまんまと乗せられているだけなのかもしれない。もし「遊女」の「秘事」にはまって、「我身に身惚して」いることを「粋」というならば、「粋」とは「家のすい微の元であろ」と翁は述べている（四〇頁）。

次に翁は、「粋」の話題から一旦離れ、「弥次郎」という人物にまつわる話を紹介している。弥次郎は、「常に仏を信ぜず鬼の像を拵て朝夕そなへものをなして祭りける」というような人物であった（四一頁）。その弥次郎が亡くなり、「冥途」（同）に赴こうとする時に、鬼たちが現れ「朝夕馳走に成ました」代わりに、弥次郎を「御世話」しようとする（四二頁）。弥次郎は喜ぶが、「地獄の門」までたどり着いたところで「毘沙門天」が現れ、嫌がる弥次郎を「極楽」へと連れてゆく（同）。「仏」になった弥次郎は、「毘沙門天」に礼を述べる。「鬼と別れを惜みし我を無理に此土へつれ給ひ今又仏果を得せしめ給ふ御厚恩」（四三頁）に、弥次郎は感謝するのである。

以上の話を、翁は次のように解説する。

今の咄の鬼共も弥次郎を可愛がり深切にする所は嘘も偽もあらね共。根が地獄住居《すまゐ》の鬼なれば。我住所をよいと思ひ。十分ひいきで弥次郎をつれて往てくれた所が地ごくじや（同）

翁は、弥次郎に対する「鬼共」の「御世話」が「嘘」でも「偽」でもなかったことを認めている。だが、たとえ「鬼共」の「御世話」が「真実」の「情」にもとづいていたとしても、その「情」に身をゆだねれば、果ては「地ごく」行きである。弥次郎は「毘沙門天」に「無理に」「地獄」から引き離されたわけだが、その結果「極楽」に往生することができた。

だから翁は、「遊女」の「真実」の「情」にこだわるこの息子を「無理に」でも遊所から引き離そうとする。件の「遊女」には「なる程汝のいふ通親切もあろ誠も有て嘘偽は有まいけれども」、その「親切」「誠」に身をゆだねてしまっては、「未来永々うかぶ期なく。一生難義で外聞悪く地ごく住居で仕舞にやならぬ」（同）。「汝が遊所で用ゆる粋を家内に用ゐて情あらば家繁昌に栄ゆへし」と翁は言う（四四頁）。これを聞いた息子は、「赤面閉口」する（四五頁）。

一読して明らかなように、以上の話で問題になっているのは「粋」についてである。そして、「粋といふ事を聞きしは。今日が始て」（前出）という発言からもわかるように、翁は一貫していわば野暮な立場に立っているといえる。第四章で見たように、談義本において既存の教化は野暮とみなされるのが一般であった。だが、翁は野暮な立場にとどまりつつ、最終的には相手を「赤面閉口」させている。野暮な教化は貫徹するのである。なお、今挙げた例に限らず、義堂の著作においては、教えは大抵聞き届けられて終わりを遂げる。聞き届けられたかどうか定かでないこともないではないが、少なくともその教訓が届かなかったことをもって話が終わることは決してない。この点が本書で取り上げてきた談義本と決定的に異なる点である。義堂の著作においては、教化が動揺することはあっても決して破綻はしないのである。

それでは、なぜ義堂は談義本の体裁を借りて、わざわざ「遊女」や「粋」について言及しようとしたのか。一つの手がかりを『売卜先生安楽伝授』冒頭の次の記述に見出せると思う。

売卜先生一日《あるひ》菴の外に。看板を出し。諸人安楽伝授所と大字に書して。往還《ゆきゝ》の人に知らしめければ。欲に目のないが世界の常にて。我も〳〵とつどひ来りて。伝授を願ふ（一頁）

同様の舞台設定は、『売卜先生安楽伝授』に限らず、義堂の多くの著作に見出せるのであるが、ここで義堂（売卜先生）は、「安楽伝授」という、あたかも人々の「欲」を満たしてくれるかのような看板を掲げつつ、教えを展開しようとする。その「欲」の向かい先が「遊女」であったり、「粋」であったりするわけだ。もちろん義堂は、こうした「欲」を否定していくことになるのだが、人々の「欲」に真正面から対峙し「伝授」を行なう身振りを見せる点において、義堂は石門の中でも突出していた。そして、このような彼の姿勢が談義本の体裁を借りた著述へと向かわせたといえるのかもしれない。

だが、先にも述べたように、義堂はおそらく「雑話」に流れた道話をしたことがもとで、石門から破門されてしまう。もしこの「雑話」化が人々の「欲」に向き合おうとする義堂の態度から生まれたものだとするならば、その態度は石門においては奨励されない態度であり、時には破門にすら直結しかねない態度であった。「気楽」で卑俗な道話と、人々の関心を惹き付けようとする雑話と——義堂のたどった軌跡は、両者のはざまを指し示しているといえるかもしれない。

石門における教化運動は、「奇談」を称する著作で描かれる教化の場とすれ違いながら展開していったといえるが、義堂の著作は両者の接点をかろうじて指し示しているといえるだろう。談義本に見出せる、野暮な教化と粋な教化の二つの範疇にあてはめていうならば、堵庵や義堂の教化のあり方は、限界を意識しつつも野暮で「古風」な教化にとどまろうとするものであり、そうすることで、教化が破綻するのを阻止していたといえるだろう。

註

(1) 石川謙『石門心学史の研究』岩波書店、一九三八年、二六七〜三一一頁。
(2) 岩内誠一『教育家としての石田梅岩』立命館出版部、一九三四年。
(3) 石川謙前掲書。
(4) 野田壽雄『日本近世小説史 談義本篇』勉誠社、一九九五年、二六頁。
(5) 三田村鳶魚『教化と江戸文学』大東出版社、一九四二年(『三田村鳶魚全集』二三巻、中央公論社、一九七七年、一二五頁)。
(6) 同前、一六三頁。
(7) ちなみに、第四章で取り上げた談義本では、女性が教えを説く様子が一切描かれていない。
(8) 滝本誠一編『日本経済大典』二三巻、明治文献、一九六九年。
(9) 頼惟勤校注『日本思想大系37 徂徠学派』岩波書店、一九七二年。
(10) 尾藤二洲の「理」については、宮城公子「幕末朱子学の性格」(『四天王寺女子大学紀要』一二号、一九七九年)に詳しい。
(11) 宗政五十緒校注『近世畸人伝・続近世畸人伝』平凡社、一九七二年。
(12) 手島堵庵が盤珪(一六二二〜九三)の教えに多くを学んでいることは、著作の随所から窺うことができる。とりわけ『坐談随筆』において堵庵は、自ら説くことが盤珪と同じであることを口真似をしながら語っている。なお、盤珪と堵庵の思想的関連については、源了圓「盤珪禅師と手島堵庵」㈠〜㈨（『春秋』一五六〜一六四号、一九七四年七・八月〜一九七五年五月）、Janine Anderson Sawada, *Confucian Values and Popular Zen: Sekimon Shingaku in Eighteenth Century Japan*, University of Hawai'i Press, 1993, 山東功「石門心学と不生禅」（『言語文化学研究』八号、二〇一三年）。

（13）早川純三郎編『譚海』国書刊行会、一九一七年。

（14）『日本随筆大成』第二期一五、吉川弘文館、一九七四年。

（15）『日本随筆大成』第三期二四、吉川弘文館、一九七八年。

（16）兵庫県立篠山鳳鳴高等学校所蔵。同校には、丹波多紀郡八上新村（現兵庫県篠山市日置）に設立された心学講舎・中立舎で中心的役割を担った波部家に関する史料が収められている。

（17）甘涎斎『本心開悟　破莞莚』一七八一（安永一〇）年刊、京都大学附属図書館所蔵。

（18）甘涎斎『本心開悟　一ッ鉄炮』一七八四（天明四）年刊、国立国会図書館所蔵。

（19）是道子『本心早合点』一七八一（天明元）年刊、東京大学総合図書館南葵文庫所蔵。

（20）西湖『本心鬼が捶杖』一七八二（天明二）年刊、東北大学狩野文庫所蔵。

（21）第四章註（6）参照。

（22）心学と禅との関連については、Sawada 前掲書。

（23）「手嶋莞莚」とは、摂津国豊島《てしま》郡で産出されるござとして著名なものであったが、本書のタイトルが「破莞莚」であったことを思い起こせば、より深い意味をもった語として読むことができる。つまり、「手嶋」（堵庵）の教えは「破」れたござさながらの教えだということが示唆されている。

（24）この点については、中野三敏『戯作研究』（中央公論社、一九八一年）。

（25）『朝倉新話』には、すでに「本心」を知った者たちに対する堵庵の言が多数収録されている。本来伏せられているはずの門人向けの教えが、書物を通じて門人外へと流出していったことが窺える。

（26）「此方の学問は本心を知らして其知た本心に違はぬばかりで何も頗多《ことおほい》ことはござらぬハイ。本心を知てからは孝弟が行ひ易うござるハイ。（中略）神儒仏ともに道は一ッでござつて、此本心を知るより他の事はござらぬハイ。（中略）不断是を大事とさッしやらば、我器量次第で聖賢にも至らるゝことでござるハイ」（『朝倉新話』二四七頁）。

（27）「道を学ふは知れた通をするをいひます。別に奇怪《かはりた》事ではござらぬハイ。（中略）商人なら商ひをして、たゞ我家業をよふ勤むるを学問といひますハイ」（同前）。

（28）「本心は如此《かうした》ものじやの如彼《あゝした》ものじやのと色々に思ふは皆私案でござるハイ」（同前、二四九頁）。

(29)「心といひますりや、善心もあり悪心もござれども、本の字をつけて本心といひますりや、根本の性の通にあらはるゝ心ゆへ、皆善心のことに成まして、性と何もかはる事はござらぬハイ」(同前、二四八頁)。

(30)「本心を知りた衆は故先生の御恩を有難う思はッしやれイ」(同前、二五〇頁)。

(31)なおここで挙げられる「善悪業」の事例は、甘涎斎『破莞莚』で挙げられる事例と共通するものが多い。おそらく同書をふまえて羅列された諸事例だと推測する。

(32)赤堀又次郎編『心学叢書』一編、博文館、一九〇四年、二五九頁。なお、序文を書いた虚白斎とは、鎌田一窓のことであり、彼もまた、梅岩の教えに深く傾倒する人物であった。彼もまた、義堂と同様の著作を多く著している。

(33)脇坂義堂『御代の恩沢』(赤堀又次郎編『心学叢書』三編、博文館、一九〇四年)。なお、赤堀は、本書の刊行を天明年間(一七八一〜八九)と推定している。

(34)脇坂義堂『売卜先生安楽伝授』(前掲赤堀又次郎編『心学叢書』一編)。

■第十章　「頑民」への教化――脇坂義堂『心学教諭録』の場合――

第一節　無宿に対する心学教化

堵庵らの教化運動は、前章で見てきたような批判にさらされつつも、広く普及していくことになる。そして、その展開は、堵庵がおそらく意図していなかった方向を示すようになる。遅くとも天明年間（一七八〇年代）に入ると、心学は武士層にも注目されるようになるのである。とりわけ、後に寛政期（一七九〇年代）の一連の政治改革を主導することになる幕閣たちの中から、心学に関心を寄せる者が多く登場してくる。

それでは、彼らは心学の何に注目したのか。この問題についての研究は、いまだ十分になされているとは言いがたいが[1]、単に幕府や藩が民衆教化政策に心学を利用したというだけでは説明がつかないと思う。

一七八一（天明元）年、山崎藩主本多忠可は中沢道二の「咄し」を聞いて、「大きに感心」し、道二に手をついて礼を述べた。忠可は次のように述べたという[2]。

何卒国元の家老を始め不残道にいれたし、其以下の民百姓にも聞せたし、何卒勝手宜敷時、国許へ御頼申

確かに忠可は、心学を領民教化に活用しようとしてはいるが、道二に手をついたことや「家老」にも教えを聞

かせようとしたことは、彼自身、心学に深く傾倒するところがあったことを物語っている。

だが、他方でこのような事実もある。石川謙が明らかにしたところによれば、ある心学者が幕府による学問吟味の受験を拒否された。(3) 一七九四（寛政六）年のことである。学問吟味とは、学問奨励のために、幕臣とその子弟（十五歳以上）を対象に行なわれた試験のことであり、一七九二（寛政四）年に始められたものである。成績の優秀な者を表彰することで学問を奨励しようというわけであるが、その試験は、朱子学にもとづいて行なわれることになっていた。

朱子学にもとづくということは、それが「正学」とみなされたことを示している。一七九〇（寛政二）年、幕府は、いわゆる「異学の禁」によって、聖堂において学ぶべき学問を朱子学とした。朱子学が「正学」と位置づけられたのである。この時期、聖堂はまだ幕府直轄とはなっていなかったが、明らかに官学に近い位置にあった。そのため、「異学の禁」は直接には聖堂を対象に実施されたのであったが、対象外であるはずの諸藩の藩校でも同様の措置が多く取られた。こうして、「異学の禁」は、幕府による学問統制の画期となった。(4) そして、学問吟味もまた、学問統制の一環をなしていたのである。

中沢道二の門人鈴木隆助が、学問吟味受験を認められなかったということは、石門心学は朱子学とはいえない「異学」であることが聖堂の儒者たちに確認されたことを示している。(5) 要するに心学は正規の学問ではないという判断が下されたわけである。

だが、心学は、正規の学問ではないが、益ある教えとみなされていたらしい。ここで注目したいのは、人足寄場に心学者が招聘され、道話が行なわれたことである。

人足寄場とは、一七九〇（寛政二）年に、江戸の隅田川河口付近の石川島と佃島の間を埋め立てて設立された、無宿人の隔離、授産、更正施設である。無宿とは、文字通り定住する場を持たない者のことであり、江戸には、恒常的に大量の無宿が発生、流入していた。勘当により家を追い出された者、家が没落して行き場を失った者、出稼ぎに来たものの帰る術をなくしてしまった者、犯罪により居場所を失った者などが、無宿となり江戸へ流入してきたのである。

第三章で言及した「公民身分制」[6]との関わりでいうならば、無宿とは、帰属する家を持たず、また、一定の「職分」を有しない者であるということができる。その意味で、無宿とは、幕府や藩が想定する「公民」の範疇に属さない者のことであり、したがって、教化の及ばない者であるともいえる。社会秩序を脅かす者だとか犯罪予備群として無宿がとらえられがちであったのはこのためである。

無宿に対して、幕府は適切な対処を施せなかった。幕府が無宿に対して行なったことは、江戸から放逐するか、もしくは非人の手下に編入することであった。前者の措置は、無宿をもとの出所へ帰らせる（いわゆる人返し）というものだが、出所がはっきりしない者や、出所に引取り人の見当たらない者は、放置せざるを得ないという問題を抱えていた。後者の措置は、非人への編入によって、無宿を身分制のもとに帰属させようとするものであるが、大量の無宿を受け入れるだけの準備を非人組織に求めることには限界があった。そこで幕府は、ほぼ一八世紀を通じて、無宿に対する新たな対処を模索し続けるのだが、決定的な策を打ち立てることはできなかった。[7]

だが、天明の飢饉により、無宿の流入は、かつてない規模にまで膨れ上がってきた。そこで対応を迫られた幕府が設立したのが人足寄場である。

寄場に無宿を収容することは、社会秩序を脅かすと見られた無宿をその社会から一旦隔離するという意味があり、ゆくゆくはもとの社会に復帰させることが目指されていた。寄場は、逃亡の防止が厳重になされ、人足たちは、そこで、藁細工や炭団製造、紙漉きなどの手業に従事した。これらの手業には、いわゆる職業訓練としての意味も込められており、その意味で、寄場は一種の授産施設としての性格を持っていた。

この寄場で心学者たちは、定期的に心学道話を説くことを命ぜられたのである。これもまた、無宿を社会復帰させるためにとられた措置といえるが、それでは、寄場における教化がなぜ心学者たちに委ねられたのか。だが、この問題については、現時点では明らかにする準備はない。そもそも心学者がいつから寄場で道話を行なうようになったのかすら、実は定かではない。これまでの研究で紹介された史料による限りでいえば、寄場で心学道話が説かれたことを示す史料は、一七九九（寛政十一）年四月付の中沢道二の書簡が最も古い。寄場設立から九年も後のものである。したがって、心学者が寄場に招聘された時期も経緯も不明とせざるを得ないのである。

またそもそも、寄場において、無宿の教化がどの程度重要視されていたのかについても定かではない。少なくとも寄場立案の当事者たちは、寄場での教化に大した期待を抱いていなかったのではないかと考えられる。

寄場は、当時の政権を握っていた老中・松平定信と、放火や盗賊などの取り締まりのために江戸市中を巡回する役人（火付盗賊改）であった長谷川平蔵によって立案されたものである。その立案段階において、長谷川平蔵は「無宿」について次のように述べている。[8]

> 一体悪党ニ罷成候程之者共故、生れ付家業を不勤、恥と申儀は露程も不存、猛欲無道之者共ニ御座候得は、平人とハ大に相違仕候、此者共を悉善ニ帰せしめ可申事と相成申間敷奉存候

平蔵は、「無宿」を「猛欲無道」の「悪党」ととらえ、彼らを「悉善ニ帰せしめ」ることは不可能だと考えている。また、平蔵は、「無宿」を「無能之者」ととらえたうえで、彼らを「渡世為仕候事」が「専一之工夫」とする。そして、「御慈悲」によって「渡世」のための「能」、すなわち手業を覚えさせることにより、「悪党共も天然と善にうつ」ることだろうと述べている。なぜ「渡世」の「能」を与えてやることが、無宿を「善」に移らしめることになるのかは判然しない。第二章で取り上げた河内屋可正の如く、「渡世」を調えることが、「善」に移る前提として、まずは重要と考えていたのかもしれない。

いずれにせよ、以上を見る限り、梅森直之がいうように、平蔵は、「教化という実践は、寄場事業全体のなか

で、あくまでも副次的な役割を演じるにすぎない」と考えていたらしい[9]。

他方、もう一人の立案者である松平定信は、心学に対して好意的な評価を抱いていたとされる。だが、心学者の招聘が定信の発案によることを示す史料は、現時点では確認されていない。さらにいえば、定信が寄場における無宿の教化をどの程度重要視していたのかも確認し難い。

定信は、自伝的な性格を持つ「宇下人言」において、寄場の設立を次のように回想している[10]。

食事たらず衣うすきなどいふてからきことにいふ人もあれど、小人は無術に金穀にても給はるを御仁政ぞとおぼゆ。寄場にてはからき目をするにぞ、その人もおそれ、傍の人もおそれて、いま無宿に成りたらば、寄場へ入らるべしとて恐るゝこそ限なき御仁政なるべし

ここで定信がいう「御仁政」には、二つの意味が込められているようである。一つは、「無宿」という「小人」に対して、「金穀」を与えることである。ここでいう「金穀」は、寄場において人足が行なう労働に対する報酬に当たるものだと考えられる。この「金穀」は、出所後の人足が渡世を調えるための資本に充てることを認められていた。かかる労働の場を提供することが「御仁政」なのであるから、寄場での衣食が粗末であることは大した問題ではないと定信はとらえていたようである。

そして、もう一つは、無宿以外の者に恐怖を与えることである。無宿になれば寄場に入れられるかもしれない。寄場に入れば「からき目」を味わうことになる。だから、無宿になるまいとして、自らの家業に精励する。このように人々に思わせることが定信にとっての「御仁政」であったらしい。

いずれにしても、ここで定信は、無宿を教化することについて一言も語っていない。「宇下の人言」を見る限り、定信もまた、平蔵と同じく、無宿の教化を副次的なこととしかとらえていなかったように見える[11]。

だが、副次的であれ、心学者が寄場で道話を行なったことは確かである。そしてこのことは、一定の「職分」を持たないという意味で、これまで教化の届かなかった無宿に対して、まがりなりにも教えが説かれる場が設けられたことを示している。幕府や藩は、民を「公民」として把握しようとしたために、一定の「職分」を持たない者やまっとうな「職分」を持たないとみなされた者（遊女など）を教化してゆく術を持ち合わせていなかった。だが、人足寄場の設立により、副次的とはいえ、「非公民」の者にも教化が行なわれるようになったのである。だが、この新たな教化の行なわれる場が、「公民」の住む社会から隔離された施設であったことに注意しておく必要がある。この問題について、ひろたまさきは、次のように述べている。[12]

寄場や牢屋がつねに社会の一隅に存在する事実、囲い込まれた無宿人は「怠け者」で道徳的劣敗者だとする装いと観念、それらは人々に心理的緊張を生み、御救小屋などとともに、一般社会は権力によって保護された道徳社会であるという観念を拡大強化していくであろう（六頁）

つまり、人足寄場およびそれに類似する施設の設立は、「非公民」と「公民」との「分割」、ひろたの表現を使えば、「道徳的（合理的）世界と反道徳的（妖怪的）世界との分割」（一七頁）を意味するのであって、この「分割」に「刺激」されて、二つの世界はそれぞれ「顕在化してくる、つまり励起してくる」ことになるのである（一〇頁）。とすれば、先に見た定信の発言は、まさに「分割」によって「道徳的世界」を「励起」せしめようとするものだと解することができる。だが、「励起」されるのは「反道徳的世界」も同様であることを、ひろたの考察は教えてくれる。学問なるものを説くことが、人々を「道徳的世界」へ誘導することを意味するならば、学問なるものは、逆説的にも「反道徳的世界」を「励起」させてしまい、二つの世界の「分割」を深めさせてしまうのである。

以上をふまえて考えれば、第四章および第九章で取り上げた談義本は、「道徳的世界」へ人々を誘い込もうとするよりは、むしろ「反道徳的世界」の論理に添うことにより、教えを破綻させつつ展開しようとしたものと解することができる。例えば、フグは大毒であるから食べてはいけないと諭すのではなく、大毒であるとわかっていても食べたくなるのがフグである、と述べることにより、食べてはいけないという教えを無効化してしまう。その無効化によって、フグを食べ始める者が出現してくることになるかもしれないし、フグを食べることにいわばスリルを感じ取れなくなり、結局、食べることをやめてしまう者もいるかもしれない。こうして、教化は予定調和的ではなくなってしまう。その結果、その教化は、「道徳的世界」への誘導とも「反道徳的世界」への誘導とも決定できなくなるわけで、二つの世界の「分割」そのものが無効化されてしまうのである。

対して、本書で取り上げてきた心学の教えは、「反道徳的世界」（例えば遊所）の存在を多かれ少なかれ意識しながらも、「道徳的世界」にとどまろうとするものであった。そして、今、心学という名の学問なるものは、人足寄場、すなわち、「反道徳的世界」の住人とみなされた者が収容される「道徳的」施設のただ中で、「道徳的」な教え（「異学」の烙印を押されてはいるが）を展開しようとするのである。それでは、この新たに設けられた人足寄場において、どのような教えが説かれたのであろうか。それを本章で見ていきたい。

第二節　「元の良民」に帰るとは

先にも述べたように、心学者は遅くとも一七九九（寛政一一）年には寄場で道話を説き始めた。最初にその任を担当したのは中沢道二であるが、一八〇三（享和三）年に道二が没した後は、脇坂義堂が一四年間にわたって担当した。[13]そして、その後も心学者は、明治維新を迎え寄場がなくなる時まで教化の任を担当し続けた。[14]

寄場において、中沢道二がどのような教えを説いたのかは不明である。だが、幸い、脇坂義堂が寄場で説いたことが『心学教諭録』と題されて残されている。そこで以下、この『心学教諭録』を見ていくことにしたい。まずは鎌田柳泓によって著された序文から見てみよう(15)。

今也尭仁四海を覆ふて天下の風俗咸ク淳厚に帰す又都下の頑民難《キ》レ化《シ》者あれば是を一区に集め各其業を営ましめ且心学講師一員を置て是を教諭せしめ其化《シ》レ善《ニ》改《ムル》レ過《ヲ》をまちて元の良民にかへらしめ給ふ（序一丁オ～ウ）

ここで注目したいのは、寄場に収容される者が、教化の困難な「頑民」とみなされていることである。とはいえ、彼らは「元」は「良民」であった。だから、「元の良民」に「かへら」せることが「教諭」の目的に設定されることになる。それでは、「元の良民」とはいかなる民なのか。この問題が、以下の考察の焦点となるだろう。

『心学教諭録』は、巻頭の目次が特徴的である。例えば第一篇の場合、まず「徳不孤必有隣」という経書からの一節（詳しくは後述）が掲げられ、その横には「眼鏡屋の譬喩」「堪忍長者の譬喩」というように、「譬喩」と銘打たれた項目が並んでいる。ここから窺えるように、『心学教諭録』の各篇では、それぞれ経書の一節が取り上げられ（全篇通して三節）、それに関わる様々な「譬喩」が述べられていくのである。

自らの教えを「譬喩」と称することについて、義堂は多くを語っていないが、第一篇末尾に次のような記述がある。

愚老が講訳（釈）は。御存知の通りに何を申すやら。時に応じての。誠に出ほうだいに候へ共。始め申す聖人の御言と。終りに奉拝読申し上げる此御高札の大略の。世にありがたき御飯を。すゝめてとくと。をの／＼がたの。腹の中へ納るよふにして。心をやしなひ身をたもち其本心のうへざるやうにと。不調法不加減な。酸いやらにがひやら。甘ひやら。からいやら。塩はゆき。下手な譬喩の数／＼。麤菜をならべ。何からなりと食気の出来て。此けつかうなる御飯の。御教をよくも／＼呑込みあじわひ。道のむまみを知り。得とく《（会得）》致し服《はら》のうちへ入れ。　御仁慈広大の。徳化に浴し。其過ちを。あらため善にうつり。誠に至り給へと。相願ふことにござる（初篇下・十六丁ウ〜十七丁ウ）

ここでは、目次にも提示される「聖人の御言」と各篇の最後に読み上げられる「御高札」（後述）とが「御飯」にたとえられ、「譬喩」は「麤菜」にたとえられている。「麤菜」は「食気の出来」て「御飯」を「よくも／＼呑込みあじわ」うために拵えられるものとされ、「御飯」の味を添えるもの、いってみれば、おかずとして位置づけられている。

このように、義堂の述べる多彩な「譬喩」は、「聖人の御言」と「御高札」を人々に文字通り味わわせるために提示されている。それでは、これらの「譬喩」によって彩られる「御飯」はどのようなものなのであろうか。各篇で取り上げられる経書からの一節と、義堂がそれらをどのように解説しているかを簡単に確認しておこう。

まず初篇では、『論語』里仁篇の「子曰く、徳孤ならず必ず隣有り[16]」という文句が取り上げられている。

徳不孤《こならず》とは人々性は善にして我に誠といふ。心徳明かなれば。此徳不レ孤して。必ず又誠ある人追々来りて。我心徳をたすけ。我又人の誠をたすける（初篇上・一丁オ）

「誠といふ。心徳」さえ「明か」であれば、「必ず」「誠ある人」が集まってきて、互に助け合うことになるだろう。また、「不孤《こならず》」という点では「悪」も同様に「必《かならず》隣り」があるものであるから、「あしき心」を持つべきではない（初篇上・一丁ウ）。このように義堂は述べたうえで、この一節から「一念を慎」むことの重要性を導き出そうとする。なぜなら「少しの善にも。必ず隣ができて徳をつ」むことになるからであり（同）、「少しの悪」

（同）であっても「隣がふえて」「互に悪道へ手を引あ」うことに結果するからである（初篇上・二丁オ）。

以上のように述べたうえで、義堂は、「人は身をよする所。心をよする所」が「大事」であることを強調している（初篇上・三丁オ）。「隣」との相互作用によって、人は「善」にも「悪」にもなるのだから、「真似になりとも。善事をすれば。是が直に善人也」というのである（同）。

第二篇で取り上げられるのは、「子曰く、射ること君子に似たること有り、諸《その》正鵠を失しては反って諸《これ》を其身に求む」という『中庸』からの一節である。この一節を義堂は次のように解説している。

「弓を射る人」は、放った矢が「正鵠」（的の真中）に当たらないことを「是は的がわるひ」と思ったりはしない（二篇上・二丁ウ）。「偏に是は皆。我射前《いまえ》の未熟也。我が身の弓法《しゃじゅつ》にうとき故也と。いよ〳〵我身に立かへ」るものである（二篇上・三丁オ）。同様に、「君子と申て人の人たる。聖人や賢者は。皆我身に立かへり。見給ふて。外にもとめ給はぬ故に。自《をのつか》らよく身を治給ふ」（二篇上・二丁ウ）。このように義堂は読み取っている。

そして、義堂はこの一節からも「一念」の重要さを読み取っていく。「世の人皆此我身に求る歟又外に求るかの。たつた一足の一念が。善とも悪とも邪とも正とも。福とも貧とも」なるとされている（二篇上・三丁ウ〜四丁オ）。「正鵠」を失した原因を「我身に求る」か「外に求る」かの違いが、「善」と「悪」、「福」と「貧」との分かれ目になるというのである。

最後の第三篇で取り上げられるのは、「子曰く、里は仁なるを美《よ》しとす、択んで仁に処《を》らずんば焉《いづく》んか知を得ん」（『論語』里仁篇）という文言である。義堂によれば、この一節は「人は我心我身を寄る所が大事」であることを述べたもので（三篇上・二丁オ）、「皆其心をよすると。身をよするとの触るゝ所の善悪にて。善人とも悪人とも。道ふたつ仁と不仁のタツタ一と足。タツタ一念の事でござります」と述べられている（三篇上・三丁ウ〜四丁オ）。ここでもやはり「タツタ一念」の違いが「善」と「悪」の分かれ道だとされている。「タツタ一念」によって、「我心我身を寄る所」に相違が生じるからである。

以上から明らかなように、義堂は、各篇の初めに提示する経書の一節から、ほとんど共通した教えを導き出そうとしている。「我身に立かへ」るか「外に求る」かの「タッタ一念」の違いによって、「我身」の「隣」に集まってくる人々が異なってくるし、したがって、「我心我身を寄る所」の「善悪」も異なってくる。逆に、「我心我身を寄る所」の違いによって、当然「隣」に集まる人々も相違し、それが自らの「善」「悪」へと反映してくる。このような趣旨のことを義堂は繰り返し説こうとするのである。

「頑民」を「元の良民」に戻らせることに義堂の教化の眼目があるとするならば、義堂は、「頑民」と「良民」の違いが生じる淵源を「タッタ一念」の違いに帰そうとしたといえる。つまり、「一念の違ひ」によって、「良民」は「頑民」に転落しかねない、そして、「頑民」は「良民」に復帰し得るとされているのである。この点は、次の記述に明瞭に表れている。

　鬼となるも仏となるも。聖賢凡夫小人も。只一念の違ひ一と足からのことにござる（初篇上・二丁ウ）

このように、「善悪」を「タッタ一念」の相違に帰してしまえることには、義堂の次のような考え方が反映していると考えられる。

　誰も此是と非との。善悪のわからぬものは一人もなく。三歳の童も是なることを知り。非は非なることは知れども。八十の老翁も是は是と知れど。是《これを》我身に行ふことはなりがたく。非は非なりと是を知れども。此非たることを遠ざくることはかたしとかや（三篇上・二十五丁ウ～二十六丁オ）

義堂によれば、「是」と「非」、「善」と「悪」とを見分けることは、「三歳の童」にもできることである。したがって、「一念」さえ慎めば、「善」なる方向に足を踏み出すことができるし、逆も同様。だから彼は、「良民」と「頑民」との違いを「タッタ一念」に帰することができるのだと考えられる。

善悪を見分けることを重要視せず、「我身に行ふ」ことへと関心を傾斜させるこのような考え方は、梅岩や堵庵を思わせるものがある。彼らは、「性」「本心」を知りさえすれば、善悪は自ずと見分けられ、したがって「行ふ」べきことも自ずと定まると考えたのであった。対する義堂の場合は、一見同様のことを述べているようにも解せられるが、「性」や「本心」を知ることの重要性にまでは説き及んでいない。『心学教諭録』において、義堂は「性」や「本心」にほとんど言及することがない。「本心」という語が用いられることはあるが、それを知ることの重要性へと話が持っていかれることはない。代わりに、「一念」を慎むことの重要性が繰り返し述べられるのである。この違いは何を物語っているのだろうか。

また、先の記述において義堂は、善悪を見分けても、それを「我身に行ふことはなりがた」いと述べていた。かかる考え方もまた、梅岩、堵庵に見出せるものである。「我身に行ふ」ことが梅岩とその弟子たちにとっていかに大きな問題であったかは、本書でこれまで見てきたとおりである。簡単に確認すれば、この問題のために梅岩は「一身ヲ棄テ」、堵庵は朋友獲得のための教化活動に従事してゆくのであった。

それでは、義堂の場合はどうか。先の記述に続いて、義堂は、「我身に行ふこと」の「なりがた」い原因を「皆是我本知のくらきよりなす所」としたうえで（三篇上・二十九丁ウ～三十丁オ）、「偏に里の仁なるに身を居り。よき人のおしへに順《したが》」うことの重要性へと説き及んでいく（三篇上・三十丁オ）。「本知」は、「よき人のおしへに順《したが》」うことによって見出されるというのである。そして、次のように述べている。

仁の広居に至りまするも。学ばずしてはいたられぬことなれば。只々学問し給ふべし其学問の肝要は里は仁なるをよしとす（三篇上・三十丁ウ）

確かに義堂は、「学問」することの必要を聴衆に語りかけてはいる。だが、先にも述べたように、義堂は、師匠の手島堵庵のように「本心」を知ることの重要性に説き及ぼうとはしない(17)。その代わりに、「仁の広居に至」って「よき人のおしへに順《したが》」うよう聴衆に語りかけている。その限りで、ここで義堂がいう学問とは、第三章で見た「町人の学問」「庶民の学問」を思い出させる。

それでは、ここで義堂がいう「仁の広居」とはどこを指すのか。「よき人」とは誰のことなのか。

人は只よき人に近より我智も発明も捨て。只よきことを用るが誠の智也。実の発明でござりましよ（初篇上・二十一丁オ〜ウ）

だが、「人ハ我身をかしこくおもひて。人の言をもちひず。人の非のみを見て。我身にかへり見ることを知らず」（初篇上・二十一丁ウ）。「人」は自分の「智」や「発明」にこだわっているので、「よき人」に近づこうとしないというのである。続けて義堂はいう。

此かへり見るにつけても。をのをのがたの今分《いま》の身分をかへり見給へ。誠に〳〵ありがたき身分でござる（初篇上・二十一丁ウ〜二十二丁オ）

義堂は、寄場に収容された人足たちを「誠に〳〵ありがたき身分」だと述べている（初篇上・二十二丁オ）。それではいかなる意味で「ありがたき身分」とされるのであろうか。

此大勢の中には親にも捨られ。主人にも捨られ。一家一門にもすてられ。懇意朋友にも見捨られし。人もあるべし。又世の人のいやがつて。見向きもやらぬ。不実気ま〻不正直。不孝不忠の難病。大病の人をあざむき短気邪見。放逸酒食といふ難病大病の人もあるべきに。恐多も難有も勿体なくも。御慈悲広大の　御上は民の父母たる。御仁徳にてひろひとり。食事は勿論時々の。御衣服を給はり。手業《てわざ》の賃銭。日庸銭迄下し給はるのみ歟。孝弟忠信に其過をあらため。生涯の身をおさむべきの道をきかせ。よき志に至らしめ。人の人たるよき男に成長いたさせんとの。大慈大悲の。御恩沢の乳ぶさを。ふくめ給はせ給ふの御恵み。中も中々恐れ多し（初篇上・二十三丁オ〜二十四丁オ）

要するに人足たちは、「御上」の「御慈悲」によって拾われた捨子と見られているわけである。親類や「世の人」から見捨てられた無宿という捨子を「御上」は「ひろひとり」（拾い取り）、衣食を与え、「手業《てわざ》の賃銭」も与え、「生涯の身をおさむべきの道」を説き聞かせることによって、「よき男に成長」させる。義堂によれば、かかる「御上」の「御慈悲」「御仁徳」は、「菩薩の御慈悲」（初篇上・二十四丁ウ〜二十五丁オ）、「福神の御加護」（初篇上・二十五丁ウ）に比せられるものである。そして、人足という捨子は、かかる「御慈悲」「御加護」に与るという「果報」を得られたのだから、「あらためて善にす〻」むことが必要であると義堂は述べている（同）。

今改めて小子が言下に。喪身失命さつぱりと。只今死て仕舞すぐに今改めて。生れ出てられたがよふござる。即今赤子と生れ出れば。罪もなく又過もなく。正直無我にて私心を用ひず。乍恐　御慈悲広大の　御上といふ。御父母に順ひまかせてをけば。自然と善人に成長いたします（初篇上・二十五丁ウ〜二十六丁オ）

「あらためて善にす〻」むためには、無宿という「頑民」は生まれ変わらなければならない。ひとたび生まれ変わりさえすれば、あとは「御上」の「御慈悲」に「まかせてをけば」、自ずと「善人」になることができると義堂はいう。となれば、『心学教諭録』初篇は、「子曰く、徳孤ならず必ず隣有り」という文言の解説の体裁をとっていたのであったが、寄場に収容される者にとって「隣」とは、「御上」の「御慈悲」によって作られた寄場に他ならないことになるだろう。

同様の展開は、第二篇、第三篇にも見出すことができる。

是迄のあしきならひをわすれて。一念一歩を善にふりむけ。本心の射前正しく其　広大の御慈悲の正鵠《まと》を失はず。万事皆〳〵。其身に立かへり求め給へと申儀でござります（二篇中・三十丁オ〜ウ）

世の人皆仁なる里をえらぶべし。然るに有りがたくもかゝる　御仁恵御恩沢の。広大無量の仁なる里に居《すむ》民（三篇下・二十三丁ウ）

「広大の御慈悲」「御仁恵御恩沢」とは、もちろん「御上」の「御慈悲」「御仁恵御恩沢」のことを指す。すでに明らかなように、『心学教諭録』の各篇でのキーワードともいうべき「隣」「正鵠」「里」は、すべて「御上」、あるいは「御上」の「慈悲」や「恩沢」へと収斂してゆくのである。となると、義堂が各篇の最後に「御上」による「御高札」を読み上げることとは、何ら異とすることではない。

それでは、「神儒仏の教も此外はござりませぬ」（二篇下・二十二丁ウ）とまで評される「御高札」とは、どのようなものであろうか。

一親子兄弟夫婦を始め諸親類にしたしく。下人等に至迄是を憐むべし。主人ある輩ハ各其奉公に情《せい》を出すべ

き事
一家業を専にし。をこたることなく。万事其分限にすぐべからざる事
一偽をなし無理をいひ。惣而《そうじて》人の害になるべき事をすべからざる事
博奕の類一切禁制の事
猶此外は略レ之（二篇下・二十三丁オ〜ウ）

特に目新しさのない通俗的な教訓が並んでいるようにも見える。だが、そもそも義堂が教化を行なっているのが人足寄場だということを思い起こせば、このような「御高札」が読み上げられるのは、奇異であると感じられる。というのは、義堂が相手にしている無宿人とは、「家業」を失ってしまったものであり、「下人」や「主人」はもちろん、「諸親類」からも多くは離れてしまった者ではないのだろうか。

序文で鎌田柳泓が述べていたように、「頑民」を「元の良民」へ戻さんとするものとして義堂の教えを解するならば、「元の良民」になるためには、「家業」と「諸親類」が必要ということになるらしい。だが、少なからぬ「頑民」は、「家業」を持たず、頼れる「諸親類」もいない。そのような「頑民」を、「御上」は捨子とみなし、「諸親類」の代わりに面倒をみることによって、「家業」のもととなる手業を習わせようとする。義堂の教えにもとづくならば、以上のように説明することができるだろう。

第三節　「よく聞ぬ人」の視線

これまで見てきたのは、義堂の教えの「御飯」に相当する部分である。だが、目次を見てもわかるように、『心学教諭録』の叙述は、「御飯」よりもそれを彩る「麤菜」、すなわち「譬喩」の提示に多くの紙幅が割かれて

いる。それでは、義堂の教えにおいて、「譬喩」はどのような役割を果たしているのだろうか。一例を挙げてみよう。義堂は、ある「孝子」についての「譬喩」に「一同」が涙したという前例を紹介した後に、次のように述べている。

皆一同に此孝子の誠が心底《こゝろに》徹しつらぬき。其徳の必隣ありて。又おの〱がたへも。中事でござります（初篇下・七丁ウ～八丁オ）

をの〱がたにも。殊の外の御感涙をなして聞給ふは神妙にて是皆性善の徳なり（初篇下・九丁ウ）

義堂は「譬喩」を提示することにより、「一同」の聴衆の「心底」に「孝子の誠」を「徹しつらぬ」かせようとしている。そして、その試みはどうやら功を奏したらしく、「一同」は「孝子の誠」に「感涙」を催すに至ったという。義堂によれば、聴衆が「感涙」を流すのは、彼らに「性善の徳」が備わっているからであり、また、一人ではなく「一同」が「感涙」するのは、「隣」にも「性善の徳」を備えた者がいる証拠なのである。要するに、義堂は「譬喩」によって聴衆を感動させることにより、「性善の徳」にもとづく情緒的一体感を形成しようとするのである。

だが、他方で、義堂は次のようにも述べている。

善悪邪正禍福苦楽。皆々我が一念の心得にて。人にはあらで。我にあることはりを。知ることでござります。誠なるより明らかなるはなしと。此聴衆の中にも。よく聞人と。よく聞ぬ人は。忽に愚老が目にては見えますが。是も見る者よりは。見られる人の心の通りが。自然とあらはれます故に少しもかくすことはならぬが。

人の性善の。徳にてござります。（中略）我はしらぬとおもへども。天のみる目をいかであざむかんや。人のしらぬの。人の見ぬ中抔と。いふはおろかなり。人はしらぬと。おもへども。我我がことを忽ち知るなり。此知る心がすぐに。天知り地知るの心なればかりにも／＼も。うそ。いつはりはせぬものなり。是につけても。おの／＼がた日々よくも。かげ。ひなたなく。出情《せいいだ》し働るゝは御仁恵の御場所に居給ふ故と。御神妙に存ます（初篇中・十丁オ～十一丁オ）

この記述に窺えるように、義堂は、「聴衆」の中には、教えを「よく聞ぬ人」もいることに気づいている。つまり、義堂は、「譬喩」の提示によって形成される情緒的な一体感が、すべての聴衆を包み込むものではないことに気づいているのである。だが、「よく聞ぬ人」は、義堂の「目」、「天の見る目」から逃れることはできないとされている。「よく聞ぬ人」は、義堂と「天」の「目」を「あざむ」いているのであり、「おろか」なことをしていることになる。(18)

だが、義堂は、今の聴衆の中には、かかる「おろか」な者はいないはずだと想定しているらしい。「おの／＼がた」は毎日「出情《せいいだ》し働」いているはずだとしたうえで、それができているのは、「おの／＼がた」が「御仁恵の御場所に居給ふ故」だと義堂は述べている。このように義堂は、自らの教えを聞かない者がいることに明らかに気づいているが、この場にはそういう者はいないはずだとしたうえで話を進めていくのである。

このような義堂の立場は、次の記述により明瞭に表れている。

昔し播磨の盤桂（ママ）国師。聴衆に向ひて申給ふには。我説法は人間はよく聞て悦べと。牛や馬はよふきゝ得ず。皆いやがりて。眠ります。此聴衆の中にも。牛や馬がをゝく見へると。示し給ひしとや。然るに有難ひかな。此講訳（釈）きかるゝ衆中には。牛や馬もなひかして。皆々よく感心して。きゝ給ふは偏に。御仁恵の居風呂《すいふろ》に。

浴し給ふの御影が。あらはれていつにても。忠臣や孝子貞女抔の時には。一同に感涙を申さるゝも。徳不孤《こならす》必となりありと。扨々難有存ますが。是も皆々丸で御仁恵の。御かけでござります（初篇中・十四丁オ〜ウ）

義堂は、自らの教えによって「一同」が「感涙」を流す教化の場を「風呂」にたとえている。それは、「御上」の「御仁恵」によって設けられた「風呂」であり、そこに浴していれば自ずと「元の良民」に戻ることができるとされている。そして、聴衆がその「風呂」におとなしく浴していることもまた、「御仁恵」の賜物だと義堂はいう。つまり、教えを「よく聞ぬ人」は、ここにはいないはずだという義堂の確信を支えているのが、「御上」の「御仁恵」なのである。

「元の良民」になるための「風呂」はすでに用意されている。あとは、そこに身を浸しておけばよい。これが義堂の説くことである。となると、『心学教諭録』において義堂が「本心」を知ることの重要性に言及しないことも説明がつく。一人一人の聴き手（読者）が「本心」を知らなくても、「風呂」に入っておけば充分ということになるからである。

だが、先述のように、この「風呂」にすべての聴衆が入るわけではないであろうことに義堂は気づいている。そして義堂は言う。

年々愚老年が。よるにつけましては。講釈もくだ〳〵しく長ことにて。坐してござるも。きうくつ迷惑と存知ますれど。実の処はそこが。修行第一の処でござります。人はとかく其きうくつ。其おもしろからず。其行義のよき処に。なれなるゝことが第一の心学てござります（二篇下・二丁オ〜ウ）

各〳〵方も叱きうくつが。すぐに其身を立る楷梯《はしご》とおもひ給へ（二篇下・三丁オ）

「御上」によって準備され、義堂によって案内される「風呂」は、「きうくつ」で「おもしろから」ざる所であるかもしれない。だが、そこを我慢するのが「修行第一の処」であり、「心学」というものであると義堂はいう[19]。義堂は、「きうくつ」な思いに耐えることもまた「修行」の一環に取り込んでしまいながら、教えを展開していく。その「きうくつ」さを耐え抜いた後に得られるのが、先述の情緒的一体感であり、その一体感に身を委ねていれば自ずと「元の良民」にかえることができるというわけである。

ところで、そもそもなぜ義堂は、自らの教えが「きうくつ」であるかもしれないと述べるのであろうか。先に引いた箇所では、「講釈」が「くだ〳〵しく長こと」を述べるものであるから、「きうくつ」とされているが、それだけなのだろうか。前章で見てきたことをふまえるならば、義堂は自らの説くことが野暮で古風なものと見られる可能性を十分意識していたといえる。義堂は、野暮で古風な立場を保持し続けようとするが、その立場は、一部の聴衆の視線によって脅かされている。「きうくつ」という義堂の言は、この視線に応じて出てきたもののように見える。堵庵によって目指され、そして弟子の義堂も「譬喩」を縦横に盛り込むことによって目指そうとした教えの「気楽」さは、あらゆる「きうくつ」さから免れるものではなかったといえるだろう。そして、聴衆の視線に脅かされる義堂は、時にはこの場が「御上」の「御仁恵」にもとづく場であることを説き、時には教えを受け入れない聴衆はいないはずだとし、そして時には「きうくつ」な思いに耐えることも「修行」の一環に取り込むことにより、自らの立場を保持し続けたといえるだろう。この点において、前章で見た著作における義堂の立場と『心学教諭録』における義堂の立場とは、変わるものではなかった。

人足寄場の設立により、これまで教化の対象外になってしまっていた無宿にも、学問を称する教えに接する機会が与えられることになった。かつて、貝原益軒が「今より百年の後」には実現しているであろうと述べた「文明の君子国」の一つの姿をここに見出すことができるかもしれない。確かに「百年」の間に、学問なるものは、広く民衆に普及していった。だが、益軒がすでに気付いていたように、学問に励むことは、それを学ぶ者の視界に「小人」を発現させることでもあり、「小人」ならざる自覚を絶えず促すことでもあったであろう。こうして、「道徳的世界」と「反道徳的世界」の分割が深まっていくのだが、人足寄場とは、「反道徳的世界」に属するとみなされる者に教化を行なうことにより（たとえ副次的なことだとしても）、学問なるものが説き示される場であった。

だが、学問を称する教えは、依然として、それを必要と思わない者や疑問を持つ者などの視線に脅かされている。そして、教化に臨む者は、この視線をはっきりと感じ取りながらも、教化が破綻せぬための臨界線を保持しているのである。民衆の視線をどう受け止め、臨界線をいかに乗り越え、そして、新たな教化に乗り出していくのか。これらの課題は、一九世紀以後にも通底する課題として残されることになったのである。

註

（1）　従来の研究は、町人思想、民衆思想として心学に注目したものが多く、武士への心学の普及については等閑に付されがちであったといえる。この点で例外的といえるのが石川謙の研究である。石川は、心学が民衆だけではなく武士にも受け入れられていたことを丹念に明らかにし、国民教化運動として心学をとらえようとした（石川謙『石門心学史の研究』岩波書店、一九三八年）。

（2）　「布施松翁宛中沢道二書簡」（石川謙『増補心学教化の本質並発達』青史社、一九八二年、二六五～六七頁に翻刻）。

（3）　前掲石川謙『石門心学史の研究』一三五三頁。

（4）　「異学の禁」については、辻本雅史『近世教育思想史の研究』（思文閣出版、一九九〇年）参照。

（5）　「道二儀朱子学之趣ニ者中立候得共、無学之者故訳も無キ教方ニ有之、諸士之師範可仕者ニ者無之候」（『昌平学留書』、前掲石川謙『石門心学史の研究』、一三五三頁所引）。なお、この文章は、林大学頭、柴野栗山、岡田寒泉、尾藤二洲の連名で書かれたものである。彼らは、寛政期の学問統制の中核を担う人物達であった。とりわけ、尾藤二洲が心学を非難したことについては、前章で見た通りである。

（6）　深谷克己『江戸時代の身分願望』吉川弘文館、二〇〇六年。

（7）　以上については、平松義郎「人足寄場の成立」（一）～（三）（『法政論集』三三～三五号、名古屋大学法学部、一九六五～六六年）参照。

(8)「寄場起立」(前掲平松義郎「人足寄場の成立」(一)所引)。
(9)梅森直之「心学というテクノロジー」(『早稲田政治経済学雑誌』三二八号、一九九六年)。本書における寄場の理解は、この梅森の論考に多くを負っている。ただし、梅森の考察は、心学者が寄場に招聘されたのは、定信の発案によるととらえている点で問題がある。確かにその可能性は否定できないが、史料的な根拠は提示されていない。
(10)松平定信「宇下人言」(松平定光校訂『宇下人言 修行録』岩波文庫、一九四二年)一一八頁。
(11)平松義郎は、定信が寄場での教化を目指しつつも、「その具体策は持合せなかったのではあるまいか」と述べている。前掲「人足寄場の成立」(二)。
(12)ひろたまさき『差別の視線』吉川弘文館、一九九八年。
(13)前掲石川謙『石門心学史の研究』一一六七頁。もっとも、石川によれば、義堂は道二在世中から、寄場の教化に関わっていた模様である(同前)。
(14)竹中靖一「人足寄場と心学」(人足寄場顕彰会編『人足寄場史』創文社、一九七四年)。
(15)『心学教諭録』一八一一(文化八)年序、国立国会図書館所蔵。なお、鎌田柳泓は、斉藤全門や富岡以直を通じて梅岩の教えを学び、中沢道二と親交の深かった人物である。
(16)訓読は、『心学教諭録』に付された訓点と送り仮名にもとづいて、引用者が行なった。以下も同様である。
(17)義堂が堵庵を師と仰いでいたことは、初篇下の「我師。手嶋堵庵」という記述から確認できる(二丁オ)。
(18)なおここで義堂は、図らずも自らの「目」を「天の見る目」に比している。「天の見る目」が「よく聞人」と「よく聞ぬ人」をよく見分けるように、義堂も同様に見分けられるというのである。このことは、「御上」によって用意された場で教えを説く際に義堂がとった立場をよく物語っているだろう。
(19)同様のことを説いた箇所として次の記述もある。
我耳にいたくとも我心にあはずとも。只よき人の諫教に順ふべし(三篇下・十四丁ウ)

■結章　「臍」のゆくえ

第一節　「臍」のゆくえ

一　「無用の用」としての「屁」と「臍」

本書でこれまで考察してきたことのまとめとして、脇坂義堂『心学教諭録』第三篇巻之中から一つの「譬喩」を取り上げてみたい。人の「五体」を舞台にして、「五体」の不和と和合について描かれるこの「譬喩」は、手島堵庵や静観房好阿らによっても語られた話柄であった。この「譬喩」を通して語られる内容は、本書でこれまで考察してきたことを、ひとつの筋として照らし出してくれるように思う。

『心学教諭録』において義堂は、「或人の物がたり」と称して、人の「五体」を舞台にした次のような話を紹介している。

「頭心《あたま》」が「惣身」に向かって次のように述べた。「我上《かみ》に生れいる頭《かしら》なれば。今日よりは汝等全身。皆我か臣下となりてうやまひ尊めよ」と（九丁オ）。「五体」の一部位である「頭心《あたま》」は、自らが「五体」の中で最も尊い部位であることを宣言するのである。これを契機に、「五体」の諸部位がそれぞれの功を主張し始める。「眉毛」は、「我こそ眉とて無役にして上に立。天子の位に比すの徳あり」と反論し、「眼」は「我千里を照らし全身をたもつ」ことをもって、「我こそ惣身の長」であることを主張する（九丁ウ）。また「口」は「此口が食を得て汝等をやしなへばこそ。をの〳〵今かくも申なれ」と述べ、やはり「我を惣身の大将とせよ」と主張する（十丁オ）。こうして「銘々互にいかりの〻しり。気をのぼせ気をいりあげ気をつめ」ているうちに（十二丁ウ）、「全身一同に気をとりつめ。すでに皆々ひつぱりかへりて。滅亡せんと」するほどに対立は深刻化してゆく（十三丁オ）。すると突然、どこからか「プン〳〵と雷鳴大にひゞ」いたことによって、「全身のこりかたまりし悪気」が「一同に散じ」、「全身中皆々是にたすかり。命をひろひ怒りもぬけて。おもはず安楽安心とな」るに至った（同）。「全身中」の「皆々」は「よろこび」（十三丁ウ）、このありがたい「雷鳴」に感謝をする。そして、この「雷鳴」は「何国の誰ぞと尋ね」てみると、「此フン〳〵たる君子は腰と尻の辺りに住と見えて。住のかたちもなく色もなき放屁と申もの」であることが判明する（同）。

五体中皆感心して。誠に〳〵此放屁五体のうちの仲間にも入れず。一向かろくいやしきものとさげしみ。何んの用も功もなきものとせしが。今の働き是にまさらんや。是放屁先生こそ無用の用をなす。大肝要にて。此度銘々命をたすかりし大恩故に。此後は惣身中の総大将には此放屁先生をいたすべしと。皆一同に敬ひけるとかや（十四丁オ）

このように、不和になった「五体」は、「何んの用も功もなきもの」であるかに見える「放屁」によって「安心安楽」がもたらされることになる。

以上の「譬喩」をふまえて、義堂は次のような教訓を導き出している。

実に世の中にハ。此無用の用をなすの道理を知らざれバ。誠の道理のわからぬものなり（同）

一見「無用」と思える「屁」が、「五体」に「安心安楽」をもたらす大いなる「用」を有していること。この「道理」を「譬喩」によって示すことにより、義堂は「誠の道理」を導き出そうとする。

義堂はいう。そもそも「世界万物皆々一得一失にて。何を頼とし。何を又不用のものと捨べき」かは一概に言い得ることではない（六丁ゥ）。「草木国土悉皆入用の物のみ」ともいえるし（同）、「森羅万像皆不用」ともいえる（七丁ォ）。したがって、「金持のみが入用にて。貧者が不用」とはいえぬし、「貴き斗りが入用にて。賤しき人が不用」ともいえない（同）。

このように義堂は、有用性を基準にして対象を評価することの不当を指摘する。そして、義堂は、「用」と「不用」の範疇で対象をとらえる発想に、「我」に「ほこる」態度を見て取っている。

此者が役にたゝぬの是ハ貧者じや。是ハをろかじや是ハいやしく。是は不学とあなどり不用なるものとして。我をのミ頼とし我のミが。世に入用のものなりとほこるべからず（八丁ゥ〜九丁ォ）

対象を「不用」とみなすことは、それを見下し、「あなど」ることに通じる。その点において、こうした発想は、「我をのミ頼」とする発想に通じる。だから義堂は、「人のよしあしのみに目をつけ」るのではなく、「人ハ何事も我身に立かへり見ること」が「心学の肝要」であると述べる（二丁ォ）。「人のよしあし」を探ることが、その「人」を「用」と「無用」の範疇で評価することを意味するならば、義堂は「無用の用」について述べることによって、そうした評価の範疇を問い直そうとしていると見ることができるだろう。

ところで、「五体」の不和と和合に関する以上の「譬喩」は、義堂の独創によって作られたものではなく、諸書に見出せる同様の「譬喩」を義堂なりに構成し直したものと見ることができる。そして、諸書に見られる「譬喩」と読み比べてみると、義堂の提示する「譬喩」には、「五体」の部位のうち、ある大切な部位が登場しないことに気付く。それは臍である。

岡田鷲光『五体和合臍隠居』もまた、「五体」の不和と和解について書かれたものである。[1] 先に見た義堂の「譬喩」では、「五体」の諸部位がそれぞれの功を主張しあっていたのに対し、同書では、足首と頭との対立に焦点化されている。

足首（「足のくわ」）は、「両足にてこそ、万里の道も行かよ」えるのだと自負し、「我左右程、功をなすものはあらじ」と誇っている（十一丁オ）。だが足首は、「寒気の時も袋一重を着るばかり」（十一丁オ〜ウ）であったり、「畏るのつくばふのとて、かりにも尻に敷つけらる」（十一丁ウ）ような境遇である。これを「無念」と思った足首は、「せめて頭をわづらはせ、鬱憤を散ぜん」と企てる（同）。ある晩、五体が饗応に招かれ、座敷で興じている時に、足首は「しびり」を発して、頭を煩わそうとする。座敷に長時間座していると足はしびれる。ここでは、その「しびり」が足による頭への反逆と位置づけられているわけである。

「頭痛」を患った「頭」は、「扨ハ下より我に讎をなす者あり」と気付き、早速「下知をなし」て、「手」に足をもませることによって、足首の企てを押さえつける（十三丁ウ）。だが、これで「互の鬱憤」が散じたわけではない（十五丁ウ）。そこで登場するのが「臍」である。

そもそも企てを起こす際、足には一つの懸念があった。それは、「五体を守る臍隠居」が「しびり」を足から頭へと「たやすくハ通」さないだろうという懸念である（十二丁オ）。だが、足が「しびり」を発した時、「臍」は「西国」に行ってしまっており留守であった。だから、足の企ては一時的にとはいえ、頭を煩わせるに至ったのである（なお、臍が西国するとは、大笑いすることを意味する。すなわち、座敷で饗応を受けていた五体は、「軽口咄しの拍子にのり、一同に高声して大笑ひ」〈同〉していたというわけである）。

足と頭の対立を伝え聞き、急いで「西国」から戻った「臍」は、「我ハ隠居とハいひながら、五体の〆括を守る身なれバ、此事ばかりハ其儘に捨置がたし」と思い、「よき相談相手」である「両手」を介して「頭」に向かい意見を述べる（十五丁ウ）。「臍」の意見については後述するが、「頭」は「臍」の意見に「合点」し（十七丁オ）、「此後、万事臍が思ひ入れに任す」と述べ、これにて「五体和合」が達成される（十八丁ウ）。このように『臍隠居』では、「五体」の和合が「屁」ではなく、「臍」によって達成されることになる。

2　「臍」の位置

それにしても、なぜ「臍」なのだろうか。「下知」をなしたり（十三丁ウ）、「下をあハレミ」たり（十六丁ウ～十七丁オ）、「不調法」を「咎」めたり（十七丁オ）、「赦免」したり（十八丁ウ）というように、明らかに「五体」を統べる役割を担っているらしい「頭」ではなく、なぜ「臍」なのだろうか。

『臍隠居』において、「臍」とは、「五体のまん中」に住する「安楽隠居の身」（十丁オ）であるとされている。「隠居の身」であるとは、「諸役免許の身」（十丁オ～ウ）だということである。例えば、目は物を見分ける「役」を持ち、手は物を持ち運ぶ「役」を持つという具合に、諸部位の「役」をとらえた場合、「臍」には確たる「役」を見出し難い。だから、「隠居の身」だとされるのである。

だが他方で、すでに見たように、足の述懐によれば、「臍」は「五体を守る」働きを有しているようであり、「臍」自身も「五体の〆括を守る身」と自覚していたのであった。それでは、「臍」はどのように「五体を守」っているといえるのだろうか。この点については、本文を見る限り詳らかではないと思う。

だが、同書には、合わせれば本文に匹敵する分量にもなる序文、跋文、および、附録が収録されており、本文における「譬喩」に対する解説が懇切に施されている。そして、これらの文章の中には、他ならぬ手島堵庵によって書かれたものがある。(2) それでは、堵庵は「臍」に何を見出したのだろうか。

序文の冒頭で堵庵は次のように述べている。

人は一箇の小天地とかや。元来天人混然なり。無我無智にして、おのづから頭は円《まど》かにて天に配し、足は方にて地に合《かな》う。臍は無用と見ゆれども、北辰に似たりといはんか（一丁オ）

「五体」という「小天地」の中で、「臍」は「北辰に似た」位置を占めると堵庵はいう。天体における不動点としての「北辰」（北極星）。「臍」は「五体」における不動点とみなされているわけである。

それでは、不動点とはどういうことなのだろうか。堵庵によれば、「臍」とは「見かけの通にて年老たれバ、殊更に少し奥へ引こんで、頭より足のはづれまで、身うちなかよく邪魔をせず、惣やうにせわにまかせて」いるような境涯なのだという（五丁オ〜六丁ウ）。「臍」という「隠居」は「五体」の中で「少し奥へ引こん」だ所にいて、「五体」の「身うち」の「邪魔をせず」に、「せわ」になっている。「せわ」になっているので、自らは「遂に割木一本炭一ッ持た事」もない。そのような「自由自在」の身として「臍」は描かれている（六丁ウ）。

「臍」は「少し奥へ引こん」だ所に位置するため、「頭より足のはづれまで」を見渡すことができる。だから「臍」は、「世界を目なくして見ぬ所もなく、耳がなけれバ、聞ほどの事かしましとも思ハず。銭かね持ねバ欲もな」いのである（同）。「五体」を「目なくして」「自由自在」に眺望できる地点——このような地点が「北辰に似た」とされているのであろう。

ところで、先に引いた箇所で、堵庵は、「人は一箇の小天地」と述べていた。したがって、「人」の「五体」について書かれた同書は、「小天地」の和合についての示唆も含まれていることになる。

抑人の五倫の大略をいはゞ、顔は主親のごとし。背は妻のごとし。両手は兄弟のごとし。子や家来は惣じて手足の働きのごとし。親類朋友諸人は全体の如し。具には推して知るべし（序二丁オ）

堵庵によれば、「五体」の和合についての「譬喩」は、「五倫」（父子、君臣、夫婦、兄弟、長幼）の「和合」についての示唆も含んでいる。また、同書の本文には「五体の国家」という表現も登場する（十六丁オ）。「五体」の「和合」について考えることは、「五倫」の「和合」、さらには「国家」の「和合」について考えることでもあるわけだ[3]。そして、それらの「和合」をもたらすのが、不動点としての「臍」だというのである。

堵庵は、すでに見た義堂の場合と同様に、「五体」「五倫」「国家」が不和合になってしまう原因に「我意」を貫き通そうとする態度を見て取っている。堵庵の序文によれば、五体の「不和合」（二丁オ）とは、「目は、我なくば見る事なるまじ、と己を奢り、足は、我なくばいかで行歩の用を達せん、と気まゝをし」（二丁オ〜ウ）というように、「五体」各部の「我意より出来る事」とされる（二丁ウ）。だが、「五体も頭の頂から足のうらつまはづれ産毛一本もかけてはならぬ」のが「此世の中」である（三丁ウ）。「役にたゝぬものはひとつもなく、又それゆへ、なければならぬといふものもなし」とされる（四丁オ）。この文言は、『心学教諭録』でも説かれた「無用の用」について述べたものといえるだろう。

何が一ッかけても不自由なる世の中なれバ、五倫五体和合の思ひに住して、天の給ハる大なるものを立てゝ、邪の私案に曲られぬやうにすべし（四丁ウ）

「我意」を貫こうとするのではなく、「天の給ハる大なるものを立て」ること。それは、『臍隠居』の他の箇所の表現を借りれば、「少しも我を立」てずに「天のはからひにまかせて働く」（二十三丁）ことでもあるだろう[4]。そして、そのためには、「臍」という「隠居」に「対面」する必要があると堵庵は跋文で述べている（二十四丁オ）。「此隠居に対面せバ、何事も天命なりといふ事を聞得て、長く安楽を得べし」というのである（二十四丁オ〜ウ）。

『臍隠居』の本文の後ろに、「大意」と題された部分があり、本文の「譬喩」について明解すぎるほど解説されている。これも堵庵によって書かれたものと推測できるが（註（2）参照）、この「大意」では、「臍とは本心を譬へた」ものであることが明示されている（二十三丁ウ）。「五体」「五倫」「国家」に「和合」をもたらすのは、「無用の用」を体現する不動点としての「本心」だというのが、『臍隠居』の主張なのである。

ところで、ここで思い起こしたいのが、第一章で取り上げた貝原益軒『大和俗訓』において、「心」が「天君」とされ、「五官」を統べる役割をあてがわれていたことである。「心」によって「五体」「五官」が和合されるとする見方は、益軒と堵庵とで共通しているように見えるかもしれない。だが、堵庵のいう「本心」の場合、それはあくまで「五体」の調停役であって、統制する役割を担っているようには見えない。

臍が「本心」の譬えであるならば、「本心」を知ることを目指す堵庵の学問は、臍になることを目指す営みとしてイメージできる。堵庵にとって、学問とは、「無用の用」を体現する臍の立場から、「五体」を、ひいては、「五倫」「国家」を眺める、あるいは、照らし出すことだったといえるだろう。(5)

「本心」を知ることによりたどりつける境地を、「五体」の中でも一見「無用」にみえる臍に比することは、確かに堵庵の立場をよく物語っているといえるだろう。第七章で見たように、堵庵は、隠居を「貧富禍福にかゝはらざる居宅」とみなしたうえで、そこに「移徒」することによって、教えを説く足場を確保しようとした。隠居という「無用の身」になることが（より厳密にいえば、なろうとすることが）、彼の教化運動の起点になっていたのであった。

だが、翻って考えれば、学問を身につけること、あるいは、それを説こうとすることが、「無用の身」になることでもあることを意識していたのは、堵庵に限ったことではなかったのではないだろうか。

本書の第一部で見てきたように、学問をすることによって「世俗」とどのような関係を築くかは、大きな問題であった。第一章で取り上げた『大和俗訓』においては、学問は、衣食住の維持、向上に直結するものとは位置づけられていなかった。貝原益軒は、「世俗」の「用」について論ずる著作も多数書いてはいるが、『大和俗訓』においては、「世俗」の「用」に資するものとして学問を説こうとはせず、「天地」に仕えるためにこそ学問が必要と説くのであった。「用」について論じつつも、人々の「志」を「用」に埋没させまいとする困難な作業に取り組んだとみなすことができるだろう。

対して、第二章で取り上げた河内屋可正は、「世俗」の「用」に資する学問を構想しようとしたといえる。このことは、可正が、元庄屋としての立場も手伝って、容易には「世俗」と離れた地点に自らを位置づけることができなかったことを示している。だが、他方で可正は、学問することと身代の向上とを直結させることに限界を感じ取っていた。そこで可正は、一定の身代を調えることを、学問を学ぶ前提として位置づけるに至った。そして、身代が調わず、学問するに至らない者に対して、「物しれる人」として教化を行なうことに自らの役割を見出していったのであった。だが、可正は、「世俗」に「なつく」ことの重要さを意識しつつも、学問に励むことにより、「世俗」の者からは「化物」視されるに至る。このことは、学問に励むことにより、自らが「世俗」から浮き上がった存在になっていったことを示している。そして、このことを自覚する可正は、「ノラ者」を自称したのであった。

「世俗」の「用」に資する学問の追究は、職分論にも表れていた。本書の立場からみれば、職分論とは、職分という観点から「世俗」を区分けすることによって構成された、それぞれの職分に「さしあたりたる」教えということができるだろう。「五体」に比すれば、手には手に応じた教え、足には足に応じた教えを、というわけである。だが、第三章で考察したように、職分論は、「さしあたりたる」教えを構成することがいかに困難であるかをも示しているのであった。

その困難性は、第四章で取り上げた談義本からも窺うことができた。談義本では、「町人の学問」が説かれる場面が描写されると同時に、その教えが受け手にまったく届かぬ場面も描かれており、教化が効力を確証し得ないことが徹底的に指摘されたのであった。

このようにまとめてみると、石田梅岩のたどった軌跡は、如上の動向とは逆の方向へ向かっていったようにみえる。第五章、第六章で取り上げたように、石田梅岩は、「聖賢の道」に没入することにより、一切の妥協なしに「世俗」に対していく態度を獲得した。こうした態度から見れば、「聖賢の道」が「世俗」に「さしあたりたる」か否かは問題にならない。むしろ「世俗」のほうこそが「聖賢の道」に「さしあたりたる」べきだというのが梅岩の姿勢であった。この姿勢は、学問を「世俗」の「用」に供するのではなく、その「用」を学問によって問い直そうとする姿勢でもあるだろう。この意味で梅岩もまた、「無用の用」として学問を意味づけていたといえるかもしれない。

しかし、如上の梅岩の姿勢は、「聖賢の道」に没入しきれない自らの立場を浮き彫りにすることとなる。その結果、梅岩は、欲を喚起する「世俗」から距離を置くべく「一身ヲ棄テ」るに至ったのであった。そして、その態度を継承しようとした手島堵庵は、「世俗」から離れた「隠居」という「無用の身」に自らを比することによって、「一身ヲ棄テ」る代わりとし、そのことによって教えを説く足場を確保しようとした。その立場を比喩的に示しているのが臍なのである。

3 「臍」のゆらぎ

だが他方で、堵庵は、『臍隠居』の跋文で、「臍」という「かくれ家」は、「庸人《なみのひと》の知る所にあらず」とも述べている（二十四丁オ）。そして、堵庵自身もまた、「庸人」を自称したことからもわかるように、臍隠居になりきれない思いを抱いていた。すでに見たように、堵庵は、自身が隠居という「無用の身」になりきれないことに問題を感じ取っていた。そして、「無用」になりきれない「庸人」としての思いが、堵庵を「庸人」への教化運動へと向かわせたのであった。

このことは、堵庵の書いたものではないが、『臍隠居』の本文にも確かに反映している。『臍隠居』において、「五体」の不和は、「臍」の調停によって和解を見たのであったが、そこで「臍」が頭に向かって述べた意見には、一貫性に欠ける揺らぎが見て取れる。そしてその揺らぎには、臍を目指しつつ、臍になり切れなかった堵庵の思いをも見て取ることができるように思う。

頭への意見として、「臍」は一方で次のように述べている。「上下は則天地なり。天は下たる地を恵み、大地は上なる天にしたがひ、少しも背く物でなし」。この「道理」を「正しく守」れば、「心身」は「治り」、「五体の国家」は「静謐」になるだろう（十六丁オ）。要するに、「上下」の区別を保持することが五体の和合をもたらすとされているのである。

だが、続けて「臍」は次のように述べる。「殊に人我は生死の根本、邪心なければ生死を離る。生死を離て仏衆生通ずる身ならば、いさゝか上下の隔はあらじ」（同）。ここでは、「上下」の区別はむしろ否定され、「隔」のないことが説かれている。

以上をふまえ、「臍」は、頭と足の「鬱憤」を晴らす手段として二つの策を提示する。一つは、「足袋屋や仕立物屋などの店前或ハのきに」足の形をした看板を吊るそうというものである。そうすれば、「往来の人の頭よりしバらく上にも」なってよいだろうと「臍」は言う。そしてもう一つは「旧功をなしたる老足にハ、たすけとして杖をあたへ」ようというものである（十六丁ウ）。これらの策はいずれも五体中の「下たる者」である足の「ひがみ」を「なだむる為」に考案されたものだとされる（同）。「下たる者ハいやしきゆへに」「ひがみ」にとらわれているからである。(6)

だが、「ひがみ」を「なだむる」とは、その「ひがみ」を軽減、ないし、一時的に忘れさせることであって、「ひがみ」を根本から、それを引き起こす要因もろともに解消することではないだろう。「臍」は別の箇所で「他をそしりたり羨ミたり己を見ずして他の非を見る、これ有べきことにあらず」（二十一丁ウ）とも述べているが、この意見は、先に「臍」が提示した二つの策と齟齬をきたしているように見える。「ひがみ」を「なだむる」ことは、「他の非を見ること」自体を否定するものではないからである。

ところで、翻って考えれば、「臍」の意見に見られる揺らぎは、堵庵が人々に「本心」を知らせるために創案した初入咄にも見出すことができたのであった。初入咄において堵庵は、物事の長短を見分ける能力を「意識」と呼び、「意識」が「思按」を介さずとも機能することを「実知」させることをもって、人々に「本心」を知らしめようとしたのであった。だが、第八章で見たように、物事の長短を見分けることは、物事が対象として発現して初めて問題になることであって、長短を見分けることに「本心」の「用の場」を見出すことはできても、そのことをもって「本心」を「体用」もろともに「実知」したとは言えないことを堵庵は自覚していた。そして、自覚しつつも、「初心」の者はまずは「本心」の「用の場」を知ることが大切とみなしたのであった。

このように見てくると、先述の「臍」の意見に見られる揺らぎは、堵庵の立場に見られた揺らぎでもあったとみなすこともできるだろう。「意識」によって「上下の隔」を判断することを求める立場と、その「隔」を「用」として発現したものととらえたうえで、「体」としては「上下の隔」はないことを示す立場との間に見られる揺らぎである。そして『臍隠居』でもまた、まずは「用の場」を指し示すべく、「上下」を一時的に逆転させる（足をかたどった看板を頭上に吊るす）ことによって「足」の「ひがみ」を「なだむる」ことが問題の解決策として提示されることになる。この策はいわば「用の場」における策であって、「体」を指し示すことによって「ひがみ」を生み出す「私案」を根本から問い直そうとする策とは言い切れない。

根本的な策ではないかもしれないが、まずは「用の場」を問い直すことによって、「上下の隔」、物事の長短を再認識させる。これが、「庸人」を自称する堵庵が「庸人」の教化のためにとった方法だった。その教化は、臍になり切れない者が、臍を知らない者に対して、臍を指し示すことにより、ともに臍を目指すことだったと言い換えることができるだろう。

4　「臍」への批判

だが、臍になり切れない者が臍を指し示すことは可能なのか。可能だとしても、人々に臍を目指させることは妥当なことなのか。本書で取り上げた談義本では、これらの問いが徹底して追究されているとみることができるだろう。以下、この点をやはり臍に注目しながら見ておきたい。

臍に自らの境遇を重ね合わせようとした人物は、堵庵とその門流に列なる者だけではなかった。例えば、「臍人」と自称した人物の一人に、自堕落先生（一七〇〇～？）なる人物がいる。自堕落先生は『風俗文集』（一七四四〈延享元〉年刊）に収録された「自《みずから》呼二臍人と一の説」において、臍を名乗る理由を次のように述べている。(7)

「夫れ陰陽分れてより、物各対する有り」（三五六頁）。例えば、「天は地に対し」、「男は女に対し」、「賢者には愚者有」、「手は足に対す」といった具合にである。だが「臍のみ対する物なし」と自堕落先生はいう。(8) しかも、「形は有ながら、其用なし」。「一身にをける眼耳鼻舌唇手足毛爪」は、みな心という主（「心主」）の「奴《やっこ》」であるというのに、「臍」だけは「心主も使ふべきに其能なし」。せいぜい灸を据える時に目印になる（「灸点に目当となる」）ぐらいである。だが、「能なきがゆへに自ずから安し」、「働かざれば静也」。このような「臍」の境涯を「羨」んで、自堕落先生は「自ら名を臍人と呼ぶ」ことにしたという（以上、同）。

かくして自堕落先生は、「平生只寝る事を業とす」る生活を送ったという（三三八頁）。そうした生活は、彼が自称するように「自堕落」な生活であるかもしれないが、「自ずから安」くして「静」なる生活であるともいえるわけである。

だが他方で、自堕落先生は、その著『労四狂』において、次のようにも書いている。(9)

世を遁れて方丈の草の庵一ツに閑をたのしむ人といへ共、冬来りて衣服薄ければ寒し。食せざれば飢、夏の衣服、冬の装束、時々に随ひ、用ひざれば叶はず（八四頁）。

「寝る事を業」にしたといっても、飢寒を逃れるためには食糧も衣服も必要である。また、「平常無くてならざる物」は他にもある。そして、それらを調達するにはもちろん金銭（「料足」）が必要だ（同）。このように自堕落先生は、中野三敏がいうように「寝る生活には寝る苦しみがあり、無用者の生涯には無用者の心労があること」を見出してしまう[10]。したがって、自堕落先生にとっての「臍」とは、単に「寝る事を業」にすればたどり着けるような境涯ではない。彼にとって「臍」とは、目指すべき対象というよりは、むしろ羨望の対象なのであった。ここにもやはり臍になり切れなかった者がいる。

中野三敏によれば、自堕落先生は、後世の戯作者にとって模範的ともいえる位置をあてがわれることになる[11]。曲亭馬琴や恋川春町、為永春水といった戯作者たちは、自堕落先生を先達と意識し、山東京伝のように臍を題材にした戯作を著した人物もいる[12]。臍に特別な意味を見出したのは、堵庵とその門流だけではなかったのである。

また、臍といえば、第四章で取り上げた静観房好阿『下手談義』にも登場していた。『下手談義』巻二「八王子の臍翁、座敷談義の事」については、すでに手短に取り上げたが、好阿は『続下手談義』巻一「八王子の臍翁手代への説法」、巻二「臍翁夕座の説法」においても臍翁を登場させている。好阿にとっても、臍は気になる対象であったようだ。

『下手談義』巻二によれば、臍翁は、「一生何の役にもたゝず、また厄害にもならず、あつてもなくてもと、人にも思はれて過し故、みづから臍に似たりとて、臍翁と名乗」るのだとされている（一二〇頁）。臍翁は、もとは江戸で商売をしていたのだが、「商売の工夫より外は、万の芸能に心をよせず」に働いたため、「諸人に浦山《うらやま》しがられ」るほどの大金持ちになったという。だが、隠居後は、「繁花の市中をいとひ」、「八王子の山里」へと移住する[13]。そこで「世を安く暮」らしているのが、臍翁の境遇である（同）。

自堕落先生の場合、自ら「臍人」と名乗るのは、臍への羨望を込めてのことであった。対して、『下手談義』の臍翁の場合は、臍を羨望のまなざしで見ているというよりは、すでに臍と「似た」境涯を獲得しているといえる。そうした境涯から、息子やその手代たちに説いた「談義」が『下手談義』『続下手談義』の少なからぬ部分を占めているわけである。

だが、『下手談義』『続下手談義』を批判した書物では、以上のような臍翁の境涯にも批判の眼が向けられることになる。『返答下手談義』巻二「八王子の臍翁座敷談議の返答の事」には、臍翁に対する批判が多岐にわたって述べられている。まず第一に、臍翁が「夫婦極老に及で、遠き山林人家、まれなる所に引込。わかきときより、苦労いたされた婆さまに。今以、手世事させ」ていることが批判される（二九六頁）。臍翁が「世を安く暮」らせる背景に、妻（「婆さま」）の「苦労」が見出されているのである。次に、「あまたある子どもの、手をはなれ。かゝる片山里」に住むことは、世人の不審を招くだろうとされる。子どもたちは、「極老の親達を、手遠にお」いたとみなされ（二九七頁）、「不孝」呼ばわりされるかもしれない（二九八頁）。また、「かゝる片山里」では、「盗賊、またハ急なる病難。猛獣のわさハゐ」などの「いろ〳〵」な「害」が予想される（二九七頁）。このことは、子どもたちに余計な心配（「わづらいのたね」）をさせることにもなるというのである（二九八頁）。

要するに、臍翁が「只山林に籠て、風景を楽《たのしミ》」にしようとすることは、妻（「婆さま」）や子どもたちへの配慮を欠いていると言わざるを得ず、したがって、「人倫をミたる《（乱る）》のもとひ」になるだろうとされているのである（三〇〇頁）。当の臍翁は、「邪广《（ママ）》にならぬからハ、臍翁しや、なとゝ自賞」しているが、それは「我身の気随」でしかない（二九八頁）。妻や子どもを煩わせ、「人倫」を乱している点においては、「彼邪广《（ママ）》にならぬ臍も。したゝかな大邪广《（ママ）》にな」っているとされるのである（三〇〇頁）。

また、『返答下手談義』では、臍翁が「わかきときより家業にさとく、諸事道理ずくめ」で「ぬけめなき、内外のおかせぎ」があったことが皮肉を交えて指摘されている（二九二頁）。この指摘は、「気随」にまかせて「臍」

の境涯を自称できる者が一定の身代を築き上げた者に限ることを暗に示したもののように読める。そして、この指摘には、本心について云々する者を「歴々の分限者」とみなしたうえで、彼らの唱える「倹約」は所詮は「我欲」を満たす口実に過ぎないと喝破した甘涎斎『一ッ鉄炮』の指摘と類似したものをみてとることができる。「無用の用」を体現する臍。だが、臍になるためには有用性に覆われた「世俗」の中で一定の身代を調えねばならないという矛盾──用を問い直すためには、一定の用を獲得しなければならないのである。この矛盾こそが、談義本で徹底的に暴かれたことだったといえるかもしれない。

如上の批判をどの程度意識していたのかは定かではないが、義堂は、臍に言及しない。五体の和合は、五体の真中に位置する臍という隠居によってではなく、五体の内に含まれるのかどうかすら定かではない屁によってもたらされることになる。

第十章で見たように、義堂は寄場の人足たちに「本心」については言及しても、それを知ることを求めはしなかった。その代わりに、「御上の御仁恵」に身を委ねさえすれば、万事がうまくいくかのように語っていた。つまり、人足たちに臍になることを求めていないのである。臍にならずとも「御上の御仁恵」なるものに任せておけば、五体は和合する。どこからやってくるのか定かではない屁に身を委ねれば五体は和合するというのである。「御上の御仁恵」に委ねよという主張は、「天のはからひ」に任せることを説いた『臍隠居』の主張と確かに類似する。だが、「天のはからひ」に身を委ねることは、自身の「五体」の内に「臍」という不動点（「北辰」）を見出すことでもあった。だが、義堂の提示する「譬喩」によれば、「御上の御仁恵」に身を委ねる際には、もはや不動点を見出す必要すらないかのように見えてしまう。

それでは、臍はどこへ行ってしまったのだろうか。「用」を求める民衆の視線、そして、「用」に疑問を持つ民衆の視線に、「無用の用」を示すことによって応えようとする学問が見出した場所──それが臍であったとするならば、義堂の「譬喩」に臍が登場しないことは、学問が「世俗」における居場所を見出せなくなったことを示しているのだろうか。「反道徳的世界」の住人に向けて学問を説くことが断念されたことを示しているのだろうか。

そして、屁はどこからやってくるのだろうか。屁によって示唆される「御上の御仁恵」。これは、学問が「御上」の光背によって、その正当性を確保しようとする前触れなのだろうか。「御上」の光背によって、「道徳的世界」と「反道徳的世界」との分割を無に帰そうということなのだろうか。

「五体」「五倫」「五体の国家」の和合に学問はいかに関わるのか。「用」の飽くなき追求によって、「無用」なるものが不断に析出され、根絶やしにされようとする中で、「無用の用」としての学問の意味が改めて問い直されねばならないだろう。臍のゆくえと屁の所在を突き止めねばならない。

第二節　「五体」のそとへ

Ⅰ　「五体」の拡大と縮小

これまで見てきた臍の「譬喩」では、臍の役割はおのおの異なるものの、「五体」の存在は所与の舞台として設定されていた。だが、本書で取り上げた人物たちは、誰に向けて教えを語るのかについても模索しなければならなかった。いわば「五体」の範囲をどう設定するのかについても模索する必要があったといえるだろう。その模索に焦点を当てながら、本書でこれまで論じてきたことを改めて振り返っておきたい。

まず、第一章で取り上げた『大和俗訓』では、「人」には学問が必要という前提のもと、身分を問わず広く「人」に向けて「人の道」が説かれたのであった。だが、益軒は、書中において、自らの教化の届かぬであろう「小人」にたびたび言及する。そして、読者に対して、世俗における「小人」をいわば他山の石として見ていくことを求めたのであった。ここには、教化の対象を「人」へと広げることにより、かえって「人」ならざる人

（「小人」）が析出されてしまうジレンマを見て取ることができる。その意味で、『大和俗訓』には、「人」を学問に包摂しようとする論理と、包摂されない者を遠ざけようとする論理とが同居していたと見ることができる。

対して、第二章で取り上げた河内屋可正が教化の対象に据えたのは、まず第一に地域の住民およびその「子孫」であった。元庄屋という可正の立場を考えれば、このことは当然ともいえるだろう。教化の範囲は、益軒よりもはるかに限定されていたことになる。ところが、可正は、学問のみによって地域を教化することに限界を感じ取ってしまう。そして、その限界の自覚は、「御公儀様」への期待へとつながっていったのであった。すなわち、教化の届かぬ者たちをも包摂する政治権力への期待となって表れたのである。

同様の期待は、第三章で取り上げた常盤潭北『民家分量記』にも見出すことができた。潭北は「庶民」を教化対象に設定し、彼らに見合った学問を構成しようとしたのであった。潭北は、「君子」を頂点とする「政」のもとに「庶民」の職分を設定する。そして、その「政」は、教化の及ばぬ「悪人」までをも包摂するものとして期待されていた。可正にしても潭北にしても、教化のみによって「五体」の「和合」がもたらされるとは考えておらず、「法」による政治を待望していたのである。

第三章で取り上げた職分論は、一定の職分を持つ者に向けて教えが構成されていたが、上河宗義『商人夜話草』に典型的に見られるように、教化の範囲が家内にあらかじめ設定されていることが多く見られた。したがって、『商人夜話草』のように、教化を受け入れぬ者を家外へ放逐するよう説く文言も見て取ることができた。これに対して、第四章で取り上げた談義本は、教化の舞台が家外に設定されることが多く、家を追い出された者やあてどなく放浪する者が登場するのであった。いわば「五体」の外へ放逐された者が活躍する場面が描かれているのである。それに伴い、教化のあり方も動揺し、「町人の学問」と同様の教えが説かれる反面、それがまったく聞き入れられなかったり、唾棄されたりするのであった。

以上の動向に当てはめた時、石田梅岩の特異性が浮き彫りになる。第五章で取り上げた梅岩の『斉家論』で問題にされているのは、確かに家内のことであった。そして、とりわけ町人のことが説かれていたことも確かである。だが、梅岩は、その学問を決して「町人の学問」とは称さなかった。職分に見合う学問を構成しようとする動向とは逆に、梅岩はあくまで「聖人の道」にこだわり、そこへと没入してしまう。そして、世俗の側をこそ「聖人の道」に適う方向へ向けかえるべく、「士農工商」に通じる「一理」に立脚して教化に臨んだのである。

梅岩の教えは、弟子たちによって継承されていくことになるが、「一身ヲ棄テ」てまで「聖人ヲヒキ受」けてしまおうとする梅岩の態度を継承することは容易なことではなかった。手島堵庵は、師の教えを説き広めることをもって梅岩の道を「相続」することを選択した。そして、「貧富禍福」に関わらない隠居の立場から教化運動を展開しようとした。だが、そうした立場に身を置くことによっても梅岩との懸隔を埋めることができないと考えた堵庵は、「不器量」な者同士が切磋琢磨することによって、梅岩のたどり着いた境地を「漸々」と目指そうと考え、そのための「朋友」を獲得すべく教化運動を始動したのであった。

梅岩の教えを「無造作で心安き」教えと位置づけた堵庵は、「卑俗」な言葉を盛り込みながら教化に乗り出していく。師を自称せず、「気楽」な立場から教化に臨もうとする堵庵は、教化の対象を「同輩」である「町家」の者に限定していったのであった。こうした堵庵の立場を表しているのが「臍」であったわけだが、これになぞらえれば、堵庵にとって「五体」とは「同輩」の者たちの集合体であったということになる。

けれども、第九章で取り上げたように、堵庵らの教化に対しては、「同輩」ではない儒者からも数々の批判が寄せられていた。このことは、商品を「うる」かのように教えが慇懃に提示される心学教化のあり様が「同輩」以外の者をも取り込もうとするかのように受け止められていたことを物語っているだろう。

さらに、第九章で取り上げた心学批判では、心学教化が「同輩」にも適合しがたいものであることも指摘されていた。「仏の教」にすがる「祖母孀達」にとって「本心」の教えは、「迷」をもたらす結果にしかならないとされたり、「倹約」の意義を強調する心学の教えは、「歴々の分限者」向けのものであり、「かせぐにおいたをさる〻貧乏人」には無効であることを指摘する批判も見られたのであった。

だが、こうした批判とは裏腹に、心学教化は広く普及し、幕府が設立した人足寄場でも教化が行なわれるに至る。第十章で取り上げた脇坂義堂『心学教諭録』においては、その教化の場が「風呂」に譬えられていた。寄場に収容される「五体」は、すでに「御上」によって設けられた教化の「風呂」に浸かっているというのである。義堂の教化は、この「風呂」の存在を前提に行なわれたものだった。

だが、よくよく考えてみるに、果たしてそれは教化だったのだろうか。序章で述べたように、本書でいう教化とは、教えの説き手と受け手が同一集団内にいることに依拠できないところから始められるものであった。だが、『心学教諭録』における義堂は、教えの受け手とともに「風呂」に入っているのであり、その意味では、教化としての側面は稀薄であったといわなければなるまい。

そして、翻って考えるに、「同輩」に対して「同輩」として語りかけようとする堵庵の姿勢もまた、同様であったとみなさなければならないだろう。たとえ、「無用の用」としての「臍」の立場から教化が展開されようとも、「臍」は「五体」の中におさまっている限り、そこには異質な他者が登場する可能性がはじめから除外されてしまっていることになるのではないだろうか。

だが、堵庵は、「遊所」のような教化の届かない世界が存すること、のみならず、そうした世界がすでに不可欠の世界として民衆社会に根付いていることを自覚していた。「五体」のそとにも世界が存することに気付いていたのである。そして、義堂もまた、教化の場において、自らの教えを「よく聞ぬ人」、すなわち「風呂」に入ろうとしない者がいることを見逃してはいなかった。教化に臨むが故に、彼らは「五体」のそとに気づくことができたのだと思う。だが、そとへと届く言葉を作り出すまでには至らなかったのである。

2　「五体」のそとへ

最後に、序章の考察に立ち返ろう。

「語り口」という観点から石門心学に注目した後藤宏行は、心学道話の語りを「マス・ローグ」と呼んだのであった。[14]だが、本書の考察をふまえれば、心学教化の語りは「マス・ローグ」としての機能、すなわち、「受け手と送り手の相克、葛藤、対立をバネにして」、「受け手集団のなかの、メンバー相互の連帯をも断ちきり、分断し、解体していく機能」を十分に開花させたとは言い難い（三六七頁）。

確かに、序章で述べたように、心学者の活動は、大勢の聴衆を前に、学問の名のもとで教化を行なったという点で、当時において突出したものであった。また、第十章で若干言及したように、心学が武士層にも受け入れられていったことは、堵庵らの教化が「同輩」以外にも通用し得るものだったことを示していよう。だが、師との懸隔を銘記するがゆえに、教化対象を「町家」の「同輩」に限定するに至った堵庵の教化は、「マス」を対象としたものではなかった。また、心学教化の特徴である教えの「気楽」さや、「卑俗」な言葉を縦横に盛り込むといったことは、教化対象を「同輩」に設定したが故に達成できたことだと考える。仮にその教化が「同輩」以外に受け入れられたとしても、後藤がいう「脱共同体的」な機能は、心学教化の主要な機能ではなかったといわねばならないだろう。

もっとも、後藤は、心学教化の語りは、「江戸庶民のもっていたそこぬけの楽観性と、現状肯定の実利主義」に支えられているため、「マス・ローグ」のように「旧来の価値や、既存の人間関係をふきとばすだけの、触発剤にはならなかった」ことも指摘している（一二三頁）。そして、このことは心学道話のみに当てはまるのではなく、現代に至るまで日本では「マス・ローグ」が「触発剤」としての機能を十分に発揮してこなかったと後藤は述べている。

後藤によれば、このことは日本において「原集団の枠を超えでた発想と論理を鍛える場」が形成されてこなかったことを示している。(15) だが、このことは「原集団の枠を超え」ようとする試みがなされてこなかったことを意味するのではないはずである。序章で挙げた鹿野政直の民間学研究は、その不断の試みの系譜を見事に示してくれているといえるだろう。

本書は、その試みを教化の場に見出そうとしてきた。教化の場において、学問なるものは民衆のまなざしに否応なくさらされ、危機を迎えることになる。だが、その危機は、学問を人々のまなざしのもとで改めて起動させる可能性でもあるだろう。学問のあり方が制度によって規定されるようになる一九世紀以降、その可能性はいかなる形で存し得たのか。今後考えていきたい。

註

（1） 岡田鷲光『五体和合 臍隠居』一七六五（明和二）年・一七七四（安永三）年序、国立国会図書館所蔵。

（2） 同書には序跋がそれぞれ二つあるが、一つは、おそらく岡田鷲光による自序、自跋と思われる。もう一つの序跋には、それぞれ最後に「朝倉の環堵に筆をとる」という記述（八丁ウ）、「堵菴」という署名（二十六丁ウ）があることから、手島堵庵によって書かれたものであると推定できる（「朝倉」とは堵庵の隠居のあった場所、すなわち五楽舎を指す。また、その隠居が「環堵」〈せまい住まい〉であったことが、彼が堵庵と名乗った由来である）。また、本書には、経書の文言を引き合いに出しながら「臍」について解説した部分（二十三丁オ）と、「大意」と題して本文の「譬喩」を解説した部分（二十三丁ウ）がある。これらは、本文の正当な意味を読者に解説しようとするものであり、その解説的な文体から察すれば、そして、当時の石門における堵庵の地位を考えれば、これらの部分も手島堵庵によって書かれたものと推測できる。

（3） 『臍隠居』の本文の後ろに付された「大意」と題する部分には、次のような解説が書かれている。「足が鬱憤したるとは子弟従者のきまゝをたとへたり」（二十三丁ウ）、「主親に気をもますは頭痛のごとし。兄弟中あしきハ手のいたミに似たり」（同）。ここでは「五倫の交り」が「五体」に比されている。「子弟」や「従者」は「足」であり、「主」「親」は「頭」であり、「兄弟」は「手」であり、といった具合にである。

（4） ここに引用したのは、同書の附録に当たる部分であり、この附録では、『論語』『孟子』からの引用をふまえながら、『臍隠居』のあらましが説明されている。「君子」が「少しも我を立」てずに「天のはからひにまかせて」いる様は「臍はよく似たるにあらずや」と書かれている（二十三丁オ）。「君子」と「臍」は似ているというのである。

（5）　堵庵の跋文によれば、「臍」は「生死の境もなく、眼によらずして十方を照し、耳なくして能声《よく》をきゝわけ、鼻なくして香をかぎ、口なくしてよくくらひ能《よく》言、身なくして触をしり、意なくして明かに分別す。誠に希代乃霊物也」（二十四丁オ）とされる。これによれば、「臍」は「五体」の一部であると同時に、「五体」を照らし出す光源だともいえる。
（6）　また「臍」は、「下たるものハ愚にて、恩愛うすけれバ乱れやすし」（十六丁ウ）とも述べている。「愚」かな「足」に「杖」という「恩愛」を与えることによって「乱れ」を防止しようというわけである。
（7）　自堕落先生『風俗文集』（中野三敏校注『新日本古典文学大系81　田舎荘子　当世下手談義　当世穴さがし』岩波書店、一九九〇年）。
（8）　同様の記述は、『臍隠居』の序文（おそらく岡田鷲光による自序）にも見出せる。「生あれば死あり。仏あれば衆生あり。上あれバ下あり。知者あれば愚者あり。其外千差万別なりといへども、皆天命にしたがふ時は、物を忘れて一なるが如し。故に五体和合臍隠居と題号し、愚なる筆にうつして、徒然の笑ひ草ともならんかと物し侍る」（九丁オ～ウ）。ここでもやはり、「臍」が対になるものを持たない「一なるが如」き存在としてとらえられている。さらにここでは、「一なるが如」き有様が「物を忘れ」て「天命にしたが」っている状態としてとらえられている。
（9）　前掲中野三敏校注『新日本古典文学大系81　田舎荘子　当世下手談義　当世穴さがし』。
（10）　中野三敏『近世新畸人伝』岩波現代文庫、二〇〇四年（初版一九七七年）、三六頁。
（11）　同前。
（12）　山東京伝には、『五体和合談』（一七九九〈寛政一一〉年刊）という、明らかに『臍隠居』を意識した作品がある。また、『笑話於臍茶』（一七八〇〈安永九〉年刊）は、『臍隠居』に趣向を得た、というより、今日では剽窃としかみなしようのないような作品であるが、この書の著者である臍下辺人と山東京伝は同一人物ではないかという説もある（棚橋正博「解題」、『山東京伝全集』一巻、ぺりかん社、一九九二年、五一六～一七頁）。ところで、京伝は、『心学早染草』のように、より直截に心学を趣向にした作品もいくつか著しており、その影響は、曲亭馬琴『四遍摺心学草紙』、十返舎一九『心学時計草』などにも及んでいる。このように、寛政期（一七九〇年代）に江戸で流行した心学の波紋は、戯作界にも及んでおり、本書の趣旨から見ても、興味深い問題であるが、取り上げることができなかった。
（13）　本書では立ち入らなかったが、臍翁が隠居後、江戸を出ていったことには、大きな意味を見出すことができるように思う。この点については、高野秀晴「談義本に見る宝暦期江戸民衆教化の一端」（『日本教育史研究』二七号、二〇〇八年）参照。
（14）　後藤宏行『「語り口」の文化史』晃洋書房、一九八九年。
（15）　後藤宏行「戦後の語り口と人間関係」（『名古屋学院大学論集　人文・社会科学篇』二三巻一号、一九八六年）。

あとがき

本書は、二〇〇七年八月に京都大学大学院教育学研究科に提出した博士学位論文「一八世紀日本における民衆教化の展開と学問への視線――石門心学を中心に」に、大幅に加筆・修正を施したものである。書き直しにずいぶんと時間がかかってしまったのは、私の怠惰のなせるわざだが、他に理由がないわけではない。特に頭を悩ませたのが文体の問題である。

学問をいかに語るか――これが本書で考えてみたかったことである。この問いは、学問によって育てられた（と思っている）私、および、学術書として出版される本書のあり方にも当然投げかけられるべきだろう。当初私は、なるべくジャーゴンを使わずに論文を書きたいと思っていた（使いこなす力量もないわけだが……）。学界でしか通用しない言葉（ジャーゴン）を用いても開かれた文体にはならないと思ったからである。また、鋭い刀さながら対象をスパッと切るような文体も嫌だと思った。対象に絡みついて容易に離れない納豆のような文体が書きたいという思いが当時はあった。ところが、ジャーゴンがなければ開かれた文体になるのかといえば、そんな簡単な話ではないことに気づく。そもそも、「自分は開かれた文体を操れるのだ」という思いは傲慢以外の何物でもない。また、納豆のような文体への拘りは、記述をいたずらに冗長にさせてしまったような気がする。結局、どのような文体がふさわしいのか結論は出ず、まとまりのないまま出来上がったのが本書である。

文体について考えていく中で、「私は一体誰に向けて本書を書いているのか」という疑問に何度も逢着した。そして、そのたびに、研究室の先輩・後輩、研究仲間、もはや名前を思い出せない小学校の同級生、かなり年の離れたバイト先の先輩、授業で出会う学生、亡き父母等々、様々な方のお顔が脳裏に去来するのであった。本書の生成過程を支えてくださった皆様に、この場をお借りして厚くお礼申し上げたい。

学位論文を審査してくださった京都大学大学院教育学研究科の辻本雅史先生（現国立台湾大学教授）、駒込武先生、前平泰志先生には、特に記して謝意を表したい。辻本先生には学部生時代からお世話になった。歴史を研究しようとは思っていなかった私が、というより、さっさと大学を去ろうと思っていた私が、先生の研究室の扉を叩いたのは、先生のお人柄と研究室の温かな雰囲気に惹かれたからである。その時から、先生の研究室と院生が集う教育学研究室は、私にとって大切な居場所になった。不肖としか言いようがない私の振舞いは、先生を何度も失望させたと思う。けれども、先生は最後まで私を見捨てることなく、気にかけてくださった。ぺりかん社を紹介していただいたのも先生である。学恩に厚くお礼申し上げたい。駒込先生からは、個別事例にこだわることの大切さを教えていただいた。私は、学問とは大局を見据えることだと思っていた。その思いはいつしか尊大な視座を形成し、これまで無数の個別の出会いを蔑ろにしてきた気がする。先生に教わったことは、そんな私を今でも時々立ち止まらせてくれている。前平先生からは、試問の場で激励のお言葉と厳しいご批判を同時に頂戴した。その激励に私はとても勇気づけられた。いただいたご批判に本書が応えられているとすれば幸いである。

あまり外に出ようとしない私だったが、それでも様々な研究会等に参加させていただいたことが本書の成立を強く支えている。以下、会名を記すことで、関係各位への謝意を表したい。教育史学会、日本思想史学会、日本教育史研究会、思想史・文化理論研究会、京都大学近世史研究会、近世史サマーセミナー、「書物・出版と社会変容」研究会、社団法人石門心学会、社団法人心学明誠舎、教育史フォーラム・京都。

本書がぺりかん社から出版されることをとてもうれしく思う。あまり学会に顔を出さず、何をしているやらよくわからない私のような研究の刊行を引き受けてくださったことに厚くお礼申し上げたい。特に、原稿を丁寧に読んでいただいた編集部の藤田啓介さんに深謝申し上げる。

最後に、本書の出版にあたって、私の勤務先である福井仁愛学園後援会から研究成果発表経費助成を受けた。

関係各位に厚くお礼申し上げたい。

二〇一五年一月

高野秀晴

索引

人名

ア行
足立栗園　20-22
有山玄統　260
飯倉洋一　117,118
石川謙　21,22,256,273,306,307,364
石田梅岩　7,16,19,20,22,24-29,45,52,62,93,114,116,142,145-172,174-196,198-212,214-233,235,236,238-247,249,250,255-257,259-264,266,269-272,274,275,296,300-302,306,315,316,318,320,326,348,352,353,374,394,402,403
佚斎樗山　153
伊藤単朴　15,139,141
飯岡義斎　226,227
岩内誠一　221,230,306
上河宗義　93,111-114,229,232,402
梅森直之　366
江島其磧　120,121,123
江森一郎　36
岡田鶯光　259,388
荻生徂徠　121
小栗了雲　147-149,151,152,209,210,214,244,300

カ行
貝原益軒　16,26,27,35-50,52-62,76,95,98,99,107,108,120-122,178,184,190,382,383,392,393,401
河内屋可正　16,26,27,45,61-88,96,99,109,184-188,190,366,393,402
鹿野政直　8,9,406
鎌田一窓　259,354
鎌田柳泓　354,370,378
顔淵　199,208
神沢杜口　314,315
甘誕斎　318,319,321-324,330,331,333,337,340,400
木村重光　222,245
曲亭馬琴　398
虚白斎→鎌田一窓
黒瀬三鼎斎　231
嫌阿　131
恋川春町　398
孔子　179,199,201-204
告子　179
孤舟　138
後藤宏行　23,24,405
小森由正　223

サ行
西湖　318,338
斎藤全門　221-226,229-232
坂上秀之　273
山東京伝　398
慈音尼兼葭　223,308
自他楽庵儲酔　131
自堕落先生　397-399
柴田実　258
荀子　179
静観房好阿　94,119-121,123,125-128,130,131,139,141,385,398
杉浦止斎　221,223,226,231
杉浦宗仲　224-226
鈴木隆助　364
是道子　318,330,331,333
曾子　179,180

タ行
高橋陽一　10
橘南谿　313,314

為永春水　398
知真庵義観　259
辻本雅史　23-25,36,37,54
堤邦彦　122
津村淙庵　312,313
手島堵庵　7,16,19,24,25,29,52,114,215,216,225,226,229-251,255-302,306,307,311,313,315-318,320,321,326,328,330,339,348-354,360,363,374,375,385,389-392,394-398,403-405
手島和庵　231
常盤潭北　16,27,94-99,104,112,402
徳川家康　78
富岡以直　224-226

ナ行
中井竹山　308-310,314
中井利安　306
中沢道二　257,306,354,363,364,366,368
中島力造　20
中野三敏　117,398
西川如見　16,27,93,100-102,104,107,108,110,111
野田壽雄　117,307

ハ行
長谷川平蔵　366,367
伴蒿蹊　311,312
尾藤二洲　310-312
ひろたまさき　368
深井志道軒　138
深谷克己　92
布施松翁　257,306
本多忠可　363

マ行
松平定信　308,366-368
三田村鳶魚　118,307,308
孟子　28,163,175,179,202-204

ヤ行
安丸良夫　27,64
山中浩之　222,226
山本眞功　274,283
横田冬彦　62

ワ行
脇坂義堂　16,29,258,354,356,359,360,368,370-382,385-388,391,400,404

書　名

ア行
商人夜話草　93,111,113,114,127,158,229,402
安楽問辨　233
為学玉箒　301
為学玉箒後篇　297
石田先生語録　150,151,188,218,223
石田先生事蹟　145,147,148,150-152,211,214,218,219,221,294
田舎荘子　153
当世 返答下手談義　131,132,135-137,399
当世花街談義　138,141,353
当風辻談義 下手談義前後評判　131-138
当世下手談義　94,117,119,123-124,126-129,131-139,398,399
宇下人言　367
易経　42,98,180,222
淮南子　94
翁草　314

カ行
会友大旨　261
河内屋可正旧記　26,27,61-64,66,71,85,86,91,184-187
家道訓　35
環堵の記　238
教訓差出口　15,139
教訓雑長持　139
教訓続下手談義　119,120,123,125-128,130-

132,134,135,139,398,399
近世畸人伝　311
兼葭反古集　223
倹約 斉家論　28,93,145-147,150,153,154,156,158,161,162,166,168,169,172,174-176,205,220,246,269,270,402
孝経　103,104,325
五体和合 臍隠居　259,388,389,391,392,394-396,400
子もりうた　259

サ行
坐談随筆　256,262
詩経　184
沙石集　267
社中順講定書　258
春秋　111
小学　316
書経　38,42
心学教諭録　29,370,374,377,378,381,382,385,391,404
新増書籍目録　118
杉浦家歴代日記　251
枢要　261
正学指掌　310
斉家論→倹約 斉家論
世間子息気質　121-123
世間娘気質　121-123
前訓　257
善山漫録　226
銭湯新話　139
善導須知　272-274,276,277,280,282,288,291
草茅危言　308
続下手談義→教訓続下手談義

タ行
大学　63,266,316
大増書籍目録　118
他所え講釈並座談会輔等に御出之節別而都講より申入候条々　258
民の繁栄　354
譚海　312
知心弁疑　295,315,316
知心弁疑評　315-317
着巾衣解　231
中庸　80,372
朝倉新話　260,296,300,301,339,348
町人袋　27,93,100,101,105,107,108,110-112,127
徒然草　222,223,354
手嶋先生口授話　272-274,277-282,286,287
手島堵菴先生事蹟　229,231,233,238,255
道得問答→兼葭反古集
都鄙問答　146-151,169,170,172,174-176,179,183,205,240,260

ハ行
売卜先生安楽伝授　356,359
売卜先生糠俵　259
一ツ鉄炮→本心開悟 一ツ鉄炮
百姓袋　27,108-110,127
風俗文集　397
臍隠居→五体和合 臍隠居
下手談義→当世下手談義
返答下手談義→当世 返答下手談義
北窓瑣談　313
本心鬼が捶杖　318,338,347,348,353
本心開悟 一ツ鉄炮　318,333,353,400
本心開悟 破莞莚　318-321,330,331,333,337
本心早合点　318,330,331,333

マ行
御代の恩沢　354
民家分量記　27,94,96-98,100,102,127,158,402
孟子　163
問為学　261

ヤ行
破莞莚→本心開悟 破莞莚
大和俗訓　26,27,35-38,41-45,49,50,52-55,59,76,82,94,95,98,99,112,120,158,178,

184,392,393,401,402
養生訓　35
寄場起立　384

ラ行
礼記　184
連中示合　216,218-221,230,232,239
労四狂　397
論語　71,76,77,106,149,162,163,179,199,223,263,264,266,371,372
論語講義　263,272

ワ行
和俗童子訓　35,54
和論語　153

著者略歴

高野　秀晴（たかの　ひではる）

1977年，広島県生まれ。京都大学大学院教育学研究科博士後期課程研究指導認定退学。博士（教育学）。現在，仁愛大学人間生活学部准教授。

専攻—日本教育史，日本思想史

主著・論文—『人物で見る日本の教育』（共著，ミネルヴァ書房），「心学教化の声と文字」（『民衆史研究』86号）

装訂——桂川　潤

教化《きょうか》に臨《のぞ》む近世学問《きんせいがくもん》
石門心学の立場

2015年２月28日　初版第１刷発行

著　者　高野 秀晴

発行者　廣嶋 武人

発行所　株式会社 ぺりかん社
〒113-0033 東京都文京区本郷1-28-36
TEL 03(3814)8515
http://www.perikansha.co.jp/

印刷・製本　創栄図書印刷

Printed in Japan

ISBN 978-4-8315-1406-6